Ehrenamtliche Polizeihelfer
und Hilfspolizeibeamte

Europäische Hochschulschriften Recht

European University Studies in Law

Publications Universitaires Européennes de Droit

Band/Volume **6259**

Philipp Stein

Ehrenamtliche Polizeihelfer und Hilfspolizeibeamte

Eine verfassungsrechtliche Untersuchung zu den Grenzen der Übertragung von Aufgaben der Gefahrenabwehr auf Nichtpolizeibeamte

PETER LANG

Bibliografische Information der Deutschen Nationalbibliothek
Die Deutsche Nationalbibliothek verzeichnet diese Publikation in der Deutschen Nationalbibliografie; detaillierte bibliografische Daten sind im Internet über http://dnb.d-nb.de abrufbar.

Zugl.: Göttingen, Univ., Diss., 2020

D 7
ISSN 0531-7312
ISBN 978-3-631-84953-8 (Print)
E-ISBN 978-3-631-85866-0 (E-PDF)
E-ISBN 978-3-631-85867-7 (EPUB)
E-ISBN 978-3-631-85868-4 (MOBI)
DOI 10.3726/b18792

Diese Publikation wurde begutachtet.

www.peterlang.com

Die vorliegende Arbeit widme ich meinen Eltern, Hans und Christine Stein, sowie meiner Schwester, Dr. Annika Ellwein, in tiefster Dankbarkeit, Zuneigung und Anerkennung.

Vorwort

Die vorliegende Arbeit wurde von der Juristischen Fakultät der Georg-August-Universität Göttingen als Dissertation angenommen. Die Arbeit entstand in den Jahren von 2016 bis 2018. Literatur und Rechtsprechung konnten bis Dezember 2019 berücksichtigt werden.

Ich möchte dieses Vorwort nutzen, um mich bei den Menschen zu bedanken, die dieses Projekt möglich gemacht und mich während der gesamten Zeit begleitet und unterstützt haben.

Mein herzlichster Dank gilt zunächst meinem hochgeschätzten Doktorvater *Prof. Dr. Thomas Mann*, der diese Arbeit befürwortet und gefördert hat.

Weiterhin möchte ich mich recht herzlich bei *Prof. Dr. Alexander Thiele* für die äußerst schnelle Erstellung des Zweitgutachtens bedanken.

Ein großer Dank gilt darüber hinaus *Dr. Lukas Fries, Jasper Siems* und *Katharina Knoche* für die sorgfältige Sichtung des Manuskriptes, die kompetenten Anmerkungen und die freundschaftliche Unterstützung.

Zudem möchte ich Dr. Tim Schöffski für die gegenseitige Unterstützung bei der Anfertigung unserer Dissertationen in Hamburg herzlich danken.

Mein größter Dank gilt meinen Eltern, *Hans* und *Christine Stein,* sowie meiner Schwester, *Dr. Annika Ellwein* und ihrem Ehemann, *Dr. Alexander Ellwein,* die mich während meiner Ausbildung bedingungslos unterstützt haben.

Meinen Eltern und meiner Schwester widme ich diese Arbeit.

Philipp Stein
Hamburg, im März 2021

Inhaltsverzeichnis

Abkürzungsverzeichnis

a.A.	andere Ansicht
a.F.	alte Fassung
Abg.	Abgeordnete(r)
ABl.	Amtsblatt
Abs.	Absatz
AcP	Archiv für die civillistische Praxis (Zeitschrift)
AfD	Alternative für Deutschland
ALLBUS	Allgemeine Bevölkerungsumfrage der Sozialwissenschaften
AllMBl.	Allgemeines Ministerialblatt
Alt.	Alternative
Amtsbl.	Amtsblatt
ÄndG PolG und AGPStG BW	Gesetz zur Änderung des Polizeigesetzes und des Gesetzes zur Ausführung des Personenstandsgesetzes [Baden-Württemberg] in der Fassung der Bekanntmachung vom 20.11.2012 (GBl. S. 625)
ÄnderungsG SächsSWEG	Gesetz zur Änderung des Sächsischen Sicherheitswachterprobungsgesetz in der Fassung der Bekanntmachung vom 16.4.1999 (GVBl. S. 186)
AO	Abgabenordnung in der Fassung der Bekanntmachung vom 1.10.2002 (BGBl. I S. 3866, ber. 2003 S. 61)
AOD	Allgemeiner Ordnungsdienst
APuZ	Aus Politik und Zeitgeschichte (Zeitschrift)
Art.	Artikel (auch im Plural)
ASOG Bln	Allgemeines Gesetz zu Schutz der öffentlichen Sicherheit und Ordnung in Berlin (Allgemeines Sicherheits- und Ordnungsgesetz) in der Fassung der Bekanntmachung vom 11.10.2006 (GVBl. 2006 S. 930)
AsylG	Asylgesetz in der Fassung der Bekanntmachung vom 2.9.2008 (BGBl. I S. 1798)
AufenthG	Gesetz über den Aufenthalt, die Erwerbstätigkeit und die Integration von Ausländern im Bundesgebiet (Aufenthaltsgesetz) in der Fassung der Bekanntmachung vom 25.2.2008 (BGBl. I S. 162)
Az.	Aktenzeichen

B&P	Bürgerrechte&Polizei (Zeitschrift)
B&S	Der Bürger im Staat (Zeitschrift)
BayPAG	Gesetz über die Aufgaben und Befugnisse der Bayrischen Staatlichen Polizei (Polizeiaufgabengesetz) in der Fassung der Bekanntmachung vom 14.9.1990 (GVBl. S. 397)
BayPOG	Gesetz über die Organisation der Bayrischen Polizei (Polizeiorganisationsgesetz) in der Fassung der Bekanntmachung vom 10.8.1976 (BayRS II S. 263)
BayRS	Bayrische Rechtssammlung
BayVBl.	Bayrische Verwaltungsblätter (Zeitschrift)
BB	Brandenburg
BbgPolG	Gesetz über die Aufgaben, Befugnisse, Organisation und Zuständigkeit der Polizei im Land Brandenburg (Brandenburgisches Polizeigesetz) in der Fassung der Bekanntmachung vom 19.3.1996 (GVBl. I S. 74)
Bd.	Band
BE	Berlin
Begr.	Begründung
BeamtStG	Gesetz zur Regelung des Statusrechts der Beamten und Beamtinnen des Bundes und der Länder (Beamtenstatusgesetz) in der Fassung der Bekanntmachung vom 17.6.2008 (BGBl. I S. 1010)
ber.	berichtigt
BGB	Bürgerliches Gesetzbuch in der Fassung der Bekanntmachung vom 2.1.2002 (BGBl. I S. 42, ber. S. 2909 und 2003 I S. 738)
BGBl.	Bundesgesetzblatt
BKA	Bundeskriminalamt
BKAG	Gesetz über das Bundeskriminalamt und die Zusammenarbeit des Bundes und der Länder in kriminalpolizeilichen Angelegenheiten (Bundeskriminalamtsgesetz) in der Fassung der Bekanntmachung vom 1.6.2017 (GBl. I S. 1354, ber. 2019 S. 400)
BMI	Bundesministerium des Innern (für Bau und Heimat)
BPol	Bundespolizei
BPolG	Gesetz über die Bundespolizei (Bundespolizeigesetz) in der Fassung der Bekanntmachung vom 19.10.1994 (BGBl. I S. 2978)
BReg	Bundesregierung
Brem.GBl.	Bremisches Gesetzblatt

BremPolG	Bremisches Polizeigesetz in der Fassung der Bekanntmachung vom 6.12.2001 (GBl. S. 441, ber. 2002 S. 47)
BT	Bundestag
BT-Drs.	Bundestags-Drucksache
BtMG	Gesetz über den Verkehr mit Betäubungsmitteln (Betäubungsmittelgesetz) in der Fassung der Bekanntmachung vom 1.3.1994 (BGBl. I S. 358)
BVerfG	Bundesverfassungsgericht
BVerfGE	Bundesverfassungsgerichtsentscheidung
BVerfSchG	Gesetz über die Zusammenarbeit des Bundes und der Länder in Angelegenheiten des Verfassungsschutzes und über das Bundesamt für Verfassungsschutz (Bundesverfassungsschutzgesetz) in der Fassung der Bekanntmachung vom 20.12.1990 (BGBl. I S. 2954)
BVerwGE	Bundesverwaltungsgerichtsentscheidung
BWVwVPolOrg	Verwaltungsvorschrift des Innenministeriums über die Organisation des Polizeivollzugsdienstes des Landes Baden-Württemberg (VwV-PolOrg) in der Fassung der Bekanntmachung vom 9.7.2015 (GABl. S. 402)
BW	Baden-Württemberg
BWGZ	Baden-Württembergische Gemeindezeitung (Zeitschrift)
BWVPr.	Baden-Württembergische Verwaltungspraxis (Zeitschrift)
BY	Bayern
bzw.	beziehungsweise
CDU	Christlich Demokratische Union Deutschlands
CSU	Christlich-Soziale Union in Bayern
d.h.	das heißt
DAR	Deutsches Autorecht (Zeitschrift)
ders.	derselbe
Dienstanweisung POD	Vorläufige Dienstanweisung Polizeilicher Ordnungsdienst (POD) in der Fassung der Bekanntmachung vom 6.6.2016, Landespolizeipräsidium 10 (Az.: 10-10.50-36/2016)
Diss.	Dissertation
DÖD	Der öffentliche Dienst (Zeitschrift)
DÖV	Die öffentliche Verwaltung (Zeitschrift)
DPolBl.	Deutsches Polizeiblatt (Zeitschrift)
DPolG	Deutsche Polizeigewerkschaft

DVBl.	Deutsches Verwaltungsblatt (Zeitschrift)
DVO PolG	Verordnung des Innenministeriums zur Durchführung des Polizeigesetzes [Baden-Württemberg] in der Fassung der Bekanntmachung vom 16.9.1994 (GBl. S. 567)
DVS	Deutscher Viktimisierungssurvey
Eckpunktepapier 2017	Eckpunktepapier des Ministeriums des Innern und für Kommunales – Kommunale Kriminalprävention (KKP) im Land Brandenburg in der Fassung der Bekanntmachung vom 1.6.2017 (ABl. S. 787)
EFTA	Europäische Freihandelsassoziation
Erlass KKP 2017	Erlass des Ministeriums des Innern und für Kommunales - Sicherheitspartner des Landes Brandenburg im Rahmen der Kommunalen Kriminalprävention (KKP) in der Fassung der Bekanntmachung vom 1.6.2017 (ABl. S. 793)
Erlass KKV 1995	Erlass des Ministeriums des Inneren – Sicherheit in den Städten und Gemeinden des Landes Brandenburg durch den Ausbau der Konzentrierten Aktion Kommunale Kriminalitätsverhütung (KKV) in der Fassung der Bekanntmachung vom 11.10.1995 (ABl. S. 926.)
ESS	European Social Survey
EU	Europäische Union
EWR	Europäischer Wirtschaftsraum
f.	folgend
FAZ	Frankfurter Allgemeine Zeitung (Zeitung)
FamFG	Gesetz über das Verfahren in Familiensachen und in Angelegenheiten der freiwilligen Gerichtsbarkeit in der Fassung der Bekanntmachung vom 17.12.2008 (BGBl. I S. 2586 f.)
FDP	Freie Demokratische Partei
ff.	folgende
FPD	Freiwilliger Polizeidienst
FPolDG	Gesetz über den Freiwilligen Polizeidienst [Baden-Württemberg] in der Fassung der Bekanntmachung vom 12.4.1985 (GBl. S. 129)
FS	Festschrift
GABl.	Gemeinsames Amtsblatt
GBl.	Gesetzblatt
GdP	Gewerkschaft der Polizei
gem.	gemäß

GemO BW	Gemeindeordnung für Baden-Württemberg in der Fassung der Bekanntmachung vom 24.7.2000 (GBl. S. 581, ber. S. 698)
GewArch	Gewerbearchiv (Zeitschrift)
GG	Grundgesetz für die Bundesrepublik Deutschland in der Fassung der Bekanntmachung vom 23.5.1949 (BGBl. S. 1)
GMH	Gewerkschaftliche Monatshefte (Zeitschrift)
gr.	große
GVBl.	Gesetz- und Verordnungsblatt
GVG	Gerichtsverfassungsgesetz in der Fassung der Bekanntmachung vom 9.5.1975 (BGBl. I S. 1077)
Habil.	Habilitation
HBG	Hessisches Beamtengesetz in der Fassung der Bekanntmachung vom 27.5.2013 (GVBl. S. 218, ber. S. 508)
Hdb	Handbuch
HE	Hessen
HFPG	Gesetz über die aktive Bürgerbeteiligung zur Stärkung der Inneren Sicherheit (Hessisches Freiwilligen-Polizeidienst-Gesetz) in der Fassung der Bekanntmachung vom 13.6.2000 (GVBl. I S. 294)
Hrsg.	Herausgeber (auch im Plural)
HS.	Halbsatz
HSOG	Hessisches Gesetz über die öffentliche Sicherheit und Ordnung in der Fassung der Bekanntmachung vom 14.1.2005 (GVBl. I S. 14)
HSOG-DVO	Verordnung zur Durchführung des Hessischen Gesetzes über die öffentliche Sicherheit und Ordnung und des Hessischen Freiwilligen-Polizeidienst-Gesetzes in der Fassung der Bekanntmachung vom 12.6.2007 (GVBl. I S. 323)
HVSV	Hessischer Verwaltungsschulverbund
i.H.v.	in Höhe von
i.S.d.	im Sinne des/der
i.S.v.	im Sinne von
i.V.m.	in Verbindung mit
IMK	Innenministerkonferenz
Internat.	International
ISI	Informationsdienst Soziale Indikatoren (Zeitschrift)
JA	Juristische Ausbildung (Zeitschrift)

JuS	Juristische Schulung (Zeitschrift)
JZ	Juristische Zeitung (Zeitschrift)
Kap.	Kapitel
KFN	Kriminologisches Forschungsinstitut Niedersachsen
KJ	Kritische Justiz (Zeitschrift)
KKP	Kommunale Kriminalprävention
KKV	Kommunale Kriminalitätsverhütung
kl.	kleine
KOD	Kommunaler Ordnungsdienst
KomVollzBV	Landesverordnung über die kommunalen Vollzugsbeamtinnen und kommunalen Vollzugsbeamten sowie die Hilfspolizeibeamtinnen und Hilfspolizeibeamten [Rheinland-Pfalz] in der Fassung der Bekanntmachung vom 16.2.2007 (GVBl. S. 61)
KoSiPol	Kooperative Sicherheitspolitik in der Stadt
Krim	Kriminalistik (Zeitschrift)
Leg.-Per.	Legislaturperiode
lit.	Buchstabe
LKA	Landeskriminalamt
LKRZ	Zeitschrift für Landes- und Kommunalrecht Hessen/Rheinland-Pfalz/Saarland (Zeitschrift)
LKV	Landes- und Kommunalverwaltung (Zeitschrift)
LT	Landtag
LT-Drs.	Landtags-Drucksache
LVwG	Allgemeines Verwaltungsgesetz für das Land Schleswig-Holstein (Landesverwaltungsgesetz) in der Fassung der Bekanntmachung vom 2.6.1992 (GVBl. S. 243, ber. S. 534)
LVwVG	Landesverwaltungsvollstreckungsgesetz [Rheinland-Pfalz] vom 8.7.1957 (GVBl. S. 101)
MBl.	Ministerialblatt
MdI	Ministerium des Inneren
Mio.	Million(en)
Mrd.	Milliarde(n)
M-V	Mecklenburg-Vorpommern
NPOG	Niedersächsisches Polizei- und Ordnungsbehördengesetz in der Fassung der Bekanntmachung vom 19.1.2005 (GVBl. S. 9)
NJW	Neue Juristische Wochenschrift (Zeitschrift)
NK	Neue Kriminalpolitik (Zeitschrift)

Nr.	Nummer
NuR	Natur+Recht (Zeitschrift)
NVwZ	Neue Zeitschrift für Verwaltungsrecht (Zeitschrift)
NWR	Nationales Waffenregister
NZV	Neue Zeitschrift für Verkehrsrecht (Zeitschrift)
OÄErrG	Gesetz zur Errichtung bezirklicher Ordnungsämter [Berlin] in der Fassung der Bekanntmachung vom 24.6.2004 (GVBl. S. 253)
OBG	Gesetz über Aufbau und Befugnisse der Ordnungsbehörden [Nordrhein-Westfalen] (Ordnungsbehördengesetz) in der Fassung der Bekanntmachung vom 13.5.1980 (GVBl. S. 528)
ODienstV BE	Verordnung zur Festlegung der Aufgaben und Befugnisse der Dienstkräfte der Außendienste der bezirklichen Ordnungsämter [Berlin] (Ordnungsdiensteverordnung) in der Fassung der Bekanntmachung vom 1.9.2004 (GVBl. S. 364)
OP	Offenbacher Post (Zeitung)
ÖPNV	Öffentlicher Personennahverkehr
OVG	Oberverwaltungsgericht
OwiG	Gesetz über Ordnungswidrigkeiten in der Fassung der Bekanntmachung vom 19.2.1987 (BGBl. I S. 602)
PAngGD	Polizeiangestellte im Gefahrenabwehrdienst
PAngOS	Polizeiangestellte im Objektschutz
PDieVO	Verordnung über die Wahrnehmung bestimmter polizeilicher Aufgaben durch Dienstkräfte der Polizei [Berlin] in der Fassung der Bekanntmachung vom 17.2.1993 (GVBl. S. 98)
PKS	Polizeiliche Kriminalstatistik
PLPr.	Plenarprotokoll
POD	Polizeilicher Ordnungsdienst
POG R-P	Polizei- und Ordnungsbehördengesetz Rheinland-Pfalz in der Fassung der Bekanntmachung vom 10.11.1993 (GVBl. S. 595)
PolDErsLVBW	Verordnung des Innenministeriums über die Ersatzleistung an die Angehörigen des Freiwilligen Polizeidienstes [Baden-Württemberg] in der Fassung der Bekanntmachung vom 10.4.1984 (GBl. S. 312)
PolG BW	Polizeigesetz Baden-Württemberg in der Fassung der Bekanntmachung vom 13.1.1992 (GVBl. S. 1, ber. S. 596, ber. 1993, S. 155)

PolG NRW	Polizeigesetz des Landes Nordrhein-Westfalen in der Fassung der Bekanntmachung vom 25.7.2003 (GVBl. S. 441)
PP	Polizeipräsidium (auch im Plural)
Prot.	Protokoll
RegE	Regierungsentwurf
R-P	Rheinland-Pfalz
RL AuF WaPol	Richtlinie für die Durchführung der Aus- und Fortbildung der Wachpolizei [Hessen] in der Fassung der Bekanntmachung vom 22.8.2011 (StAnz. S. 1143)
Rn.	Randnummer (auch im Plural)
RP	Rheinische Post (Zeitung)
RdErl. d. MI zur Org. Polizei Nds.	Runderlass des Ministeriums für Inneres und Sport des Landes Niedersachsen über die Organisation der Polizei des Landes Niedersachsen in der Fassung der Bekanntmachung vom 17.10.2017 (MBl. S. 1414)
S.	Seite (auch im Plural)
SA	Sachsen-Anhalt
SächsPBG	Gesetz über die Aufgaben, Befugnisse, Datenverarbeitung und Organisation der Polizeibehörden im Freistaat Sachsen (Sächsisches Polizeibehördengesetz) in der Fassung der Bekanntmachung vom 11.5.2019 (GVBl. S. 358, 389)
SächsPolG	Polizeigesetz des Freistaats Sachsen in der Fassung der Bekanntmachung vom 13.8.1999 (GVBl. S. 466)
SächsPVDG	Gesetz über die Aufgaben, Befugnisse, Datenverarbeitung und Organisation des Polizeivollzugsdienstes im Freistaat Sachsen (Sächsisches Polizeivollzugsdienstgesetz) in der Fassung der Bekanntmachung vom 11.5.2019 (GVBl. S. 358)
SächsSWG	Gesetz über die Sächsische Sicherheitswacht (Sächsisches Sicherheitswachtgesetz) in der Fassung der Bekanntmachung vom 12.12.1997 (GVBl. S. 647)
SächsWachdienstG	Gesetz über den Sächsischen Wachpolizeidienst (Sächsisches Wachpolizeidienstgesetz in der Fassung der Bekanntmachung vom 16.12.2015 (GVBl. S. 663)
SächsWachdienstVO	Verordnung des Sächsischen Staatsministeriums des Innern über den Sächsischen Wachpolizeidienst (Sächsische Wachpolizeidienstverordnung) in der Fassung der Bekanntmachung vom 5.2.2016 (GVBl. S. 50)

SEG	Gesetz über die Erprobung einer Sicherheitswacht [Bayern] in der Fassung der Bekanntmachung vom 24.12.1993 (GVBl. S. 1049)
Sen.-Drs.	Senats-Drucksache
SenIS	Senatsverwaltung für Inneres und Sport
SiWa	Sicherheitswacht
S-H	Schleswig-Holstein
SL	Saarland
SN	Sachsen
SOG	Gesetz zum Schutz der öffentlichen Sicherheit und Ordnung [Hamburg] in der Fassung der Bekanntmachung vom 14.3.1966 (GVBl. S. 77)
SOG LSA	Gesetz über die öffentliche Sicherheit und Ordnung des Landes Sachsen-Anhalt in der Fassung der Bekanntmachung vom 20.5.2014 (GVBl. S. 182)
SOG M-V	Gesetz über die öffentliche Sicherheit und Ordnung in Mecklenburg-Vorpommern (Sicherheits- und Ordnungsgesetz) in der Fassung der Bekanntmachung vom 9.5.2011 (GVBl. S. 246)
sog.	sogenannt(e)
SPD	Sozialdemokratische Partei Deutschlands
SPolG	Saarländisches Polizeigesetz in der Fassung der Bekanntmachung vom 26.3.2001 (ABl. S. 1074)
StAnz.	Staatsanzeiger
StGB	Strafgesetzbuch in der Fassung der Bekanntmachung vom 13.11.1998 (BGBl. I S. 3322)
StGH	Staatsgerichtshof
StPO	Strafprozessordnung in der Fassung der Bekanntmachung vom 7.4.1987 (BGBl. I 1987, S. 1074, ber. S. 1319)
StT POD	Stundentafel und Stoffgliederungsplan für den Qualifizierungslehrgang Polizeilicher Ordnungsdienst des Ministeriums des Innern und Sport vom 28.3.2016 (unveröffentlicht)
StVG	Straßenverkehrsgesetz in der Fassung der Bekanntmachung vom 5.3.2003 (BGBl. I S. 310, ber. S. 919)
StVO	Straßenverkehrs-Ordnung in der Fassung der Bekanntmachung vom 6.3.2013 (BGBl. I S. 367)
SVR	Straßenverkehrsrecht (Zeitschrift)

SWG	Gesetz über die Sicherheitswacht in Bayern (Sicherheitswachtgesetz) in der Fassung der Bekanntmachung vom 28.4.1997 (GVBl. S. 88)
SZ	Süddeutsche Zeitung (Zeitung)
ThürOBG	Thüringer Gesetz über die Aufgaben und Befugnisse der Ordnungsbehörden (Ordnungsbehördengesetz) in der Fassung der Bekanntmachung vom 18.6.1993 (GVBl. S. 323)
ThürPAG	Thüringer Gesetz über die Aufgaben und Befugnisse der Polizei (Polizeiaufgabengesetz) in der Fassung der Bekanntmachung vom 4.6.1992 (GVBl. S. 199)
TV-H	Tarifvertrag für den öffentlichen Dienst im Land Hessen
TV-L	Tarifvertrag der Länder für den öffentlichen Dienst
u.a.	unter anderem
u.U.	unter Umständen
überarb.	überarbeitet(e)
UZwG Bln	Gesetz über die Anwendung unmittelbaren Zwanges bei der Ausübung öffentlicher Gewalt durch Vollzugsbeamte des Landes Berlin in der Fassung der Bekanntmachung vom 22.6.1970 (GVBl. S. 921).
v.	vom
VerwArch	Verwaltungsarchiv (Zeitschrift)
VGH	Verwaltungsgerichtshof
Vgl.	Vergleiche
VO GVB	Verordnung des Sächsischen Staatsministeriums des Innern über die Wahrnehmung polizeilicher Vollzugsaufgaben durch Gemeindliche Vollzugsbedienstete in der Fassung der Bekanntmachung vom 19.9.1991 (GVBl. S. 355)
VollzBekSWG	Bekanntmachung des Bayrischen Staatsministeriums des Innern über den Vollzug des Sicherheitswachtgesetzes in Bayern in der Fassung der Bekanntmachung vom 2.1.1997 (AllMBl. S. 103)
Vorb.	Vorbemerkung
VVDStRL	Veröffentlichung der Vereinigung der deutschen Staatsrechtler (Zeitschrift)
VVFPolD	Verwaltungsvorschrift zur Ausführung der Rechtsvorschriften über den Freiwilligen Polizeidienst in Hessen in der Fassung der Bekanntmachung vom 9.8.2012 (StAnz. S. 935)

VVHSOG	Verwaltungsvorschrift zur Ausführung des Hessischen Gesetzes über die öffentliche Sicherheit und Ordnung in der Fassung der Bekanntmachung vom 10.11.2015 (StAnz. S. 1226)
VVWaPol	Verwaltungsvorschrift zur Ausführung des § 13 HSOG-DVO in der Fassung der Bekanntmachung vom 18.12.2008 (StAnz. 2009 S. 128)
VWBlBW	Verwaltungsblätter für Baden-Württemberg (Zeitschrift)
VwV AuF FPolD	Verwaltungsvorschrift des Innenministeriums über die Grundausbildung der Bewerber für den Freiwilligen Polizeidienst und die Fortbildung der Angehörigen des Freiwilligen Polizeidienstes [Baden-Württemberg] in der Fassung der Bekanntmachung vom 29.5.1995 (GABl. I S. 300).
VwVfG	Verwaltungsverfahrensgesetz in der Fassung der Bekanntmachung vom 23.1.2003 (BGBl. I S. 102)
VwVG	Verwaltungs-Vollstreckungsgesetz in der Fassung der Bekanntmachung vom 27.4.1953 (BGBl. I S. 157)
WachPolG	Gesetz zur vorübergehenden personellen Verstärkung der Landespolizei [Sachsen-Anhalt] (Wachpolizeidienstgesetz) in der Fassung der Bekanntmachung vom 21.12.2016 (GVBl. S. 388)
WaffG	Waffengesetz in der Fassung der Bekanntmachung vom 11.10.2002 (GVBl. I S. 3970, ber. S. 4592 und S. 1957)
WPflG	Wehrpflichtgesetz in der Fassung der Bekanntmachung vom 15.8.2011 (BGBl. I S. 1730)
z.B.	zum Beispiel
z.T.	zum Teil
ZBR	Zeitschrift für Beamtenrecht (Zeitschrift)
ZDF	Das Zweite Deutsche Fernsehen
ZOS	Zentraler Objektschutz
ZPO	Zivilprozessordnung
ZRP	Zeitschrift für Rechtspolitik (Zeitschrift)
zugl.	zugleich

Einleitung

„Immer weniger Personal für immer mehr Einsätze – die Polizei in Deutschland ist in Not.“[1] Dieser Titel einer ZDF-Dokumentation aus dem Jahr 2016 beschreibt sehr treffend das sicherheitspolitische Dilemma, in dem sich die Polizei in Deutschland derzeit befindet.

Einerseits muss die Polizei aufgrund wachsender Bedrohungen im Zusammenhang mit dem internationalen Terrorismus sowie der umfangreichen Migrationsbewegung nach Europa und insbesondere Deutschland immer mehr Aufgaben und Einsätze bewältigen.

Andererseits steht der Polizei nicht genügend Personal zur Verfügung. Mit Abschluss des Jahres 2016 waren in Deutschland insgesamt 251.430 Polizeibeamte und Polizeibeamtinnen[2] beschäftigt (davon 220.813 in den Landespolizeien[3] und 30.617 bei der Bundespolizei[4]). Im Jahr 2017 leisteten die Polizeibeamten in Deutschland insgesamt 22 Millionen Überstunden.[5] Nach Angaben der GdP entspricht dies einer Jahresarbeitsleistung von knapp 10.000 Polizeibeamten.[6]

---

1 ZDF-Dokumentation „Polizei in Not“, 27.1.2016, abrufbar unter: https://www.zdf.de/dokumentation/zdfzoom/zdfzoom-polizei-in-not-100.html <2.10.2018>.

2 Aus Gründen der besseren Lesbarkeit wird im Folgenden auf die gleichzeitige Verwendung männlicher und weiblicher Sprachformen verzichtet. Sämtliche Personenbezeichnungen gelten gleichermaßen für beiderlei Geschlecht.

3 Statista, Anzahl der Polizisten in Deutschland nach Ländern im Jahr 2016, abrufbar unter: https://de.statista.com/statistik/daten/studie/516101/umfrage/polizisten-in-deutschland-nach-bundeslaendern/ <26.5.2018>.

4 Jahresbericht der Bundespolizei 2016, abrufbar unter: https://www.bundespolizei.de/Web/DE/Service/Mediathek/Jahresberichte/jahresbericht_2016_file.pdf?__blob=publicationFile&v=3 <26.5.2018>.

5 Polizisten haben 22 Millionen Überstunden gemacht, Handelsblatt online, 5.1.2018, abrufbar unter: http://www.handelsblatt.com/politik/deutschland/jahresbilanz-der-gewerkschaft-polizisten-haben-22-millionen-ueberstunden-gemacht-/20815530.html?ticket=ST-652498-erY5ZjUFqMUrnxT9mT1o-ap4 <25.5.2018>.

6 Polizisten haben 22 Millionen Überstunden gemacht, Handelsblatt online, 5.1.2018, abrufbar unter: http://www.handelsblatt.com/politik/deutschland/jahresbilanz-der-gewerkschaft-polizisten-haben-22-millionen-ueberstunden-gemacht-/20815530.html?ticket=ST-652498-erY5ZjUFqMUrnxT9mT1o-ap4 <25.5.2018>.

Viele Bürger beklagen ein „Präsenzdefizit" der Polizei: Auf der Straße, auf Streife sowie im normalen Alltag fehle es an der Präsenz von Polizeibeamten.[7]

Diese Situation droht sich durch die bevorstehende Pensionierungswelle bei der Polizei noch weiter zuzuspitzen. Nach Berechnungen der GdP werden bis zum Jahr 2021 insgesamt 44.000 Polizeibeamte in den Ruhestand eintreten.[8] Der Bundesvorsitzende der GdP, *Oliver Malchow*, sieht hierdurch die Stabilität des deutschen Rechtsstaats gefährdet und warnt vor einer „Erosion der Inneren Sicherheit" in Deutschland.[9] Er stellt fest, dass hierzulande bereits Räume existierten, in denen das Recht nicht durchgesetzt würde, weil ein Vollzugsdefizit aufseiten der Polizei vorläge.[10] Diese Ansicht vertritt auch der stellvertretende Bundesvorsitzende der DPolG *Ernst G. Walter*. Auch er konstatiert in Teilen Deutschlands „temporär polizeifreie Zonen". Der Polizei sei es schon längst nicht mehr möglich, die Sicherheit und Ordnung im gesamten Bundesgebiet aufrechtzuerhalten.[11]

Um dieses sicherheitspolitische Dilemma zu lösen und wieder mehr uniformiertes Vollzugspersonal auf die Straße zu schicken, verfolgt die Politik im Wesentlichen zwei Lösungsansätze: Der erste Lösungsansatz besteht darin, auf Bundes- und Landesebene wieder mehr Polizeibeamte einzustellen. Ein solches Umdenken in der Einstellungspolitik hat in vielen Ländern bereits vor zwei bis drei Jahren eingesetzt. So sollen bis zum Jahr 2020/2021 in Baden-Württemberg 1.500, in Niedersachsen 1.500, in Sachsen-Anhalt 1.050, in Schleswig-Holstein 500 sowie in Nordrhein-Westfalen 2.300 neue Polizeibeamte eingestellt werden.[12]

---

7 ZDF-Dokumentation „Polizei in Not", 27.1.2016, abrufbar unter: https://www.zdf.de/dokumentation/zdfzoom/zdfzoom-polizei-in-not-100.html <2.10.2018>.

8 *Holecek/Zielasko/Schönwald*, Deutsche Polizei 2017, S. 4 (8).

9 *Holecek/Zielasko/Schönwald*, Deutsche Polizei 2017, S. 4 (5).

10 *Koch/Neurer*, „Temporär polizeifreie Zonen" – Chemnitzer Behörden geraten zunehmend unter Druck, Handelsblatt online, 29.8.2018, abrufbar unter: https://www.handelsblatt.com/politik/deutschland/vorfaelle-in-sachsen-temporaer-polizeifreie-zonen-chemnitzer-behoerden-geraten-zunehmend-unter-druck/22971858.html?ticket=ST-5920868-dgP15gf54TiOSc1eQIwU-ap2 <01.10.2018>.

11 *Koch/Neurer*, „Temporär polizeifreie Zonen" – Chemnitzer Behörden geraten zunehmend unter Druck, Handelsblatt online, 29.8.2018, abrufbar unter: https://www.handelsblatt.com/politik/deutschland/vorfaelle-in-sachsen-temporaer-polizeifreie-zonen-chemnitzer-behoerden-geraten-zunehmend-unter-druck/22971858.html?ticket=ST-5920868-dgP15gf54TiOSc1eQIwU-ap2 <01.10.2018>.

12 Vgl. Koalitionsvertrag zwischen Grüne und CDU, 16. Leg.-Per. LT BW, S. 59, abrufbar unter: https://www.baden-wuerttemberg.de/fileadmin/redaktion/dateien/PDF/160509_Koalitionsvertrag_B-W_2016-2021_final.PDF <2.10.2018>; Koalitionsvertrag zwischen SPD und CDU, 18. Leg.-Per. LT Nds, S. 35, abrufbar unter: https://

Auch auf Bundesebene lässt sich im Hinblick auf die Einstellungspolitik eine Trendwende erkennen. Im Koalitionsvertrag vom 14.3.2018 einigten sich CDU/CSU und SPD, bis zum Jahr 2021 insgesamt 15.000 neue Stellen für die Sicherheitsbehörden in Bund und Ländern zu schaffen.[13] Nach Ansicht der GdP sind die vereinbarten 15.000 Stellen jedoch nicht ausreichend.[14] Ihr zufolge müsste die Zahl der geplanten Neueinstellungen auf über 20.000 Stellen angehoben werden, um bis zum Ende der Legislaturperiode spürbar mehr Polizeibeamte auf die Straße zu bringen.[15] Problematisch ist zudem, dass diese Polizeibeamten frühestens nach drei bis vier Jahren Ausbildung zur Verfügung stehen. Vor dem Hintergrund der verschärften Sicherheitslage und der wachsenden Belastung der Vollzugspolizei bedarf es jedoch unverzüglich einer Entlastung.

Um kurzfristig mehr Sicherheitspersonal auf die Straße schicken zu können, verfolgen viele Länder in Deutschland parallel einen zweiten Lösungsansatz. Dieser sieht eine Übertragung von polizeilichen Aufgaben und Befugnissen auf „Hilfspolizisten" vor.[16] Die Hilfspolizisten nehmen vor allem Aufgaben wahr, für die nicht zwingend ein voll ausgebildeter Polizeibeamter eingesetzt werden muss, wie z. B. beim Objektschutz, bei der Verkehrsüberwachung oder bei der Begleitung von Gefahr- oder Schwerlasttransporten. Durch die Aufgabenübertragung soll die Vollzugspolizei für originär polizeiliche Aufgaben freigestellt,

---

cdu-niedersachsen.de/wp-content/uploads/2017/11/11-16_Koalitionsvertrag_final.pdf <2.10.2018>; Koalitionsvertrag zwischen CDU, SPD und Grüne, 7. Leg.-Per. LT S-A, S. 20, abrufbar unter: https://www.cdulsa.de/sites/www.cdulsa.de/files/downloads/koalitionsvertrag_lsa_2016_20216.pdf <2.10.2018>; Koalitionsvertrag zwischen CDU, Grüne und FPD, 19. Leg.-Per. LT S-H, S. 77, abrufbar unter: https://www.schleswig-holstein.de/DE/Landesregierung/_documents/koalitionsvertrag2017_2022.pdf?__blob=publicationFile&v=2 <2.10.2018>; Koalitionsvertrag zwischen CDU und FPD, 19. Leg.-Per. LT NRW, S. 56, abrufbar unter: https://www.cdu-nrw.de/sites/default/files/media/docs/nrwkoalition_koalitionsvertrag_fuer_nordrhein-westfalen_2017_-_2022.pdf <2.10.2018>.

13 Koalitionsvertrag zwischen CDU, CSU und SPD zur 19. Leg.-Per. BT, S. 121, abrufbar unter: https://www.cdu.de/system/tdf/media/dokumente/koalitionsvertrag_2018.pdf?file=1 <25.5.2018>.

14 *Holecek/Zielasko/Schönwald*, Deutsche Polizei 2017, S. 4 (8).

15 *Holecek/Zielasko/Schönwald*, Deutsche Polizei 2017, S. 4 (8).

16 Für einen Überblick über die verschiedenen Modelle zum Einsatz von „Hilfspolizisten" in Deutschland siehe Anlage II.

die Polizeipräsenz in der Fläche gestärkt und das Sicherheitsgefühl in der Bevölkerung spürbar verbessert werden.[17]

Der verstärkte Einsatz von Hilfspolizisten zur Gewährleistung der Inneren Sicherheit in Deutschland bildet den Ausgangspunkt dieser Arbeit, in deren Rahmen ausschließlich staatlich initiierte Modelle bzw. Institutionen zum Einsatz von Hilfspolizisten dargestellt und untersucht werden. Die wachsende Bedeutung privater Sicherheitsdienste in den Städten und Gemeinden, d. h. die Debatte um die Privatisierung des Sicherheitsbereiches, ist hingegen nicht Gegenstand dieser Arbeit. Die aus dem Einsatz der Hilfspolizisten resultierende wachsende Pluralität polizierender Akteure führt zu einer neuen Unübersichtlichkeit im Bereich der Sicherheitsproduktion in Deutschland.[18] Besonders deutlich wird dies im Land Hessen: Hier sieht sich der Bürger im alltäglichen Leben nicht nur mit der „normalen" Vollzugspolizei, sondern darüber hinaus mit einer Wachpolizei, einer Stadtpolizei sowie einem Freiwilligen Polizeidienst konfrontiert. Aus der Sicht des Bürgers ist eine Abgrenzung der verschiedenen Institutionen untereinander sowie eine Abgrenzung zur Vollzugspolizei rein optisch kaum noch möglich, da alle Mitarbeiter – von einzelnen Hoheitszeichen abgesehen – vergleichbare, polizeiähnliche Uniformen tragen. Hinzu kommt die Verwendung der Schlüsselvokabel „Polizei" in der Bezeichnung aller Institutionen. Die semantische Unverwechselbarkeit der „Polizei" als Symbol und Ausdruck des physischen Gewaltmonopols des Staates wird durch Begriffe wie Wach-„Polizei", Stadt-„Polizei" oder Freiwilliger „Polizei"-Dienst gefährdet. Der Bürger kann in bestimmten Städten und Gemeinden in Deutschland auf verschiedene Sicherheitsakteure treffen, die er weder optisch noch semantisch von der Vollzugspolizei unterscheiden kann. Diese verfügen jedoch zum Teil über umfangreiche polizeiliche Aufgaben und Befugnisse bis hin zur Anwendung unmittelbaren Zwanges durch Waffengewalt. Für den Bürger besteht in der konkreten Situation nicht die Möglichkeit, zu überprüfen, ob der jeweilige Akteur innerhalb der ihm übertragenen Kompetenzen handelt oder diese überschreitet. Die hieraus resultierende Rechtsunsicherheit stellt sich in Anbetracht der deutlich kürzeren Aus- und Fortbildung sowie der geringeren Einstellungsvoraussetzungen der Hilfspolizisten als besonders problematisch dar. Vor diesem

---

17 Vgl. beispielhaft Begr. des RegE zum SEG, LT-Drs. BY 12/13076, S. 1; Begr. des RegE zum HFPG, LT-Drs. HE 15/1004, S. 6.

18 *Hirschmann/Groß*, Polizierende Präsenz, S. 8; *Tuchscherer*, Stadtpolizei statt Polizei, S. 11.

Hintergrund scheint es angezeigt, den Einsatz von Hilfspolizisten in deutschen Städten und Gemeinden einer kritischen rechtlichen Bewertung zu unterziehen.

Ziel dieser Arbeit ist es, zunächst einen Überblick darüber zu geben, in welchen Ländern in Deutschland Hilfspolizisten eingesetzt werden und in welchem Umfang diese polizeiliche Aufgaben und Befugnisse wahrnehmen. Im Anschluss daran wird evaluiert, ob die jeweiligen Modelle im Einklang mit dem Grundgesetz stehen, welche Vor- und Nachteile die jeweiligen Modelle in der Praxis bieten und in welchen Bereichen noch Handlungs- und Optimierungsbedarf besteht. Im Kern geht es um die Frage, ob der Einsatz von Hilfspolizisten geeignet ist, das eingangs beschriebene sicherheitspolitische Dilemma der Polizei zu lösen, d. h. ob es sich bei den Freiwilligen Polizeidiensten, Sicherheitswachten, Wachpolizeien und Stadt- bzw. Kommunalpolizeien um Institutionen handelt, die – trotz geringerer Anforderungen in Bezug auf Auswahl und Qualifikation – zu einer spürbaren Entlastung der Vollzugspolizei beitragen.

Die Arbeit soll einerseits als Orientierungshilfe für jene Länder dienen, die noch nicht über eine vergleichbare Institution verfügen, den Einsatz von Hilfspolizisten jedoch in Erwägung ziehen. Andererseits richtet sie sich an die politischen Entscheidungsträger in Sachsen, Sachsen-Anhalt und dem Saarland, die unter dem Eindruck einer veränderten Sicherheitslage im Zusammenhang mit der Flüchtlingskrise im Jahr 2016 eine Wachpolizei errichteten. Denn eine umfassende Evaluation der neu geschaffenen Wachpolizeien, zu der sich die Länder rechtlich verpflichteten,[19] fand bislang noch nicht statt. Die Arbeit schließt damit eine Lücke, die im bisherigen Forschungsstand zum Einsatz von Hilfspolizisten in Deutschland besteht. So existieren bisher nur wenige Arbeiten, die sich dieser Thematik aus rechtlicher Sicht annehmen. Hervorzuheben ist in der juristischen Literatur die Dissertation von *Fickenscher*,[20] welcher den Einsatz von privaten Bürgern in Freiwilligen Polizeidiensten, Sicherheitswachten und Sicherheitspartnerschaften länderübergreifend untersucht, die Untersuchung von *Ehm*,[21] der sich bei seiner Analyse auf den Freiwilligen Polizeidienst in Baden-Württemberg beschränkt, sowie die Arbeit von *Tuchscherer*,[22] die vor allem den Einsatz der Stadtpolizei in Frankfurt am Main untersucht. All diese Arbeiten richten jedoch nur einzelne Schlaglichter auf bestimmte Institutionen und Probleme, ohne den Einsatz von Hilfspolizisten in einen größeren,

---

19 Vgl. beispielhaft § 11 SächsWachdienstG, Ziffer 14 Dienstanweisung POD.

20 *Fickenscher*, Polizeilicher Streifendienst mit Hoheitsbefugnissen, S. 1 ff.

21 *Ehm*, Freiwilliger Polizeidienst in BW, S. 1 ff.

22 *Tuchscherer*, Stadtpolizei statt Polizei, S. 1 ff.

länderübergreifenden Zusammenhang zu stellen. Einen umfassenden Überblick über die einzelnen lokalen Sicherheitsakteure gewähren *Hirschmann* und *Groß*[23] in ihrer im Rahmen des Forschungsprojekts „Kooperative Sicherheitspolitik in der Stadt (KosiPol)" entwickelten Arbeit zur „Polizierende(n) Präsenz" in Deutschland, in der sie den Einsatz von Stadtpolizisten, Wachpolizisten sowie Ehrenamtlichen Polizeihelfern aus sozial- und politikwissenschaftlicher Sicht betrachten.

Gang der Darstellung

Vor dem Hintergrund der dargestellten Zielsetzung bietet die vorliegende Arbeit in § 1 (Innere Sicherheit in Deutschland) einen Überblick über die aktuelle Sicherheitslage in Deutschland. Im Zuge dessen wird geprüft, wie sicher die Bürger in Deutschland leben (objektive Sicherheit) und wie sicher sie sich fühlen (subjektive Sicherheit). Eine faktenbasierte Feststellung der objektiven und subjektiven Sicherheit ist unabdingbar, um abschließend bewerten zu können, ob die einzelnen Modelle zum Einsatz von Hilfspolizisten in der Praxis geeignet sind, die objektive und/oder subjektive Sicherheit in Deutschland zu verbessern. Im Anschluss werden in § 2 (Polizei als Hauptorgan zur Gewährleistung der Inneren Sicherheit) die wesentlichen Aufgabenfelder der Polizei dargestellt, um im weiteren Verlauf der Arbeit die den Hilfspolizisten übertragenen Aufgaben dem jeweiligen Aufgabenbereich korrekt zuordnen zu können. Darüber hinaus werden die verschiedenen Ebenen der Organisationsstruktur der Sicherheitsbehörden in Deutschland skizziert und die verschiedenen Institutionen (Freiwilliger Polizeidienst, Sicherheitswacht, Wachpolizei, Stadt-/Kommunalpolizei) der jeweiligen Ebene und der jeweiligen Bestellbehörde zugewiesen. In § 3 (Die Übertragung von Aufgaben der Gefahrenabwehr auf Hilfspolizisten) erfolgt eine umfassende Evaluation dieser Modelle, in deren Rahmen bestehende Unterschiede, Gemeinsamkeiten und landesspezifische Besonderheiten aufgezeigt werden. Abschließend werden in § 4 (Verfassungsrechtliche Grenzen für die Übertragung von Aufgaben der Gefahrenabwehr auf Hilfspolizisten) die verschiedenen Modelle bzw. die entsprechende gesetzliche Grundlage dahingehend überprüft, ob sie mit einzelnen Normen und Prinzipien der Verfassung im Einklang stehen oder gegen diese verstoßen. Im Schlussteil wird die eingangs formulierte Fragestellung nach dem praktischen Entlastungspotenzial der Modelle zum Einsatz von Hilfspolizisten abschließend beantwortet. Auf der Grundlage

---

23 *Hirschmann/Groß*, Polizierende Präsenz, S. 1 ff.

dieses Ergebnisses werden konkrete Handlungsempfehlungen ausgesprochen, wie die jeweiligen Modelle anzupassen sind, um den verfassungsrechtlichen Vorgaben zu genügen.

§ 1 Innere Sicherheit in Deutschland

Der Begriff „Innere Sicherheit“ hat nicht nur einen beruhigenden Klang, sondern verspricht in einer Welt, die angesichts einer Vielzahl teils realer, teils nur empfundener Bedrohungen für den einzelnen Menschen immer unübersichtlicher und bedrohlicher wirkt, auch eine gewisse Sorglosigkeit in Bezug auf die eigene Sicherheit.[24] Vor dem Hintergrund einer (vermeintlich) veränderten Sicherheitslage gehört die Innere Sicherheit heute – mehr denn je – zu den wichtigsten Grundbedürfnissen der Menschen und ist Bestandteil ihrer persönlichen Lebensqualität.[25] Die besondere Bedeutung zeigte sich nicht zuletzt im Vorfeld der Bundestagswahl am 24.9.2017, in dem die Innere Sicherheit zum dominierenden Thema avancierte.[26] Medien und Politik zeichneten infolge zunehmender Wohnungseinbrüche, politisch motivierter Straftaten sowie Konflikten in Zusammenhang mit der anhaltenden Flüchtlingskrise das Bild einer wachsenden Bedrohung für die Innere Sicherheit in Deutschland.[27] Diese Darstellung soll zum Anlass genommen werden, den aktuellen Stand der Inneren Sicherheit in Deutschland genauer zu untersuchen. Hierzu wird zunächst der Begriff der Inneren Sicherheit (I) definiert. Im Anschluss daran wird die verfassungsrechtliche Fundierung der Staatsaufgabe Innere Sicherheit dargestellt (II). Abschließend wird im Rahmen eines Vergleichs der objektiven Sicherheitslage mit dem subjektiven Sicherheitsgefühl der Bürger ein aktuelles Lagebild in Bezug auf die Innere Sicherheit in Deutschland skizziert (III).

---

24 *Kutscha*, in: Roggan, Hdb Innere Sicherheit, S. 24 (24).

25 Vgl. *Daase*, APuZ 2010, S. 9 (9); *Endreß/Petersen*, Die Dimension des Sicherheitsbegriffs, 14.6.2012, abrufbar unter: http://www.bpb.de/politik/innenpolitik/innere-sicherheit/76634/dimensionen-des-sicherheitsbegriffs <5.1.2018>.

26 Die besondere Bedeutung des Themas Sicherheit zeigt sich u.a. in den Regierungsprogrammen der CDU/CSU (S. 59 ff.) und SPD (S. 68 ff.) sowie den Wahlprogrammen der FDP (S. 78 ff.) und AfD (S. 22 ff.) zur Bundestagswahl am 24.9.2017.

27 Vgl. beispielhaft *Sigmund*, Allein unter Feinden, S. 1 ff.; *Lutz/Malzahn*, Der Extremismus frisst sich in den deutschen Alltag, Welt+ online, 23.7.2017, abrufbar unter: https://www.welt.de/politik/deutschland/plus166916952/Der-Extremismus-frisst-sich-in-den-deutschen-Alltag.html <3.12.2018>; Homepage des BMI, Terrorismus, abrufbar unter: https://www.bmi.bund.de/DE/themen/sicherheit/extremismus-und-terrorismusbekaempfung/terrorismus/terrorismus-node.html <1.12.2018>.

I. Begriffsbestimmung

Der Begriff der „Inneren Sicherheit“ ist weder auf Verfassungsebene noch auf einfachgesetzlicher Ebene definiert.[28] Die genaue begriffliche Bestimmung bereitet mithin Schwierigkeiten. Die folgende Darstellung beschränkt sich auf unterschiedliche definitorische Ansätze in der Rechtswissenschaft.

Teilweise wird der Begriff zur Beschreibung aller Maßnahmen der gesetzgebenden, vollziehenden und rechtsprechenden Gewalt, die sich auf den Schutz der Bevölkerung und der Gewährleistung des Friedens innerhalb eines Staatsgebietes beziehen, herangezogen.[29]

Andere setzen den staatsrechtlichen Begriff der „Inneren Sicherheit“ mit dem polizeirechtlichen Begriff der „Öffentlichen Sicherheit“ gleich.[30] Der Begriff der „Öffentlichen Sicherheit“ wird nicht nur im Grundgesetz,[31] sondern auch in den einzelnen Polizeigesetzen der Länder[32] sowie im Bundespolizeigesetz[33] verwendet und beispielsweise in § 2 Nr. 2 BremPolG und § 3 Nr. 1 SOG LSA legal definiert. Beide Polizeigesetze definieren den Begriff – im Einklang mit Rechtsprechung und Lehre – als „die Unverletzlichkeit der Rechtsordnung, der subjektiven Rechte und Rechtsgüter des Einzelnen sowie der Einrichtungen und Veranstaltungen des Staates oder sonstiger Träger der Hoheitsgewalt“.[34]

---

28 Der Begriff „Innere Sicherheit“ findet sich lediglich auf einfachgesetzlicher Ebene z.B. in strafrechtlichen Bestimmungen (§ 92 Abs. 3 Nr. 2StGB), im Passrecht (§ 23 PassG) sowie im Atomrecht (§ 3 Abs. 3 Nr. 2 AtomG). Die Verwendung des Rechtsbegriffs ist dabei uneinheitlich.

29 *Möllers*, in: Möllers, Wörterbuch der Polizei, S. 1132 ff.

30 *Möstl*, Die staatliche Garantie, S. 127.

31 Art. 13 Abs. 4, 7 und 35 Abs. 2 GG.

32 § 1 Abs. 1 PolG BW; Art. 2 Abs. 1 BayPAG; § 1 Abs. 1 Satz 1 ASOG Bln; § 1 Abs. 1 Satz 1 BbgPolG; § 1 Abs. 1 Satz 1 BremPolG; § 3 Abs. 1 SOG; § 1 Abs. 1 HSOG; § 1 Abs. 1 SOG M-V; § 2 Nr. 1 lit. a NPOG; § 1 Abs. 1 Satz 1 PolG NRW; § 1 Abs. 1 Satz 1 POG R-P; § 1 Abs. 2 SPolG; § 1 Abs. 1 Satz 1 SächsPolG; § 3 Nr. 1 SOG LSA; §§ 162 Abs. 1 LVwG; 2 Abs. 1 Satz 1 ThürPAG.

33 § 14 Abs. 2 Satz 1 BPolG.

34 BVerfG, Beschl. v. 23.6.2004 – 1 BvQ 19/04 = BVerfGE 111, 147 (156); BVerfG, Beschl. v. 14.5.1985 – 1 BvR 233/81 = BVerfGE 69, 315 (352); *Götz/Geis*, POR, § 4, Rn. 3; *Gusy*, POR, § 3, Rn. 79; *Kingreen/Poscher*, POR, § 8, Rn. 3 f.

Im „Programm Innere Sicherheit“ der IMK[35] aus dem Jahr 1974 wird „Innere Sicherheit“ als Oberbegriff für den Schutz des Einzelnen vor dem Verbrechen, den Schutz des Bestandes des Staates und seiner Einrichtungen sowie den Schutz der freiheitlichen demokratischen Grundordnung verstanden.[36] Der Begriff verbindet somit drei zentrale Bereiche: die freiheitlich demokratische Grundordnung als Aufgabenfeld des administrativen Verfassungsschutzes, die Abwehr von Gefahren für die öffentliche Sicherheit und Ordnung als Auftrag der Polizei sowie die Verfolgung von Straftaten als gemeinsame Aufgabe von Staatsanwaltschaft und Polizei und die ständige Bereitschaft aller Sicherheitsbehörden zur Abwendung von Störungen jenseits der Normallage.[37]

Im Ergebnis erscheint der weite definitorische Ansatz der IMK vorzugswürdig, da nur dieser sämtliche Sicherheitsbehörden in Deutschland in Bezug nimmt. Ein engeres Begriffsverständnis, das den Begriff der „Inneren Sicherheit“ in erster Linie auf den Schutz der Bevölkerung bezieht, vermag die Bedeutung dieser Staatsaufgabe nicht vollumfänglich zu erfassen. Gleiches gilt für den Ansatz, welcher den staatsrechtlichen Begriff „Innere Sicherheit“ mit dem polizeirechtlichen Begriff „Öffentliche Sicherheit“ gleichsetzt. Denn zum einen stellt die Gewährleistung der öffentlichen Sicherheit lediglich einen Teilaspekt der Inneren Sicherheit dar; zum anderen verbietet sich eine Gleichsetzung der „Inneren Sicherheit“ im Verständnis einer Aufgabe von Verfassungsrang mit dem einfachgesetzlichen Begriff der „Öffentlichen Sicherheit“ vor dem Hintergrund der Normenhierarchie.

II. Verfassungsrechtliche Fundierung

Als Inhaber des Gewaltmonopols gehört es zu den Kernaufgaben des Staates, Sicherheit und Frieden im Innern zu gewährleisten.[38] Die Sicherheitsgewährleistung

35 Die IMK ist ein unter wechselndem Vorsitz seit dem Jahr 1954 tagendes Gremium, in dem alle Innenminister der 16 Länder sowie der Bundesinnenminister als „ständiger Gast“ vertreten sind. Sie ist das höchste politische Koordinierungs- und Entscheidungsgremium hinsichtlich aller zentralen polizeilichen Belange.

36 *Kniesel*, in: Kniesel/Kube/Murck, Hdb für Führungskräfte der Polizei, S. 41 (45) mit Verweis auf die Begriffsbestimmung im „Programm Innere Sicherheit“ (IMK 1974).

37 *Greiffenhagen/Greiffenhagen*, Ein schwieriges Vaterland, S. 92; *Kniesel*, in: Kniesel/Kube/Murck, Hdb für Führungskräfte der Polizei, S. 41 (45).

38 *Götz*, in: Isensee/Kirchhof, HdbStR, Bd. III, 1. Aufl., § 75, Rn. 18 ff.; *Mann*, in: Erbguth/Mann/Schubert, Bes. VwR, Rn. 395; *Mann*, in: Eötvös Loránd, Annales Universitatis Scientiarum Budapestinensis, S. 105 (108); siehe ausführlich zum staatlichen Gewaltmonopol § 4 I.

mit den entsprechenden Institutionen von Polizei und Justiz stellt ein wesentliches Element seiner Rechtfertigung dar.[39] Die Staatsaufgabe Innere Sicherheit ist im deutschen Verfassungsrecht jedoch nur unvollkommen normiert.[40] Nichtsdestotrotz wird ihr in Rechtsprechung und Lehre Verfassungsrang zugesprochen.[41] Nach den Ausführungen des BVerfG sind „die Sicherheit des Staates als verfasster Friedens- und Ordnungsmacht und die von ihm – unter Achtung von Würde und Eigenwert des Menschen – zu gewährleistende Sicherheit der Bevölkerung (...) Verfassungswerte, die mit anderen hochwertigen im gleichen Rang stehen".[42] Die grundrechtlichen Schutzpflichten des Staates, der Schutzauftrag zugunsten von Staat und Verfassung, das rechtsstaatliche Gebot zur Durchsetzung des Rechts und der subsidiäre Grundauftrag zur Sicherung des inneren Friedens fügen sich zu einer verfassungsrechtlichen Sicherheitsaufgabe zusammen, die auf ihrer gesamten Breite (zumindest) die Bindungskraft einer Staatszielbestimmung aufweist.[43] Die Grundrechte als Sitz der Schutzpflichten des Staates bilden das Herzstück der verfassungsrechtlichen Garantie der Inneren Sicherheit.[44]

Neben dem Grundrechtsteil enthält auch der Staatsorganisationsteil des Grundgesetzes eine Verfassungsentscheidung für die Innere Sicherheit. Zahlreiche Regelungen zur föderalistischen Aufgabenverteilung auf den Gebieten der

---

39 *Götz*, in: Isensee/Kirchhof, HdbStR, Bd. III, 1. Aufl., § 75, Rn. 18 ff.; *Pitschas*, DÖV 2002, S. 221 (224); *Stoll*, Die staatliche Garantie, S. 4.

40 Einzig die Bayrische Verfassung normiert in Art. 99 BV die Pflicht des Staates zum Schutz aller Einwohner: „Die Verfassung dient dem Schutz und dem geistigen und leiblichen Wohl aller Einwohner. Ihr Schutz gegen Angriffe von außen ist gewährleistet durch das Völkerrecht, nach innen durch die Gesetze, die Rechtspflege und die Polizei."

41 BVerfG, Beschl. v. 1.8.1978 – 2 BvR 1013/77 = BVerfGE 49, 24 (56 f.); BVerfG, Beschl. v. 4.4.2006 – 1 BvR 518/02 = BVerfGE 115, 320 (346); BVerfG, Urt. v. 7.2.2008 – 1 BvR 370/07 = BVerfGE 120, 274 (319); *Calliess*, ZRP 2002, S. 1 (1 f.); *Götz*, in: Isensee/Kirchhof, HdbStR, Bd. III, 2. Aufl., § 79, Rn. 2; *Gusy*, in: Staatswissenschaften und Staatspraxis 1994, S. 187 (192); *Gusy*, VVDStRL 2004, S. 151 (154); *Holzner*, in: Möstl/Schwabenbauer, BeckOK PSR BY, Art. 2, Rn. 3; *Trute*, in: Erbguth/Müller/Neumann, Rechtstheorie und Rechtsdogmatik, S. 403 (413).

42 BVerfG, Beschl. v. 1.8.1978 – 2 BvR 1013/77 = BVerfGE 49, 24 (56 f.); BVerfG, Beschl. v. 4.4.2006 – 1 BvR 518/02 = BVerfGE 115, 320 (346); BVerfG, Urt. v. 7.2.2008 – 1 BvR 370/07 = BVerfGE 120, 274 (319).

43 *Möstl*, Die staatliche Garantie, S. 24, 73 ff.; vgl. hierzu auch *Calliess*, ZRP 2002, S. 1 (6); *a.A. Götz*, in: Isensee/Kirchhof, HdbStR, Bd. IV, 3. Aufl., § 85, Rn. 23.

44 *Isensee*, Das Grundrecht auf Sicherheit, S. 60; *Möstl*, Die staatliche Garantie, S. 37 ff.; siehe ausführlich zur dogmatischen Herleitung der grundrechtlichen Schutzpflichten § 4 III. 1.

Gesetzgebung und Verwaltung (Art. 73 Abs. 1 Nr. 1, 74 Abs. 1 Nr. 1, 87 Abs. 1, 91 Abs. 1 GG) enthalten die Staatsaufgabe Innere Sicherheit als Voraussetzung, die damit selbst verfassungsrechtliche Qualität erkennen lässt.[45] Der Verfassungstext nennt in Art. 73 Abs. 1 Nr. 10 GG beispielsweise die Kriminalpolizei, die Verbrechensbekämpfung und den Verfassungsschutz als Hauptkomponenten der Inneren Sicherheit. Er bleibt jedoch insofern hinter einer kompletten Staatszielbestimmung zurück, als nur der Anteil des Bundes, nicht auch der Anteil der Länder erfasst und die Justiz an dieser Stelle nicht berührt wird.[46]

III. Stand der Inneren Sicherheit in Deutschland

Die Gewährleistung der Inneren Sicherheit ist aktuell das bestimmende Thema in der politischen und gesellschaftlichen Debatte. Es vergeht kaum ein Tag ohne spektakuläre Berichte über Kriminalität und Terrorismus. Dies führt zu einer wachsenden Verunsicherung in der Bevölkerung. Laut einer Umfrage des Meinungsforschungsinstituts Allensbach wähnen sich fast 60 Prozent der Bürger in besonders unsicheren Zeiten.[47] Die subjektive Sicherheit ist eng mit dem Vertrauen der Bevölkerung in die Durchsetzungsfähigkeit des Rechtsstaates verknüpft, dessen Aufgabe es ist, für die Sicherheit der Bürger zu sorgen.[48] Daher entsteht bei vielen Menschen in Deutschland der Eindruck, der Staat sei nur noch begrenzt in der Lage, seine Bürger vor diesen Gefahren zu schützen. Eine zentrale Frage in diesem Zusammenhang ist die nach der Realität dieser Gefahren, d. h. ob sich die Sicherheitslage in Deutschland in den letzten Jahren auch in objektiver Hinsicht verschlechtert hat oder ob es sich lediglich um ein auf die subjektive Wahrnehmung der Bürger begrenztes Phänomen handelt. Um diese Frage beantworten zu können, wird im Folgenden die objektive und subjektive Sicherheitslage in Deutschland dargestellt.

1. Objektive Sicherheit

Zur Bestimmung der objektiven Sicherheit in Deutschland ist zu prüfen, wie sicher die Bürger hierzulande leben (objektive Sicherheitslage).

---

45 *Götz*, in: Isensee/Kirchhof, HdbStR, Bd. III, 1. Aufl., § 79, Rn. 3.

46 *Götz*, in: Isensee/Kirchhof, HdbStR, Bd. IV, 3. Aufl., § 85, Rn. 23.

47 Allensbach-Umfrage „Die Angst vor Veränderung“, Eine Dokumentation des Beitrags von *Thomas Petersen* in der FAZ Nr. 22 vom 27.1.2016, S. 3.

48 *Schwind et al.*, Kriminalitätsphänomene im Langzeitvergleich, S. 215.

a) Darstellung der objektiven Sicherheitslage

Die objektive Sicherheitslage in Deutschland wird durch eine Reihe von Kriminalstatistiken abgebildet. Die wohl bekannteste und wichtigste Statistik zur Darstellung der objektiven Kriminalitätsentwicklung in Deutschland ist die PKS.[49] Die PKS des Bundes wird jährlich durch das BKA erstellt und von der IMK zusammen mit dem Bundesinnenminister veröffentlicht. Laut Bundesministerium des Innern dient die Statistik zum einen „der Beobachtung der Kriminalität und einzelner Deliktsarten, des Umfangs und der Zusammensetzung des Tatverdächtigenkreises sowie der Veränderung von Kriminalitätsquotienten" und zum anderen „der Erlangung von Erkenntnissen zur vorbeugenden und verfolgenden Kriminalitätsbekämpfung, für organisatorische Planungen und Entscheidungen sowie für kriminologisch-soziologische Forschungen und kriminalpolitische Maßnahmen."[50] Die PKS ist eine Ausgangsstatistik,[51] die insbesondere Angaben über Art und Anzahl der erfassten Straftaten, Tatort und Tatzeit, Opfer und Schäden, Aufklärungsergebnisse sowie Alter, Geschlecht, Nationalität und andere Merkmale der Tatverdächtigen enthält.[52] Die Aussagekraft der PKS wird vor allem durch zwei Punkte deutlich geschmälert. Zum einen bildet sie lediglich das sogenannte Hellfeld, d. h. die der Polizei bekannt gewordene Kriminalität ab.[53] Zum anderen werden die Zahlen der Statistik durch verschiedene Faktoren wie z. B. Anzeigeverhalten, polizeiliche Kontrollintensität oder Änderungen im Strafrecht beeinflusst.[54] Die Daten der PKS zeichnen somit kein getreues Spiegelbild der Kriminalitätswirklichkeit, sondern bieten eine je nach Deliktsart mehr oder weniger starke Annäherung an die Realität, die ohne komplementäre Erkenntnisse zum Dunkelfeld mit Vorsicht zu interpretieren

---

49 *Baier et al.*, Forschungsbericht Nr. 117 KFN, S. 11; BReg, Bericht zur Lebensqualität in Deutschland, S. 113; *Wistuba*, Evaluation von Kriminalprävention, S. 14.

50 BMI, Bericht zur PKS 2017, S. 7.

51 In der Ausgangsstatistik werden nur die Straftaten dargestellt, die der Polizei bekannt geworden und durch sie endbearbeitet worden sind (einschließlich der mit Strafe bedrohten Versuche und der vom Zoll bearbeiteten Rauschgiftdelikte).

52 BMI, Bericht zur PKS 2017, S. 7.

53 *Albrecht*, Innere Sicherheit in Deutschland, bpb.de, 31.5.2012, abrufbar unter: http://www.bpb.de/politik/grundfragen/deutsche-verhaeltnisse-eine-sozialkunde/138620/innere-sicherheit-in-deutschland?p=all <01.7.2018>; *Baier et al.*, Forschungsbericht Nr. 117 KFN, S. 11; *Gluba/Groß*, Der Kriminalist 2016, S. 4 (4).

54 BMI, Bericht zur PKS 2017, S. 7; *Voss-De Hahn/Lippert/Hergenhahn*, Krim 2015, S. 475 (478 f.).

sind.[55] Trotz der genannten Fehlerquellen stellt die PKS im Vergleich zu den anderen Kriminalstatistiken das wichtigste Instrument zur Messung des Aufkommens, der Struktur und der Entwicklung von Kriminalität dar.[56]

b) *Abbildung des Hellfeldes*

Die zuletzt veröffentlichte PKS für das Jahr 2017 vermittelt das Bild eines recht sicheren Landes mit abnehmender Gesamtkriminalität. So wurden 2017 insgesamt rund 5,76 Mio. Straftaten erfasst.[57] Im Vergleich zum Jahr 2007 entspricht dies einem Rückgang um 8,3 Prozent[58] und im Vergleich zum Jahr 2016 einem Rückgang um 9,6 Prozent.[59] Auch die sogenannte Häufigkeitszahl[60] ist 2017 im Vergleich zum Vorjahr um 10,0 Prozent auf 6.982 Fälle gesunken.[61] Bei der Betrachtung der einzelnen Deliktsbereiche fällt auf, dass Diebstahls- und Betrugsdelikte mit rund 52,1 Prozent rund die Hälfte der Gesamtkriminalität ausmachen. Die Diebstahlsdelikte dominieren dabei – wie auch in den Jahren zuvor – mit rund 2,09 Mio. Fällen und einem Anteil von 36,3 Prozent an der Gesamtkriminalität.[62] Der deutlichste Rückgang im Vergleich zum Vorjahr (2016) ist beim Wohnungseinbruchsdiebstahl zu verzeichnen, einem Delikt, welches das subjektive Sicherheitsgefühl der betroffenen Bürger besonders stark beeinflusst.[63] Die Anzahl der bekannt gewordenen Wohnungseinbruchsdiebstähle sank demnach im Zeitraum 2016–2017 um rund 23,0 Prozent auf 116.504 Fälle.[64] Im Vergleich zum Jahr 2007 bedeutet dies jedoch einen leichten Anstieg von rund 6,8 Prozent.[65] Auch die „Straßenkriminalität", die vor allem in Gestalt von Raubüberfällen das Sicherheitsgefühl und Ausgehverhalten der Bürger

---

55 *Hanfeld*, Straftaten und Straftäter, FAZ plus online, 21.6.2018, abrufbar unter: http://plus.faz.net/faz-plus/feuilleton/2018-06-21/straftaten-und-straftaeter/166751.html <21.6.2018>; *Wistuba*, Evaluation von Kriminalprävention, S. 15.

56 *Birkel*, in: Eifler/Pollich, Empirische Forschung über Kriminalität, S. 67 (68).

57 BMI, Bericht zur PKS 2017, S. 10.

58 BKA, PKS 2007, S. 25.

59 BMI, Bericht zur PKS 2017, S. 10.

60 D.h. die Zahl der Straftaten, die pro 100.000 Einwohner begangen werden.

61 BMI, Bericht zur PKS 2017, S. 10.

62 BMI, Bericht zur PKS 2017, S. 13.

63 *Hummelsheim-Doss*, ISI 2016, S. 6 (8 f.).

64 BMI, Bericht zur PKS 2017, S. 13.

65 BKA, PKS 2007, S. 36.

beeinflusst,[66] ist im Vergleich zum Vorjahr um 8,6 Prozent[67] und im Vergleich zu 2007 um 23,3 Prozent[68] zurückgegangen.

c) *Abbildung des Dunkelfeldes*

Um einen möglichst umfassenden Überblick über die objektive Kriminalitätslage zu erhalten, ist es notwendig, zusätzlich zu den in der PKS registrierten Straftaten repräsentative Bevölkerungsumfragen durchzuführen.[69] Auf diese Weise soll – in Ergänzung zum „Hellfeld" – das sogenannte Dunkelfeld, d. h. die der Polizei nicht bekannt gewordene Kriminalität abgebildet werden. Aus methodischen Gesichtspunkten handelt es sich bei Dunkelfelduntersuchungen meist um (schriftliche) Befragungen von Opfern, Tätern oder Informanten.[70] In Deutschland haben derartige Befragungen in der Wissenschaft und Praxis in den letzten Jahren zunehmend an Bedeutung und Aufmerksamkeit gewonnen. Während auf Landesebene die entsprechenden Akteure durch z. T. bereits periodisch durchgeführte Studien regelmäßig über das Dunkelfeld informiert werden, befindet sich eine periodische Opferbefragung auf Bundesebene erst noch im Aufbau. Eine bundesweite Opferbefragung wurde erstmals seit der vom Kriminologischen Forschungsinstitut Niedersachsen (KFN) im Jahr 1992 durchgeführten Studie zur Opferwerdung und Kriminalitätsfurcht mit dem Deutschen Viktimisierungssurvey (DVS) im Jahr 2012 realisiert. Dieser gilt als Startschuss für weitere regelmäßige statistikbegleitende Dunkelfeld-Opferbefragungen auf Bundesebene.[71] Im Ergebnis zeigt der DVS 2012 zum einen, dass Erfahrungen als Opfer insgesamt selten sind und sich vor allem auf leichtere Formen von Kriminalität (z. B. Waren- und Dienstleistungsbetrug oder Diebstahl) beziehen, und zum anderen, dass soziodemographische Merkmale und Aspekte des Lebensstils Auswirkungen auf die Häufigkeit der Opfererfahrung haben.[72] Insgesamt lässt sich mithin festhalten, dass Deutschland ein weitgehend sicheres Land ist, in dem die Bürger nur relativ selten durch Kriminalität bedroht sind.

---

66 *Reuband*, GMH 1994, S. 214 (215).

67 BMI, Bericht zur PKS 2017, S. 12.

68 BKA, PKS 2007, S. 238.

69 *Rupprecht*, Polizei Lexikon, S. 275.

70 *Prätor*, in: Eifler/Pollich, Empirische Forschung über Kriminalität, S. 31 (41); *Schwind*, Kriminologie, S. 43.

71 *Birkel*, in: Eifler/Pollich, Empirische Forschung über Kriminalität, S. 67 (85); *Birkel et al.*, Opfererfahrungen und kriminalitätsbezogene Einstellungen in Deutschland, S. 4.

72 *Birkel et al.*, Der Deutsche Viktimisierungssurvey 2012, S. 91.

2. Subjektive Sicherheit

Zur Bestimmung der subjektiven Sicherheit in Deutschland ist zu prüfen, wie sicher sich die Bürger hierzulande fühlen (subjektives Sicherheitsgefühl). Von besonderem Interesse ist dabei, ob sich der Befund einer objektiv relativ sicheren Bundesrepublik auch im Sicherheitsgefühl der Bevölkerung widerspiegelt.

a) Darstellung des subjektiven Sicherheitsgefühls

Die subjektive Bewertung der Kriminalitätslage durch die Bevölkerung ist neben der Bewertung der objektiven Sicherheitslage von zentraler kriminalpolitischer und -strategischer Bedeutung. Sie ist nicht nur Gradmesser für die Qualität polizeilicher Arbeit, sondern auch Indikator für sich entwickelnde oder bislang nicht hinreichend erkannte und bearbeitete Problem- und Gefahrenlagen sowie für das Verhältnis zwischen Bürgern und Polizei.[73]

Es ist vor allem das Gefühl, geschädigt werden zu können, das neben der tatsächlichen Schädigung weitreichende individuelle Folgen nach sich zieht. Wer sich unsicher fühlt, zieht sich zurück, beteiligt sich nicht mehr am öffentlichen Leben und vereinsamt.[74] Erst das Gefühl von Sicherheit ermöglicht die angstfreie Ausübung von Freiheitsrechten, ein Gefühl der Unsicherheit hingegen mindert die Lebensqualität.[75] Mit Blick auf das Sicherheitsempfinden in der Bevölkerung ist zwischen dem Gefühl einer persönlichen Bedrohung (personale Kriminalitätsfurcht) und dem Gefühl einer allgemeinen, den Staat und die Gesellschaft betreffenden Bedrohung durch Kriminalität (soziale Kriminalitätsfurcht) zu differenzieren.[76] Letztere wird in Umfragen beispielsweise über die Frage erfasst, ob man sich über die Kriminalitätsentwicklung in Deutschland sorgt bzw. ob man Kriminalität als bedeutendes Problem für Staat und Gesellschaft betrachtet. In der Kriminologie wird diese nicht als Kriminalitätsfurcht im eigentlichen Sinne betrachtet.[77] Vielmehr ist hier die personale Kriminalitätsfurcht von Interesse, bei der das persönliche Sicherheitsgefühl der oder des Befragten im konkreten Alltagserleben im Zentrum der Betrachtung steht.[78]

---

73 *Görgen/Kraus*, in: Dessecker/Sohn, Rechtspsychologie, S. 223 (230).

74 LKA NI, Befragung zu Sicherheit und Kriminalität in Niedersachsen 2013, S. 18.

75 *Murck*, Deutsche Polizei 1993, S. 6 (9); vgl. auch *Freese*, Krim 2016, S. 587 (588).

76 *Köhn/Bornewasser*, Subjektives Sicherheitsempfinden, S. 1; *Reuband*, GMH 1994, S. 214 (218); *Ziegleder/Kudlacek/Fischer*, Zur Wahrnehmung und Definition von Sicherheit durch die Bevölkerung, S. 12.

77 *Hummelsheim-Doss*, ISI 2016, S. 6 (6).

78 *Hummelsheim-Doss*, ISI 2016, S. 6 (7).

Die personale Kriminalitätsfurcht ist ein mehrdimensionales Konstrukt, welches durch eine affektive (gefühlsbezogene), eine kognitive (verstandsbezogene) und eine konative (verhaltensbezogene) Ebene gekennzeichnet ist.[79] Das subjektive Sicherheitsgefühl wird über die affektive Komponente der Kriminalitätsfurcht bestimmt.[80] Sie beschreibt die Furcht der Bürger davor, selbst Opfer einer Straftat zu werden[81], und wird in Umfragen in der Regel über den sogenannten Standardindikator erfasst, der sich auf das Gefühl von Sicherheit in der eigenen Wohngegend bezieht und danach fragt, wie sicher sich der Befragte fühlt, wenn er nach Einbruch der Dunkelheit alleine zu Fuß in der Wohngegend unterwegs ist.[82]

b) Erhebungen zum subjektiven Sicherheitsgefühl

Das subjektive Sicherheitsgefühl lässt sich im Vergleich zur objektiven Sicherheitslage sehr viel schwieriger abbilden, da die gemessene (Un-)Sicherheit je nach Umfrage zum Teil erheblich variiert. Von besonderer Bedeutung ist in diesem Zusammenhang der DVS 2012. Im Gegensatz zu den meisten anderen sozialwissenschaftlichen Befragungsprogrammen, die lediglich Teilaspekte der subjektiven Sicherheit abdecken (z. B. die Allgemeine Bevölkerungsumfrage der Sozialwissenschaften ALLBUS oder der European Social Survey ESS), berücksichtigt der DVS, dass das kriminalitätsbezogene Sicherheitsgefühl als multidimensionales Konstrukt nur über verschiedene Frageanreize und Items angemessen erfasst werden kann.[83] Laut DVS fürchtete im Jahr 2012 fast jede fünfte Person in Deutschland, Opfer einer Straftat zu werden.[84] So fühlten sich rund 17 Prozent der Befragten unsicher, wenn sie im Dunkeln allein in ihrer Wohngegend unterwegs waren, fünf Prozent von ihnen sogar sehr unsicher.[85]

---

79 *Birkel et al.*, Der Deutsche Viktimisierungssurvey 2012, S. 64; *Köhn/Bornewasser*, Subjektives Sicherheitsempfinden, S. 2; *Mühler*, in: Pickel/Yendell/Dörner, Innere Sicherheit in Sachsen, S. 53 (55); *Wistuba*, Evaluation von Kriminalprävention, S. 14; *Ziegleder/Kudlacek/Fischer*, Zur Wahrnehmung und Definition von Sicherheit durch die Bevölkerung, S. 13.

80 BReg, Bericht zur Lebensqualität in Deutschland, S. 15.

81 *Boers*, in: Heitmeyer/Hagan, Internat. Hdb Gewaltforschung, S. 1399 (1399 ff.).

82 *Birkel et al.*, Der Deutsche Viktimisierungssurvey 2012, S. 64; BReg, Bericht zur Lebensqualität in Deutschland, S. 110; *Reuband*, NK 2012, S. 133 (134); *Wistuba*, Evaluation von Kriminalprävention, S. 22.

83 *Hummelsheim-Doss*, ISI 2016, S. 6 (7).

84 *Birkel et al.*, Der Deutsche Viktimisierungssurvey 2012, S. 66.

85 *Birkel et al.*, Der Deutsche Viktimisierungssurvey 2012, S. 66.

Eine Analyse der Verteilung der sozialen Verbrechensfurcht in der Gesellschaft zeigt, dass die subjektive Unsicherheit von verschiedenen Faktoren abhängt. Neben dem Geschlecht und dem Alter erweisen sich Bildungs- und Einkommensressourcen, Merkmale des Wohnorts sowie der Migrationshintergrund als wichtige Determinanten der Kriminalitätsfurcht. So fühlen sich ältere Menschen unsicherer als jüngere Menschen, Frauen unsicherer als Männer, Menschen mit ausländischer Herkunft unsicherer als deutsche Staatsbürger und Menschen mit geringeren Bildungs- und Einkommensressourcen unsicherer als Menschen mit höherem Bildungs- und Einkommensniveau.[86]

Ein ähnliches Bild zeichnet das Meinungsforschungsinstitut Allensbach, welches in einer Umfrage vom Februar 2016 zu dem Ergebnis kommt, dass sich die Bürger in Deutschland unsicherer fühlen als in den letzten Jahren. So antwortete auf die Frage, ob es in der Nähe ein Gebiet gebe, durch das die befragte Person nachts nicht gehen würde, fast jede zweite Person (30 Prozent der Männer und 56 Prozent der Frauen) mit „ja".[87] Im Jahr 2006 beantworteten lediglich 23 Prozent der Männer und 42 Prozent der Frauen diese Frage positiv.[88]

Insgesamt ist zu konstatieren, dass sich ein bedeutsamer Teil der Bürger in Deutschland besonders unsicher fühlt. Dieses Unsicherheitsgefühl scheint insbesondere in den letzten Jahren signifikant angestiegen zu sein.

3. Abschließende Bewertung

Die Zahlen der polizeilichen Kriminalstatistik und das subjektive Sicherheitsgefühl in der Bevölkerung passen nicht zusammen. Es gibt deutlich mehr Menschen, die sich vor Kriminalität fürchten, als es Opfer von Straftaten gibt. Das Auseinanderklaffen von objektiver und subjektiver Sicherheit führt wiederum zu der Frage, welche Maßnahmen ergriffen werden können, um das unverhältnismäßig hohe Unsicherheitsgefühl in der Bevölkerung zu verringern. Ein möglicher Ansatzpunkt liegt in der Verbesserung der polizeilichen Präsenz in der Fläche.

Wie bereits in der Einleitung beschrieben, soll dieses Ziel unter anderem durch eine verstärkte Einstellung von Polizeivollzugsbeamten erreicht werden. Dieser Ansatz entspricht nicht nur dem Konsens zwischen Bund und Ländern,

---

86 *Birkel et al.*, Der Deutsche Viktimisierungssurvey 2012, S. 80.

87 Allensbach-Umfrage „Diffuse Ängste", Eine Dokumentation des Beitrags von *Renate Köcher* in der FAZ Nr. 40 vom 17.2.2016, S. 3.

88 Allensbach-Umfrage „Diffuse Ängste", Eine Dokumentation des Beitrags von *Renate Köcher* in der FAZ Nr. 40 vom 17.2.2016, S. 3.

sondern spiegelt auch den Wunsch der breiten Mehrheit der Bevölkerung wider.[89] So ergab eine Umfrage des Meinungsforschungsinstituts Allensbach im Februar 2016, dass sich rund 90 Prozent der befragten Bürger eine bessere personelle Ausstattung der Polizei wünschen.[90] Nach Meinung des Sozialpsychologen *Ulrich Wagner* könne eine verstärkte Präsenz der Polizeibeamten durch vermehrte Streifengänge und Patrouillen zwar zu einer Verbesserung des subjektiven Sicherheitsgefühls beitragen, jedoch führe mehr Polizei nicht automatisch zu mehr Sicherheit.[91] Der gleichen Meinung ist *Raphael Behr*, dem zufolge eine verstärkte Einstellung von Polizeivollzugsbeamten gar zum Eintritt des gegenteiligen Effektes – einer Verschlechterung des subjektiven Sicherheitsgefühls der Bürger – führe, da diese infolge der erhöhten Polizeipräsenz das Gefühl hätten, in einem besonders unsicheren Umfeld zu leben, in dem Sicherheit erst hergestellt werden müsse.[92] Singuläre Maßnahmen, wie die verstärkte Einstellung von Polizeivollzugsbeamten, erscheinen den Experten zufolge nur wenig geeignet, die subjektive Sicherheit in der Bevölkerung nachhaltig zu verbessern.

Erfolgversprechender erscheint daher der eingangs beschriebene zweite Lösungsweg des Einsatzes von Hilfspolizisten. Verschiedene Untersuchungen belegen, dass soziales Kapital im Sinne von sozialem Zusammenhalt und gemeinschaftlicher Wirkkraft besonders geeignet ist, nicht nur der Furcht vor Kriminalität, sondern auch der tatsächlichen Viktimisierungsgefahr entgegenzuwirken.[93]

---

89 Vgl. hierzu *Feltes*, in: Dölling/Feltes/Heinz/Kury, KKP, S. 5 (11 f.); *Fuchs*, Krim 2016, S. 75 (80); *Kloepfer*, Deutschland braucht mehr Polizisten, FAZ online, 4.3.2017, abrufbar unter: http://www.faz.net/aktuell/wirtschaft/polizei-in-deutschland-leidet-unter-personalmangel-14896320.html <26.6.2018>; *Ziegleder/Kudlacek/Fischer*, Zur Wahrnehmung und Definition von Sicherheit durch die Bevölkerung, S. 67; BReg, Bericht zur Lebensqualität in Deutschland, S. 110.

90 Allensbach-Umfrage „Diffuse Ängste", Eine Dokumentation des Beitrags von *Renate Köcher* in der FAZ Nr. 40 vom 17.2.2016, S. 7.

91 *Klasen*, Ängste der Deutschen – Interview mit Ulrich Wagner, SZ online, 16.6.2016, abrufbar unter: http://www.sueddeutsche.de/leben/aengste-der-deutschen-kriminalstatistik-und-sicherheitsgefuehl-passen-oft-nicht-zusammen-1.3251296 <27.6.2018>.

92 *Steppat*, Mehr Polizeibeamte bedeuten nicht mehr Sicherheit – Interview mit Raphael Behr, FAZ online, 28.5.2016, abrufbar unter: http://www.faz.net/aktuell/politik/mehr-polizei-mehr-sicherheit/faz-net-thema-polizei-mehr-polizeibeamte-bedeuten-nicht-mehr-sicherheit-14242432-p2.html <28.6.2018>.

93 Vgl. etwa *Sampson*, New Economy 11 (1) 2004, S. 106 (106 ff.); *Sampson/Grooves*, The American Journal of Sociology, 94 (4) 1989, S. 774 (774 ff.); *Sun et al.*, Western Criminology Review 5 (1) 2004, S. 1 (1 ff.).

Modelle, die auf bürgerschaftliche Partizipation im Kontext der Inneren Sicherheit setzen, scheinen prädestiniert, um derartiges Kapital zu erzeugen.[94] Im Rahmen der Kommunalen Kriminalprävention kommt dabei insbesondere der Einsatz „Ehrenamtlicher Polizeihelfer" in Betracht. Denn die subjektive Unsicherheit in der Bevölkerung wächst dann, wenn die Bürger den Eindruck gewinnen, dass der Staat Straßen, Parks und Wohnquartiere verkommen lässt, indem er Recht und Gesetz nicht konsequent durchsetzt. Die Ehrenamtlichen Polizeihelfer sollen als zusätzlicher Ansprechpartner für die Bürger fungieren. Mithilfe der kommunizierenden Polizeihelfer besteht die Möglichkeit, „Polizeiarbeit an der Wurzel des Übels" zu betreiben und so das subjektive Sicherheitsgefühl der Bürger tatsächlich zu verbessern.[95] Der Einsatz der Hilfspolizisten ist mithin geeignet, um dem Auseinanderfallen von objektiver und subjektiver Sicherheit entgegenzuwirken.

IV. Zusammenfassung von § 1

Die Innere Sicherheit spielt für die Lebensqualität der Bürger in Deutschland eine zentrale Rolle. In der Rechtswissenschaft steht der Begriff – einem weiten Begriffsverständnis zufolge – für das Aufgabenfeld des administrativen Verfassungsschutzes, der Staatsanwaltschaft und Polizei sowie der sonstigen Sicherheitsbehörden in Deutschland, die zur Abwendung von Störungen jenseits der Normallage tätig werden. Trotz der überragenden Bedeutung wird die Innere Sicherheit als Staatsaufgabe oder Staatsziel im Verfassungstext nicht explizit erwähnt. Die Pflicht des Staates, die Sicherheit der Bürger im Innern zu gewährleisten, ergibt sich jedoch mittelbar aus den grundrechtlichen Schutzpflichten des Staates, dem Schutzauftrag zugunsten von Staat und Verfassung, dem rechtsstaatlichen Gebot zur Durchsetzung des Rechts und dem subsidiären Grundauftrag zur Sicherung des inneren Friedens. Für die Bewertung der Inneren Sicherheit in Deutschland ist neben der objektiven Sicherheitslage das subjektive Sicherheitsgefühl der Bürger von zentraler Bedeutung. Hierbei fällt auf, dass sich die Bürger in Deutschland (derzeit) deutlich unsicherer fühlen,

---

94 Vgl. *Weisburd/Eck*, The Annals of American Academy of Political and Social Science 593 (1) 2004, S. 43 (43 ff.).

95 *Steppat*, Mehr Polizeibeamte bedeuten nicht mehr Sicherheit - Interview mit Raphael Behr, FAZ online, 28.5.2016, abrufbar unter: http://www.faz.net/aktuell/politik/mehr-polizei-mehr-sicherheit/faz-net-thema-polizei-mehr-polizeibeamte-bedeuten-nicht-mehr-sicherheit-14242432-p2.html <28.6.2018>; der gleichen Ansicht sind *Görgen/Kraus*, in: Dessecker/Sohn, Rechtspsychologie, S. 223 (235).

als sie sich nach der aktuellen Kriminalitätslage fühlen müssten. Es gibt deutlich mehr Menschen, die sich vor Kriminalität fürchten, als es Opfer von Straftaten gibt. Aufgrund der Einbindung der Bürger in die Sicherheitsgewährleistung ist der Einsatz von Hilfspolizisten ein möglicher Weg, um dem Auseinanderfallen von objektiver und subjektiver Sicherheit zukünftig wirksam entgegenzuwirken.

§ 2 Polizei als Hauptorgan zur Gewährleistung der Inneren Sicherheit

Der Staat hat nach außen und innen für die Sicherheit seiner Bürger zu sorgen. Sicherheit und Frieden im Innern gewährleistet der gewaltenteilige Rechtsstaat mittels einer institutionell ausdifferenzierten, kompetenzteiligen Sicherheitsarchitektur.[96] Besondere Bedeutung kommt hierbei neben den kommunalen Ordnungsbehörden[97] vor allem der Vollzugspolizei zu. Ihr obliegt in erster Linie die Abwehr von Gefahren und die Verfolgung begangener Straftaten. Das institutionelle Verhältnis von Polizei und Ordnungsbehörden variiert zwischen den einzelnen Ländern in Deutschland und richtet sich danach, wie konsequent das Programm der „Entpolizeilichung"[98] der Ordnungsbehörden umgesetzt wurde.[99] In den meisten Ländern gilt das Trennungsprinzip.[100] Zuständig für die Gefahrenabwehr sind dabei zwei verschiedene Behördentypen: Primär zuständig für die Gefahrenabwehr sind die Ordnungsbehörden, die Polizeibehörden nur im Eilfall.[101] In den Ländern, in denen das Einheitsprinzip gilt, obliegen die Aufgaben der Gefahrenabwehr

96 *Möstl*, in: Möstl/Trurnit, BeckOK PolR BW, Vorb. v. § 1.

97 Der Begriff „Ordnungsbehörde" wird zusammenfassend für die in den einzelnen Ländern unterschiedlich bezeichneten kommunalen Verwaltungsbehörden mit Gefahrenvorsorge- und Gefahrenabwehraufgaben verwendet. Je nach Land werden die Ordnungsbehörden als „Allgemeine Ordnungsbehörden" (z.B. § 3 OBG; § 89 POG R-P), „Gefahrenabwehrbehörden" (z.B. § 1 HSOG), „Verwaltungsbehörden" (z.B. § 1 NPOG) oder „Allgemeine Polizeibehörden" (z.B. § 61 PolG BW) bezeichnet.

98 Der Begriff steht für die Aufgabenbeschränkung der Polizei in Deutschland nach dem Ende des Zweiten Weltkrieges durch die Alliierten, die durch die Zerschlagung zentraler Staatsstrukturen die Polizei dezentralisierten und kommunalisierten (d.h. Aufgaben der früheren Verwaltungspolizei den neu gegründeten Sicherheits- und Ordnungsbehörden übertrugen).

99 *Möstl*, in: Möstl/Bäuerle, BeckOK POR HE, Vorb. v. § 1.

100 In allen Ländern, mit Ausnahme von Baden-Württemberg, Bremen, Sachsen und dem Saarland, gilt das Trennungsprinzip.

101 Vgl. beispielhaft § 1 Abs. 1, § 2 Abs. 1 PolG BW; § 1 Abs. 1, 2 BremPolG; § 1 Abs. 1, 3 HSOG; § 1 Abs. 1 Satz 1, Abs. 2 Satz 1 NPOG.

der Polizei, die in Polizeiverwaltungsbehörden und Polizeivollzugsbehörden aufgegliedert ist.[102]

Die exponierte Stellung der Polizei gründet zum einen auf ihrer gegenüber der gesamten gewaltenteiligen Sicherheitsarchitektur subsidiären Allzuständigkeit und zum anderen auf der besonders umfangreichen Befugnisstruktur.[103] Kein anderer Teil der Staatsgewalt hat so weitreichende Zugriffsmöglichkeiten auf die grundrechtlich geschützten Bereiche der Bürger.[104] Die Polizei ist – im Gegensatz zu den anderen staatlichen Sicherheitsfunktionen – nicht nur prinzipiell jederzeit und überall einsetzbar, sondern auch tatsächlich mit den effektivsten rechtlichen Mitteln ausgestattet, um in jeder Situation für ausreichend Schutz sorgen zu können.[105] Sie verfügt nicht nur in der Breite (Generalklausel), sondern auch in der Tiefe (Fähigkeit, Entscheidungen notfalls sofort und mit unmittelbarem Zwang bis hin zum Schusswaffengebrauch durchzusetzen) über die umfassendsten Befugnisse.[106] Die Polizei erscheint so als die reinste Verkörperung der staatlichen Garantie für die öffentliche Sicherheit und Ordnung und des staatlichen Gewaltmonopols.[107]

Aus diesem Grund sollen – bevor die einzelnen Modelle zum Einsatz von Hilfspolizisten detailliert geprüft werden – zunächst jene Aufgaben der Polizei dargestellt werden, die im Rahmen der Gewährleistung der Inneren Sicherheit den Schwerpunkt bilden (I). Anschließend wird ein Überblick über die verschiedenen Polizei- und Ordnungsbehörden im deutschen Bundesstaat gegeben (II). Diese allgemeinen Ausführungen dienen im weiteren Verlauf der Arbeit dazu, die Aufgaben der Hilfspolizisten im Verhältnis zu den Polizeibeamten zu betrachten und die einzelnen Modelle zum Einsatz von Hilfspolizisten auf Bundes-, Landes- oder Kommunalebene korrekt zu verorten.

---

102 Der Unterschied zwischen Trennungs- und Einheitsprinzip ist in der Praxis von geringer Bedeutung, da auch beim Einheitsprinzip im Grundsatz die Polizeiverwaltungsbehörden für die Gefahrenabwehr zuständig sind, wohingegen der Polizeivollzugsdienst regelmäßig nur im Eilfall tätig wird.

103 *Bäuerle*, APuZ 2008, S. 15 (15); *Möstl*, in: Möstl/Weiner, BeckOK POR Nds, Rn. 57.

104 *Bäuerle*, APuZ 2008, S. 15 (15).

105 *Möstl*, in: Möstl/Schwabenbauer, BeckOK PSR BY, Rn. 57.

106 *Möstl*, in: Möstl/Kugelmann, BeckOK POR NRW, Rn. 56 f.

107 *Möstl*, in: Möstl/Bäuerle, BeckOK POR HE, Rn. 57.

I. Aufgabenfelder der Polizei

Nahezu alle Polizeigesetze der sechzehn Länder weisen der Polizei in einer allgemeinen Aufgabennorm (Aufgabengeneralklausel) im Wesentlichen vier Aufgabenkomplexe zu: die Gefahrenabwehr, den Schutz privater Rechte, die Vollzugshilfe sowie die „durch andere Rechtsvorschriften" übertragenen Aufgaben.[108] Die Aufgabengeneralklausel ist strikt von der allgemeinen Befugnisgeneralklausel[109] zu unterscheiden. Letztere bietet angesichts ihrer flexiblen Rechtsfolgenermächtigung eine Grundlage für vielfältiges polizeiliches Handeln und ermöglicht auf diese Weise, auch neuartige und atypische Gefährdungen auf der Basis des geltenden Rechts zu bekämpfen, ohne dass zuvor erst der Gesetzgeber bemüht werden müsste.[110]

Die originäre Aufgabe der Polizei besteht in der Abwehr von Gefahren für die öffentliche Sicherheit und Ordnung (präventiv-polizeiliche Aufgabe).[111] Daneben kommen der Polizei die „durch andere Rechtsvorschriften" übertragenen Aufgaben zu. Hierzu zählt insbesondere die repressiv-polizeiliche Aufgabe der Verfolgung von Straftaten und Ordnungswidrigkeiten (§ 163 Abs. 1 Satz 1 StPO und § 53 Abs. 1 Satz 1 OWiG).[112] Die typische Tätigkeit der Polizei vereint traditionell präventive und repressive Aufgaben (funktionale Doppelrolle), die auf zwei sehr unterschiedlichen Rechtsregimen aufbauen.[113] Nach der für den deutschen Bundesstaat charakteristischen Unterscheidung zwischen der primären Gesetzgebungskompetenz der Länder für das Gefahrenabwehrrecht

---

108 § 1 PolG BW; Art. 2 BayPAG; § 1 ASOG Bln; § 1 BbgPolG; § 1 BremPolG; § 3 SOG; § 1 HSOG; § 1 SOG M-V; § 1 NPOG; § 1 PolG NRW; § 1 POG R-P; § 1 SPolG; § 1 SächsPolG; § 1 SOG LSA; § 162 LVwG; § 2 ThürPAG.

109 § 1, 3 PolG BW; Art. 11 BayPAG; § 17 ASOG Bln; § 10 BbgPolG; § 10 BremPolG; § 1 SOG; § 11 HSOG; §§ 13 SOG M-V; § 11 NPOG; § 8 PolG NRW; § 9 POG R-P; § 8 SPolG; § 3 SächsPolG; § 13 SOG LSA; § 174 LVwG; § 12 ThürPAG.

110 *Mann/Fontana*, JA 2013, S. 734 (735).

111 *Holzner*, in: Möstl/Schwabenbauer, BeckOK PSR BY, Art. 2, Rn. 3; *Kingreen/Poscher*, POR, § 5, Rn. 10; *Mann/Fontana*, JA 2013, S. 734 (734); *Mühl/Fischer*, in: Möstl/Bäuerle, BeckOK POR HE, § 1, Rn. 1 ff.

112 Daneben werden der Polizei eine Reihe weiterer Aufgaben durch Rechtsvorschriften übertragen, u.a. Verfolgung und Ergreifen von Flüchtigen (§ 167 GVG), Durchführung von Abschiebungen (§ 71 Abs. 5 AufenthG), Unterstützung von Gerichtsvollziehern (§ 758 ZPO), Unterstützung von Vollziehungsbeamten (§ 287 Abs. 3 AO), Unterstützung von Behörden nach FamFG (§ 87 Abs. 3 FamFG, § 283 Abs. 2 FamFG), Vorführungen von Wehrpflichtigen (§ 44 Abs. 2 und 3 WPflG).

113 *Möstl*, in: Möstl/Bäuerle, BeckOK POR HE, Rn. 60.

(Art. 70 Abs. 1 GG) und der konkurrierenden Gesetzgebungszuständigkeit des Bundes für das Strafprozessrecht (Art. 74 Abs. 1 Nr. 1 GG) ist es notwendig, eine polizeiliche Maßnahme entweder dem präventiven Polizeirecht oder dem repressiven Strafprozessrecht zuzuordnen.[114] Diese trennscharfe Unterscheidung ist erforderlich, da die Ermächtigungsgrundlagen des Polizeirechts und die des Strafprozessrechts für bestimmte Standardmaßnahmen – je nach Entscheidungssituation – unterschiedliche Tatbestandsvoraussetzungen und prozedurale Maßnahmen vorsehen.[115]

1. Präventiv-polizeiliche Aufgabe der Gefahrenabwehr

Die Aufgabe der Gefahrenabwehr wird der Polizei in den Polizeigesetzen der Länder in einfachgesetzlicher Konkretisierung[116] des an den Staat gerichteten verfassungsrechtlichen Schutzauftrags für bestimmte Rechtsgüter explizit zugewiesen.[117] Diese einfachgesetzlichen Aufgabenzuweisungsnormen definieren die Gefahrenabwehr als Abwehr von Gefahren für die öffentliche Sicherheit oder Ordnung. Aus dieser Aufgabenzuweisung folgt noch keine Befugnis, sodass diese Normen von der Polizei nicht als taugliche Ermächtigungsgrundlage für einen Eingriff in die Grundrechte der Bürger herangezogen werden können.[118] Hierzu bedarf es, aufgrund des Vorbehalts des Gesetzes (Art. 20 Abs. 3 GG), eines Rückgriffs auf die in den Polizeigesetzen der Länder speziell geregelten Ermächtigungsgrundlagen (insbesondere Standardmaßnahmen).[119] Polizeiliche Maßnahmen, die nicht in Grundrechte Dritter eingreifen (z. B. Verkehrsregelung, offene Kontrollen, Beratungs- und Aufklärungsarbeit oder

---

114 *Benfer/Bialon*, Rechtseingriffe von Polizei und Staatsanwaltschaft, Rn. 16 ff.

115 *Denninger*, in: Lisken/Denninger, Hdb des PolR, Kap. D, Rn. 169 f.

116 § 1 Abs. 1 PolG BW; Art. 2 Abs. 1 BayPAG; § 1 Abs. 1 Satz 1 ASOG Bln; § 1 Abs. 1 Satz 1 BbgPolG; § 1 Abs. 1 Satz 1 BremPolG; § 3 Abs. 1 SOG; § 1 Abs. 1 HSOG; §§ 1 Abs. 1, 2 Abs. 1 SOG M-V; § 1 Abs. 1 Satz 1 NPOG; § 1 Abs. 1 PolG NRW; § 1 Abs. 1 Satz 1 POG R-P; § 1 Abs. 2 SPolG; § 1 Abs. 1 Satz 1 SächsPolG; § 1 Abs. 1 Satz 1 SOG LSA; §§ 162 Abs. 1, 163 Abs. 1 LVwG; § 2 Abs. 1 Satz 1 ThürPAG.

117 *Holzner*, in: Möstl/Schwabenbauer, BeckOK PSR BY, Art. 2, Rn. 3; *Weiner*, in: Möstl/Weiner, BeckOK POR Nds, § 1, Rn. 7 ff.

118 OVG Lüneburg, Urt. v. 22.9.2005 – 11 LC 51/04 = NJW 2006, 391 (393).

119 *Trurnit*, in: Möstl/Trurnit, BeckOK PolR BW, § 1, Rn. 2.

Jugendverkehrserziehung), können hingegen auf die allgemeine Aufgabenzuweisungsnorm im Polizeigesetz des jeweiligen Landes gestützt werden.[120]

a) *Schutzgüter der Gefahrenabwehr*

Die Schutzgüter der Gefahrenabwehr sind zum einen die öffentliche Sicherheit[121] und zum anderen die öffentliche Ordnung.[122] Die anerkannten Schutzgüter der öffentlichen Sicherheit lassen sich in drei Kategorien unterteilen: erstens die individuellen Rechte und Rechtsgüter des Einzelnen; zweitens die Unversehrtheit der bestehenden Rechtsordnung; drittens der Bestand und die Funktionstüchtigkeit des Staates einschließlich seiner Einrichtungen, Veranstaltungen und Tätigkeiten.[123]

Unter dem Begriff der öffentlichen Ordnung ist „die Gesamtheit der im Rahmen der verfassungsmäßigen Ordnung liegenden ungeschriebenen Regeln für das Verhalten des Einzelnen in der Öffentlichkeit, deren Beachtung nach den jeweils herrschenden Anschauungen als unerlässliche Voraussetzung eines geordneten staatsbürgerlichen Zusammenlebens betrachtet wird", zu verstehen.[124] Bei den von der öffentlichen Ordnung geschützten Belangen handelt sich mithin um Regeln der Sitte und Moral und nicht um Normen des positiven Rechts.[125] Aufgrund der fehlenden Bestimmtheit sowie der fehlenden Kriterien und Möglichkeiten zur Bestimmung des Mehrheitswillens bestehen in der Literatur gegen den Begriff der öffentlichen Ordnung erhebliche rechtliche Bedenken,[126] die auch dazu geführt haben, dass die Länder Bremen und Schleswig-Holstein in ihren Polizeigesetzen auf dieses Schutzgut verzichten.

---

120 *Meixner/Fredrich*, HSOG, § 1, Rn. 17; *Mühl/Fischer*, in: Möstl/Bäuerle, BeckOK POR HE, § 1, Rn. 2; *Stephan/Deger*, PolG für BW, § 1, Rn. 4 f.; *Weiner*, in: Möstl/Weiner, BeckOK POR Nds, § 1, Rn. 3.

121 Das Polizei- und Ordnungsgesetz des Landes Bremen (§ 1 Abs. 1 Satz 1 BremPolG) und des Landes Schleswig-Holstein (§ 162 Abs. 1 LVwG) nennt als Schutzgut nur noch die öffentliche Sicherheit und nicht mehr die öffentliche Ordnung.

122 Siehe ausführlich zu den Schutzgütern polizeilicher Gefahrenabwehr *Gusy/Worms*, in: Möstl/Kugelmann, BeckOK POR NRW, § 1, Rn. 46–92.

123 Siehe oben § 1 I.

124 § 3 Nr. 2 SOG LSA; vgl. auch BVerfG, Beschl. v. 24.3.2001 – 1 BvQ 13/01 = NJW 2001, 2069 (2071); BVerfG, Beschl. v. 23.6.2004 – 1 BvQ 19/04 = BVerfGE 111, 147 (155 f.); BVerfG, Beschl. v. 14.5.1985 – 1 BvR 233/81 = BVerfGE 69, 315 (352).

125 *Trurnit*, in: Möstl/Trurnit, BeckOK PolR BW, § 1, Rn. 33.

126 *Denninger*, in: Lisken/Denninger, Hdb des PolR, Kap. D, Rn. 35 ff.; *Götz/Geis*, POR, § 5, Rn. 10 ff.; *Hornmann*, HSOG, § 11, Rn. 20; *Kingreen/Poscher*, POR, § 8, Rn. 48 ff.

b) *Bereiche der Gefahrenabwehr*

Neben dem Bereich der „klassischen" Gefahrenabwehr erstreckt sich der freiheitlich-rechtsstaatliche Sicherheitsauftrag der Polizei heutzutage weit in das Vorfeld von „Gefahr" und „Verdacht".[127] Diese vorbeugende Form der Aufgabenwahrnehmung verzeichnete in den letzten Jahren durch neue Formen der organisierten Kriminalität sowie durch die Weiterentwicklung der technischen Möglichkeiten zur Erhebung und Verarbeitung von Daten einen signifikanten Bedeutungszuwachs.[128] So wird in den Polizeigesetzen der meisten Länder die Vorsorge für die Straftatenverfolgung und die Verhütung von Straftaten als „vorbeugende Bekämpfung von Straftaten" zusammengefasst, um die „Vorbereitung auf die künftige Gefahrenabwehr" ergänzt und zusammen mit der „klassischen" Abwehr von Gefahren unter dem Begriffsdach der „Gefahrenabwehr" gebündelt.[129]

aa) *Klassische Gefahrenabwehr*

Als „klassisch" kann die Abwehr konkreter Gefahren durch die Polizei und die Abwehr konkreter und abstrakter Gefahren durch die Ordnungsbehörden bezeichnet werden.[130] Die klassische Gefahrenabwehr wird den Polizei- und Ordnungsbehörden in der Aufgabengeneralklausel der Landespolizeigesetze zugewiesen.[131] Unter einer konkreten Gefahr ist eine Sachlage zu verstehen, „bei der im einzelnen Fall die hinreichende Wahrscheinlichkeit besteht, dass in absehbarer Zeit ein Schaden für die öffentliche Sicherheit oder Ordnung eintreten wird."[132] Der konkrete Geschehensverlauf und das Schadensausmaß zeichnen sich so deutlich ab, dass es bei einem ungehinderten Ablauf des Geschehens

---

127 *Denninger*, in: Lisken/Denninger, Hdb des PolR, Kap. D, Rn. 1; *Mann*, in: Eötvös Loránd, Annales Universitatis Scientiarum Budapestinensis, S. 105 (107).

128 Vgl. *Mann/Fontana*, JA 2013, S. 734 (734); *Mühl/Fischer*, in: Möstl/Bäuerle, BeckOK POR HE, § 1, Rn. 11; vgl. zu der Expansion des polizeilichen Eingriffsrechts *Bäuerle*, APuZ 2008, S. 15 (17 ff.).

129 Vgl. *Trurnit*, in: Möstl/Trurnit, BeckOK PolR BW, § 1, Rn. 5.

130 *Mühl/Fischer*, in: Möstl/Bäuerle, BeckOK POR HE, § 1, Rn. 8.

131 § 1 Abs. 1 PolG BW; Art. 2 Abs. 1 BayPAG; § 1 Abs. 1 Satz 1 ASOG Bln; § 1 Abs. 1 Satz 1 BbgPolG; § 1 Abs. 1 Satz 1 BremPolG; § 3 Abs. 1 SOG; § 1 Abs. 1 HSOG; §§ 1 Abs. 1, 2 Abs. 1 SOG M-V; § 1 Abs. 1 Satz 1 NPOG; § 1 Abs. 1 PolG NRW; § 1 Abs. 1 Satz 1 POG R-P; § 1 Abs. 2 SPolG; § 1 Abs. 1 Satz 1 SächsPolG; § 1 Abs. 1 Satz 1 SOG LSA; §§ 162 Abs. 1, 163 Abs. 1 LVwG; § 2 Abs. 1 Satz 1 ThürPAG.

132 § 2 Nr. 3 lit. a BremPolG, § 2 Nr. 1 lit. a NPOG, § 3 Nr. 3 lit. a SOG LSA, § 54 Nr. 3 lit. a ThürOBG.

im Einzelfall mit hinreichender Wahrscheinlichkeit zu einer Verletzung eines polizeilich geschützten Rechtsguts kommt.[133] Es handelt sich um eine Sachlage oder ein Verhalten eines einzelnen räumlich-zeitlich konkret bestimmten Falles.[134] Eine abstrakte Gefahr ist hingegen eine „nach allgemeiner Lebenserfahrung oder den Erkenntnissen fachkundiger Stellen mögliche Sachlage, die im Fall ihres Eintritts eine Gefahr (...) darstellt."[135] Es handelt sich um eine allgemeine Lage oder Verhalten, d. h. um eine Vielzahl räumlich-zeitlich bestimmter Fälle, die wissenschaftlich statistisch oder mit polizeilicher Expertise zusammenfassend in den Blick genommen werden.[136] Konkrete Gefahren werden mit Polizeiverfügungen und Realakten, abstrakte Gefahren mit Polizeiverordnungen bekämpft.[137] Im Bereich der klassischen Gefahrenabwehr greift die Polizei regelmäßig in die Grundrechte der Bürger ein und benötigt daher eine gesetzliche Ermächtigungsgrundlage.[138]

bb) Vorbereitung auf eine künftige Gefahrenabwehr

Die Aufgabe der Vorbereitung auf eine künftige Gefahrenabwehr (Gefahrenvorsorge) wird der Polizei in moderneren Polizeigesetzen explizit zugeschrieben.[139] In Berlin, Brandenburg, Hessen, Nordrhein-Westfalen und Sachsen-Anhalt wird nicht die Vorbereitung auf die Gefahrenabwehr, sondern nur die „erforderlichen Vorbereitungen für die Hilfeleistungen und das Handeln in Gefahrenfällen" als Aufgabe der Polizei genannt.[140] In den Polizeigesetzen der übrigen Länder finden sich keine ausdrücklichen Regelungen zur Gefahrenvorsorge. Doch auch ohne konkrete Erwähnung in den Landespolizeigesetzen wird die Gefahrenvorsorge als zur Gefahrenabwehr gehörende Aufgabe angesehen.[141] Die expliziten Regelungen der übrigen neun Länder sind insofern eher eine Klarstellung als eine neue Aufgabenbegründung.[142] Denn es ist selbstverständlich, dass die zur

---

133 *Goldhammer*, in: Möstl/Schwabenbauer, BeckOK PSR BY, Art. 4 PAG, Rn. 67.
134 *Kingreen/Poscher*, POR, § 4, Rn. 9.
135 § 2 Nr. 2 NPOG, § 3 Nr. 3 f. SOG LSA, § 54 Nr. 3 lit. e ThürOBG.
136 *Kingreen/Poscher*, POR, § 4, Rn. 9.
137 *Trurnit*, in: Möstl/Trurnit, BeckOK PolR BW, § 1, Rn. 7.
138 *Trurnit*, in: Möstl/Trurnit, BeckOK PolR BW, § 1, Rn. 7.
139 § 1 Abs. 1 Satz 2 BremPolG; § 7 Abs. 1 Nr. 4 PolG M-V; § 1 Abs. 1 Satz 2 NPOG; § 1 Abs. 1 Satz 2 POG R-P; § 2 Abs. 1 Satz 2 HS. 2 ThürPAG.
140 § 1 Abs. 1 Satz 2 ASOG Bln; § 1 Abs. 1 Satz 2 HS. 2 BbgPolG; § 1 Abs. 1 Satz 2 HSOG; § 1 Abs. 1 Satz 2 HS. 2 PolG NRW; § 1 Abs. 1 Satz 2 SOG LSA.
141 *Kingreen/Poscher*, POR, § 5, Rn. 1 ff.; *Kugelmann*, POR, Kap. 3, Rn. 161 ff.
142 *Kingreen/Poscher*, POR, § 5.

Gefahrenabwehr berufenen Behörden auch in den Ländern ohne ausdrückliche gesetzliche Regelung nicht unvorbereitet sein können.[143] Zu berücksichtigen ist jedoch, dass diese Aufgabe keine Befugnis darstellt, sodass die Vorbereitungen nicht in die Grundrechte betroffener Bürger eingreifen dürfen.[144] Maßnahmen der Gefahrenvorsorge ohne Grundrechtseingriff sind z. B. die Regelung und Überwachung des Verkehrs, die Anwesenheit bei Großveranstaltungen sowie die Verkehrserziehung.[145] Darüber hinaus sind hierzu alle binnenbehördlichen und innerpolizeilichen Maßnahmen, wie z. B. die Erstellung von Ablaufplänen, Alarmplänen, das Bereitstellen von entsprechenden Gerätschaften für Katastrophen, Unglücke und Großdemonstrationen, zu zählen.[146]

cc) Vorbeugende Bekämpfung von Straftaten

Der Oberbegriff der „vorbeugenden Bekämpfung von Straftaten" umfasst zum einen die Verhütung von Straftaten und zum anderen die Vorsorge für die Verhütung künftiger Straftaten.[147] In den meisten Ländern wird der Polizei die Aufgabe der „vorbeugenden Bekämpfung von Straftaten" ausdrücklich in der Aufgabengeneralklausel zugewiesen.[148] In den Ländern, in denen diese Aufgabe nicht allgemein in der Aufgabennorm genannt wird[149], lässt sie sich aus den Spezialbefugnisnormen ableiten, die zur vorbeugenden Bekämpfung von Straftaten ermächtigen.[150]

Zu den Maßnahmen im Bereich der Verhütung von Straftaten zählen insbesondere die Erhebung von Daten (z. B. Befragung, Identitätsfeststellungen an gefährlichen Orten oder Kontrollstellen, Observationsmaßnahmen,

---

143 *Kugelmann*, POR, Kap. 3, Rn. 167.

144 *Trurnit*, in: Möstl/Trurnit, BeckOK PolR BW, § 1, Rn. 8 f.; *Weiner*, in: Möstl/Weiner, BeckOK POR Nds, § 1, Rn. 15 f.

145 Vgl. *Stephan/Deger*, PolG für BW, § 1, Rn. 4 f.; *Trurnit*, in: Möstl/Trurnit, BeckOK PolR BW, § 1, Rn. 8 f.

146 *Weiner*, in: Möstl/Weiner, BeckOK POR Nds, § 1, Rn. 15.

147 Siehe oben § 2 I. 1. b).

148 § 1 Abs. 3 ASOG Bln; § 1 Abs. 1 Satz 2 HS. 1 BbgPolG, § 1 Abs. 4 HSOG; § 1 Abs. 1 Satz 2 HS. 1 PolG NRW; § 7 Abs. 1 Nr. 4 PolG M-V; § 1 Abs. 1 Satz 3 POG R-P; § 1 Abs. 1 Nr. 2 SächsPolG; § 2 Abs. 1 Satz 1 SOG LSA; § 2 Abs. 1 Satz 2 HS. 1 ThürPAG. In Bremen und Niedersachsen ist der Polizei nach dem Wortlaut der Aufgabengeneralklausel die Verhütung von Straftaten übertragen worden, vgl. § 1 Abs. 1 Satz 3 BremPolG; § 1 Abs. 1 Satz 3 NPOG.

149 Baden-Württemberg, Bayern, Hamburg, Saarland und Schleswig-Holstein.

150 *Kingreen/Poscher*, POR, § 5, Rn. 1.

Videoüberwachung) sowie die Speicherung und Weitergabe von Daten.[151] Hierdurch soll vor allem an sozialen Brennpunkten eine besondere polizeiliche Präsenz geschaffen werden, um potentielle Täter so zu verunsichern, dass keine Straftaten verübt werden.[152] Demgegenüber umfasst die Vorsorge für die Verfolgung künftiger Straftaten in erster Linie die Nutzung von personenbezogenen Daten und Informationen aus polizeilichen Ermittlungen, die als Grundlage für zukünftige Aufklärungsarbeit und Ermittlungsverfahren dienen.[153]

2. Repressiv-polizeiliche Aufgabe der Strafverfolgung

Anders als die Gefahrenabwehr bezweckt die Strafverfolgung nicht den unmittelbaren Schutz der Bürger im Sinne einer physischen Abwendung von Beeinträchtigungen. Aufgrund der repressiven Grundausrichtung ist sie vielmehr auf die Verfolgung und Sanktionierung des Täters nach bereits verübter Schutzgutbeeinträchtigung angelegt.[154] Die Verfolgung von Straftaten und Ordnungswidrigkeiten zählt zu den wichtigsten Aufgaben, die der Polizei „durch andere Rechtsvorschriften" zugewiesen sind.[155] Für die Verfolgung von Straftaten bildet § 163 Abs. 1 Satz 1 StPO, für die Verfolgung von Ordnungswidrigkeiten bildet § 53 Abs. 1 Satz 1 OWiG die gesetzliche Grundlage.[156] Nach diesen beiden Vorschriften können die Behörden und Beamten des Polizeidienstes Straftaten bzw. Ordnungswidrigkeiten erforschen und alle Anordnungen treffen, die keinen Aufschub gestatten und erforderlich sind, um eine Verdunkelung der Sache zu verhindern.

II. Polizei- und Ordnungsbehörden im deutschen Bundesstaat

Die Bundesrepublik Deutschland ist ein demokratischer und sozialer Bundesstaat (Art. 20 Abs. 1 GG), in dem die Staatsgewalt zwischen Bund und Ländern vertikal aufgeteilt ist. Grundnorm für die vertikale Kompetenzverteilung

151 *Mühl/Fischer*, in: Möstl/Bäuerle, BeckOK POR HE, § 1, Rn. 131.

152 *Kingreen/Poscher*, POR, § 5, Rn. 4.

153 *Mühl/Fischer*, in: Möstl/Bäuerle, BeckOK POR HE, § 1, Rn. 132.

154 *Stoll*, Sicherheit als Aufgabe von Staat und Gesellschaft, S. 15 f.

155 *Götz/Geis*, POR, § 18, Rn. 1 ff.; *Gusy*, POR, § 3, Rn. 147 f.; *Mühl/Fischer*, in: Möstl/Bäuerle, BeckOK POR HE, § 1, Rn. 13.

156 Im Saarland wird der Polizei die Aufgabe der Verfolgung von Straftaten und Ordnungswidrigkeiten ausdrücklich zugewiesen (§ 85 Abs. 1 Satz 2 SPolG).

zwischen Bund und Ländern ist Art. 30 GG, der als Generalklausel der Kompetenzverteilung zu verstehen ist.[157] Nach Art. 30 GG fällt die Ausübung staatlicher Befugnisse sowie die Erfüllung staatlicher Aufgaben in die Kompetenz der Länder, sofern das Grundgesetz keine anderen Regelungen enthält oder zulässt. Als lex specialis zu Art. 30 GG regeln die Art. 70 ff. GG die primäre Zuständigkeit der Länder im Bereich der Gesetzgebung[158] und die Art. 83 ff. GG die primäre Zuständigkeit der Länder im Bereich der Verwaltung.[159]

Nach Art. 70 Abs. 1 GG besitzen Länder die Gesetzgebungskompetenz für jede Sachmaterie, soweit dem Bund nicht explizit durch das Grundgesetz (Art. 71 ff. GG) die Regelungsbefugnis zugewiesen ist. Für das allgemeine Recht der Gefahrenabwehr existiert eine solche Befugnis des Bundes nicht. Das Gesetzgebungsrecht für diese Materie liegt daher bei den Ländern.[160] Aus diesem Grund besitzt jedes Land ein eigenes Gesetz, welches der Polizei allgemeine Gefahrenabwehraufgaben zuweist. Je nach landesüblicher Terminologie wird dieses Rechtsgebiet als Polizeirecht (z. B. Baden-Württemberg), Polizei- und Ordnungsrecht (z. B. Hessen, Niedersachsen, Nordrhein-Westfalen) oder als Polizei- und Sicherheitsrecht (z. B. Bayern) bezeichnet.

Nach Art. 83 GG führen die Länder Bundesgesetze grundsätzlich als eigene Angelegenheiten aus. Im Polizei- und Ordnungsrecht gibt es jedoch einige bedeutsame Ausnahmen von dieser grundsätzlichen Verteilung der Verwaltungskompetenzen. Eine Reihe von Bundesbehörden (z. B. BPol und BKA) sind im Rahmen der Verwaltungskompetenzen des Bundes (Art. 87 ff. GG) mit polizei- und ordnungsbehördlichen Aufgaben betraut. Der Vollzug von Landesgesetzen ist hingegen nicht im Grundgesetz geregelt. Die Landesgesetze werden durch die Verwaltungsbehörden der Länder nach dem jeweiligen Landesrecht ausgeführt. Das Grundgesetz weist den Ländern mithin nicht nur die Gesetzgebungs-, sondern auch die Verwaltungskompetenz für das allgemeine Polizei- und Ordnungsrecht zu.

Neben den Polizeibehörden auf Bundes- und Landesebene leisten die Ordnungsbehörden auf kommunaler Ebene einen wesentlichen Beitrag zur

157 *Hellermann*, in: Epping/Hillgruber, BeckOK GG, Art. 30 Rn. 1; *Korioth*, in: Maunz/Dürig, GG, Art. 30, Rn. 21 f.

158 *Uhle*, in: Maunz/Dürig, GG, Art. 70, Rn. 25.

159 *Suermann*, in: Epping/Hillgruber, BeckOK GG, Art. 83 Rn. 1 f.; siehe zur föderalen Verteilung der Verwaltungskompetenzen auch *Schwerdtfeger*, ÖR, Rn. 672.

160 Vgl. hierzu *Möstl*, in: Möstl/Trurnit, BeckOK PolR BW, Vorb. v. § 1; *Möllers*, in: Möllers, Wörterbuch der Polizei, S. 1132 ff.

Aufrechterhaltung der öffentlichen Sicherheit und Ordnung.[161] Aufgrund des föderalen Staatsaufbaus und des Prinzips der kommunalen Selbstverwaltung sind weder die Polizeibehörden noch die kommunalen Ordnungsbehörden einheitlich strukturiert.[162] Mit der Intention, die behördliche Trennung zu verringern und die Handlungsfelder der sicherheits- und ordnungsproduzierenden Akteure stärker zu vernetzen, wurden in den letzten Jahren in immer mehr Ländern „Sicherheits- und Ordnungspartnerschaften" als behörden- und organisationsübergreifende Kooperationsformen geschlossen.[163]

1. Bundesebene

Um zu verhindern, dass es aufgrund der föderalen Vielfalt in Bezug auf die Gewährleistung der öffentlichen Sicherheit und Ordnung zu einem Nebeneinander der Polizeibehörden kommt, weist das Grundgesetz dem Bund in Art. 73 Abs. 1 Nr. 10 Var. 2 GG die ausschließliche Gesetzgebungskompetenz für die Einrichtung eines Bundeskriminalpolizeiamtes zu.[164] Die dazugehörige Verwaltungskompetenz folgt aus Art. 87 Abs. 1 Satz 2 GG.[165] Demzufolge können durch Bundesgesetz „Zentralstellen (...) für die Kriminalpolizei" eingerichtet werden. Von dieser Kompetenz hat der Bundesgesetzgeber 1951 Gebrauch gemacht und durch das „Gesetz über die Errichtung eines Bundeskriminalpolizeiamtes (Bundeskriminalamtes)"[166] das BKA in der Tradition des Kriminalpolizeiamtes für die britische Besatzungszone in Deutschland eingerichtet. Das BKA ist eine dem BMI unterstellte Bundesoberbehörde ohne eigenen Verwaltungsunterbau.[167] Im BKA laufen die wichtigsten Informationen der Polizeibehörden aus dem In- und

161 Hierzu ausführlich § 2 II. 3.

162 Zum Prinzip der kommunalen Selbstverwaltung vgl. *Mann*, in: Erbguth/Mann/ Schubert, Bes. VwR, Rn. 49 ff.

163 *Hirschmann/Groß*, Polizierende Präsenz, S. 17.

164 *Rupprecht*, Polizei Lexikon, S. 109 f.; Homepage des BKA, Der gesetzliche Auftrag, abrufbar unter: https://www.bka.de/DE/DasBKA/GesetzlicherAuftrag/gesetzlicherauftrag_node.html#doc20666bodyText1 <11.4.2018>.

165 *Seiler*, in: Epping/Hillgruber, BeckOK GG, Art. 73 Rn. 53.

166 „Gesetz über die Errichtung eines Bundeskriminalpolizeiamtes (Bundeskriminalamtes)" v. 14.3.1951 (BGBl. I S. 165).

167 *Rachor*, in Lisken/Denninger, Hdb des PolR, Kap. C, Rn. 74; *Weidenkaff*, in: Creifelds/ Weber, Rechtswörterbuch, S. 263.

Ausland zusammen.[168] Das BKA bündelt diese Informationen und fungiert für Interpol, Europol sowie das Schengener Informationssystem als nationale Zentralstelle.[169] Die Aufgaben und Befugnisse des BKA sind im BKAG normiert.[170] Die zentrale Aufgabe des BKA liegt in der Unterstützung der Polizeibehörden des Bundes und der Länder bei der Verhütung und Verfolgung von Straftaten mit länderübergreifender, internationaler oder erheblicher Bedeutung.[171] Mit Stand vom Januar 2019 waren im BKA 6.369 Personen beschäftigt, wovon rund die Hälfte Kriminalbeamte sind.[172] Im Hinblick auf die veränderte Sicherheitslage (organisierte Kriminalität, Terrorismus) hat das BKA in den letzten Jahren an Bedeutung gewonnen. Dieser Entwicklung trug der Gesetzgeber mit einer umfassenden Novellierung des BKAG im Mai 2018 Rechnung, in dessen Rahmen die Befugnisse des BKA ausgeweitet und die Aufgabe als Zentralstelle gestärkt wurden.[173]

Neben dem BKA gehört die BPol zu den zentralen polizeilichen Akteuren auf Bundesebene. Der Bund hat nach Art. 73 Abs. 1 Nr. 5 GG die ausschließliche Gesetzgebungskompetenz im Bereich des Grenzschutzes. Die dazugehörige Verwaltungskompetenz folgt aus Art. 87 Abs. 1 Satz 2 GG, nach dem durch ein Bundesgesetz „Bundesgrenzschutzbehörden" eingerichtet werden können.[174] Auf dieser Grundlage wurde im Jahr 1951 durch das „Gesetz über den Bundesgrenzschutz und die Einrichtung von Bundesgrenzschutzbehörden"[175] die heutige Bundespolizei eingerichtet.[176] Diese wird in bundeseigener Verwaltung mit eigenem Verwaltungsunterbau geführt und untersteht dem Bundesminister

---

168 *Groß*, Polizeien in Deutschland, bpb.de, 14.6.2012, abrufbar unter: http://www.bpb.de/politik/innenpolitik/innere-sicherheit/76660/polizeien-in-deutschland <11.4.2018>; *Rupprecht*, Polizei Lexikon, S. 109 f.

169 Homepage des BKA, Der gesetzliche Auftrag, abrufbar unter: https://www.bka.de/DE/DasBKA/GesetzlicherAuftrag/gesetzlicherauftrag_node.html#doc20666bodyText1 <11.4.2018>; *Weidenkaff*, in: Creifelds/Weber, Rechtswörterbuch, S. 263.

170 Die Aufgaben des BKA sind in §§ 2 ff. BKAG, die Befugnisse in §§ 9 ff. BKAG geregelt.

171 § 2 Abs. 1 BKAG.

172 Homepage des BKA, Fakten und Zahlen, abrufbar unter: https://www.bka.de/D E/DasBKA/FaktenZahlen/faktenzahlen_node.html#doc20668bodyText1 <14.10.2019>.

173 „Gesetz über das Bundeskriminalamt und die Zusammenarbeit des Bundes und der Länder in kriminalpolizeilichen Angelegenheiten" v. 1.6.2017 (GBl. I S. 1354).

174 *Suermann*, in: Epping/Hillgruber, BeckOK GG, Art. 87 Rn. 20.

175 „Gesetz über den Bundesgrenzschutz und die Einrichtung von Bundesgrenzschutzbehörden" v. 16.3.1951 (BGBl. I, S. 201).

176 Bis zur Umbenennung im Jahr 2005 trug die heutige Bundespolizei den Namen „Bundesgrenzschutzbehörde".

des Innern.[177] Sie nimmt umfangreiche und vielfältige sonderpolizeiliche Aufgaben wahr, die im BPolG sowie in zahlreichen anderen Rechtsvorschriften, wie z. B. im Aufenthaltsgesetz[178] oder Luftsicherheitsgesetz,[179] geregelt sind. Die BPol verfügt mit Stand vom Juni 2019 über rund 46.642 Mitarbeiter, von denen etwa 38.775 Polizeivollzugsbeamte sind.[180] Sie ist an über 100 Standorten in Deutschland und an allen wichtigen Verkehrsinfrastrukturpunkten vertreten, um jederzeit auf polizeiliche Großlagen im gesamten Bundesgebiet reagieren zu können.[181]

2. Landesebene

Ungeachtet der Tatsache, dass mit der BPol eine nationale Schutzpolizei und mit dem BKA eine national koordinierende Kriminalpolizei existiert, bilden die Polizeibehörden der 16 Länder sowohl hinsichtlich ihres Umfanges als auch ihres Aufgabenspektrums das Rückgrat des staatlichen Gewaltmonopols im System der Inneren Sicherheit in Deutschland.[182] Der Bereich der Inneren Sicherheit bildet neben dem Kultusbereich die bedeutendste (verbliebene) Kompetenz der Länder im föderalistischen Staatsaufbau der Bundesrepublik.[183] Eine Vielzahl der insgesamt 16 Länder verfolgt einen zweistufigen Verwaltungsaufbau der Polizeibehörden.[184] Hierbei ist das Landespolizeipräsidium als eine Abteilung des Landesinnenministeriums die oberste Polizeibehörde.[185] Diesem sind auf der unteren Verwaltungsebene u. a. das Landeskriminalamt, die Bereitschaftspolizei sowie die Polizeipräsidien/Polizeidirektionen unterstellt.[186] Um eine

---

177 § 1 Abs. 1 BPolG.

178 Vgl. beispielhaft § 71 Abs. 4 Satz 1 AufenthaltsG.

179 Vgl. beispielhaft § 19 AsylG.

180 Homepage der BPol, Zahlen/Daten/Fakten, abrufbar unter: https://www.bundespolizei.de/Web/DE/05Die-Bundespolizei/07Daten-Fakten/Daten-Fakten_ node.html;jsessionid=F70A5C71EB2C8B0110820438FBB08C80.2_cid289 <14.10.2019>.

181 Homepage der BPol, Unser Auftrag, abrufbar unter: https://www.bundespolizei.de/Web/DE/05Die-Bundespolizei/01Unser-Auftrag/Unser-Auftrag_node.html <14.10.2019>.

182 *Groß*, in: Lange, Wörterbuch zur Inneren Sicherheit, S. 193 (193).

183 *Groß*, APuZ 2008, S. 20 (20).

184 U.a. Baden-Württemberg, Bayern, Hessen und Niedersachsen.

185 Vgl. beispielhaft § 91 Abs. 2 Nr. 1 HSOG; Art. 1 Abs. 3 Satz 2 BayPOG; Ziffer 2.1 BWVwVPolOrg; Ziffer 1.1 RdErl. d. MI zur Organisation der Polizei Nds.

186 Vgl. beispielhaft § 91 Abs. 2 Nr. 2a-c HSOG; Art. 6 f. BayPOG; Ziffer 2.2 BWVwVPolOrg; § 87 Abs. 1 NPOG, Ziffer 2 ff. RdErl. d. MI zur Organisation der Polizei Nds.

konkrete Zuordnung der verschiedenen Institutionen (Freiwilliger Polizeidienst, Sicherheitswacht, Wachpolizei) zu der jeweiligen Bestellbehörde vornehmen zu können, wird im Folgenden die untere Verwaltungsebene genauer untersucht.

a) Landeskriminalämter

Nach der Legaldefinition in § 1 Abs. 2 BKAG sind die Landeskriminalämter zentrale Dienststellen der Kriminalpolizei, die von den Ländern jeweils für ihr Gebiet zur Sicherung der Zusammenarbeit des Bundes und der Länder unterhalten werden. Der Umfang der den Landeskriminalämtern im Programm der Inneren Sicherheit übertragenen Aufgaben variiert dabei. Neben dem operativen Bereich der Kriminalitätsbekämpfung, der insbesondere die Unterstützung der Kriminalpolizei bei besonders umfangreichen oder schwierigen Ermittlungen umfasst, nehmen die Landeskriminalämter eine Vielzahl von Aufgaben wahr, die überwiegend einen vorbereitenden, unterstützenden Charakter aufweisen.[187] Sie koordinieren überörtliche polizeiliche Fahndungsmaßnahmen, beraten alle anderen Polizeibehörden in Fragen der Kriminalprävention, führen die kriminalpolizeilichen personenbezogenen Sammlungen oder erstatten kriminaltechnische Gutachten für Behörden und Gerichte.[188]

b) Bereitschaftspolizeien

Die Einsatzkräfte der Bereitschaftspolizeien verstehen sich vor allem als Dienstleister für den ständigen Polizeivollzugsdienst der Länder und unterstützen diesen in Fällen, bei denen der Einsatz von geschlossenen Verbänden sinnvoll (z. B. bei Demonstrationen, Sportveranstaltungen, Razzien) oder ein großes Aufgebot von Personal notwendig ist (z. B. Sicherung G20-Gipfel, Begleitung von Castor-Transporten, Suche nach vermissten Personen).[189] Daneben können der Bereitschaftspolizei auch Aufgaben der Wasserschutzpolizei oder der Fliegerstaffel sowie die Ausbildung des Nachwuchses für den polizeilichen Einzeldienst übertragen werden.[190]

---

187 Vgl. beispielhaft § 92 HSOG, § 6 HSOG-DVO; Art. 7 Abs. 2, 3 BayPOG; Ziffer 4.2 RdErl. d. MI zur Organisation der Polizei Nds.

188 Vgl. *Rachor*, in: Lisken/Denninger, Hdb des PolR, Kap. C, Rn. 63; *Rupprecht*, Polizei Lexikon, S. 330.

189 Vgl. beispielhaft § 93 Abs. 1 Satz 1 HSOG; Art. 6 Abs. 1 BayPOG; 87 Abs. 1 Nr. 2 NPOG, Ziffer 3.2 RdErl. d. MI zur Organisation der Polizei Nds.

190 Vgl. beispielhaft § 93 Abs. 1 Satz 2 HSOG, § 7 HSOG-DVO; Art. 6 Abs. 2, 3 BayPOG; 87 Abs. 1 Nr. 2 NPOG, Ziffer 3.2 RdErl. d. MI zur Organisation der Polizei Nds.

c) *Polizeipräsidien/Polizeidirektionen*

Die Polizeipräsidien[191] bzw. Polizeidirektionen[192] erfüllen in ihren Dienstbereichen die polizeilichen Aufgaben, soweit sie nicht durch Gesetz anderen Polizeibehörden zugewiesen sind.[193] Aufgrund der flächendeckenden Präsenz und der durchgängigen Dienstbereitschaft ihrer Einsatzkräfte werden sie in der Öffentlichkeit als die „Polizei" wahrgenommen.[194] Die Angehörigen dieser zentralen vollzugspolizeilichen Behörden können nahezu vollständig auf den gesamten polizeilichen Aufgaben- und Befugniskatalog zurückgreifen.[195] In funktionaler Hinsicht ist – in Anlehnung an die Unterscheidung zwischen Gefahrenabwehr und Strafverfolgung – zwischen der Schutzpolizei auf der einen und der Kriminalpolizei auf der anderen Seite zu differenzieren.[196] Die organisatorische Binnendifferenzierung ist bei der Schutzpolizei deutlich ausgeprägter als bei der Kriminalpolizei. So haben sich in einigen Ländern bei den Polizeipräsidien bzw. Polizeidirektionen im Bereich der Schutzpolizei eigenständige Einrichtungen, wie z. B. der Freiwillige Polizeidienst/Sicherheitswacht (in Baden-Württemberg, Bayern, Hessen und Sachsen)[197] oder die Wachpolizei (in Berlin, Hessen, Sachsen, Sachsen-Anhalt und dem Saarland)[198] herausgebildet.[199]

---

191 In folgenden Ländern wird die Bezeichnung „Polizeipräsidium" verwendet: Baden-Württemberg, Bayern, Berlin, Brandenburg, Hamburg, Hessen, Nordrhein-Westfalen, Rheinland-Pfalz.

192 In folgenden Ländern wird die Bezeichnung „Polizeidirektion" verwendet: Bremen, Mecklenburg-Vorpommern, Niedersachsen, Saarland, Sachsen, Sachsen-Anhalt, Schleswig-Holstein, Thüringen.

193 Vgl. beispielhaft § 94 S. 1 HSOG, 5 Abs. 1 Satz 1 HSOG-DVO; §§ 87 Abs. 1 Nr. 3, 90 NPOG, Ziffer 2.2 RdErl. d. MI zur Organisation der Polizei Nds.

194 *Rachor*, in: Lisken/Denninger, Hdb des PolR, Kap. C, Rn. 43; *Stock*, in: Widmaier/Müller/Schlothauer, MAH Strafverteidigung, § 83, Rn. 7 ff.

195 *Rachor*, in: Lisken/Denninger, Hdb des PolR, Kap. C, Rn. 43.

196 *Rachor*, in: Lisken/Denninger, Hdb des PolR, Kap. C, Rn. 43.

197 Art. 11 Abs. 1 Satz 2 BaySWG; § 3 Abs. 1 Satz 1 FPolDG; § 10 HFPG i.V.m. Ziffer 4 VVFPolD; Art. 10 Abs. 3 Satz 1 SächSWG.

198 § 13 Satz 1 HSOG-DVO; § 1 Abs. 1 SächsWachdienstG, § 3 SächsWachdienstVO; § 3 Abs. 1 Satz 3 WachPolG; Ziffer 1 Dienstanweisung POD.

199 Für die Einordnung der Modelle zum Einsatz von Hilfspolizisten in das Gefüge der Polizei- und Ordnungsbehörden in Deutschland siehe Anlage I.

3. Kommunalebene

Angesichts der ausgeprägten Kompetenzen der BPol und des BKA einerseits sowie der besonderen Rolle der Polizei als Exekutivorgan andererseits scheinen die Kommunen im Sicherheitsgefüge eine eher untergeordnete Rolle zu spielen. Dieser Schein trügt jedoch. Denn neben den Polizeibehörden des Bundes und der Länder haben in den letzten Jahren vor allem die kommunalen Ordnungsbehörden in Deutschland an Bedeutung gewonnen. Die Mitarbeiter dieser Ordnungsbehörden sind organisatorisch einem Bereich zugewiesen, der in den meisten Kommunen die Bezeichnung „Ordnungsamt" oder „Amt für öffentliche Ordnung" trägt.[200] Zu ihrem Aufgabenbereich gehören nicht nur die im Bereich der kommunalen Selbstverwaltung liegenden eigenen Angelegenheiten (Art. 28 Abs. 2 GG), sondern auch die ihnen durch Gesetz übertragenen staatlichen Aufgaben (Auftrags- und Weisungsangelegenheiten).[201] Letztere umfassen neben den Aufgaben nach den Landespolizeigesetzen und -verordnungen auch alle sonstigen bundes- oder landesrechtlichen Materien[202] sowie die Verfolgung und Ahndung von Ordnungswidrigkeiten (§ 35 OWiG).[203] Die Verfolgung von Straftaten obliegt dagegen allein dem staatlichen Polizeivollzugsdienst (§ 163 Abs. 1 StPO).

Die Aufgabe der Gefahrenabwehr obliegt sowohl den Polizei- als auch den Ordnungsbehörden.[204] Zur Vermeidung von Zuständigkeitsproblemen haben alle Länder eine sogenannte Subsidiaritätsklausel in ihre Landespolizeigesetze aufgenommen.[205] Danach ist das Handeln der Polizei gegenüber dem Handeln der Ordnungsbehörden grundsätzlich subsidiär. Die in Erweiterung der traditionellen Aufgabenzuweisung übertragenen Aufgaben der Vorbereitung auf eine

---

200 *Rachor,* in: Lisken/Denninger, Hdb des PolR, Kap. C, Rn. 38.

201 Vgl. *Borsdorff,* in: Möllers, Wörterbuch der Polizei, S. 1611 f.; *Götz/Geis,* POR, § 20, Rn. 1 ff.; *Rachor,* in: Lisken/Denninger, Hdb des PolR, Kap. C, Rn. 36.

202 Z.B. Melderecht, Baurecht, Abfallrecht, Wasserrecht, Immissionsschutzrecht.

203 *Götz/Geis,* POR, § 21, Rn. 1 ff.; *Rachor,* in: Lisken/Denninger, Hdb des PolR, Kap. C, Rn. 36.

204 Vgl. beispielhaft § 1 Abs. 1 Satz 1 ASOG Bln; § 3 Abs. 1 SOG; § 1 Abs. 1 HSOG; § 1 Abs. 1 Satz 1 NPOG; § 1 Abs. 1 Satz 1 POG R-P; § 1 Abs. 1, 2 SPolG; § 1 Abs. 1 Satz 1 SOG LSA.

205 §§ 2 Abs. 1 Satz 1, 60 Abs. 2 PolG BW; Art. 3 BayPAG; § 4 Abs. 1 Satz 1 ASOG Bln; § 2 Satz 1 BbgPolG; § 64 Abs. 1 Satz 2 BremPolG; § 3 Abs. 2 Satz 1 lit. a SOG; § 2 Satz 1 HSOG; § 7 Abs. 1 Nr. 3 SOG MV; § 1 Abs. 2 Satz 1 NPOG; § 1 Abs. 1 Satz 3 PolG NRW; § 1 Abs. 6 Satz 1 POG R-P, § 85 Abs. 2 Satz 1 SPolG; § 2 Abs. 1 Satz 1 SächsPolG; § 2 Abs. 2 SOG LSA; § 168 Abs. 1 Nr. 3 LVwG; § 3 Satz 1 ThürPAG.

künftige Gefahrenabwehr sowie die vorbeugende Bekämpfung von Straftaten sind dagegen ausschließlich der Polizei zugewiesen.[206]

In der Theorie konnte bis zur Jahrtausendwende eine grobe Unterscheidung zwischen Polizei- und Ordnungsbehörden weniger anhand ihrer Aufgaben als vielmehr anhand der ihnen zur Verfügung stehenden Mittel vorgenommen werden. Während die Polizeibehörden in der Regel naheliegende Gefahren rasch und unbürokratisch „vor Ort“ (Außendienst) bekämpften und zugleich die Aufgaben nach § 163 Abs. 1 StPO wahrnahmen, arbeiteten die Ordnungsbehörden typischerweise verwaltungsmäßig am Schreibtisch (Innendienst) und bekämpften Gefahren, die sich nicht sofort realisierten.[207]

Diese abstrakte Differenzierung zwischen Polizeibehörden als Außendienst und Ordnungsbehörden als Innendienst bildet die heutige Realität nur noch unzureichend ab. Denn die Ordnungsämter vieler Städte und Gemeinden in Deutschland sind in den letzten Jahren immer mehr dazu übergegangen, uniformierte Vollzugsdienste aufzustellen.[208] Neu ist hierbei nicht etwa, dass die Kommunen bestimmte ordnungsbehördliche Aufgaben wie die Gewerbe- oder Verkehrsüberwachung mit eigenem Vollzugspersonal wahrnehmen, sondern die Verschiebung des Aufgabenschwerpunktes. Die Ordnungsbehörden setzen vermehrt uniformierte Vollzugskräfte zur allgemeinen Gefahrenabwehr bzw. Aufrechterhaltung von Sicherheit, Ordnung und Sauberkeit im öffentlichen Raum ein. Hierdurch soll der staatliche Polizeivollzugsdienst entlastet und das subjektive Sicherheitsgefühl der Bürger im Gemeindegebiet verbessert werden.[209] Je nach Land werden die uniformierten Vollzugsdienste als „Gemeindliche Vollzugsbedienstete“,[210] „Stadtpolizisten“,[211]

---

206 Siehe oben § 2 II. 1. b) bb) und cc).

207 *Gusy*, POR, § 2, Rn. 56.

208 Vgl. *Bülow*, Kommune schafft Sicherheit, in: Kerner/Marks: Internetdokumentation Deutscher Präventionstag 2004, S. 3, abrufbar unter: http://www.praeventionstag.de/dokumentation/download.cms?id=98&datei=buelow_F99.pdf <29.1.2018>; *Nachbaur*, in: Möstl/Trurnit, BeckOK PolR BW, § 80 PolG, Rn. 1; Behr beschreibt diese Entwicklung bereits 2001, vgl. *Behr*, in: Prätorius, Der lokale Staat als Sicherheitsproduzent, S. 90 (95).

209 Vgl. *Braun*, BayVBl. 2008, S. 680 (681 f.); *Bülow*, in: Kerner/Marks: Internetdokumentation Deutscher Präventionstag 2004, S. 4, abrufbar unter: http://www.praeventionstag.de/dokumentation/download.cms?id=98&datei=buelow_F99.pdf <29.1.2018>; *Gassner*, VBlBW 2013, S. 281 (281); *Nachbaur*, in: Möstl/Trurnit, BeckOK PolR BW, § 80 PolG, Rn. 1.

210 Baden-Württemberg (§ 80 PolG BW) und Sachsen (§ 80 SächsPolG).

211 Hessen (Frankfurt am Main).

„Ordnungspolizeibeamte",[212] als Angehörige des „Allgemeinen Ordnungsdienstes"[213] oder als Angehörige des „Kommunalen Vollzugsdienstes"[214] bezeichnet.

III. Zusammenfassung von § 2

In einer institutionell ausdifferenzierten, kompetenzteiligen Sicherheitsarchitektur ist die Polizei das Hauptorgan zur Gewährleistung der Inneren Sicherheit. Ihre exponierte Stellung gründet sich auf ihrer gegenüber der gesamten gewaltenteiligen Sicherheitsarchitektur subsidiären Allzuständigkeit sowie auf ihrer besonders umfangreichen Befugnisstruktur. Sie verfügt nicht nur in der Breite (Generalklausel), sondern auch in der Tiefe (Fähigkeit, Entscheidungen notfalls sofort und mit unmittelbarem Zwang bis hin zum Schusswaffengebrauch durchzusetzen) über die umfassendsten Befugnisse. Die Hauptaufgabe der Polizei besteht einerseits in der Abwehr von Gefahren für die öffentliche Sicherheit und Ordnung (präventiv-polizeiliche Aufgabe) und andererseits in der Verfolgung von Straftaten und Ordnungswidrigkeiten (repressiv-polizeiliche Aufgabe). In organisatorischer Hinsicht bilden die Polizeibehörden der 16 Länder das Rückgrat des staatlichen Gewaltmonopols im System der Inneren Sicherheit.

In den letzten Jahren zeichneten sich jedoch zwei Entwicklungslinien ab, die der besonderen Bedeutung der Polizei abträglich sein können. Zum einen lässt sich auf Bundesebene eine gewisse Zentralisierungstendenz erkennen. So gewannen die BPol im Zuge der wachsenden Internationalisierung der Polizeiarbeit und das BKA im Zuge der neuerlichen Kompetenzerweiterung zunehmend an Bedeutung. Zum anderen zeigt sich auf Landesebene ein gegenläufiger Trend der Diversifizierung durch den Einsatz von „Hilfspolizisten" in Sicherheitswachten, Freiwilligen Polizeidiensten und Wachpolizeien, der im folgenden Teil dieser Untersuchung genauer untersucht und überprüft werden soll.[215]

---

212 Hessen (Ziffer 99.1.1 VVHSOG).

213 Berlin (§ 2 Abs. 6 Satz 2 ASOG Bln).

214 Rheinland-Pfalz (§ 94 POG R-P).

215 Für einen Überblick über die verschiedenen Modelle zum Einsatz von „Hilfspolizisten" in Deutschland siehe Anlage II.

§ 3 Übertragung von Aufgaben der Gefahrenabwehr auf Hilfspolizisten

Vor dem Hintergrund eines (scheinbar) verstärkten Einsatzes von „Hilfspolizisten" im Bereich der Gefahrenabwehr gilt es zunächst zu klären, was unter diesem Begriff konkret zu verstehen ist. Eine einheitliche Definition existiert nicht.

Die Polizeigesetze der Länder sind im Rahmen der Begriffsbestimmung wenig hilfreich. Lediglich das Sicherheits- und Ordnungsgesetz Hamburg regelt in § 29 Abs. 1 lit. a, b die Möglichkeit, zur Überwachung und Regelung des Straßenverkehrs und zur Unterstützung der Vollzugspolizei und Feuerwehr in Notfällen Personen zu „Hilfspolizisten" zu bestellen. Eine Legaldefinition des Begriffs enthält das Gesetz jedoch nicht.

In der Literatur wird der Begriff des „Hilfspolizisten" nicht einheitlich gebraucht. Zum einen wird dieser als Zusammenfassung für die unterschiedlichen Modelle „Ehrenamtlicher Polizeihelfer" verwendet, die zum Beispiel in Hessen und Baden-Württemberg in Freiwilligen Polizeidiensten, in Bayern und Sachsen in Sicherheitswachten und in Brandenburg in Sicherheitspartnerschaften organisiert sind.[216] Zum anderen wird der Begriff als Kurzfassung oder Synonym für die Bezeichnung von „Hilfspolizeibeamten" benutzt.[217]

In dieser Arbeit wird der Begriff des „Hilfspolizisten" als Oberbegriff für alle natürlichen Personen verstanden, die nicht hauptamtliche Polizeivollzugsbeamte sind, aber dennoch in staatlich initiierten Organisationsformen bzw. -modellen polizeiliche Aufgaben wahrnehmen.[218] Der Begriff erfasst mithin

---

216 *Behrendes/Jungbluth/Twickler*, in: Kniesel/Kube/Murck, Hdb für Führungskräfte der Polizei, S. 201 (208); *Fenger/Tohidipur/Tuchscherer*, LKRZ 2013, S. 451 (451); *Pitschas*, Polizei und Sicherheitsgewerbe, S. 59; *Söllner*, Die Verpolizeilichung, S. 38; *Schöne*, in: Frevel et al., Facetten der Polizei- und Kriminalitätsforschung, S. 127 (141); *Van Ooyen*, in: Möllers, Wörterbuch der Polizei, S. 491 ff.

217 *Behrendes/Jungbluth/Twickler*, in: Kniesel/Kube/Murck, Hdb für Führungskräfte der Polizei, S. 201 (208); *Ehm*, Freiwilliger Polizeidienst in BW, S. 225; *Fenger/Tohidipur/Tuchscherer*, LKRZ 2013, S. 451 (451); *Jungk*, Police Private Partnership, S. 34; *Krahmer*, B&P 2018, S. 82 (82); *van Ooyen*, in: Lange, Wörterbuch zur Inneren Sicherheit, S. 44 (44 f.); *Schöne*, in: Frevel et al., Facetten der Polizei- und Kriminalitätsforschung, S. 127 (141); *Wehr*, BPolG, § 63, Rn. 3; vgl. auch *Wolffsohn*, Hilfspolizei? Ja Bitte!, Handelsblatt online, 22.6.2016, abrufbar unter: http://www.handelsblatt.com/politik/international/sicherheitsdienste-hilfspolizei-ja-bitte/13770710.html <10.10.2017>.

218 So auch *Krahmer*, B&P 2018, S. 82 (82).

sowohl die Ehrenamtlichen Polizeihelfer als auch die Hilfspolizeibeamten als spezielle Unterkategorien. Trotz einer gewissen Ähnlichkeit dieser zwei Modelle bestehen insbesondere im Hinblick auf den Umfang der vom Staat übertragenen polizeilichen Aufgaben und Befugnisse zum Teil erhebliche Unterschiede.[219]

Im Folgenden soll daher geprüft werden, wie die unterschiedlichen Modelle zum Einsatz von Hilfspolizisten als Ehrenamtliche Polizeihelfer (I) und als Hilfspolizeibeamte (II) konkret ausgestaltet sind. Hierfür werden bestimmte Vergleichsparameter (u. a. Aufgaben, Befugnisse, Einstellungsvoraussetzungen und Ausbildung der Hilfspolizisten) festgelegt, anhand derer sich landes- und modellspezifische Gemeinsamkeiten und Unterschiede beim Einsatz von Hilfspolizisten aufzeigen lassen.

I. Ehrenamtliche Polizeihelfer

Ehrenamtliches Engagement ist für das Funktionieren einer Gesellschaft von grundlegender Bedeutung. Insbesondere im Hilfs- und Rettungsbereich besteht seit jeher ein entsprechender Bedarf an bürgerschaftlichem Engagement.[220] Der Bereich der Gewährleistung der öffentlichen Sicherheit und Ordnung blieb einem bürgerschaftlichen Engagement hingegen lange Zeit verschlossen. In Zeiten knapper Haushaltskassen fand jedoch in vielen Landesparlamenten ein Umdenken statt. So wurde insbesondere um die Jahrtausendwende der Bereich der Gewährleistung der öffentlichen Sicherheit und Ordnung geöffnet, um auch in diesem Bereich auf die besondere „Ressource“ Bürger zurückgreifen zu können.[221] Diese Entwicklung soll zum Anlass genommen werden, das Modell der Freiwilligen Polizeihelfer genauer zu untersuchen. Hierzu wird in einem ersten Schritt eine Begriffsbestimmung (1.) vorgenommen. In einem weiteren Schritt wird sodann der theoretisch konzeptionelle Hintergrund (2.) des Einsatzes der Ehrenamtlichen Polizeihelfer dargelegt. Abschließend erfolgt eine detaillierte Analyse der einzelnen gesetzlichen Regelungen zu den unterschiedlichen Modellen der einzelnen Länder (3.).

---

219 *Götz*, in: Pitschas/Stober, Quo vadis Sicherheitsgewerberecht, S. 235 (241); *Gusy*, PolR, S. 29 f.; *Weiner*, Privatisierung von staatlichen Sicherheitsaufgaben, S. 76 f.

220 *Schmidt*, in: Lange, Wörterbuch zur Inneren Sicherheit, S. 92 (93).

221 *Schmidt*, in: Lange, Wörterbuch zur Inneren Sicherheit, S. 92 (93).

1. Begriffsbestimmung

Unter dem Begriff des „Ehrenamtlichen Polizeihelfers" werden in dieser Arbeit alle natürlichen Personen verstanden, die in einem staatlich initiierten Modell[222] polizeiliche Aufgaben wahrnehmen und hierzu durch die zuständige Polizeidirektion im Zusammenwirken mit den Kommunen bestellt werden. Dazu gehören konkret die Mitglieder der Sicherheitswacht in Sachsen und in Bayern, des Freiwilligen Polizeidienstes in Hessen und in Baden-Württemberg sowie die Sicherheitspartner in Brandenburg. Die Polizeihelfer wirken im Interesse des Gemeinwohls an der staatlichen Sicherheitsgewährleistung mit und übernehmen im Zuge dessen in klar umgrenzten Aufgabenbereichen Verantwortung.[223]

2. Theoretisch-konzeptioneller Hintergrund

Für die Herausarbeitung des theoretischen Bezugsrahmens des Einsatzes Ehrenamtlicher Polizeihelfer soll zunächst auf die Gefahren einer Bürgerbeteiligung in nichtstaatlich initiierten Modellen hingewiesen werden (a). Anschließend wird das aus den USA stammende Konzept des Community Policing (b) vorgestellt, welches bei der Entwicklung der deutschen Konzepte für eine stärker gemeinwesenorientierte Polizeiarbeit als zentrales Leitbild fungierte.

a) Exkurs: Bürgerwehren

Vor dem Hintergrund der Übergriffe in der Silvesternacht 2015 in Köln sowie einer in Teilen der Bevölkerung wahrgenommenen Überfremdung infolge der umfangreichen Migrationsbewegungen nach Deutschland ab dem Jahr 2015 berichteten die Medien in der Folgezeit über einen drastischen Anstieg selbsternannter „Bürgerwehren".[224] Diese mitunter von Rechtsextremen gegründeten oder gesteuerten

---

222 Zur Abgrenzung von den nicht staatlich initiierten Modellen der Bürgerwehr und Nachbarschaftswache siehe unten § 3 I. 2. a).

223 *Fickenscher*, Polizeilicher Streifendienst mit Hoheitsbefugnissen, S. 47; *Schmidt*, in: Lange, Wörterbuch zur Inneren Sicherheit, S. 92 (92 f.).

224 *Blume*, Sylvester Übergriffe: Fünf Gründe, warum Bürgerwehren scheitern werden, 15.1.2016, Handelsblatt online, abrufbar unter: http://www.handelsblatt.com/politik/deutschland/silvester-uebergriffe-fuenf-gruende-warum-buergerwehren-scheitern-werden/12832284.html?ticket=ST-424138-dGuUQdqE67NeepuHIxHI-ap4 <12.6.2018>; *Heidtmann*, Bürgerwehren – Die innere Unsicherheit, SZ online, 23.1.2016, abrufbar unter: http://www.sueddeutsche.de/politik/buergerwehren-in-deutschland-buergerwehren-die-innere-unsicherheit-1.2830313 <12.6.2018>; *Steppat*, Selbsthilfe gegen die da draußen, FAZ online, 1.10.2014, abrufbar unter: http://

Zusammenschlüsse von Privatpersonen patrouillieren in der Öffentlichkeit und geben vor, die öffentliche Sicherheit gewährleisten zu wollen.[225] Bereits im Juli 2015 machte der Chef des GdP-Landesverbands Thüringen, *Kai Christ*, auf die Gefahr der wachsenden Anzahl von Bürgerwehren aufmerksam. Seiner Meinung nach sei eine wachsame Nachbarschaft zwar wünschenswert, allerdings dürften die Bürger dabei keine polizeilichen Aufgaben übernehmen.[226] Auch der damalige Justizminister *Heiko Maas* warnte im Januar 2016 eindringlich vor Bürgerwehren und Selbstjustiz. Gegenüber der Saarbrücker Zeitung mahnte er an, dass es nicht die Aufgabe von Bürgerwehren oder anderen selbsternannten Hobby-Sheriffs sei, Polizei zu spielen. Die Gewährleistung von Sicherheit und Ordnung sei einzig und allein Aufgabe des Staates.[227] Es scheint jedoch, als würde dieser Appell immer weniger Menschen in der Gesellschaft erreichen. Stattdessen entscheiden sich immer mehr Bürger – aufgrund eines erlittenen Vertrauensverlustes gegenüber dem Staat und seinen Institutionen –, in Eigenregie für Sicherheit und Ordnung sorgen zu wollen. Diese Entwicklung spiegelt sich auch in einem massiven Anstieg an Anträgen auf einen Kleinen Waffenschein (Art. 10 Abs. 4 WaffG) wider.[228] Die Anzahl der im nationalen Waffenregister (NWR) gespeicherten Kleinen Waffenscheine stieg von 300.949 (Stichtag 31.1.2016) auf 523.923 (Stichtag 31.05.2017).[229] Damit ist die Anzahl der im NWR gespeicherten Kleinen Waffenscheine innerhalb eines Zeitraums von nur 16 Monaten um über 70 Prozent angestiegen. Die steigende Selbstbewaffnung der Bürger in Deutschland soll als Anlass genommen werden, einen genaueren Blick auf derartige Zusammenschlüsse von Privatpersonen zu werfen.

---

www.faz.net/aktuell/politik/inland/buergerwehren-in-deutschland-gefahr-oder-sicherheit-13184946.html <12.6.2018>; Die Zahl der Bürgerwehren steigt an, RP online, 11.1.2016, abrufbar unter: https://rp-online.de/nrw/panorama/nrw-die-zahl-der-buergerwehren-steigt-rapide_aid-21224227 <12.6.2018>.

225 Vgl. *Sigmund*, Allein unter Feinden, S. 115 ff.; Antwort BReg auf kl. Anfrage der Abg. Renner u.a. (LINKE), BT-Drs. 18/7189, S. 1.

226 Homepage GdP Thüringen, GdP warnt vor Bürgerwehren, 24.7.2015, abrufbar unter: https://www.gdp.de/gdp/gdpth.nsf/id/27768a9f2030f73dc1257e8c-0065be97?open&search <12.6.2018.

227 Maas warnt vor Bürgerwehren, Saarbrücker-Zeitung online, 14.1.2016, abrufbar unter: https://www.saarbruecker-zeitung.de/politik/berliner_buero/maas-warnt-vor-buergerwehren_aid-1652023 <12.6.2018>.

228 Mit dem Kleinen Waffenschein dürfen Gas-, Schreckschuss- und Signalwaffen in der Öffentlichkeit getragen werden.

229 Antwort BReg auf kl. Anfrage der Abg. Mihalic u.a. (GRÜNE), BT-Drs. 18/13082, S. 4.

aa) Begriffsbestimmung

Eine einheitliche Definition des Begriffes „Bürgerwehr" existiert nicht. Die Sächsische Staatsregierung definiert diesen Begriff als einen Zusammenschluss von Bürgern zum Selbstschutz vor Kriminalität, der ohne rechtliche Grundlage agiert und gegen den Grundsatz des staatlichen Gewaltmonopols verstößt.[230] Nach einem engeren Verständnis ist eine Bürgerwehr ein Zusammenschluss privater Personen, die ohne kommerzielle Interessen, zur Abwehr und Verfolgung abweichenden Verhaltens, welches von ihnen zuvor festgelegt wurde, unter Anmaßung ihnen nicht zustehender Befugnisse und unter Verstoß gegen das staatliche Gewaltmonopol tätig werden.[231] Wesentliches Merkmal einer Bürgerwehr ist mithin die unbefugte Ausübung hoheitlicher Befugnisse durch Privatpersonen unter Verstoß gegen das staatliche Gewaltmonopol.[232]

bb) Mögliche Ursachen der Entstehung

Die Entstehung von Bürgerwehren lässt sich im Wesentlichen auf zwei Ursachen zurückführen: zum einen die Wahrnehmung einer rasch zunehmenden Bedrohung durch deviantes Verhalten und zum anderen die Wahrnehmung eines staatlichen Kontrollverlustes.[233]

Die erste Ursache muss nicht zwingend auf eine Verschlechterung der objektiven Sicherheitslage zurückzuführen sein, sondern beruht meist auf einer Verschlechterung des subjektiven Sicherheitsgefühls.[234] Als Auslöser für eine Verschlechterung dieses Sicherheitsgefühls kommen dabei verschiedene Ereignisse und Umstände in Betracht. Neben der persönlichen Viktimisierung im Rahmen von Einbruchs-, Diebstahls- oder Sachbeschädigungsdelikten kann auch der starke Zuzug asylsuchender Menschen nach Deutschland oder prägende Ereignisse, wie die Vorkommnisse in der Kölner Silvesternacht im Jahr

230 Antwort des MdI SN auf kl. Anfrage des Abg. Stange (LINKE), LT-Drs. SN 6/971, S. 2.

231 Vgl. *Krahmer,* Polizei&Wissenschaft 2016, S. 52 (58).

232 Siehe ausführlich zum staatlichen Gewaltmonopol § 4 I.

233 *Birenheide,* Private Initiativen für mehr Sicherheit, S. 89; *Krahmer,* Polizei&Wissenschaft 2016, S. 52 (58, 60); *Schmidt-Lux,* in: Yendell/Pickel/Dörner, Innere Sicherheit in Sachsen, S. 97 (99); vgl. auch *Ziegleder/Kudlacek/Fischer,* Forschungsforum öffentliche Sicherheit, S. 75.

234 Siehe oben § 1 III. 2.

2015/16, als auslösendes Ereignis für die vermehrte Gründung von Bürgerwehren, insbesondere im Jahr 2016, angeführt werden.[235]

Die zweite Ursache liegt in einer scheinbaren Überforderung des Staates im Allgemeinen und der Polizei im Besonderen, die öffentliche Sicherheit und Ordnung in Deutschland vollumfänglich zu gewährleisten. Viele Bürger fühlen sich vom Staat im Stich gelassen und beklagen ein „Präsenzdefizit" der Polizei in der Fläche.[236] Das Vertrauen der Bürger in den obrigkeitlichen Schutz von Hab und Gut sowie Leib und Leben durch den Staat schwindet.[237] Die sozialen Medien (z. B. Facebook oder Twitter) wirken bei der Gründung von Bürgerwehren zusätzlich als Katalysator. Über sie können sich Mitglieder in virtuellen Gruppen zusammenschließen und sich unter Gleichgesinnten austauschen.

cc) Anzahl an Bürgerwehren in Deutschland

Offizielle Zahlen zu derzeit in Deutschland aktiven Bürgerwehren existieren nicht. Dies liegt zum einen an der großen Dynamik, mit der diese Zusammenschlüsse entstehen und wieder verschwinden, und zum anderen daran, dass es bei jeder mutmaßlichen Bürgerwehr einer genauen Überprüfung bedarf, ob es sich per Definition tatsächlich um eine solche handelt. Bei den Sicherheitsbehörden des Bundes und der Länder werden Bürgerwehren erst erfasst, wenn sich tatsächliche Anhaltspunkte für das Vorliegen einer Bestrebung im Sinne des § 3 Absatz 1 Nr. 1 BVerfSchG[238] ergeben oder diese aufgrund strafrechtlicher (z. B. §§ 111, 127 oder 129 StGB) bzw. gefahrenabwehrrechtlicher Sachverhalte in Erscheinung treten.[239]

In der Gründungshochphase in den Jahren 2015/2016 hatten sich schätzungsweise 150 selbsternannte Bürgerwehren im gesamten Bundesgebiet

---

235 *Birenheide*, Private Initiativen für mehr Sicherheit, S. 89; *Krahmer*, Polizei&Wissenschaft 2016, S. 52 (58 f.); vgl. auch *Schöne*, in: Frevel et al., Facetten der Polizei- und Kriminalitätsforschung, S. 127 (130).

236 ZDF-Dokumentation „Polizei in Not", 27.1.2016, abrufbar unter: https://www.zdf.de/dokumentation/zdfzoom/zdfzoom-polizei-in-not-100.html <2.10.2018>.

237 *Birenheide*, Private Initiativen für mehr Sicherheit, S. 89.

238 Nach § 3 Abs. 1 Nr. 1 BVerfSchG ist es die Aufgabe der Verfassungsschutzbehörden des Bundes und der Länder Informationen über Bestrebungen, die gegen die freiheitlich demokratische Grundordnung, den Bestand oder die Sicherheit des Bundes oder eines Landes gerichtet sind oder eine ungesetzliche Beeinträchtigung der Amtsführung der Verfassungsorgane des Bundes oder eines Landes oder ihrer Mitglieder zum Ziele haben, zu sammeln und auszuwerten.

239 Antwort BReg auf kl. Anfrage der Abg. Renner u.a. (LINKE), BT-Drs. 18/7189, S. 2.

konstituiert.[240] Der überwiegende Teil existierte jedoch lediglich in den sozialen Netzwerken wie Facebook oder Twitter, ohne darüber hinaus tatsächliche Aktivitäten in der realen Welt durchzuführen.[241] Die größte „virtuelle" Bürgerwehr, die Facebook-Gruppe „Düsseldorf passt auf", zählte über 13.000 Mitglieder.[242] Sie wurde im Jahr 2015 als Reaktion auf die Übergriffe in der Kölner Silvesternacht gegründet und setzte sich zum Ziel, an Wochenenden und bei Großveranstaltungen durch die Stadt zu ziehen und durch „Präsenz und Gewaltlosigkeit" für Sicherheit zu sorgen.[243] Bundesweit waren im Jahr 2016 schätzungsweise 30 Bürgerwehren auch jenseits der sozialen Medien in den deutschen Städten aktiv.[244] Bei insgesamt sieben Bürgerwehren lagen den Sicherheitsbehörden Anhaltspunkte für eine rechtsextremistische Ausrichtung vor („Freie Nationalisten Kraichgau", Waibstadt; „DIE RECHTE", Dortmund/Wuppertal; „Bürgerwehr Güstrow", Güstrow; „Bürgerwehr", Ingolstadt; „Kiezstreifen Blankenburg", Berlin; „Brigade Halle", Halle; „Bürgerwehr FTL 360", Freital).[245]

dd) Zusammenfassung und Bewertung

Dem Thema „Bürgerwehren in Deutschland" kam in den vergangenen Jahren eine gewachsene mediale Aufmerksamkeit zu. Einerseits darf der rasante Anstieg der (überwiegend) in den sozialen Medien gegründeten „Bürgerwehren" **nicht** überbewertet werden. Denn die Gründungseuphorie aus dem Jahr 2016 scheint verflogen; die Mitgliedszahlen sind stark rückläufig. Die deutliche Mehrheit der Bevölkerung spricht sich klar gegen die Gründung von Bürgerwehren aus. Nach

---

240 *Schmidt-Lux*, in: Yendell/Pickel/Dörner, Innere Sicherheit in Sachsen, S. 97 (97).

241 *Schöne*, in: Frevel et al., Facetten der Polizei- und Kriminalitätsforschung, S. 127 (129); vgl. auch *Schmidt-Lux*, in: Yendell/Pickel/Dörner, Innere Sicherheit in Sachsen, S. 97 (97) sowie *Woldin*, Bürgerwehren in Hamburg, Welt online, 16.1.2016, abrufbar unter: https://www.welt.de/regionales/hamburg/article151073463/Wenn-Frauen-belaestigt-werden-sehen-wir-rot.html <12.6.2018>.

242 *Hild*, Bürgerwehren, Deutschlandfunk, 9.1.2017, abrufbar unter: http://www.deutschlandfunk.de/buergerwehren-viele-ankuendigungen-kaum-taten.1769.de.html?dram:article_id=375949 <12.6.2018>.

243 *Jacobsen*, Sicherheit selbst gemacht, Zeit online, 15.1.2016, abrufbar unter: https://www.zeit.de/gesellschaft/zeitgeschehen/2016-01/buergerwehr-duesseldorf-passt-auf-koeln-sicherheit <12.6.2018>.

244 *Steppat*, Selbsthilfe gegen die da draußen, FAZ online, 1.10.2014, abrufbar unter: http://www.faz.net/aktuell/politik/inland/buergerwehren-in-deutschland-gefahr-oder-sicherheit-13184946.html <12.6.2018>.

245 Antwort BReg auf kl. Anfrage der Abg. Renner u.a. (LINKE), BT-Drs. 18/7189, S. 2 f.

einer Umfrage des Meinungsforschungsinstituts Allensbach vom Februar 2016 sind 82 Prozent der Befragten gegen derartige Zusammenschlüsse von Bürgern.[246] Das Beispiel der Gruppe „Düsseldorf passt auf“ zeigt zudem, dass eine Vielzahl der Zusammenschlüsse den Sprung von der virtuellen in die reale Welt nicht schaffte.

Andererseits sind Politik und Polizei gut beraten, jene Bürgerwehren, die in den deutschen Städten und Gemeinden aktiv sind, genau zu beobachten und die Ursachen für ihre Entstehung zu bekämpfen.

Von besonderer Bedeutung sind in diesem Zusammenhang die unterschiedlichen Modelle zum Einsatz von Ehrenamtlichen Polizeihelfern. Diese staatlich initiierten Modelle bieten im Vergleich zu den privat organisierten Bürgerwehren den großen Vorteil, dass die Ausgestaltung, die Programmatik und die soziale Praxis durch den Staat vorgegeben wird. Die Ordnungs- und Sanktionsvorstellungen der Ehrenamtlichen Polizeihelfer beruhen, im Gegensatz zu den Mitgliedern einer privaten Bürgerwehr, nicht auf privaten Überzeugungen und individuell erwünschten Verhaltensnormen und Reaktionsweisen, sondern auf gesetzlichen Bestimmungen.[247] Persönliche Vorurteile einzelner Mitglieder und Ausgrenzung von Randgruppen kommen somit in den staatlichen Modellen nicht zum Tragen. Darüber hinaus verfügen die Ehrenamtlichen Polizeihelfer zumindest über eine Grundausbildung, um in Konflikt- und Gefahrensituationen angemessen reagieren zu können, und weisen aufgrund ihrer relativen Nähe zum Staat ein bedeutend leichter zu kontrollierendes Ordnungspotenzial auf als die privaten Zusammenschlüsse.[248] Die staatlichen Modelle des Freiwilligen Polizeidienstes, der Sicherheitswacht sowie der Sicherheitspartner bieten eine sinnvolle Alternative, engagierten Bürgern die Möglichkeit zu eröffnen, sich im Bereich der Gewährleistung der öffentlichen Sicherheit und Ordnung aktiv einzubringen.[249]

---

246 Allensbach-Umfrage „Diffuse Ängste“, Eine Dokumentation des Beitrags von *Renate Köcher* in der FAZ Nr. 40 vom 17.2.2016, S. 8.

247 Vgl. hierzu *Birenheide,* Private Initiativen für mehr Sicherheit, S. 90.

248 Vgl. hierzu *Birenheide,* Private Initiativen für mehr Sicherheit, S. 91.

249 Vgl. hierzu *Hitzler*, in: Reichertz/Schröer, Qualitäten polizeilichen Handelns, S. 30 (34); *Schöne*, in: Frevel et al., Facetten der Polizei- und Kriminalitätsforschung, S. 127 (132).

b) *Community Policing*

„Community Policing“ ist ein aus den USA stammendes Polizeikonzept zur Kriminalitätsbekämpfung und -prävention auf kommunaler Ebene, welches Anfang der 1990er Jahre in amerikanischen Großstädten entwickelt und praktiziert wurde.[250] Der Begriff erfasst eine Vielzahl verschiedener Vorgehensweisen. Die Varianten reichen von der repressiven, jeglichen Regelverstoß rigoros verfolgenden „Zero-Tolerance-Strategie“ New Yorker Prägung („Broken-Windows-Theorie“) über Konzepte wie „Neighbourhood-Watch“ bis hin zu Formen der Kooperation zwischen Polizei und Bürgern, die unter Beteiligung der pluralistischen Gruppen auch auf die Stärkung der Legitimität polizeilichen Handelns durch Partizipation zielen.[251] Trotz der zum Teil erheblichen Unterschiede zwischen den einzelnen Varianten sind im Kern drei „Strukturelemente“ erkennbar, die für diese Art der Polizeiarbeit charakteristisch sind: die Offenheit der Polizei für „neue“ lokale Probleme wie Kriminalitätsfurcht oder Unordnung in der Gemeinde (Defokussierung), die Zusammenarbeit der Polizei mit den Bürgern und lokalen Behörden bei der Identifikation örtlicher Probleme (Kooperation) sowie eine zunehmend dezentrale Entscheidungs- und Verantwortungsstruktur der Polizei, die den Polizeibeamten vor Ort die notwendige Entscheidungsmacht und entsprechende Verantwortung überträgt, um lokale Probleme effizient lösen zu können (Dezentralisierung).[252] Mit der Community-Policing-Strategie wird das Ziel verfolgt, Kriminalität zu verhindern und das subjektive Sicherheitsgefühl zu verbessern, die Kooperation zwischen der Bürgerschaft und der Polizei zu intensivieren und somit letztlich ein Mehr an Lebensqualität in den Gemeinden zu erzielen.[253]

Mitte der 1990er Jahre verzeichneten verschiedene amerikanische Städte mit Hilfe des Community Policing beeindruckende Erfolge bei der Bekämpfung von Kriminalität.[254] Insbesondere New York und die dort erzielten Erfolge rückten in das Zentrum des internationalen polizeilichen, öffentlichen und auch politischen

250 *Kolbe*, APuZ 2005, S. 9 (10 f.); *Pütter*, B&P 1999, S. 6 (6).

251 *Van Ooyen*, in: Möllers, Wörterbuch der Polizei, S. 491 ff.; vgl. auch *Van Elsbergen*, Chancen und Risiken KKP, S. 62 ff.

252 *Laue*, in: Coester/Gutsche/Wagner et al., Düsseldorfer Gutachten, S. 333 (397 f.); vgl. auch *Bässmann/Vogt*, Community Policing, S. 12; *Ziegleder/Kudlacek/Fischer*, Forschungsforum öffentliche Sicherheit, S. 72.

253 Vgl. *Bässmann/Vogt*, Community Policing, S. 12; *Kolbe*, APuZ 2005, S. 9 (12); *Pütter*, B&P 1999, S. 6 (6 f.).

254 *Bässmann/Vogt*, Community Policing, Vorwort.

Interesses. Auch Deutschland ließ im Jahr 1997 durch das BKA eine umfassende Untersuchung zum Thema „Community Policing in amerikanischen Großstädten“ durchführen, um zu prüfen, inwieweit dortige polizeiliche Vorgehensweisen und Konzepte auf hiesige Verhältnisse übertragbar waren.[255] Für die Entwicklung des deutschen Konzeptes der KKP gegen Ende der 1990er Jahre war das Community-Policing-Konzept prägend.[256] Heutzutage umfasst das Konzept der KKP unzählige Formen der Zusammenarbeit zwischen kommunalen Akteuren und Bürgern: Sie reichen von Ordnungs- oder Sicherheitspartnerschaften über Präventionsgremien bis hin zu Einwohnerversammlungen zu Sicherheitsfragen.[257] Unter den zahlreichen Konzepten und Initiativen mit unterschiedlicher Akzentuierung des Aspekts der „Bürgeraktivierung“ im Bereich der KKP ist das Konzept der Einbeziehung Ehrenamtlicher Polizeihelfer besonders hervorzuheben. Es steht wie kein anderes für eine direkte Einbindung des Bürgers in das Politikfeld der Inneren Sicherheit.[258]

3. Unterschiedliche Modelle des Einsatzes Ehrenamtlicher Polizeihelfer

Mit der ursprünglichen Zielsetzung, die objektive und subjektive Sicherheit zu verbessern, wurden um die Jahrtausendwende verschiedene Modelle entwickelt, in denen private Bürger im Bereich der Sicherheits- und Ordnungstätigkeit eingesetzt werden können.[259] Die Möglichkeit eines ehrenamtlichen Engagements in der Polizeiarbeit besteht zum einen in dem „Freiwilligen Polizeidienst“ in Hessen und Baden-Württemberg und zum anderen in der „Sicherheitswacht“ in Bayern und in Sachsen. Darüber hinaus engagieren sich Bürger in Brandenburg als „Sicherheitspartner“.

---

255 *Bässmann/Vogt*, Community Policing, S. 11 ff.

256 *Hermann/Laue*, B&S 2003, S. 70 (70); *Kohl*, in: Frevel, Handlungsfelder lokaler Sicherheitspolitik, S. 239 (272).

257 Vgl. *Bülow*, Kommune schafft Sicherheit, in: Kerner/Marks: Internetdokumentation Deutscher Präventionstag 2004, S. 6 ff., abrufbar unter: http://www.praeventionstag.de/dokumentation/download.cms?id=98&datei=buelow_F99.pdf <29.1.2018>.

258 *Birenheide*, Private Initiativen für mehr Sicherheit, S. 80 f.; *Kohl*, in: Frevel, Handlungsfelder lokaler Sicherheitspolitik, S. 239 (273 f.); *Kober/Kohl*, Kommunale Kriminalitätsverhütung, S. 9; *Ziegleder/Kudlacek/Fischer*, Zur Wahrnehmung und Definition von Sicherheit durch die Bevölkerung, S. 73 ff.; vgl. hierzu auch *Groß*, in: Behr/Ohlemacher, Offene Grenzen, S. 13 (14).; *Kreuzer/Schneider*, Freiwilliger Polizeidienst in Hessen, S. 19.

259 *Ziegleder/Kudlacek/Fischer*, Forschungsforum öffentliche Sicherheit, S. 73.

Im Folgenden sollen diese unterschiedlichen Modelle im Hinblick auf ihre rechtliche Grundlage und Konzeption (a), die übertragenen Aufgaben (b), die übertragenen Hoheitsbefugnisse (c), die Einstellungsvoraussetzungen (d), die Ausbildung (e), die Kennzeichnung und Ausstattung (f) sowie die Aufwandsentschädigung (g) analysiert und verglichen werden. Die ausgewählten Vergleichsparameter sollen insbesondere dazu dienen, etwaige Diskrepanzen zwischen dem Umfang der übertragenen Aufgaben und Befugnisse einerseits sowie den Anforderungen an die Qualifikation und Aus-/Fortbildung andererseits zu identifizieren und zu bewerten. Ausführungen zur Konzeption sowie zum rechtlichen Status der Ehrenamtlichen Polizeihelfer helfen dabei, die vom Gesetzgeber bezweckte Zielrichtung nachzuvollziehen und so ein umfassendes Bild von der Figur des „Ehrenamtlichen Polizeihelfers" zu erhalten. Abschließend werden die wesentlichen Unterschiede und Gemeinsamkeiten der spezifischen Regelungen zusammengefasst (i).

a) Rechtliche Grundlage und Konzeption

aa) Hessen

Am 13.6.2000 wurde in Hessen mit dem „Gesetz für die aktive Bürgerbeteiligung zur Stärkung der Inneren Sicherheit, dem „Hessischen Freiwilligen-Polizeidienst-Gesetz" (HFPG), ein Freiwilliger Polizeidienst eingeführt. Dieser war zunächst als Modellversuch auf 90 Angehörige und auf die Städte Wiesbaden, Offenbach, Marburg-Briedenkopf und Fulda beschränkt.[260] Die Einrichtung erfolgte als Teil der Kampagne der Hessischen Landesregierung „Gemeinsam aktiv – Bürgerengagement in Hessen", welche am 5.12.1999 durch den Ministerpräsidenten *Roland Koch*[261] mit dem Ziel gestartet wurde, die innere Sicherheit in Hessen zu stärken und das Ehrenamt zu fördern.[262] Mit der Neufassung des Gesetzes vom 21.7.2004 wurde das sicherheitspolitische Instrument des Freiwilligen Polizeidienstes auf das gesamte Land ausgeweitet. Anlass für die Einführung eines Freiwilligen Polizeidienstes war die nachhaltige Beeinträchtigung des Sicherheitsgefühls der hessischen Bürger durch Wohnungseinbrüche,

260 Stellungnahme des Innenministers Bouffier (CDU) im hessischen Landtag, PLPr. HE 15/28, S. 1774.

261 Die bürgerlich-liberale Koalition aus CDU und FDP war treibende Kraft hinter der Idee ehrenamtliches Engagement von Bürgern im Bereich der Inneren Sicherheit zu ermöglichen.

262 Antwort der Reg. auf gr. Anfrage der Fraktionen der CDU und FDP, LT-Drs. HE 15/4718, S. 49.

Raubüberfälle auf offener Straße sowie Diebstahlsdelikte in Bezug auf Kraftfahrtzeuge.[263] In der Begründung des Gesetzes führt die hessische Landesregierung aus, dass der Kampf gegen Kriminalität eine „gesamtgesellschaftliche Aufgabe" sei, für die jeder Bürger durch eine aktive Beteiligung einen wertvollen Beitrag leisten könne.[264] Die plakative Zielsetzung lautete: „Mehr Sicherheit für den Bürger, mehr Entlastung für die Polizei."[265]

bb) Baden-Württemberg

Das „Gesetz über den Freiwilligen Polizeidienst" (FPolDG) wurde am 30.5.1963 vom Landtag in Baden-Württemberg verabschiedet und trat am 18.6.1963 in Kraft. Der Freiwillige Polizeidienst in Baden-Württemberg durchlief in seiner rund 55-jährigen Tradition nicht nur im Hinblick auf seine Personalstärke, sondern vor allem auch hinsichtlich der Rahmenbedingungen und des Tätigkeitsspektrums einen starken Wandel.

Anfang der 1960er Jahre wurde auf der Ebene der IMK erstmals über eine bundeseinheitliche Regelung zur Einrichtung eines Freiwilligen Polizeidienstes bzw. einer Polizeireserve beraten.[266] Neben Baden-Württemberg wurde ein derartiges Konzept lediglich in Berlin realisiert. Der Freiwillige Polizeidienst Berlin wurde im Jahr 2002 allerdings aufgrund anhaltender Kritik und fehlender Haushaltsmittel aufgelöst;[267] der Freiwillige Polizeidienst in Baden-Württemberg besteht hingegen bis heute. Ursprünglich wurde er als Folge eines ständigen Aufgabenzuwachses bei der Polizei sowie der Befürchtung eines ansteigenden Personalbedarfs im Zusammenhang mit der außen- und innenpolitischen Bedrohungslage (u.a. Kuba-Krise sowie Bau der Berliner Mauer) eingerichtet.[268] Mit Hilfe des Freiwilligen Polizeidienstes sollten kurzfristig entstehende Personallücken durch im Vorfeld ausgebildete private Bürger geschlossen werden.[269] Der Freiwillige Polizeidienst in Baden-Württemberg sollte nach der Intention des Gesetzgebers als echte, jederzeit abrufbare „Polizeireserve" fungieren.[270]

---

263 Begr. des RegE zum HFPG, LT-Drs. HE 15/1004, S. 6.

264 Begr. des RegE zum HFPG, LT-Drs. HE 15/1004, S. 6.

265 Antwort der Reg. auf gr. Anfrage der Fraktionen der CDU und FDP, LT-Drs. HE 15/4718, S. 49 f.

266 *Diederichs*, B&P 1982, S. 41 (41).

267 *Kutscha*, in: Van Elsbergen, Kustodialisierung der Inneren Sicherheit, S. 225 (229).

268 Begr. des RegE zum FPolDG, LT-Drs. BW 3/2325, S. 4343; *Diederichs*, B&P 1982, S. 41 (41).

269 Begr. des RegE zum FPolDG, LT-Drs. BW 3/2325, S. 4343.

270 Begr. des RegE zum FPolDG, LT-Drs. BW 3/2325, S. 4343 f.

Mit dem Fall der Berliner Mauer 1989 verschob sich der Arbeitsschwerpunkt des Freiwilligen Polizeidienstes, da die ursprüngliche Gefahrenlage entfallen war. Er wurde fortan verstärkt bei Großveranstaltungen sowie zu Verkehrsregelungszwecken und Ordnungsdiensten eingesetzt.[271] Im August 1998 versuchte der damalige Innenminister der CDU, *Thomas Schäuble*, mit dem Konzept zur „Neuorientierung des Freiwilligen Polizeidienstes" dem Freiwilligen Polizeidienst in Baden-Württemberg durch eine Aufstockung des Personals sowie eine Umstrukturierung des Aufgabenschwerpunktes wieder zu größerer Bedeutung zu verhelfen.[272] Nach diesem Konzept sollte der Freiwillige Polizeidienst zukünftig primär im Bereich der kommunalen Kriminalprävention eingesetzt werden.[273] Nach dem Regierungswechsel im Jahr 2011 beschloss die grün-rote Landesregierung unter Ministerpräsident *Winfried Kretschmann* keine neuen Mitarbeiter im Freiwilligen Polizeidienst einzustellen und diesen mittelfristig auslaufen zu lassen.[274] Diese Entscheidung wurde wiederum mit dem Eintritt der CDU in die grün-schwarze Regierungskoalition im Mai 2016 revidiert. In dem am 9.5.2016 unterzeichneten Koalitionsvertrag einigten sich beide Parteien darauf im Rahmen eines „Gesamtkonzeptes für sichere öffentliche Räume" eine neue Grundlage für den Einsatz von Freiwilligen Polizeihelfer zu schaffen.[275] Ein finalisiertes und abgestimmtes Konzept wird derzeit im Innenministerium erarbeitet, wurde bisher aber noch nicht vorgelegt.[276]

Der Freiwillige Polizeidienst in Baden-Württemberg unterscheidet sich in Bezug auf seine ursprüngliche Konzeption als „Polizeireserve" deutlich von den neueren Modellen der Ehrenamtlichen Polizeihelfer in Hessen, Bayern und

---

271 Stellungnahme des MdI BW auf Antrag des Abg. Redling (SPD), LT-Drs. BW 12/1381, S. 3.

272 *Bühler*, in: Knemeyer, Innere Sicherheit in der Gemeinde, S. 29 (35); Stellungnahme des MdI BW auf Antrag des Abg. Redling (SPD), LT-Drs. BW 12/4027, S. 1.

273 Stellungnahme des MdI BW auf Antrag des Abg. Redling (SPD), LT-Drs. BW 12/4027, S. 1.

274 Grün-Rot lässt Freiwilligen Polizeidienst auslaufen, Die Welt, 18.4.2012, abrufbar unter: https://www.welt.de/regionales/stuttgart/article106199674/Gruen-Rot-laesst-freiwilligen-Polizeidienst-auslaufen.html < 30.8.2017>.

275 Koalitionsvertrag zwischen Bündnis 90/ Die Grünen und der CDU für die 16. Legislaturperiode Baden-Württembergs 2016–2021, S. 60, abrufbar unter: https://www.baden-wuerttemberg.de/fileadmin/redaktion/dateien/PDF/160509_Koalitionsvertrag_B-W_2016-2021_final.PDF < 30.8.2017>.

276 Stellungnahme des MdI BW auf Antrag der Abg. Berg u.a. (AfD), LT-Drs. BW 16/3672, S. 3.

Sachsen. Nach dem Willen des Gesetzgebers sollte der Freiwillige Polizeidienst in Baden-Württemberg im Ernstfall die Vollzugspolizei 1:1 ersetzen können. Im Gegensatz dazu ist der Freiwillige Polizeidienst in Hessen sowie die Sicherheitswacht in Sachsen und Bayern primär darauf ausgelegt interessierten Bürgern eine Möglichkeit zum ehrenamtlichen Engagement zu bieten und gleichzeitig die Vollzugspolizei in bestimmten Bereichen der Gefahrenabwehr zu unterstützen. Der besondere entstehungsgeschichtliche Kontext des Freiwilligen Polizeidienstes in Baden-Württemberg spiegelt sich insbesondere in seinen umfangreichen Aufgaben und Befugnissen wider und ist bei der Analyse der verschiedenen Vergleichsparameter besonders zu berücksichtigen.

cc) Bayern

Am 24.12.1993 beschloss der bayrische Landtag das „Gesetz über die Erprobung einer Sicherheitswacht" (SEG), das am 1.1.1994 in Kraft trat und zunächst bis zum 31.12.1996 Gültigkeit besaß. Hierdurch wurde die bayrische Sicherheitswacht zunächst als dreijähriger Modellversuch in einer Großstadt (München), einer mittelgroßen Stadt (Ingolstadt) und einer Kleinstadt (Deggendorf) eingeführt, ehe diese durch das „Gesetz über die bayrische Sicherheitswacht" (SWG) am 28.4.1997 als dauerhafte Einrichtung in Bayern etabliert wurde. Nach Aussage *Edmund Stoibers*, dem damaligen bayrischen Innenminister und geistigem Gründungsvater der Sicherheitswacht, diente die bayrische Naturschutzwacht aus dem Umweltbereich bei der Konzeption der Sicherheitswacht als Vorbild.[277] Die Einrichtung der Sicherheitswacht ist Teil eines umfassenden Konzeptes der bayrischen Regierung zur Verbesserung der Inneren Sicherheit in Bayern durch strukturverbessernde Maßnahmen sowie sicherheitspolitische Initiativen.[278] Dazu gehörten neben der Einrichtung der Sicherheitswacht auch die Etablierung von Sicherheitsbeiräten auf kommunaler Ebene und das Aufstellen von Nachbarschaftshilfeprogrammen.[279]

Mit der Einführung der Sicherheitswacht wurde das Ziel verfolgt, engagierten Bürgern die Möglichkeit zu eröffnen, sich im Bereich der Gewährleistung der öffentlichen Sicherheit und Ordnung aktiv einzubringen, um so die Sicherheitslage in Bayern zu verbessern, das Sicherheitsgefühl der Bürger zu stärken und

277 Vgl. *Bühler*, in: Knemeyer, Innere Sicherheit in der Gemeinde, S. 29 (36 f.); *Diederichs*, B&P 1997, S. 59 (60).

278 Begr. des RegE zum SEG, LT-Drs. BY 12/13076, S. 1.

279 Begr. des RegE zum SEG, LT-Drs. BY 12/13076, S. 1; vgl. auch *Regensburger*, in: Knemeyer, Innere Sicherheit in der Gemeinde, S. 47 (54 f.)

die in den städtischen Ballungsgebieten verbreiteten „Unkultur des Wegschauens“ durch eine „Kultur des Hinschauens“ zu ersetzen.[280] Die Mitglieder der Sicherheitswacht sollten als Bindeglied zwischen Bürgern und Polizei fungieren und in der Öffentlichkeit vermehrt an sicherheitsrechtlich relevanten Punkten, wie z.B. in größeren Wohnsiedlungen und im Umfeld von Haltestellen öffentlicher Verkehrsmittel, auftreten.[281] Sie sollen als eine Art lebende Notrufsäule fungieren, indem sie als Ansprechpartner der Bürger auf der Straße Präsenz zeigen und in von ihnen registrierten Gefahrensituationen die Polizei alarmieren.[282] Ebenso wie in Hessen, wird die umfassende Verhütung von Störungen der öffentlichen Sicherheit und Ordnung auch in Bayern als eine gesamtgesellschaftliche Aufgabe begriffen, bei der die Einbeziehung der „Ressource“ Bürger von grundlegender Bedeutung ist.[283] Nichtsdestotrotz betonte der bayrische Landtag im Gesetzesentwurf zum Sicherheitswachterprobungsgesetz die Unterschiede der Sicherheitswacht im Vergleich zu der Einrichtung einer Polizeireserve nach baden-württembergischem Vorbild. In Bayern gehe es nicht primär um die Stärkung staatlicher Präsenz in Form von („Hilfs-“) Polizeibeamten, sondern um eine stärkere Einbindung des Bürgers in die Verantwortung für die Aufrechterhaltung der öffentlichen Sicherheit und Ordnung.[284] Um diese Unterscheidung auch semantisch zu verdeutlichen, wurde bewusst die Bezeichnung „Sicherheitswacht“ gewählt.

dd) Sachsen

Der sächsische Landtag verabschiedete am 13.11.1997 das „Gesetz über die Erprobung einer Sächsischen Sicherheitswacht“ (SächsSWEG), welches am 12.12.1997 in Kraft trat. Das Modell der Sicherheitswacht wurde zunächst in vier sächsischen Städten in einem Zeitraum von zwei Jahren erprobt.[285] Durch das am 16.4.1999 beschlossene „Gesetz zur Änderung des Sächsischen Sicherheitswachterprobungsgesetzes“ (ÄnderungsG SächsSWEG) wurde die zeitliche Befristung aufgehoben, der Name des Gesetzes in „Sächsisches Sicherheitswachtgesetz“

---

280 Begr. des RegE zum SEG, LT-Drs. BY 12/13076, S. 1, 5; *Van Elsbergen*, in: Ders., Kustodialisierung der Inneren Sicherheit, S. 195 (199).

281 Begr. des RegE zum SEG, LT-Drs. BY 12/13076, S. 1, 5.

282 *Schmidbauer/Steiner*, BayPAG und BayPOG Kommentar, Art. 1 PAG, Rn. 23.

283 Begr. des RegE zum SEG, LT-Drs. BY 12/13076, S. 1 ff.

284 Begr. des RegE zum SEG, LT-Drs. BY 12/13076, S. 1.

285 Begr. des RegE zum SächsSWEG, LT-Drs. SN 2/6146, S. 1 ff.; *Wagner/Ruder*, Polizeirecht, Kap. C, Rn. 95.

(SächsSWG) umgeändert und die Sicherheitswacht landesweit eingeführt. Das Modell der sächsischen Sicherheitswacht ist nach dem Vorbild der bayrischen Sicherheitswacht konzipiert und lehnt sich nicht nur in seinem Titel, sondern auch inhaltlich erkennbar an das bayrische SEG an.[286] Zur Begründung der Einführung einer Sicherheitswacht in Sachsen führt die sächsische Staatsregierung in dem Gesetzesentwurf zum SächsSWEG aus, dass es zur Aufrechterhaltung und weiteren Verbesserung der öffentlichen Sicherheit und Ordnung erforderlich sei, die gesellschaftliche Mitverantwortung stärker auszuprägen und damit einer Beeinträchtigung des subjektiven Sicherheitsgefühls der Bevölkerung entgegenzuwirken.[287]

ee) Brandenburg

Das Land Brandenburg hat im Vergleich zu den anderen Ländern einen gänzlich anderen konzeptionellen Weg beschritten. Das Modell der Sicherheitspartner wurde im Jahr 1994 eingeführt und sollte zunächst nur über den Zeitraum eines halben Jahres in zehn Orten Brandenburgs erprobt werden. Durch den Erlass „Sicherheit in den Städten und Gemeinden des Landes Brandenburg durch den Ausbau der konzertierten Aktion Kommunale Kriminalitätsverhütung“ (Erlass KKV) vom 11.10.1995 wurde das Konzept der Sicherheitspartner landesweit eingeführt. Das Innenministerium versprach sich von diesem Ansatz der staatlichen Einbindung Privater in Sicherheitsaufgaben eine bessere Kontrolle und positive Einflussnahme auf die tatsächlich oder vermeintlich entstandenen Bürgerwehren.[288] Am 1.6.2017 legte das Ministerium des Innern und für Kommunales ein neues Eckpunktepapier mit dem Titel „Kommunale Kriminalprävention im Land Brandenburg“ (Eckpunktepapier 2017) vor. Dieses Papier stellt nach Angaben des Ministeriums eine Fortschreibung des Gesamtkonzeptes zur Kommunalen Kriminalitätsverhütung (KKV) aus dem Jahr 1992 dar und formuliert die Gesamtstrategie des Landes Brandenburg zur Weiterentwicklung der Kommunalen Kriminalprävention, indem sowohl rechtliche Veränderungen als auch Erkenntnisse aus der Wissenschaft berücksichtigt wurden. Im Zuge dieses neuen Eckpunktepapiers zur Kommunalen Kriminalprävention erging am 1.6.2017 der Erlass „Sicherheitspartner des Landes Brandenburg im Rahmen der

---

286 *Bühler*, in: Knemeyer, Innere Sicherheit in der Gemeinde, S. 29 (43); *Diederichs*, B&P 1997, S. 59 (59 f.).

287 Begr. des RegE zum SächsSWEG, LT-Drs. SN 2/6146, S. 1.

288 *Bühler*, in: Knemeyer, Innere Sicherheit in der Gemeinde, S. 29 (39); *Newiger*, B&P 1995, S. 50 (52 f.).

Kommunalen Kriminalprävention" (Erlass KKP 2017). Ziel dieses Erlasses ist es, das bürgerschaftliche Engagement als gelebte Zivilcourage in Brandenburg auch in Zukunft zu organisieren, um so gemeinsam gegen die Sicherheitsdefizite in den Kommunen vorzugehen.[289] Engagierten Bürgern soll weiterhin die Möglichkeit gegeben werden, in ihrem örtlichen Wohnbereich einen aktiven Beitrag zu Wahrung des inneren Friedens und der öffentlichen Sicherheit zu leisten, um so gemeinsam gegen die Sicherheitsdefizite in den brandenburgischen Kommunen vorzugehen.[290] Eine wirkungsvolle Kriminalitätsbekämpfung und ein positives Sicherheitsgefühl könnten nur im Rahmen eines gemeinschaftlichen, gesamtgesellschaftlichen Ansatzes realisiert werden, denn „Sicherheit brauche Partner."[291] Unter dem Begriff Sicherheitspartner sind dabei sozial engagierte Einwohner einer Gemeinde zu verstehen, die sich in der Wahrnehmung ihrer persönlichen Rechte (sogenannte Jedermannrechte) und der sozialen Verantwortung für die Gemeinschaft unbewaffnet und ohne hoheitliche Befugnisse, gemeinsamen mit anderen Akteuren für die örtliche Sicherheit aktiv betätigen.[292]

b) Aufgaben

aa) Hessen

Die Aufgaben des Freiwilligen Polizeidienstes in Hessen sind in § 1 Abs. 2, 3 HFPG i.V.m. Ziffer 1 der „Verwaltungsvorschrift zur Ausführung der Rechtsvorschriften über den Freiwilligen Polizeidienst in Hessen" (VVFPolD) geregelt. Der Freiwillige Polizeidienst soll die Polizeibehörden bei der Erfüllung ihrer Aufgaben unterstützen.[293] Ziel dieser Unterstützung ist die Verbesserung der Sicherheitslage in den Kommunen, indem sichtbar Präsenz gezeigt wird, Wahrnehmungen, welche die öffentliche Sicherheit und Ordnung betreffen, beobachtet und gemeldet sowie Gespräche mit Bürgern geführt werden.[294]

Der Freiwillige Polizeidienst soll insbesondere bei der vorbeugenden Bekämpfung von Straftaten, bei der Überwachung des Straßenverkehrs, beim polizeilichen Streifendienst, beim polizeilichen Ermittlungsdienst, im Bereich des Schutzes öffentlicher Gebäude und Anlagen sowie bei der Erforschung von

---

289 Ziffer 1 Erlass KKP 2017.

290 Abschlussbericht der Projektgruppe Modellversuch „Sicherheitspartner Brandenburg" des brandenburgischen Ministeriums des Inneren vom Dezember 1994, S. 1.

291 Ziffer 1 Erlass KKP 2017.

292 Ziffer 2 Erlass KKP 2017.

293 § 1 Abs. 2 Satz 1 HFPG.

294 § 1 Abs. 3 Satz 1 HFPG.

Ordnungswidrigkeiten eingesetzt werden.[295] Im Hinblick auf die in § 1 Abs. 3 HFPG formulierten Aufgaben und Ziele ist darauf zu achten, dass es vorrangige Aufgabe der Freiwilligen Polizeihelfer sein sollte als Ansprechpartner für die Bürger zur Verfügung zu stehen, sicherheitsrelevante Situationen zu erkennen und die Polizeibehörden schnell darüber zu informieren oder selbst Hilfe zu leisten.[296] Um einen erfolgreichen Einsatz des Freiwilligen Polizeidienstes zu gewährleisten, ist bei der Einsatzplanung stets zu beachten, dass das Sicherheitsgefühl der Bürger und die Kommunikation mit ihnen oberste Priorität besitzt und eine aktive Ermittlung sowie Sanktionierung im Bereich von Strafsachen oder Ordnungswidrigkeiten die Ausnahme darstellt.[297] Nach Ziffer 1 VVFPolD soll der Freiwillige Polizeidienst insbesondere dort eingesetzt werden, wo ein Sicherheitsbedürfnis oder ein Bedürfnis nach polizeilicher Präsenz besteht, jedoch kein Sachverhalt vorliegt, der den Einsatz von Polizeivollzugsbeamtinnen und Polizeivollzugsbeamten erfordern würde.

Die Aufzählung der wesentlichen Aufgabenfelder in § 1 Abs. 3 Satz 2 HFPG ist, aufgrund des Begriffes „insbesondere“, nicht abschließend. Die Vorschrift enthält somit lediglich Regelbeispiele. Diese weite Formulierung eröffnet die Möglichkeit, den Freiwilligen Polizeidienstes in Hessen flexibel einzusetzen.

bb) Baden-Württemberg

Die Aufgaben des Freiwilligen Polizeidienstes in Baden-Württemberg sind in § 1 Abs. 3 FPolDG geregelt. Der Freiwillige Polizeidienst soll – im Falle des Aufrufs – den örtlichen Polizeivollzugsdienst verstärken.[298] Nach § 5 Abs. 1 FPolDG wird der Freiwillige Polizeidienst zur Dienstleistung aufgerufen, wenn die Polizei die ihr nach § 1 PolG obliegenden Aufgaben mit den vorhandenen Beamten des Polizeivollzugsdienstes vorübergehend nicht erfüllen kann. Der Polizeidienst soll in der Regel nur zur Sicherung von Gebäuden und Anlagen,[299] zur Sicherung und Überwachung des Straßenverkehrs,[300] zum Streifendienst[301] und zum Kraftfahrtdienst, Fernmeldedienst und zu ähnlichen technischen Diensten[302]

295 § 1 Abs. 3 Satz 2 HFPG.
296 Ziffer 1 VVFPolD.
297 Ziffer 1 VVFPolD.
298 § 1 Abs. 3 Satz 1 FPolDG.
299 § 1 Abs. 3 Satz 2 Nr. 1 FPolDG.
300 § 1 Abs. 3 Satz 2 Nr. 2 FPolDG.
301 § 1 Abs. 3 Satz 2 Nr. 3 FPolDG.
302 § 1 Abs. 3 Satz 2 Nr. 4 FPolDG.

eingesetzt werden. Der Verwaltungsgerichtshof Baden-Württemberg stellte in einer Entscheidung zu den gesundheitlichen Anforderungen des Freiwilligen Polizeidienstes jedoch fest, dass die Angehörigen des Freiwilligen Polizeidienstes trotz des eingeschränkten Aufgabenbereiches in gleicher Weise und unter gleichen Bedingungen zu denselben Einsätzen herangezogen werden können wie die Polizeibeamten und qualitativ gleichartige Aufgaben erfüllen.[303]

Das baden-württembergische FPolDG weist im Bereich der gesetzlichen Ausgestaltung der Aufgaben gewisse Parallelen zum hessischen HFPG auf. In § 1 Abs. 3 Satz 1 FPolDG wird zunächst die Verstärkung bzw. Unterstützung des Polizeivollzugsdienstes als Hauptaufgabe der Polizeihelfer definiert. Eine Aufzählung der konkreten Aufgabenfelder erfolgt in § 1 Abs. 3 Satz 2 FPolDG. Der Aufgabenkatalog des baden-württembergischen Freiwilligen Polizeidienstes ist dabei weniger umfangreich als der des Freiwilligen Polizeidienstes Hessen. Beide Regelungen sind – aufgrund des Begriffes „insbesondere" – nicht abschließend, sondern enthalten lediglich Regelbeispiele. Aufgrund der weiten Formulierung besteht die Möglichkeit den Freiwilligen Polizeidienst in Baden-Württemberg, ebenso wie den in Hessen, flexibel einzusetzen. In der Praxis werden die Mitarbeiter des Freiwilligen Polizeidienstes in Baden-Württemberg heutzutage schwerpunktmäßig bei verkehrspolizeilichen Aufgaben sowie im Bereich der Prävention eingesetzt.[304] Der Einsatz in besonders gefahrgeneigten Bereichen, wie z.B. dem Streifendienst, findet aktuell nicht (mehr) statt.[305]

cc) Bayern

Die Aufgaben der Bayrischen Sicherheitswacht sind in Art. 2 SWG geregelt. Demnach unterstützen die Angehörigen der Sicherheitswacht die Polizei „bei der Erfüllung ihrer Aufgaben, insbesondere im Zusammenhang mit der Bekämpfung von Straßenkriminalität". Die Sicherheitswacht soll vor allem in Gebieten Präsenz zeigen, in denen die Gefährdung nicht so groß ist, als dass eine ständige Anwesenheit von Polizeivollzugsbeamten erforderlich wäre.[306] Als mögliche Tätigkeitsgebiete kommen Fußgängerzonen, größere

---

303 VGH BW, Urt. v. 20.3.2017 – 4 S 1175/14 = VWBlBW 2018, 30 (30 ff.).

304 Stellungnahme des MdI BW auf Antrag der Abg. Berg u.a. (AfD), LT-Drs. BW 16/3672, S. 3.

305 Schriftliche Antwort des Ministeriums für Inneres, Digitalisierung und Migration Baden-Württemberg vom 17.7.2017.

306 Homepage der Bayrischen Sicherheitswacht, abrufbar unter: http://www.polizei.bayern.de/wir/sicherheitswacht/index.html/300 <12.8.2017>.

Wohnsiedlungen, öffentliche Parks und Anlagen, die Umgebung von Haltestellen öffentlicher Verkehrsmittel, das Umfeld von Gebäuden oder Einrichtungen, bei denen es immer wieder zu mutwilligen Zerstörungen oder zu Schmierereien kommt sowie das Umfeld von Asylbewerber-Unterkünften in Betracht.[307] In diesen Gebieten soll die Sicherheitswacht Vandalismus und Straßenkriminalität entgegenwirken und durch ihre Präsenz die Sicherheitslage und das subjektive Sicherheitsgefühl der Bürger verbessern.[308] Sie sollen polizeilich relevante Sachverhalte erkennen, beobachten und der Polizei melden.[309]

Anders als in der gesetzlichen Regelung in Hessen (§ 1 Abs. 3 HFPG) und Baden-Württemberg (§ 1 Abs. 3 FPolDG) wird in der bayrischen Regelung (Art. 2 SWG) keine explizite Aufzählung von Aufgabenfeldern vorgenommen. Die Aufgabenbeschreibung ist weit gefasst und mit den Aufgaben der Polizei in Kongruenz gebracht, um der Vielfalt möglicher Störungen der öffentlichen Sicherheit und Ordnung gerecht werden zu können.

dd) Sachsen

Die Aufgaben der Sicherheitswacht in Sachsen sind in § 2 SächsSWG geregelt. Danach unterstützen die Angehörigen der Sächsischen Sicherheitswacht den Polizeivollzugsdienst „bei der Erfüllung seiner Aufgaben, insbesondere durch eine zusätzliche Streifentätigkeit in der Öffentlichkeit". Ihre Einsatzgebiete werden durch die Polizeireviere festgelegt und liegen primär in größeren Wohnsiedlungen, öffentlichen Parks und Anlagen, der Umgebung von Schulen, Freizeitzentren und Kinderspielplätzen sowie Haltestellen öffentlicher Verkehrsmittel.[310] Die Angehörigen der Sicherheitswacht können darüber hinaus z.B. bei der Sicherung von Veranstaltungen, bei Präventionsmaßnahmen sowie zur Unterstützung bei Verkehrsaufgaben der Polizei eingesetzt werden oder die Polizeivollzugsbeamten bei der Verfolgung von Ordnungswidrigkeiten und Straftaten unterstützen.[311]

---

307 *Ehm*, Freiwilliger Polizeidienst in BW, S. 226; Homepage der Bayrischen Sicherheitswacht, abrufbar unter: http://www.polizei.bayern.de/wir/sicherheitswacht/index.html/300 <12.8.2017>.

308 *Ehm*, Freiwilliger Polizeidienst in BW, S. 226; Homepage der Bayrischen Sicherheitswacht, abrufbar unter: http://www.polizei.bayern.de/wir/sicherheitswacht/index.html/300 <12.8.2017>.

309 *Fickenscher*, Polizeilicher Streifendienst mit Hoheitsbefugnissen, S. 18.

310 Antwort des MdI SN auf kl. Anfrage des Abg. Neubert (LINKE), LT-Drs. SN 5/14210, S. 1.

311 Begr. des RegE zum SächsSWEG, LT-Drs. SN 2/6146, S. 2.

Das Modell der sächsischen Sicherheitswacht ist nach dem Vorbild der bayrischen Sicherheitswacht konzipiert. Hierdurch lassen sich die vielen Parallelen im Aufbau und der Formulierung beider Gesetzestexte erklären. Ebenso wie in der gesetzlichen Regelung Bayerns (Art. 2 SWG) wird im Sächsischen Sicherheitswachtgesetz (§ 2 SächsSWG) auf eine explizite Aufzählung von Aufgabenfeldern in Form eines Positivkatalogs verzichtet. Die unbestimmte Formulierung des Aufgabenbereiches bietet die Möglichkeit, die Sicherheitswacht in den Gebieten einzusetzen, in denen ein besonderer Bedarf an gesellschaftlicher Unterstützung besteht.

ee) Brandenburg

Die Aufgaben der Sicherheitspartner in Brandenburg sind Ziffer 5 des Erlasses KKP 2017 geregelt. Demnach orientiert sich der Aufgabenbereich der Sicherheitspartner „an den jeweiligen örtlichen Bedarfen und Schwerpunkten sowie entsprechenden Verabredungen in den Einwohnerversammlungen".[312] Eine lokale Vernetzung der Sicherheitspartner mit allen Institutionen des öffentlichen Lebens (Schulen, Vereine, Kirchen, etc.) ist dabei von essentieller Bedeutung.[313] Die Sicherheitspartner nehmen explizit keine Aufgaben von Polizei- oder Ordnungsbehörden im Bereich der Gefahrenabwehr wahr, sondern alarmieren als aufmerksame Nachbarn die Polizei oder die Behörden, wenn sie Gefahrenlagen erkennen, Straftaten beobachten oder verdächtige Feststellungen machen.[314] Als mögliche Tätigkeitsfelder werden beispielhaft das Zeigen von Präsenz zur Beseitigung von subjektiv wahrgenommenen Räumen der Verunsicherung (z.B. in Parks oder an Bahnhöfen), die Weitergabe von Informationen zur Kriminalprävention (z.B. zum Schutz gegen Einbrecher), die Orientierungs-/Alltagshilfe für Flüchtlinge, die Begleitung von Kindern auf dem Schulweg, die Unterstützung der Kommunen bei der Sicherung von Veranstaltungen, die Feststellung von Gefahrenpunkten im Straßenverkehr (z.B. beschädigte Verkehrszeichen), die Mitteilung von Störungen im Wohnumfeld sowie der präventive Einsatz zur Verhinderung von Einbruchskriminalität in Schwerpunktbereichen genannt.[315]

Die in Ziffer 5 des Erlasses KKP 2017 beispielhaft aufgezählten Aufgaben ähneln den der Sicherheitswachten und Freiwilligen Polizeidienste. Die Besonderheit des brandenburgischen Modells der Sicherheitspartner liegt darin, dass

312 Ziffer 5 Erlass KKP 2017.
313 Ziffer 5 Erlass KKP 2017.
314 Ziffer 2 Erlass KKP 2017.
315 Ziffer 5 Erlass KKP 2017.

sich der Aufgabenbereich an dem jeweiligen örtlichen Bedarf orientiert und in den Einwohnerversammlungen individuell festgelegt wird. So kann die Einwohnerversammlung z.B. in Gebieten mit einer hohen Einbruchskriminalität die Aufgaben der Sicherheitspartner auf präventive Rundgänge in den jeweiligen Schwerpunktbereichen begrenzen. In anderen Städten und Gemeinden können den Sicherheitspartner hingegen die Aufgabe der Begleitung von Kindern auf Schulwegen oder die Unterstützung der Kommunen bei der Sicherung von Veranstaltungen zugeteilt sein.

c) Befugnisse

aa) Hessen

Die Befugnisse des Freiwilligen Polizeidienstes in Hessen sind in § 2 Abs. 1 HFPG in Form eines Positivkataloges abschließend geregelt. Demnach können die Angehörigen des Freiwilligen Polizeidienstes während des Dienstes nicht nur die wesentlichen Standardmaßnahmen ausüben, wie z.B. die Befragung und Auskunftspflicht (§ 12 HSOG), die Erhebung personenbezogener Daten (§13 HSOG), die Datenerhebung und Datenverarbeitung an öffentlichen Orten und gefährdeten öffentlichen Einrichtungen (§ 14 Abs. 1 und 3 HSOG), die Identitätsfeststellung und Prüfung von Berechtigungsscheinen (§18 HSOG), die Datenspeicherung, Datenveränderung und sonstige Datenverwendung (§ 20 HSOG), die Berechtigung zur Löschung und Sperrung von Daten (§ 27 HSOG) sowie zur Platzverweisung (§ 31 HSOG) und Sicherstellung (§ 40 HSOG). Darüber hinaus können sie auf die polizeiliche Generalklausel (§ 11 HSOG) zurückgreifen.[316] Zur Erforschung von Ordnungswidrigkeiten dürfen die Angehörigen des Freiwilligen Polizeidienstes zudem die Identität einer Person feststellen (§§ 46, 53 OWiG, § 163b StPO).[317] Die genannten Befugnisse stehen den Polizeihelfern jedoch nur zu, wenn sie zum Dienst herangezogen werden. Es ist ihnen nicht gestattet, sich selbst in den Dienst zu versetzen.[318] Während des Dienstes haben sie, im Rahmen der Wahrnehmung ihrer Befugnisse, die Rechte und Pflichten von Polizeivollzugsbeamten.[319]

Die Angehörigen des Freiwilligen Polizeidienstes in Hessen sind berechtigt unmittelbaren Zwang anzuwenden.[320] Grundsätzlich ist unter diesem Begriff

316 § 2 Abs. 1 Satz 1 Nr. 1 HFPG.

317 § 2 Abs. 1 Satz 1 Nr. 3 HFPG.

318 Ziffer 2 VVFPolD.

319 § 2 Abs. 1 Satz 2 HFPG.

320 Vgl. hierzu auch *Fickenscher*, Polizeilicher Streifendienst mit Hoheitsbefugnissen, S. 25.

die hoheitliche Einwirkung auf Personen oder Sachen mittels einfacher körperlicher Gewalt, Hilfsmitteln der körperlichen Gewalt oder Waffen durch befugte Amtsträger zu verstehen.[321] Nach der Einschränkung in § 2 Abs. 1 Satz 3 HFPG ist den Polizeihelfern die Anwendung unmittelbaren Zwanges durch Hilfsmittel der körperlichen Gewalt oder durch Waffen nicht gestattet. Aus einem Umkehrschluss zu diesem Verbot des Einsatzes von Waffen oder Hilfsmitteln im Rahmen der zwangsweisen Durchsetzung von Befugnissen ergibt sich, dass es dem Freiwilligen Polizeidienst gestattet ist, zur Durchsetzung der eingeräumten Befugnisse, unmittelbaren Zwang in Form von einfacher körperlicher Gewalt anzuwenden.[322] Eine weitergehende Beschränkung der Befugnis zur Anwendung unmittelbaren Zwanges auf einzelne Maßnahmen ist im HFPG nicht vorgesehen. Die einzelnen Voraussetzungen der jeweiligen Ermächtigungsgrundlage sind im HFPG nicht normiert. Über die Gleichstellung der Polizeihelfer mit den Polizeivollzugsbeamten (§ 2 Abs. 1 Satz 2 HFPG) wird auf die entsprechenden Regelungen im HSOG verwiesen.[323] Die Polizeihelfer in Hessen sind nach § 2 Abs. 1 Satz 1 Nr. 1 HFPG i.V.m. § 18 Abs. 4 HSOG berechtigt, eine Person im Rahmen einer Identitätsfeststellung festzuhalten, zu durchsuchen und gegebenenfalls zur Dienststelle zu verbringen.

Bemerkenswert ist die Befugnis der Angehörigen des Freiwilligen Polizeidienstes im Rahmen ihrer Aufgaben selbständig zu handeln (§ 2 HFPG). So nehmen die hessischen Polizeihelfer ihre Aufgaben und Befugnisse in der Praxis regelmäßig in Zweierteams ohne vollzugspolizeiliche Begleitung wahr.[324] Eine Regelung, die eine derartige Einschränkung vorsieht, findet sich weder in Hessen noch in den vier anderen Ländern. *Hornmann* sieht darin, angesichts der kurzen Ausbildung der Polizeihelfer, einen „massiven Angriff auf die Freiheitsverbürgungen des Grundgesetzes und der Hessischen Verfassung".[325]

321 § 50 Abs. 1 PolG BW; Art. 61 Abs. 1 BayPAG; § 61 Abs. 1 BbgPolG; § 41 Abs. 1 BremPolG; § 18 Abs. 1 SOG; § 55 Abs. 1 HSOG; § 102 Abs. 1 SOG M-V; § 69 Abs. 1 NPOG; § 58 Abs. 1 PolG NRW; § 58 Abs. 1 POG R-P; § 49 Abs. 2 SPolG; § 31 Abs. 1 SächsPolG; § 58 Abs. 1 SOG LSA; § 251 Abs. 1 LVwG; § 59 Abs. 1 ThürPolG.

322 *Fickenscher*, Polizeilicher Streifendienst mit Hoheitsbefugnissen, S. 25.

323 *Fickenscher*, Polizeilicher Streifendienst mit Hoheitsbefugnissen, S. 24.

324 *Hirschmann/Groß*, in: Frevel, Handlungsfelder lokaler Sicherheitspolitik, S. 146 (165).

325 *Hornmann*, Ergänzungsheft, HFPG, S. 152, Rn. 10.

bb) Baden-Württemberg

Die Befugnisse des Freiwilligen Polizeidienstes in Baden-Württemberg sind im FPolDG nicht explizit geregelt. Nach § 1 Abs. 4 FPolDG finden jedoch die für den Polizeivollzugsdienst geltenden Vorschriften des baden-württembergischen Polizeigesetzes (PolG) auf den Freiwilligen Polizeidienst entsprechende Anwendung, sofern sich aus dem FPolDG nicht etwas anderes ergibt. Zudem haben die Freiwilligen nach § 6 Abs.1 Satz 1 FPolDG bei der Dienstverrichtung dem Bürger gegenüber die Stellung von Polizeibeamten im Sinne des PolG. Den Angehörigen des Freiwilligen Polizeidienstes stehen somit die gleichen Eingriffsbefugnisse zur Verfügung wie dem Polizeivollzugsdienst des Landes Baden-Württemberg. Sie können alle polizeirechtlichen Maßnahmen durchführen, wie z.B. die Befragung, die Identitätsfeststellung, den Platzverweis, die Sicherstellung sowie die Durchsuchung von Personen, Sachen und Wohnungen.[326] Zudem können sie auf die Befugnisse nach der polizeilichen Generalklausel nach §§ 3, 1 Abs. 1 PolG zurückgreifen. Darüber hinaus ist eine Betätigung für andere Stellen nach § 2 Abs. 1 PolG und der Schutz privater Rechte nach § 2 Abs. 2 PolG von dem Verweis umfasst.

Eine explizite Regelung zum Einsatz von Zwangsmitteln ist im FPolDG nicht normiert. Aufgrund der Verweisung in das PolG (§ 1 Abs. 4 sowie § 6 Abs. 1 Satz 1 FPolDG) besitzen die Freiwilligen jedoch die gleichen Zwangsmittelbefugnisse wie die Vollzugspolizisten des Landes. Die Angehörigen des Freiwilligen Polizeidienstes dürfen nicht nur unmittelbaren Zwang in Form einfacher körperlicher Gewalt anwenden, sondern auch Hilfsmittel der körperlichen Gewalt oder Schusswaffen einsetzen.[327]

Insgesamt unterscheidet sich der Freiwillige Polizeidienst des Landes Baden-Württemberg im Bereich der Befugnisse eindeutig von den Modellen in Hessen, Bayern und Sachsen. Die Freiwilligen Polizeihelfer werden über die Verweisungsnormen §§ 1 Abs. 4 und 6 Abs. 1 Satz 1 FPolDG mit den Polizeivollzugsbeamten gleichgestellt und besitzen die gleichen Befugnisse wie diese. Einzig die Anordnung einer Hausdurchsuchung nach § 31 PolG ist nicht von den Befugnissen der Freiwilligen Polizeihelfer umfasst. Diese darf ausschließlich von Ermittlungspersonen der Staatsanwaltschaft bei Gefahr im Verzug angeordnet werden.[328] Im Gegensatz zu den gesetzlichen Regelungen in Hessen, Bayern oder Sachsen,

---

326 Siehe §§ 20, 26, 27a, 32, 29, 30, 31 PolG BW.

327 Siehe zu den Voraussetzungen der Anwendung unmittelbaren Zwanges §§ 49 ff. PolG BW.

328 *Ehm*, Freiwilliger Polizeidienst in BW, S. 195.

enthält das FPolDG Baden-Württembergs somit keine Beschränkung der Befugnisse. Die Polizeifreiwilligen sind sogar berechtigt, im Bereich des Zwangsmitteleinsatzes ihre Schusswaffe einzusetzen. Diese uneingeschränkten Befugnisse lassen sich durch die ursprüngliche Konzeption des Freiwilligen Polizeidienstes in Baden-Württemberg als „Polizeireserve" erklären, die in der Lage sein sollte, kurzfristig alle Aufgaben eines Polizeivollzugsbeamten zu übernehmen.[329]

cc) Bayern

Die Befugnisse der Bayrischen Sicherheitswacht sind in Art. 3 bis 6 SWG abschließend geregelt. Danach sind die Angehörigen der Sicherheitswacht befugt Personen anzuhalten (Art. 4 Satz 3, Art. 5 Satz 2 SWG), diese zu befragen (Art. 4 SWG) und deren Personalien festzustellen (Art. 5 SWG), sofern dies zum Zwecke der Gefahrenabwehr oder Beweissicherung erforderlich erscheint. Ferner können sie bei Gefahr im Verzug Platzverweise erteilen (Art. 6 SWG). Eine explizite Regelung zur Zwangsmittelbefugnis wurde in das SWG nicht aufgenommen.

Ob die Angehörigen der Sicherheitswacht zur Durchsetzung der genannten Befugnisse unmittelbaren Zwang anwenden dürfen, ist umstritten. Teilweise wird vertreten, dass der bayrischen Sicherheitswacht mangels expliziter gesetzlicher Normierung die Anwendung unmittelbaren Zwanges versagt ist.[330] Andere sprechen der Sicherheitswacht das Recht zur Anwendung unmittelbaren Zwanges in Form von einfacher körperlicher Gewalt zu.[331] Die Zwangsmittelbefugnis ergebe sich dabei aus dem An- und Festhalterecht nach Art. 4 Satz 3 SWG und Art. 5 Satz 3 SWG und sei demnach auf die Befragung (Art. 4 SWG) und Identitätsfeststellung (Art. 5 SWG) beschränkt.[332] Die An- und Festhaltrechte enthielten demnach eine Ausführungsermächtigung zum An- bzw. Festhalten, die auch Vollstreckungsmaßnahmen in Form von einfacher körperlicher Gewalt umfasse.[333]

Im Ergebnis ist der letztgenannten Ansicht zuzustimmen. Gestützt wird diese Annahme durch den Willen des Gesetzgebers. Nach der Begründung der Bayrischen Staatsregierung zu Art. 3, 4, 5 des Gesetzesentwurfes über die Erprobung

329 *Fickenscher*, Polizeilicher Streifendienst mit Hoheitsbefugnissen, S. 29.
330 *Spöhrl*, Die Polizei 1997, S. 33 (34); vgl. auch *Diederichs*, B&P 1997, S. 59 (60 f.).
331 *Ehm*, Freiwilliger Polizeidienst in BW, S. 226.
332 *Fickenscher*, Polizeilicher Streifendienst mit Hoheitsbefugnissen, S. 19; vgl. auch Begr. des RegE zum SEG, LT-Drs. BY 12/13076, S. 6.
333 *Fickenscher*, Polizeilicher Streifendienst mit Hoheitsbefugnissen, S. 19.

einer Sicherheitswacht, erhält die Sicherheitswacht keine weiteren Zwangsmittelbefugnisse, die „über den Einsatz einfacher körperlicher Gewalt hinausgehen".[334] Im Umkehrschluss bedeutet dies, dass den Polizeihelfern nach dem Willen des Gesetzgebers zur Durchsetzung der ihnen übertragenen Befugnisse zumindest das Recht zur Anwendung unmittelbaren Zwanges in Form von einfacher körperlicher Gewalt zusteht.

Die einzelnen Befugnisse der Sicherheitswacht sind, im Gegensatz zu den Befugnissen des Freiwilligen Polizeidienstes in Hessen und Baden-Württemberg, deutlich begrenzt. Die Anwendung unmittelbaren Zwanges ist auf die Befugnisse der Befragung und Identitätsfeststellung beschränkt, sodass die Anwendung unmittelbaren Zwanges zur Durchsetzung eines Platzverweises nach Art. 6 SWG nicht gestattet ist.

dd) Sachsen

Die Befugnisse der Sicherheitswacht in Sachsen sind in den §§ 3 bis 7 SächsSWG abschließend geregelt. Danach sind die Angehörigen der sächsischen Sicherheitswacht befugt Personen anzuhalten (§ 4 Abs. 1 Satz 2, 5 Abs. 2 SächsSWG), diese zu befragen (§ 4 SächsSWG) und deren Personalien festzustellen (§ 5 Säch SWG), Platzverweise (§ 6 SächsSWG) zu erteilen sowie Sachen sicherzustellen (§ 7 SächsSWG), sofern dies zum Zwecke der Gefahrenabwehr oder Beweissicherung erforderlich erscheint.

Das Gesetz enthält in § 9 Abs. 1 Satz 2 SächSWG eine explizite Regelung zur Zwangsmittelbefugnis. Danach darf unmittelbarer Zwang nur in Form einfacher körperlicher Gewalt unter den Voraussetzungen des § 32 SächsPolG[335] zur Durchsetzung der Befugnisse nach §§ 4 Abs. 1, 5 Abs. 2, 3, 6 SächsSWG angewandt werden.

Die Befugnisse der sächsischen und bayrischen Sicherheitswacht sind, aufgrund der konzeptionellen Nähe der Modelle, nahezu identisch. In einzelnen Bereichen ist der Gesetzgeber in Sachsen jedoch über die bayrische Vorlage hinausgegangen und hat die sächsische Sicherheitswacht mit umfangreicheren Befugnissen ausgestattet. So besteht für die Bürger in Sachsen im Rahmen einer Befragung gemäß § 4 Abs. 2 Satz 1 SächsPolG bereits dann eine Auskunftspflicht in Bezug auf Informationen, welche über die Angaben der Personalien hinausgehen, wenn dies „zur Abwehr einer Gefahr für Leben Gesundheit oder

334 Begr. des RegE zum SEG, LT-Drs. BY 12/13076, S. 1 ff.

335 § 32 SächsPolG regelt die konkreten Voraussetzungen zur Anwendung unmittelbaren Zwanges.

Freiheit einer Person oder für bedeutende fremde Sach- oder Vermögenswerte erforderlich" ist. Demgegenüber muss in Bayern für derartige Auskünfte nach Art. 4 Satz 1 SWG eine „gesetzliche Handlungspflicht" für den Bürger bestehen. Ferner dürfen die Mitarbeiter der Sicherheitswacht in Sachsen nach § 5 Abs. 3 SächsSWG im Rahmen einer Identitätsfeststellung eine Person nicht nur festhalten, sondern diese zusätzlich auf die zuständige Polizeidienststelle verbringen, sofern eine Klärung der Identität vor Ort nicht möglich ist. Im Gegensatz zu ihren bayrischen Kollegen sind sie darüber hinaus befugt, Sachen sicherzustellen (§ 7 SächSWG). Die Mitarbeiter der sächsischen Sicherheitswacht, dürfen, anders als ihre bayrischen Kollegen, unmittelbarer Zwang auch zur Durchsetzung eines Platzverweises anwenden.

ee) Brandenburg

Das brandenburgische Konzept der Sicherheitspartner unterscheidet sich von den Modellen der Sicherheitswacht und des Freiwilligen Polizeidienstes am deutlichsten in Hinblick auf die Ausübung von Hoheitsbefugnissen. Den Sicherheitspartnern in Brandenburg werden weder Hoheitsbefugnisse noch Befugnisse zum Einsatz von Zwangsmitteln übertragen.[336] Ihnen stehen lediglich die jedem Bürger zustehenden Not- und Selbsthilferechte zur Verfügung.[337] Das staatliche Gewaltmonopol verbleibt mithin beim Staat.

d) Einstellungsvoraussetzungen

aa) Hessen

Die Einstellungsvoraussetzungen für den Freiwilligen Polizeidienst in Hessen sind in § 3 Abs. 1 HFPG i.V.m. Ziffer 3 VVFPolD geregelt. Demnach muss ein Bewerber gesundheitlich in der Lage sein die übertragenen polizeilichen Dienste zu erfüllen,[338] eine abgeschlossene Schulausbildung vorweisen,[339] die deutsche Sprache in Schrift und Wort beherrschen[340] und nach der Gesamtpersönlichkeit geeignet erscheinen die übertragengen Aufgaben zu erfüllen.[341] Die deutsche

336 Ziffer 2 Erlass KKP 2017; PP Land Brandenburg, Leitfaden für Sicherheitspartner in Brandenburg, S. 9, abrufbar unter: http://www.sicherheit-braucht-partner.brandenburg.de/sixcms/detail.php/816140 <14.9.2017>.

337 Ziffer 5 Erlass KKP 2017.

338 § 3 Abs. 1 Satz 1 Nr. 1 HFPG.

339 § 3 Abs. 1 Satz 1 Nr. 2 HFPG.

340 § 3 Abs. 1 Satz 1 Nr. 3 HFPG.

341 § 3 Abs. 1 Satz 1 Nr. 4 HFPG.

Staatsbürgerschaft ist keine Voraussetzung für eine Einstellung in den Freiwilligen Polizeidienst in Hessen.[342] Der Bewerber muss im Zeitpunkt der Einstellung mindestens 18 Jahre und darf höchstens 65 Jahre alt sein.[343] Mit Vollendung des 70. Lebensjahres müssen die freiwilligen Polizeihelfer in Hessen aus dem Dienst ausscheiden.[344]

bb) Baden-Württemberg

Die Einstellungsvoraussetzungen für die den Freiwilligen Polizeidienst in Baden-Württemberg sind in § 2 Abs. 1 FPolDG geregelt. Bewerber müssen danach Deutsche im Sinne des Artikel 116 GG sein,[345] das 18. Lebensjahr vollendet haben[346], den gesundheitlichen Anforderungen des Freiwilligen Polizeidienstes gewachsen sein[347] und einen guten Ruf besitzen.[348] Im Hinblick auf das Höchstalter für eine Einstellung in den Freiwilligen Polizeidienst enthält das Gesetz keine Regelung. Nach § 11 Abs. 1 Satz 1 FPolDG beträgt das Verwendungshöchstalter allerdings grundsätzlich 60 Jahre. Nur in „besonders begründeten Ausnahmefällen" kann von diesem Grundsatz abgewichen werden.[349] Aus dem Alter der Verwendungshöchstgrenze ist zu schließen, dass ein Bewerber bei seiner Einstellung das 60. Lebensjahr noch nicht vollendet haben darf.

cc) Bayern

Die Einstellungsvoraussetzungen für die bayrische Sicherheitswacht sind in Art. 12 SWG sowie in der „Bekanntmachung des Bayrischen Staatsministeriums des Innern über den Vollzug des Sicherheitswachtgesetzes in Bayern" (VollzBekSWG) geregelt. Der Bewerber muss den Aufgaben in der Sicherheitswacht gesundheitlich gewachsen sein,[350] eine abgeschlossene Schul- oder Berufsausbildung nachweisen,[351] über die für die Erfüllung der Aufgaben erforderlichen rechtlichen und fachlichen Kenntnisse verfügen[352] und Gewähr dafür bieten,

---

342 Ziffer 3 VVFPolD.
343 § 3 Abs. 1 Satz 2 HFPG i.V.m. § 19 Satz 1 HSOG-DVO.
344 § 3 Abs. 1 Satz 2 HFPG i.V.m. § 19 Satz 2 HSOG-DVO.
345 § 2 Abs. 1 Nr. 1 FPolDG.
346 § 2 Abs. 1 Nr. 2 FPolDG.
347 § 2 Abs. 1 Nr. 3 Var. 1 FPolDG.
348 § 2 Abs. 1 Nr. 3 Var. 2 FPolDG.
349 § 11 Abs. 1 Satz 2 FPolDG.
350 Art. 12 Abs. 1 Satz 2 SWG.
351 Ziffer 1.1 VollzBekSWG.
352 Art. 12 Abs. 4 Satz 1 SWG.

jederzeit für die freiheitlich demokratische Grundordnung einzutreten.[353] Darüber hinaus muss der Bewerber grundsätzlich die deutsche Staatsbürgerschaft nach Art. 116 GG besitzen.[354] Eine Ausnahme kann lediglich bei „dienstlichem Bedarf" gemacht werden. In diesen Fällen können auch ausländische Staatsangehörige, die die sonstigen Voraussetzungen erfüllen, eingestellt werden.[355] Der Bewerber muss bei der Einstellung mindestens 18 Jahre und darf höchstens 62 Jahre alt sein. Das Verwendungshöchstalter beträgt grundsätzlich 67 Jahre; in besonders begründeten Einzelfällen kann hiervon eine Ausnahme gemacht werden.[356] Erfüllt der Bewerber die Einstellungsvoraussetzungen, lädt ihn die Polizeiinspektion zu einem Eignungstest. Dieser Test setzt sich aus einem schriftlichen und einem mündlichen Teil zusammen. In dem 30-minütigen schriftlichen Teil muss der Bewerber ohne Hilfsmittel einen handgeschriebenen Lebenslauf anfertigen, in dem anschließenden 15-minütigen mündlichen Teil wird im Rahmen eines Auswahlgesprächs ermittelt, ob das persönliche Erscheinungsbild, die sprachliche Ausdrucksfähigkeit sowie die Zuverlässigkeit des Kandidaten den Anforderungen der Sicherheitswacht genügt.

dd) Sachsen

Die Einstellungsvoraussetzungen für die sächsische Sicherheitswacht sind in Art. 11 Abs. 1 und Abs. 2 Satz 1 SächSWG niedergeschrieben. Demnach muss ein Bewerber gesundheitlich in der Lage sein die ihm übertragenen Aufgaben wahrzunehmen,[357] Gewähr dafür bieten jederzeit für die freiheitlich-demokratische Grundordnung einzutreten,[358] die zur Erfüllung der Aufgaben erforderlichen rechtlichen und fachlichen Kenntnisse vorweisen[359] und die notwendige Zuverlässigkeit besitzen.[360] Zusätzlich muss der Bewerber die deutsche Sprache in Schrift und Wort beherrschen.[361] Die deutsche Staatsbürgerschaft

353 Art. 12 Abs. 1 Satz 2 SWG.
354 Ziffer 1.1 VollzBekSWG.
355 Ziffer 1.1 VollzBekSWG.
356 Ziffer 1.1 VollzBekSWG.
357 § 11 Abs. 1 Satz 2 SächsSWG.
358 § 11 Abs. 1 Satz 2 SächsSWG.
359 § 11 Abs. 1 Satz 2 SächsSWG.
360 § 11 Abs. 2 Satz 1 SächsSWG.
361 Homepage der Polizei Sachsen, abrufbar unter: https://www.polizei.sachsen.de/de/3620.htm <31.8.2017>.

nach Art. 116 GG stellt kein Einstellungskriterium dar.[362] Der Bewerber muss bei der Einstellung mindestens 18 Jahre und darf höchstens 60 Jahre alt sein. Das Verwendungshöchstalter beträgt grundsätzlich 67 Jahre.[363]

ee) Brandenburg

Das Verfahren zur Bestellung eines Sicherheitspartners in Brandenburg ist in Ziffer 3 des Erlasses KKP 2017 geregelt. Demnach werden im Rahmen von Einwohnerversammlungen zu Sicherheitsfragen interessierte und vertrauenswürdige Einwohner von den Bürgern, der Gemeindevertretung bzw. Stadtverordnetenversammlung oder sonstigen Institutionen des öffentlichen Lebens für die Tätigkeit als Sicherheitspartner vorgeschlagen. Im anschließenden Bestellverfahren werden die persönlichen Daten[364] des Interessenten erfasst und seine Zuverlässigkeit (insbesondere Vorstrafenfreiheit) durch die zuständige Polizeidirektion überprüft.[365] Das Bestellungsverfahren soll eine Dauer von 90 Tagen nicht überschreiten und wird von der zuständigen Polizeidienststelle in Zusammenarbeit mit den Kommunen durchgeführt.[366] Die deutsche Staatsbürgerschaft nach Art. 116 GG stellt keine Voraussetzung für eine Bestellung zum Sicherheitspartner dar.[367] Im Hinblick auf das Einstellungs- und Verwendungshöchstalter gibt es keine Begrenzung. Der Interessent muss jedoch mindestens 18 Jahre alt sein.[368] Die Bestellung zum Sicherheitspartner ist zudem auf die Dauer von drei Jahren befristet.[369] Sofern sich die Zusammenarbeit des Sicherheitspartners mit der Polizei und der Kommune bewährt hat, kann die Bestellung um drei weitere Jahre verlängert werden.[370]

---

362 Weder im SächsSWG noch auf der Homepage der Polizei Sachsen wird eine Aussage zur Erforderlichkeit der deutschen Staatsbürgerschaft getroffen, sodass davon auszugehen ist, dass diese kein zwingendes Einstellungsmerkmal darstellt.

363 Homepage der Polizei Sachsen, abrufbar unter: https://www.polizei.sachsen.de/de/3620.htm <31.8.2017>.

364 Zu den persönlichen Daten gehören u.a. Name, Anschrift, Geburtstag und Geburtsort, Familienstand, Beruf, besondere Kenntnisse und Fähigkeiten sowie Vorstrafen.

365 Ziffer 3 lit. a Erlass KKP 2017.

366 Ziffer 3 lit. a Erlass KKP 2017.

367 Schriftliche Antwort des Ministeriums des Innern und für Kommunales Brandenburg vom 31.8.2017.

368 Schriftliche Antwort des Ministeriums des Innern und für Kommunales Brandenburg vom 31.8.2017.

369 Ziffer 3 lit. b Erlass KKP 2017.

370 Ziffer 3 lit. b Erlass KKP 2017.

Die Besonderheit des brandenburgischen Modells zeigt sich auch im Hinblick auf die Einstellungsvoraussetzung bzw. die Bestellung der Sicherheitspartner. Anders als bei den anderen Modellen werden für die Sicherheitspartner keine konkreten Einstellungsvoraussetzungen formuliert. Ein potentieller Kandidat muss lediglich „interessiert und vertrauenswürdig" sowie mindestens 18 Jahre alt sein. Weitere Voraussetzungen, wie eine abgeschlossene Schul- oder Berufsbildung, die deutsche Staatsbürgerschaft, das Eintreten für die freiheitlich demokratische Grundordnung oder die Einhaltung einer gewissen Altershöchstgrenze, werden nicht verlangt. Anders als bei den zuvor dargestellten Modellen, wird die Tätigkeit als Sicherheitspartner auf die Dauer von drei Jahren begrenzt, wobei nach dem Ablauf dieser Frist die Möglichkeit einer dreijährigen Verlängerung besteht. Die geringen Anforderungen für eine Bestellung zum Sicherheitspartner eröffnen einerseits die Chance, ein möglichst breites Spektrum der Bürger anzusprechen und für eine Tätigkeit als Sicherheitspartner zu begeistern, bergen andererseits jedoch das Risiko, dass sich Personen, die nicht für eine freiheitlich demokratische Grundordnung eintreten, einschleichen und ihre Position als Sicherheitspartner missbrauchen.

e) Ausbildung

aa) Hessen

Die Ausbildung der Angehörigen des Freiwilligen Polizeidienstes ist in § 6 Abs. 2 HFPG i.V.m. Ziffer 6 VVFPolD geregelt. Die Ausbildung erfolgt demnach dezentral bei den Flächenpräsidien und beträgt insgesamt mindestens 50 Stunden. Inhaltlich richtet sich die Ausbildung nach den Lerninhalten zur Ausbildung des Freiwilligen Polizeidienstes in der jeweils gültigen Fassung.[371] Einen Ausbildungsschwerpunkt bilden die Themen Eigensicherung, Kommunikation und Umgang mit Stress zur Konfliktbewältigung, denen insbesondere in Fortbildungsveranstaltungen wesentliche Bedeutung zukommt.[372] Nach Abschluss der Grundausbildung werden die Kandidaten zusätzlich in acht Stunden im Bereich Ersthilfe und Sofortmaßnahmen beim Antreffen von verletzten Personen geschult.[373]Das erfolgreiche Absolvieren einer Abschlussprüfung oder eines Abschlussgespräches ist in Hessen nicht vorgesehen.[374]

---

371 Ziffer 6 VVFPolD.

372 Antwort des MdI HE auf kl. Anfrage des Abg. Pfaff (SPD), LT-Drs. HE 16/7604, S. 2.

373 Antwort des MdI HE auf kl. Anfrage des Abg. Pfaff (SPD), LT-Drs. HE 16/7604, S. 2.

374 Weder im HFPG oder in der VVFPolD noch auf der Homepage des Freiwilligen Polizeidienstes Hessen wird eine Aussage zur Erforderlichkeit des erfolgreichen Absolvierens einer Abschlussprüfung oder eines Abschlussgespräches getroffen, sodass davon

bb) Baden-Württemberg

Die Ausbildung der Angehörigen des Freiwilligen Polizeidienstes ist in § 4 Abs. 2 FPolDG sowie der „Verwaltungsvorschrift des Innenministeriums über die Grundausbildung der Bewerber für den Freiwilligen Polizeidienst und die Fortbildung der Angehörigen des Freiwilligen Polizeidienstes" (VwVAuFFPolD) geregelt. Die Ausbildung beinhaltet die Grundausbildung, die Fortbildung und gegebenenfalls eine technische Sonderausbildung. Die Grundausbildung richtet sich nach dem Ausbildungsplan des Innenministeriums für die Grundausbildung der Bewerber für den Freiwilligen Polizeidienst. Dabei entfallen 44 Unterrichtsstunden auf die theoretische Ausbildung in den Fächern Rechtslehre, Grundrechte, Polizeirecht, Strafrecht und Verkehrsrecht sowie 40 Stunden auf die praktische Ausbildung im Bereich der Polizeidienstkunde, der Waffenausbildung und praktischen Übungen.[375] Die Dauer der Ausbildung beträgt damit insgesamt 84 Unterrichtsstunden, welche innerhalb von zwei Wochen ganztägig oder innerhalb von zwei Monaten in den Abendstunden und an Samstagen zu absolvieren sind.[376] Am Ende der Ausbildung hat jeder Bewerber seine Eignung in einer einstündigen schriftlichen Arbeit sowie einem Abschlussgespräch unter Beweis zu stellen.[377] Im Rahmen des schriftlichen Teils der Prüfung muss der Bewerber u.a. nachweisen, dass er die Vorschriften des Polizeigesetzes über die Anwendung unmittelbaren Zwanges, insbesondere den Schusswaffengebrauch, beherrscht.[378]

cc) Bayern

Nach Art. 12 Abs. 4 Satz 2 SWG obliegt die Ausbildung der Angehörigen der Bayrischen Sicherheitswacht der Polizei. Detaillierte Regelungen zur Aus- und Fortbildung enthalten die Ziffern 2, 3 VollzBekSWG. Die Ausbildung erfolgt durch das zuständige Polizeipräsidium, umfasst grundsätzlich 40 Unterrichtseinheiten zu je 45 Minuten und ist möglichst innerhalb von drei Monaten zu absolvieren.[379] Im Rahmen der Ausbildung soll u.a. ein Überblick über die Zuständigkeit von Polizei, Sicherheitsbehörden, Staatsanwaltschaft und Gericht gegeben, die innere Organisation und der Dienstbetrieb einer Polizeiinspektion dargestellt, praktische und

---

auszugehen ist, dass dies in Hessen keine zwingende Voraussetzung für die Bestellung zum Mitarbeiter im Freiwilligen Polizeidienstes darstellt.

375 Ziffer 1.1 VwV AuF FPolD.

376 Ziffer 1.1 VwV AuF FPolD.

377 Ziffer 1.2 VwV AuF FPolD.

378 Ziffer 1.2 VwV AuF FPolD.

379 Ziffer 2.1 VollzBekSWG.

psychologische Verhaltensweisen vermittelt sowie über Erscheinungsformen von Straßenkriminalität, Vandalismus, Sachbeschädigungen und deren Bekämpfungsmöglichkeiten durch die Sicherheitswacht informiert werden.[380] Der Ausbildungsinhalt gliedert sich in zehn Unterrichtseinheiten Strafrecht, zwölf Unterrichtseinheiten Eingriffsrecht und 18 Unterrichtseinheiten Dienstkunde.[381] Nach dem Ende der Ausbildung erfolgt ein abschließendes Prüfungsgespräch, in dem bis zu vier Ausgebildete jeweils maximal 15 Minuten befragt werden.[382]

dd) Sachsen

Nach § 11 Abs. 2 Satz 2 SächsSWG obliegt die Ausbildung der Angehörigen der Sächsischen Sicherheitswacht dem Polizeivollzugsdienst. Die Ausbildung durch die zuständige Polizeidirektion erfolgt in 50 Unterrichtsstunden, in denen die Bewerber in ausgewählte Rechtsgebiete eingewiesen werden und Aufgaben und Dienstbetrieb der Polizei näher kennenlernen sowie praktische Hinweise für die zukünftige Tätigkeit erhalten.[383] Die Prüfung für angehende Wachpolizisten besteht aus einem schriftlichen und einem mündlichen Prüfungsteil.[384] Nach der erfolgreichen Absolvierung der Prüfung wird der Auszubildende als Angehöriger der Sächsischen Sicherheitswacht bestellt.[385]

ee) Brandenburg

Die Vorgaben zur Ausbildung der Sicherheitspartner in Brandenburg sind in Ziffer 10 des Erlasses KKP 2017 normiert. Die Grundeinweisung der brandenburgischen Sicherheitspartner erfolgt bei Tätigkeitsbeginn durch die Revierpolizei in den jeweiligen Polizeiinspektionen und beinhaltet u.a. Informationen zu Kriminalitätsschwerpunkten, Vermisstensachen und aktuellen Öffentlichkeitsfahndungen.[386] Im Rahmen dieser Einweisung wird den Sicherheitspartnern ein

---

380 Ziffer 2.2 VollzBekSWG.

381 Ziffer 2.3 VollzBekSWG.

382 Ziffer 2.4 VollzBekSWG.

383 Homepage der Polizei Sachsen, abrufbar unter: https://www.polizei.sachsen.de/de/3620.htm <12.9.2017>; Antwort des MdI SN auf kl. Anfrage des Abg. Wippel (AfD), LT-Drs. SN 6/5693, S. 2.

384 Antwort des MdI SN auf kl. Anfrage des Abg. Stange (LINKE), LT-Drs. SN 6/7753, S. 1.

385 Homepage der Polizei Sachsen, abrufbar unter: https://www.polizei.sachsen.de/de/3620.htm <12.9.2017>; Antwort des MdI SN auf kl. Anfrage des Abg. Wippel (AfD), LT-Drs. SN 6/5693, S. 2.

386 Ziffer 10a Erlass KKP 2017.

landeseinheitlicher „Leitfaden für Sicherheitspartner“[387] als Schulungsmaterial zur Verfügung gestellt.[388] Eine abschließende Prüfung bzw. Prüfungsgespräch findet nach Beendigung der Grundeinweisung nicht statt.[389]

f) Kennzeichnung und Ausstattung

aa) Hessen

Detaillierte Regelungen zur Dienstbekleidung und Ausstattung der Angehörigen des Freiwilligen Polizeidienstes enthalten die Art. 7, 8 und 9 VVFPolD. Die Freiwilligen tragen eine einheitliche, dunkelblaue Dienstkleidung, die mit einem Namensschild, dem Wappen des Landes Hessen und der Aufschrift „Freiwilliger Polizeidienst“ versehen ist.[390] Die Uniform darf grundsätzlich nur während des Dienstes getragen werden. Nur in begründeten Ausnahmefällen darf diese auch auf dem Weg zum Dienstbeginn bzw. nach Dienstende auf dem Weg zur Wohnanschrift getragen werden.[391] Die zuständige Polizeibehörde kann die Freiwilligen Polizeihelfer dazu ermächtigen zivile Dienstkraftfahrzeuge zu führen, sofern dies unbedingt notwendig ist und es sich um eine ausschließlich dienstliche Fahrt (reine Transport-/keine Streifenfahrt) zwischen der Dienststelle und den vorgesehenen Einsatzorten handelt.[392] Zur Ausstattung, welche grundsätzlich bei Dienstbeginn ausgegeben und nach Dienstende auf der Dienststelle verwahrt wird, gehört ein Dienstausweis, ein Mobiltelefon, Reizstoffsprühgerät und sonstige Streifenausrüstung.[393] Eine Dienstwaffe gehört in Hessen nicht zur Ausstattung der freiwilligen Polizeihelfer.

---

387 PP Land Brandenburg, Leitfaden für Sicherheitspartner in Brandenburg, abrufbar unter: http://www.sicherheit-braucht-partner.brandenburg.de/sixcms/detail.php/816140 <14.9.2017>.

388 Ziffer 10e Erlass KKP 2017.

389 Schriftliche Antwort des Ministeriums des Innern und für Kommunales Brandenburg vom 31.8.2017.

390 Homepage der Polizei Hessen, abrufbar unter: https://www.polizei.hessen.de/Karriere/Weitere-Karriereinformationen/Freiwilliger-Polizeidienst/broker.jsp?uMen=7df70ee1-825a-f6f8-6373-a91bbcb63046&uCon=b6275c49-022b-8f33-62d6-1611142c388e&uTem=bff71055-bb1d-50f1-2860-72700266cb59 <20.9.2017>.

391 Ziffer 7 VVFPolD.

392 Ziffer 8 VVFPolD.

393 Ziffer 9 VVFPolD.

bb) Baden-Württemberg

Im Gegensatz zu Hessen, Bayern und Sachsen findet sich in Baden-Württemberg keine Norm, die die Kennzeichnung und Ausrüstung der Angehörigen des Freiwilligen Polizeidienstes explizit regelt. Die Freiwilligen Polizeihelfer in Baden-Württemberg tragen die gleiche Uniform wie die hauptberuflichen Polizeivollzugsbeamten.[394] Diese ist mit dem Landeswappen und der Aufschrift „Polizei" versehen. Eine Unterscheidung der Polizeihelfer von den Polizeivollzugsbeamten ist einzig anhand der Schulterklappen möglich. Im Gegensatz zu den Polizeivollzugsbeamten tragen die Angehörigen des Freiwilligen Polizeidienstes keine Schulterklappen mit silbernen oder goldenen Sternen auf grünem Grund, sondern Schulterklappen mit grünen Balken.[395] Die Anzahl der Balken symbolisiert dabei die Anzahl der Jahre der Tätigkeit im Freiwilligen Polizeidienst.[396] Die Polizeihelfer sind in Baden-Württemberg mit einer Waffe ausgestattet.[397] In der Praxis erfolgt eine Bewaffnung neuerdings jedoch nicht mehr, wenn der spezielle Aufgabenbereich diese nicht zwingend erfordert (z.B. Prävention).[398]

cc) Bayern

Vorgaben zur Kennzeichnung und Ausrüstung der Angehörigen der bayrischen Sicherheitswacht finden sich in Art. 15 und 16 SWG sowie in Ziffer 4 und 5 VollzBekSWG. Nach Art. 15 Abs. 1 SWG tragen die Freiwilligen während der Dienstleistung Zivilbekleidung mit einer Kennzeichnung, die ihre Eigenschaft als Angehörige der Sicherheitswacht deutlich macht. Diese Kennzeichnung erfolgt in der Praxis durch das Tragen eines Kennschildes, welches mit der Aufschrift „Sicherheitswacht" und einem Lichtbild versehen ist.[399] Ferner tragen die Angehörigen der Sicherheitswacht am linken Oberarm eine hellgrüne Ärmelschlaufe mit der Aufschrift „Sicherheitswacht".[400] Auf Wunsch kann eine Jacke mit der Aufschrift „Sicherheitswacht" und dem bayrischen Staatswappen zur Verfügung gestellt werden. Die freiwilligen Polizeihelfer erhalten einen Dienstausweis,

394 *Ehm*, Freiwilliger Polizeidienst in BW, S. 77; *Pütter/Kant*, B&P 2000, S. 16 (16 ff.).

395 *Ehm*, Freiwilliger Polizeidienst in BW, S. 79.

396 *Fickenscher*, Polizeilicher Streifendienst mit Hoheitsbefugnissen, S. 30.

397 *Pütter/Kant*, B&P 2000, S. 16 (16 ff.).

398 Schriftliche Antwort des Ministeriums für Inneres, Digitalisierung und Migration Baden-Württemberg vom 17.7.2017.

399 Ziffer 4.1 VollzBekSWG.

400 Ziffer 4.1 VollzBekSWG; Homepage der Polizei Bayern, abrufbar unter: http://www.polizei.bayern.de/wir/sicherheitswacht/index.html/304, <20.9.2017>.

den sie auf Verlagen der von einer Maßnahme betroffenen Person vorzuzeigen haben.[401] Darüber hinaus sind die Angehörigen der Sicherheitswacht mit einem Reizstoffsprühgerät, einem Handsprechfunkgerät, einer Taschenlampe, einer Umhängetasche, Verbandsmaterial und Schreibutensilien ausgestattet.[402] Bei Bedarf können zusätzlich Fährräder, Ferngläser, Signalpfeifen oder Mobiltelefone durch die Polizeihelfer angefordert werden.[403]

dd) Sachsen

In Sachsen regeln §§ 14 und 15 SächsSWG die Kennzeichnung und Ausrüstung der Angehörigen der Sicherheitswacht. Nach § 14 Abs. 1 SächsSWG tragen sie während ihrer Tätigkeit eine Kennzeichnung, die ihre Eigenschaft als Angehöriger der Sicherheitswacht deutlich macht. Die Kennzeichnung erfolgt durch das Tragen einer dunkelblauen Jacke mit der Aufschrift „Sächsische Sicherheitswacht“ sowie eines blauen Hemdes.[404] Zudem erhalten sie einen Dienstausweis, den sie auf Verlangen der von einer Maßnahme betroffenen Person zur Legitimation vorzulegen haben.[405] Zur Ausrüstung gehören ferner ein Sprechfunkgerät sowie ein Reizstoffsprühgerät zur Eigensicherung.[406]

ee) Brandenburg

Die Ausstattung der Sicherheitspartner in Brandenburg ist in Ziffer 6 des Erlasses KKP 2017 geregelt. Die Sicherheitspartner erhalten für die Laufzeit ihrer Bestellung eine dunkelblaue Funktionsjacke mit der Aufschrift „Sicherheitspartner“. Darüber hinaus stehen für die „individuelle Ausstattung“ Fördermittel i.H.v. 150 Euro für jeden Sicherheitspartner zur Verfügung. So kann den Sicherheitspartner auf Antrag in der Sicherheitsversammlung ein Mobilfunktelefon, eine Kamera, eine Taschenlampe sowie Schreibutensilien als zusätzliche Ausrüstung zur Verfügung gestellt werden.[407] Das Tragen einer Waffe ist den Sicherheitspartnern explizit untersagt.[408]

---

401 Art. 16 Satz 1, 2 SWG; Ziffer 4.2 VollzBekSWG.

402 Ziffer 5 VollzBekSWG.

403 Ziffer 5 VollzBekSWG.

404 Homepage der Polizei Sachsen, abrufbar unter: https://www.polizei.sachsen.de/de/3620.htm <20.9.2017>.

405 § 15 Satz 1, 2 SächsSWG.

406 Homepage der Polizei Sachsen, abrufbar unter: https://www.polizei.sachsen.de/de/3620.htm <20.9.2017>.

407 *Fickenscher*, Polizeilicher Streifendienst mit Hoheitsbefugnissen, S. 34.

408 Ziffer 6 lit. d Erlass KKP 2017.

g) Aufwandsentschädigung

Die Ehrenamtlichen Polizeihelfer stehen – anders als die Hilfspolizeibeamten – in keinem Beschäftigungsverhältnis zum Land. Sie erhalten für ihre ehrenamtliche Tätigkeit lediglich eine Aufwandsentschädigung, die in der Höhe zwischen den einzelnen Ländern variiert.

aa) Hessen

Die Gefahrenabwehr ist nach § 1 Abs. 1 Satz 1 HSOG gemeinsame Aufgabe der Gefahrenabwehrbehörden (Verwaltungsbehörden und Ordnungsbehörden) und der Polizeibehörden. Nach § 2 Satz 2, 3 HSOG kommt den Kommunen (Städte, Gemeinden und Landkreise) auf diesem Gebiet eine wesentliche Bedeutung zu. Da die Freiwilligen Polizeihelfer in Aufgabenbereichen unterstützend tätig werden, die ansonsten von den Kommunen hätten wahrgenommen werden müssen, erscheint es sachgerecht, dass sich die Kommunen an den Kosten beteiligen.[409] Das Land Hessen schließt mit interessierten Kommunen einen öffentlich-rechtlichen Vertrag und verpflichtet sich für die Ausbildung, Ausstattung und Organisation des Freiwilligen Polizeidienstes aufzukommen, während die Kommune die Aufwandsentschädigung übernimmt.[410] Nach § 8 Satz 3 HFPG i.V.m. § 20 HSOG-DVO beträgt die Aufwandsentschädigung, welche durch die Angehörigen des Freiwilligen Polizeidienstes bei den Kommunen zu beantragen ist, sieben Euro für jede begonnene Stunde.

bb) Baden-Württemberg

Die Angehörigen des Freiwilligen Polizeidienstes erhalten auf Antrag für die Zeit ihrer polizeilichen Verwendung oder Ausbildung eine Entschädigung für notwendige Auslagen, unverschuldet erlittene Sachschäden und ihren Verdienstausfall, sofern ihnen für diese Zeit kein Arbeitsverdienst weitergewährt wird.[411] Nach § 7 Abs. 1 Satz 2 FPolDG i.V.m. § 2 der „Verordnung des Innenministeriums über die Ersatzleistung an die Angehörigen des Freiwilligen Polizeidienstes“ (PolDErsLVBW) beträgt die Aufwandsentschädigung sieben Euro für jeden Zeitraum einer Verwendung oder Ausbildung sowie weitere sieben Euro für jede angefangene Stunde dieses Zeitraums. Darüber hinaus kann ein Tagegeld in entsprechender Anwendung des Landesreisekostengesetzes gewährt werden, wenn die Wohnung und die Arbeitsstätte nicht im selben Ort liegen.[412]

---

409 *Hornmann*, Ergänzungsheft, Anhang B1, S. 8 f.

410 § 8 Satz 1 HFPG.

411 § 7 Abs. 1 Satz 1, Abs. 4 FPolDG.

412 § 3 PolDErsLVBW.

cc) Bayern

Den Angehörigen der bayrischen Sicherheitswacht wird nach Art. 17 Satz 1 SWG i.V.m. Ziffer 6 VollzBekSWG für ihre Tätigkeit sowie Aus- und Fortbildung eine Aufwandsentschädigung in Höhe von acht Euro pro Stunde gezahlt. Mit dieser Pauschale werden alle weiteren Kosten für z.B. Kleidung, Verpflegung oder Fahrten zur Dienststelle abgegolten. Zulagen und Reisekostenzuschüsse werden nicht bezahlt.[413] Darüber hinaus kann den Freiwilligen Polizeihelfer eine Wegstreckenentschädigung in Höhe von fünfundzwanzig Cent pro Kilometer gezahlt werden, sofern für die Fahrt von der Dienststelle zu einer Einsatzstelle das private Kraftfahrzeug oder die öffentlichen Verkehrsmittel genutzt werden und die Wegstrecke von zwanzig Kilometern überschritten wird.[414]

dd) Sachsen

Nach § 16 Satz 1 SächsSWG erhalten die Angehörigen der Sächsischen Sicherheitswacht für ihren Aufwand eine pauschale Entschädigung nach Maßgabe einer Verwaltungsvorschrift des Staatsministeriums des Innern.[415] Die Höhe der Entschädigung beträgt sechs Euro pro Stunde, wobei in einem Monat maximal vierzig Stunden Dienst verrichtet werden dürfen.[416] Weitere Zuschüsse, wie beispielsweise Kilometergeld, werden nicht gewährt.

ee) Brandenburg

Jeder Sicherheitspartner erhält für seine Tätigkeit auf Antrag von der zuständigen Polizeidirektion nachträglich eine Aufwandsentschädigung in Höhe von dreißig Euro pro Monat.[417] Durch die Pauschale werden alle laufenden Kosten der Sicherheitspartner (z.B. Tankkosten) abgegolten.[418] Die Sicherheitspartner erhalten damit im Vergleich zu den anderen Ländern die geringste Aufwandsentschädigung. Im Gegensatz zu den Angehörigen der Sicherheitswacht und des

---

413 Ziffer 6 VollzBekSWG.

414 Ziffer 6 VollzBekSWG.

415 Auf Nachfrage teilte das Sächsische Staatsministerium des Innern am 26.9.2017 schriftlich mit, dass die Verwaltungsvorschrift des Sächsischen Staatsministeriums des Innern zur Aufwandsentschädigung der Angehörigen der Sächsischen Sicherheitswacht nicht als unmittelbare Bezugsquelle zur Verfügung gestellt werden könne.

416 Homepage der Polizei Sachsen, abrufbar unter: https://www.polizei.sachsen.de/de/3620.htm <20.9.2017>.

417 Ziffer 7 Erlass KKP 2017.

418 Ziffer 7 Erlass KKP 2017.

Freiwilligen Polizeidienstes werden sie nicht nach Stunden bezahlt, sondern mit einer geringen Pauschale bedacht, welche lediglich den Zweck erfüllt, die laufenden Kosten zu decken.

h) Zusammenfassung

Um engagierte und interessierte Bürger in den Bereich der Sicherheits- und Ordnungstätigkeit einzubeziehen, bedienen sich die Länder unterschiedlicher Konzepte. Die Modelle, namentlich der Freiwillige Polizeidienst, die Sicherheitswacht sowie die Sicherheitspartner, weisen teilweise Gemeinsamkeiten (aa) auf, unterscheiden (bb) sich in anderen Bereichen jedoch stark voneinander.

aa) Gemeinsamkeiten

Alle Konzepte verbindet das Bestreben, durch die Einbeziehung privater Bürger in die Gewährleistung der öffentlichen Sicherheit und Ordnung zum einen die Innere Sicherheit in dem jeweiligen Land zu verbessern und zum anderen die Polizei zu entlasten. Alle Konzepte prägt zudem der Gedanke, dass der Kampf gegen Kriminalität eine gesamtgesellschaftliche Aufgabe ist, für die jeder Bürger einen wertvollen Beitrag leisten kann. Im Bereich des konzeptionellen Aufbaus der Gesetze sind deutliche Parallelen zwischen dem Sicherheitswachtgesetz Bayerns und Sachsens zu erkennen. Das sächsische Modell orientiert sich klar am bayrischen Vorbild und weist in bestimmten Passagen einen identischen Wortlaut auf.[419] Die Sicherheitswachten und Freiwilligen Polizeidienste zeichnen sich durch eine relative Nähe zur Polizei aus und stehen damit explizit in der Tradition des Community-Policing-Gedankens amerikanischer Prägung, wohingegen das Konzept der Sicherheitspartner Brandenburg eine größere Distanz zur Polizei aufweist.[420]

Ferner tragen sowohl die Mitglieder der Sicherheitswacht und des Freiwilligen Polizeidienstes als auch die Sicherheitspartner während der Dienstverrichtung eine Bekleidung, welche ihre Eigenschaft als freiwillige Polizeihelfer für außenstehende Dritte deutlich macht. So tragen die Angehörigen des Freiwilligen Polizeidienstes in Hessen und Baden-Württemberg eine Uniform. Rein äußerlich weisen sie die größte Nähe zu den Polizeivollzugsbeamten auf. Die Mitglieder

---

419 Art. 1 SWG und § 1 SächsSWG; Art. 4 Satz 1 SWG und § 4 Abs. 1 Satz 1 SächsSWG; Art. 5 Satz 2 SWG und § 5 Abs. 2 SächsSWG; Art. 8 Abs. 4 SWG und § 9 Abs. 4 SächsSWG; Art. 11 Abs. 1 Satz 1 SWG und § 10 Abs. 1 SächsSWG; Art. 12 Abs. 1 SWG und § 11 Abs. 1 SächsSWG.

420 Vgl. *Ziegleder/Kudlacek/Fischer*, Forschungsforum öffentliche Sicherheit, S. 74.

der Sicherheitswacht in Sachsen und Bayern tragen hingegen lediglich eine Jacke mit der Aufschrift „Sicherheitswacht“ sowie ein einheitliches Hemd.[421] Auch die Sicherheitspartner in Brandenburg sind durch eine dunkelblaue Funktionsjacke mit der Aufschrift „Sicherheitspartner“ besonders gekennzeichnet. Die Angehörigen der Sicherheitswacht und die Sicherheitspartner sind – im Vergleich zu den Angehörigen der Freiwilligen Polizeidienste – von den Polizeivollzugsbeamten optisch deutlicher zu unterscheiden.

Auch im Hinblick auf die Aufwandsentschädigung zeigen sich Parallelen zwischen dem Modell der Sicherheitswacht und dem des Freiwilligen Polizeidienstes. Die ehrenamtlichen Polizeihelfer in Hessen, Bayern, Sachsen und Baden-Württemberg enthalten alle eine Entschädigung i. H. v. sechs bis acht Euro pro Stunde.[422] Dagegen zahlt Brandenburg seinen Sicherheitspartnern, unabhängig von der geleisteten Stundenzahl, eine monatliche Pauschale i. H. v. 30 Euro. In Bezug auf den konzeptionellen Grundgedanken sowie die Kennzeichnung und Aufwandsentschädigung der Ehrenamtlichen Polizeihelfer lassen sich somit deutliche Gemeinsamkeiten zwischen den einzelnen Konzepten feststellen.

bb) Unterschiede

Trotz der festgestellten Gemeinsamkeiten weichen die untersuchten Konzepte in ihrer gesetzlichen Ausgestaltung zum Teil in erheblicher Weise voneinander ab. Die Unterschiede zwischen den einzelnen Konzepten zeigen sich am deutlichsten im Bereich der Übertragung der hoheitlichen Befugnisse.

Die umfangreichsten Befugnisse werden den Angehörigen des Freiwilligen Polizeidienstes in Baden-Württemberg übertragen. Diese sind über die Verweisung in §§ 1 Abs. 4 und 6 Abs. 1 Satz 1 FPolDG mit den Polizeivollzugsbeamten gleichgestellt und besitzen somit die gleichen Befugnisse. Die Freiwilligen Polizeihelfer sind berechtigt, unmittelbaren Zwang bis hin zum Einsatz von Waffengewalt anzuwenden. Diese umfangreichen Befugnisse sind auf die ursprüngliche Konzeption des Freiwilligen Polizeidienstes Baden-Württemberg als „Polizeireserve“ zurückzuführen.

Den Sicherheitspartnern in Brandenburg werden hingegen keine Hoheitsbefugnisse übertragen. Sie sind nicht zum Einsatz von Zwangsmitteln berechtigt.

---

421 In Bayern werden diese Kleidungsstücke auf Wunsch des Freiwilligen Polizeihelfer zur Verfügung gestellt.

422 In Bayern und Baden-Württemberg kann dieser Betrag durch weitere Zahlungen (z.B. Wegstreckenpauschale) noch weiter ansteigen.

Ihnen stehen lediglich die jedem Bürger zustehenden Not- und Selbsthilferechte zu. Brandenburg hat sich somit, im Vergleich zu den anderen Bundesländern, im Bereich der Polizeihelfer für eine „light-version“ entschieden.[423]

Einen Mittelweg zwischen diesen beiden extremen Varianten wählten die Gesetzgeber in Hessen, Sachsen und Bayern. Innerhalb dieser Länder ergeben sich jedoch wiederum Unterschiede im Hinblick auf die Übertragung von Hoheitsbefugnissen sowie auf das Recht zur Anwendung unmittelbaren Zwanges. So stehen den Ehrenamtlichen Polizeihelfern in Hessen umfangreichere Befugnisse zu als in Sachsen und Bayern. Sie können insbesondere über § 2 Abs. 1 Satz 1 Nr. 1 HFPG i. V. m. § 11 HSOG auf die polizeiliche Generalklausel zurückgreifen. Besonders deutlich werden die Unterschiede in Hessen, Sachsen und Bayern zudem in der Befugnis zur Feststellung der Identität. Während die Freiwilligen Polizeihelfer in Hessen über § 2 Abs. 1 Satz 1 Nr. 1 HFPG i. V. m. § 18 Abs. 4 HSOG das Recht besitzen, die betroffene Person festzuhalten, zu durchsuchen und gegebenenfalls auf die Dienststelle zu verbringen, dürfen die Polizeihelfer in Sachsen die Person nach § 5 Abs. 3 SächsSWG festhalten sowie auf die Dienststelle verbringen und in Bayern nach Art. 5 Satz 3 SWG lediglich festhalten.

Auch im Hinblick auf die Befugnis zum Einsatz von Zwangsmitteln ergeben sich Unterschiede. Sowohl in Bayern als auch in Hessen und Sachsen dürfen die Freiwilligen Polizeihelfer unmittelbaren Zwang in Form von einfacher körperlicher Gewalt anwenden. In Hessen und Sachsen ist diese Befugnis in § 2 Abs. 1 Satz 3 HFPG bzw. § 9 Abs. 1 Satz 2 SächsSWG ausdrücklich gesetzlich geregelt. Der Zwangsmitteleinsatz ist in Hessen und Sachsen nicht auf bestimmte Befugnisse begrenzt. In Bayern existiert hingegen keine gesetzliche Regelung zum Einsatz von Zwangsmitteln. Die Befugnis zur Anwendung unmittelbaren Zwanges in Form von einfacher körperlicher Gewalt ist aus dem An- und Festhalterecht nach Art. 4 Satz 3 SWG und Art. 5 Satz 3 SWG abzuleiten und ist mithin auf die Befragung (Art. 4 SWG) und Identitätsfeststellung (Art. 5 SWG) beschränkt.[424]

Darüber hinaus sind die Aufgabenfelder der Polizeihelfer unterschiedlich ausgestaltet. Die Sicherheitspartner in Brandenburg nehmen keine Aufgaben der Polizei- oder Ordnungsbehörden im Bereich der Gefahrenabwehr wahr, sondern alarmieren diese lediglich als aufmerksame Nachbarn, sofern sie im Rahmen des Streifenganges eine potentielle Gefahrenlage erkennen.

---

423 *Pütter/Kant*, B&P 2000, S. 16 (27).

424 Vgl. Begr. des RegE zum SEG, LT-Drs. BY 12/13076, S. 6.

Den Angehörigen des Freiwilligen Polizeidienstes Hessen und Baden-Württemberg werden in Form eines Positivkatalogs (§ 1 Abs. 3 HFPG, § 1 Abs. 3 FPolDG) die umfangreichsten Aufgaben übertragen. Zu den Aufgaben gehören u. a. die Sicherung von Gebäuden und Anlagen, die Sicherung und Überwachung des Straßenverkehrs sowie der polizeiliche Streifendienst.

Das Sicherheitswachtgesetz in Bayern und Sachsen enthält hingegen keinen konkreten Aufgabenkatalog. Nach der weiten Formulierung des Art. 2 SächsSWG bzw. Art. 2 SWG unterstützen die Angehörigen der Sicherheitswacht in ihrer Dienstzeit die Polizei bei der Erfüllung ihrer Aufgaben, insbesondere durch eine zusätzliche Streifentätigkeit in der Öffentlichkeit (Sachsen) bzw. im Zusammenhang mit der Bekämpfung der Straßenkriminalität (Bayern). Die primäre Aufgabe der Sicherheitswacht in Bayern und Sachsen besteht darin, in ausgewählten Schwerpunkten der Häufigkeitskriminalität, wie z. B. in Kleingartenanlagen, öffentlichen Parks, Kinderspielplätzen oder im Bereich des öffentlichen Personen- und Nahverkehrs Streife zu laufen. Der Aufgabenbereich der Sicherheitswachten und Freiwilligen Polizeidienste ist aufgrund des Begriffes „insbesondere“[425] bzw. „in der Regel“[426] nicht abschließend. Es werden lediglich Regelbeispiele für mögliche Aufgaben genannt, sodass die Möglichkeit besteht, die Sicherheitswachten/Freiwilligen Polizeidienste auch für andere Aufgaben flexibel einzusetzen.

Zudem bestehen hinsichtlich der Einstellungsvoraussetzungen zwischen den einzelnen Konzepten der Länder signifikante Unterschiede. Die höchsten Anforderungen für eine Einstellung in die Sicherheitswacht und den Freiwilligen Polizeidienst werden in Bayern und Hessen gestellt. In beiden n[?] müssen die Bewerber u. a. einen Eignungstest bestehen und eine abgeschlossene Schul- oder Berufsausbildung nachweisen. In Bayern wird zudem die deutsche Staatsbürgerschaft vorausgesetzt. Das Bewerbungshöchstalter liegt in Bayern bei 67 und in Hessen bei 65 Jahren.

Geringere Hürden müssen die Bewerber in Baden-Württemberg und Sachsen im Rahmen einer Bewerbung überwinden. Für die Sicherheitspartner in Brandenburg gelten keine konkreten Einstellungsvoraussetzungen. Potentielle Interessenten müssen lediglich „interessiert und vertrauenswürdig“ sein und, wie in den anderen Ländern auch, mindestens 18 Jahre alt sein.

Auch in Bezug auf die Dauer und den Umfang der Ausbildung zeigen sich deutliche Unterschiede. Die umfangreichste Ausbildung erhalten die Freiwilligen

425 § 1 Abs. 3 Satz 2 HFPG; Art. 2 SWG; § 2 SächsSWG.
426 § 1 Abs. 3 Satz 2 FPolDG.

Polizeihelfer in Baden-Württemberg. Die Gesamtdauer der Ausbildung beträgt insgesamt 84 Stunden, aufgegliedert in 44 Stunden Theorie und 40 Stunden Praxis (u. a. Ausbildung an der Schusswaffe). Die Kandidaten müssen nach dem Abschluss der Ausbildung eine Abschlussprüfung in Gestalt einer einstündigen schriftlichen Arbeit sowie eines mündlichen Abschlussgesprächs bestehen.

Geringere Anforderungen werden dagegen in Hessen sowie in Bayern und Sachsen gestellt. Die Dauer der Ausbildung beträgt in Sachsen und Hessen 50 Stunden und in Bayern rund 30 Stunden. In Bayern und Sachsen müssen die Kandidaten lediglich ein abschließendes Prüfungsgespräch erfolgreich absolvieren, wohingegen in Hessen kein abschließendes Prüfungsgespräch durchgeführt wird. Eine Ausbildung in Baden-Württemberg dauert somit knapp dreimal so lange wie eine Ausbildung in Bayern.

In Brandenburg werden hinsichtlich der Ausbildung keine konkreten Vorgaben gemacht. Es gibt für die Ausbildung der Sicherheitspartner in Brandenburg keine vorgeschriebenen Lehrpläne, keine Mindeststundenanzahl und keine abschließende Prüfung. Es erfolgt lediglich eine Grundeinweisung bei Tätigkeitsbeginn durch die Revierpolizei in den jeweiligen Polizeiinspektionen.

Zuletzt bestehen auch in Bezug auf die Ausstattung der Freiwilligen Polizeihelfer deutliche Unterschiede. Während die Ehrenamtlichen Polizeihelfer in Baden-Württemberg mit einer Waffe ausgestattet werden, erhalten sie in Hessen, Sachsen und Bayern ein Reizstoffsprühgerät zum Eigenschutz. Die Sicherheitspartner in Brandenburg erhalten weder eine Waffe noch ein Reizstoffsprühgerät. Ihnen wird auf Antrag ein Telefon, eine Kamera sowie Schreibmaterial zur Verfügung gestellt.

Im Ergebnis unterscheiden sich die drei Modelle zum Einsatz von Ehrenamtlichen Polizeihelfern (Freiwilliger Polizeidienst, Sicherheitswacht und Sicherheitspartner) insbesondere in Bezug auf den Umfang der übertragenen hoheitlichen Aufgaben und Befugnisse sowie die Ausbildungsdauer und die Einstellungsvoraussetzungen.

Der Freiwillige Polizeidienst (Baden-Württemberg) kann dabei nach seiner konzeptionellen Grundidee noch am ehesten als eine Art „Polizei light“ verstanden werden. Nach der Intention des Gesetzgebers in Hessen und Baden-Württemberg ist der Freiwillige Polizeidienst darauf ausgelegt, die Polizei von solchen Aufgaben zu entlasten, die nicht von voll ausgebildeten Polizeivollzugsbeamten wahrgenommen werden müssen.[427] Inwieweit dieses Modell auch in

427 Begr. des RegE zum HFPG, LT-Drs. HE 15/1004, S. 6; Begr. des RegE zum FPolDG, LT-Drs. BW 3/2325, S. 4343.

der Praxis geeignet ist, die Vollzugspolizei spürbar zu entlasten, wird in § 4 (Verfassungsrechtliche Grenzen für die Übertragung von Aufgaben der Gefahrenabwehr auf Hilfspolizisten) dieser Arbeit eingehend untersucht.

Die Sicherheitspartnerschaften in Brandenburg stellen dagegen eher eine institutionalisierte Form des Zusammenschlusses privater Bürger dar. Den Sicherheitspartnern werden keine hoheitlichen Befugnisse übertragen. Sie verfügen nur über die sogenannten Jedermannsrechte (§ 127 Abs. 1 StPO). Der Einsatz der Sicherheitspartner erfolgt nicht mit der Zielsetzung, die Vollzugspolizei zu entlasten. Der Wirkungskreis der Sicherheitspartner ist von vornherein auf den Bereich der Prävention beschränkt. In diesem Bereich liegt das innovative Potenzial dieser Form ehrenamtlichen Engagements im Bereich der Gefahrenabwehr. Sicherheitspartnerschaften können identitätsstiftend und integrationsfördernd wirken, indem sie vor allem die Kommunikation mit dem Bürger intensivieren. Aufgrund des engen Kontakts zum Bürger lassen sich dessen Ängste und Sorgen besser verstehen und für die polizeiliche Arbeit fruchtbar machen.

II. Hilfspolizeibeamte

Aufgrund der Gesetzgebungskompetenz im Gefahrenabwehrrecht besitzen die Länder die Möglichkeit, im Rahmen der Ausgestaltung ihrer Sicherheits- und Ordnungsgesetze den Einsatz von „Hilfspolizeibeamten" zu regeln. Hiervon haben knapp die Hälfte der Länder Gebrauch gemacht und die Voraussetzungen für einen Einsatz von Hilfspolizeibeamten rechtlich normiert. In insgesamt sieben Ländern können zur Wahrnehmung bestimmter Aufgaben der Gefahrenabwehr oder zur hilfsweisen Wahrnehmung bestimmter polizeilicher Aufgaben Hilfspolizeibeamte[428] bestellt werden.[429] Die Figur des Hilfspolizeibeamten ist daher keine homogene Erscheinung, sondern weist in der Ausgestaltung und Anwendung der polizeirechtlichen Vorschriften mitunter erhebliche Unterschiede auf.[430] Für eine differenzierte Darstellung der verschiedenen Erscheinungsformen wird zunächst eine Begriffsbestimmung (1) vorgenommen. Im Anschluss werden die unterschiedlichen Modelle zum Einsatz von Hilfspolizeibeamten (2) detailliert untersucht. Hierbei werden lediglich solche Modelle

---

428 In Hamburg wird für dieselbe Institution lediglich eine andere Begrifflichkeit verwendet. Statt „Hilfspolizeibeamter" wird in § 29 SOG von „Hilfspolizist" gesprochen.

429 § 76 BremPolG; § 99 HSOG; § 95 NPOG; § 95 POG; § 84 SPolG; § 83 SOG LSA; § 29 SOG sowie § 63 BPolG.

430 *Nünke*, Verwaltungshilfe und Inpflichtnahme des Sicherheitsgewerbes, S. 138 f.

dargestellt, die einen gewissen Grad an rechtlicher Strukturierung aufweisen und sich in dem jeweiligen Bundeslang als dauerhafte Institution etabliert haben.[431]

1. Begriffsbestimmung

Hilfspolizeibeamte sind natürliche Personen, die durch Bestellung zur Ausübung bestimmter polizeilicher Teilaufgaben und Maßnahmen befugt sind, wobei ihr Handeln der jeweiligen bestellenden Behörde zugerechnet wird.[432] Sie haben im Rahmen der ihnen übertragenen Aufgaben die Befugnisse von Polizeivollzugsbeamten.[433] Grundgedanke des Einsatzes von Hilfspolizeibeamten ist eine spürbare Entlastung der hauptberuflichen Polizeivollzugsbeamten.[434] Sie werden immer dann tätig, wenn der Einsatz der hauptberuflichen Polizeivollzugsbeamten aus finanziellen oder personellen Gründen nicht sinnvoll bzw. nicht möglich ist.[435] Anders als die Ehrenamtlichen Polizeihelfer sind die Hilfspolizeibeamten einer zur Gefahrenabwehr zuständigen Gebietskörperschaft zugehörig und begründen mit der jeweiligen Anstellungsbehörde ein privatrechtliches Arbeitsverhältnis.[436] Die Bestellung der Hilfspolizeibeamten ist widerruflich und erfolgt – im Gegensatz zur Ernennung von Polizeibeamten – nicht durch einen mitwirkungsbedürftigen Verwaltungsakt.[437]

2. Unterschiedliche Modelle des Einsatzes von Hilfspolizeibeamten

Die Möglichkeiten und Varianten zum Einsatz von Hilfspolizeibeamten sind vielfältig. Hilfspolizeibeamte können auf Bundesebene (§ 63 BPolG), Landesebene

---

431 Von der Möglichkeit nach § 95 NPOG Hilfspolizeibeamte zu bestellen, wird in Niedersachsen nur in sehr begrenztem Umfang Gebrauch gemacht. Lediglich die Polizeidirektion Osnabrück bestellt regelmäßig Hilfspolizeibeamte zur Begleitung von Großraum- und Schwertransporten (GST). Aufgrund des geringen Grades der rechtlichen Strukturierung wird von einer vertieften Darstellung der Hilfspolizeibeamten in Niedersachsen abgesehen.

432 *Borsdorff*, in: Möllers, Wörterbuch der Polizei, S. 1084.

433 *Borsdorff*, in: Möllers, Wörterbuch der Polizei, S. 1084.

434 *Rupprecht*, Polizei Lexikon, S. 268.

435 *Steiner*, Öffentliche Verwaltung durch Private, S. 295; *Urgenbieler*, DVBl. 1980, S. 409 (409 f.).

436 Vgl. *Göttlicher*, in: Möstl/Bäuerle, BeckOK POR HE, § 99, Rn. 5; *Sommer*, in: Möstl/Bäuerle, BeckOK POR HE, § 81, Rn. 7; *Rachor*, in: Lisken/Denninger, Hdb PolR, Kap. C, Rn. 39.

437 *Hornmann*, HSOG, § 99, Rn. 4 f.

(z. B. § 99 HSOG, § 84 SPolG, § 95 NPOG, § 83 SOG LSA) oder Kommunalebene (z. B. § 99 HSOG, § 80 PolG BW, § 80 SächsPolG) bestellt werden. In dieser Arbeit werden zwei Modelle aus der polizeilichen Praxis genauer betrachtet, in denen Hilfspolizeibeamte polizeiliche Aufgaben und Befugnisse in einem bedeutsamen Umfang wahrnehmen. Dies ist zum einen das Modell der „Wachpolizei" (a) auf Landesebene und zum anderen das Modell des „Kommunalen Ordnungsdienstes" (b) auf Kommunalebene.

a) Wachpolizei

Fußballveranstaltungen, Grenzsicherung, Demonstrationen, die Bewachung von Asylbewerberunterkünften – das Aufgabenspektrum der Polizei ist in den letzten Jahren kontinuierlich gewachsen. Vor dem Hintergrund der angespannten personellen Situation bei der Vollzugspolizei sorgte der ehemalige Bundesinnenminister *Thomas de Maizière* im Juni 2016 mit seinem Vorschlag, im Kampf gegen Einbrecher auf kurzfristig ausgebildete „Wachpolizisten" zu setzen, für Aufsehen. In einem Interview mit der Rheinischen Post bezeichnete er die Wachpolizei in Sachsen als „sehr nützlich" und „zukunftsweisendes Modell".[438] So sollte der Vorteil der stark verkürzten Ausbildung genutzt werden, um möglichst schnell uniformiertes Personal auf die Straße zu bringen und der Bevölkerung somit Handlungsfähigkeit zu suggerieren.[439] Doch nicht nur in Sachsen nehmen Wachpolizisten polizeiliche Aufgaben wahr. Der unterschiedlich ausgestaltete Einsatz solcher „Hilfspolizisten" erfolgt darüber hinaus auch in Berlin (seit 1993), in Hessen (seit 2000) sowie in Sachsen-Anhalt und dem Saarland[440] (seit 2015/2016). Die Äußerung *de Maizières* rief zum Teil heftige Kritik anderer Spitzenpolitiker hervor. Der damalige SPD-Fraktionschef *Thomas Oppermann* bezeichnete den Vorstoß als „Ausdruck von Hilflosigkeit

---

438 *Bröcker/Quadbeck*, Mit Hilfspolizisten gegen Einbrecher – Minister De Maiziere im Interview, RP online, 16.6.2016, abrufbar unter: http://www.rp-online.de/politik/deutschland/thomas-de-maiziere-wachpolizei-soll-einbrueche-verhindern-aid-1.6051826 <13.10.2017>.

439 *Bröcker/Quadbeck*, Mit Hilfspolizisten gegen Einbrecher – Minister De Maiziere im Interview, RP online, 16.6.2016, abrufbar unter: http://www.rp-online.de/politik/deutschland/thomas-de-maiziere-wachpolizei-soll-einbrueche-verhindern-aid-1.6051826 <13.10.2017>.

440 Im Saarland wird z.T. eine abweichende Begrifflichkeit für dieselbe Institution verwendet und vom „Polizeilichen Ordnungsdienst" (POD) gesprochen. Die Begriffe POD und Wachpolizei Saarland werden synonym verwendet.

und ein Offenbarungseid konservativer Innenpolitik".[441] *Ralf Stegner* (SPD) warf dem Innenminister vor, er wolle „billige Hilfssheriffs" anstatt gut ausgebildeter Polizisten für die Kriminalitätsbekämpfung einsetzen.[442] *Jörg Radek*, Vizechef der GdP, bezeichnete die Idee als „Flickwerk an einer verschlissenen Personaldecke auf Kosten der Inneren Sicherheit".[443] Der Vorschlag *de Maizières* soll als Anlass genommen werden, das Modell der Wachpolizei genauer zu untersuchen. Zunächst erfolgt eine Begriffsbestimmung (aa). Anschließend werden die unterschiedlichen landesrechtlichen Regelungen (bb) geprüft und miteinander verglichen.

aa) Begriffsbestimmung

Im „Wörterbuch zur Inneren Sicherheit" wird die Wachpolizei als eine mit besonderen Aufgaben betraute und aus Angestellten bestehende Organisationseinheit definiert, die als Teil der allgemeinen Aufbauorganisation von den Polizeibehörden an die Polizeipräsidien der einzelnen Länder angebunden ist.[444] Ein ähnliches Begriffsverständnis liegt der Legaldefinition in § 13 Satz 1 HSOG-DVO zugrunde, nach der Wachpolizisten „Arbeitnehmerinnen und Arbeitnehmer des Landes [sind], die bei den Polizeipräsidien tätig sind und Vollzugsaufgaben wahrnehmen, für die der Einsatz von Polizeivollzugsbeamtinnen und Polizeivollzugsbeamten nicht zwingend erforderlich ist". Ziel des Einsatzes von Wachpolizisten ist es, die Polizeivollzugsbeamten von subsidiären oder „niederschwelligen" Aufgaben zu entlasten, um so die Polizeipräsenz kostengünstig und flexibel zu erhöhen.[445]

---

441 Wir brauchen keine Billigpolizei, Spiegel online, 16.6.2016, abrufbar unter: http://www.spiegel.de/politik/deutschland/thomas-oppermann-zu-thomas-de-maiziere-vorschlag-brauchen-keine-billigpolizei-a-1097943.html <13.10.2017>.

442 Niemand will die Wachpolizei des Innenministers, Zeit online, 16.6.2016, abrufbar unter: http://www.zeit.de/politik/deutschland/2016-06/thomas-de-maziere-wachpolizei-einbrecher-spd-ablehnung <13.10.2017>.

443 Niemand will die Wachpolizei des Innenministers, Zeit online, 16.6.2016, abrufbar unter: http://www.zeit.de/politik/deutschland/2016-06/thomas-de-maziere-wachpolizei-einbrecher-spd-ablehnung <13.10.2017>.

444 *Schmidt*, in: Lange, Wörterbuch zur Inneren Sicherheit, S. 360 (360).

445 *Groß*, APuZ 2008, S. 20 (24); *Groß/Schmidt*, in: Groß/Frevel/Dams, Hdb der Polizeien Deutschlands, S. 198 (213); *Schmidt*, in: Lange, Wörterbuch zur Inneren Sicherheit, S. 360 (361).

bb) Vergleich der landesrechtlichen Regelungen zum Einsatz von Wachpolizisten

Im Folgenden werden die einzelnen landesrechtlichen Regelungen im Hinblick auf ihre rechtliche Grundlage und Konzeption (1), die übertragenen Aufgaben (2), die übertragenen Hoheitsbefugnisse (3), die Einstellungsvoraussetzungen (4), die Ausbildung (5), die Kennzeichnung und Ausstattung (6) sowie den rechtlichen Status und die Vergütung (7) genauer untersucht und miteinander verglichen. Abschließend werden die wesentlichen Unterschiede und Gemeinsamkeiten dieser spezifischen Regelungen zusammengefasst (8). Für die Analyse der landesrechtlichen Regelungen zum Einsatz von Wachpolizisten wurden die gleichen Merkmale untersucht wie bei den Modellen zum Einsatz Ehrenamtlicher Polizeihelfer. Hierdurch lassen sich nicht nur etwaige Diskrepanzen zwischen dem Umfang der übertragenen Aufgaben und Befugnisse im Verhältnis zu der Ausbildung und Qualifikation der Wachpolizisten aufzeigen, sondern darüber hinaus auch Gemeinsamkeiten und Unterschiede zwischen dem Modell der Wachpolizei und den Ehrenamtlichen Polizeihelfern aufzeigen.[446]

(1) Rechtliche Grundlage und Konzeption

(a) Hessen

Nach § 99 Abs. 4 Nr. 1, 114 Satz 1 HSOG wird der Minister des Innern und für Sport ermächtigt, durch Rechtsverordnung eine generelle Bestellung von Hilfspolizeibeamten zu regeln.[447] Auf Grundlage dieser Verordnungsermächtigung wurde der Dritte Teil der „Durchführungsverordnung zum HSOG" (HSOG-DVO) erlassen. Hierdurch sind die Bediensteten unmittelbar zu Hilfspolizeibeamten bestellt.[448] Konkret wurden in § 10 HSOG-DVO (auf Grundlage der Ermächtigung in § 99 Abs. 4 Nr. 3 HSOG) Regelungen über die Ausbildung der Hilfspolizeibeamten und in § 13 HSOG-DVO (auf Grundlage des § 99 Abs. 4 Nr. 1 HSOG) grundlegende Bestimmungen zur Wachpolizei normiert. Die Bediensteten der Wachpolizei sind bei den Landespolizeipräsidien des Landes Hessen angestellt und nehmen Vollzugsaufgaben wahr, für die der Einsatz von Polizeivollzugsaufgaben nicht zwingend erforderlich ist.[449] Von der in § 99

---

446 Von besonderem Interesse ist dabei das Land Hessen, welches neben einem Freiwilligen Polizeidienst auch über eine Wachpolizei (sowie eine Stadt- bzw. Kommunalpolizei) verfügt.

447 *Göttlicher*, in: Möstl/Bäuerle, BeckOK POR HE, § 99, Rn. 1, 23.

448 *Hornmann*, HSOG, § 99 HSOG, Rn. 46; *Pausch/Dölger*, POR in HE, S. 56.

449 § 13 Satz 1 HSOG-DVO.

Abs. 4 Nr. 2 HSOG statuierten Ermächtigung zur Regelung des Einsatzes von Zwangsmitteln wurde in § 13 Satz 2, 3 HSOG-DVO Gebrauch gemacht. Um eine einheitliche Anwendung des § 13 HSOG-DVO durch die Behörden zu gewährleisten, wurde darüber hinaus die „Verwaltungsvorschrift zur Ausführung des § 13 HSOG-DVO" (VVWaPol) erlassen. Diese enthält u.a. detaillierte Regelungen zu Aufgaben, Befugnissen, Ausstattung und Ausbildung der Wachpolizisten in Hessen.

Aufgrund des Jahr 1999 erfolgten Regierungswechsels von einer linken Koalition aus SPD und Grünen zur bürgerlich-liberalen Koalition aus CDU und FDP kam es zu einer neuen Akzentuierung im Politikfeld der Inneren Sicherheit im Allgemeinen und in der Polizeipolitik im Besonderen.[450] Im Rahmen einer „neuen Sicherheitsarchitektur" wurde durch die Koalitionspartner ein Sicherheitspaket verabschiedet, welches neben der Neuorganisation der Polizei und der Einführung des Freiwilligen Polizeidienstes auch die Einführung einer Wachpolizei beinhaltete.[451] Die Einrichtung der Wachpolizei erfolgte im Jahr 2000 als Modellprojekt in den Polizeipräsidien Frankfurt am Main (60 Planstellen), Gießen für Mittelhessen (20 Planstellen) sowie Kassel für Nordhessen (30 Planstellen) und wurde zeitlich zunächst bis zum 31.12.2002 befristet.[452] Aufgrund positiver Ergebnisse einer ersten Evaluation wurde die Befristung Anfang 2002 aufgehoben.[453] Im Jahr 2009 erfolgte die Ausdehnung der Wachpolizei auf alle sieben Flächenpräsidien in Hessen, sodass seither eine landesweite Präsenz besteht.[454]

(b) Saarland

Die Rechtsgrundlage für eine Bestellung von Hilfspolizeibeamten im Saarland ist in § 84 Abs. 1 SPolG normiert. Danach kann das Ministerium für Inneres und Sport zur hilfsweisen Wahrnehmung bestimmter vollzugspolizeilicher Aufgaben Personen zu Hilfspolizeibeamten bestellen, soweit hierzu ein Bedürfnis besteht. Zur Erfüllung dieses Tatbestandsmerkmals muss ein sachlicher,

---

450 *Groß*, DPolBl. 2012, S. 23 (23); *Groß/Schmidt*, in: Bornewasser, Empirische Polizeiforschung III, S. 151 (151); *Groß/Schmidt*, in: Lorei, Polizei&Psychologie, S. 313 (313); *Schmidt*, in: Lange, Wörterbuch zur Inneren Sicherheit, S. 360 (360).

451 *Groß/Schmidt*, in: Bornewasser, Empirische Polizeiforschung III, S. 151 (152); *Groß/Schmidt*, in Clemens Lorei, Polizei & Psychologie, S. 313 (313).

452 *Groß/Schmidt*, in: Bornewasser, Empirische Polizeiforschung III, S. 151 (152).

453 *Groß*, DPolBl. 2012, S. 23 (23).

454 *Groß*, DPolBl. 2012, S. 23 (23).

an Rechtstaatlichkeit orientierter und nachvollziehbarer Grund vorliegen, der den Einsatz der Hilfspolizeibeamten rechtfertigt.[455] Die förmliche Bestellung erfolgt durch das Ministerium für Inneres und Sport. In der Bestellverfügung sind die übertragenen Aufgaben konkret zu beschreiben.[456] Detaillierte Regelungen zu den Aufgaben, den Befugnissen und der Ausstattung des Polizeilichen Ordnungsdienstes (POD) enthält die vom Landespolizeipräsidium Saarland am 6.6.2016 für den Dienstgebrauch erlassene „Vorläufige Dienstanweisung zum POD" (Dienstanweisung POD). Von Seiten der Landesregierung bestehen derzeit keine Pläne diese „vorläufige" Verwaltungsvorschrift zu überarbeiten.[457]

Der Polizeiliche Ordnungsdienst ist Teil eines von der Landesregierung am 17.11.2015 beschlossenen Sicherheitspakets i.H.v. 5 Mio. Euro zur Verbesserung der personellen Situation bei der Landespolizei.[458] Die Einrichtung wurde zunächst auf zwei Jahre befristetet und soll zum einen der Entlastung der Vollzugspolizei und zum anderen der nachhaltigen Stärkung des subjektiven Sicherheitsgefühls der Bevölkerung im Saarland dienen.[459] Vor dem Hintergrund der verschärften Sicherheitslage und der gestiegenen Belastung der Vollzugspolizei sollen die innerhalb von drei Monaten ausgebildeten Angestellten im Polizeiliche Ordnungsdienst durch die Übernahme von Aufgaben, für die nicht zwingend ein vollausgebildeter Polizeivollzugsbeamter notwendig ist, innerhalb kürzester Zeit eine spürbare Entlastung für die Vollzugspolizei schaffen.[460] Zum 1.6.2016 wurden nach dreimonatiger Ausbildung 9 Frauen und 21 Männer im Polizeilichen Ordnungsdienst zu Hilfspolizeibeamten nach § 84 SPolG bestellt.[461] Nach einer ersten Evaluation im Juni 2017 zogen die Polizei, die Gewerkschaft der Polizei sowie die Regierungsparteien eine positive Bilanz.[462] Der damalige Innenminister *Klaus Bouillon* (CDU)

---

455 *Haus/Wohlfahrt*, Allgemeines POR, S. 75.

456 *Mandelartz*, SPolG, S. 255.

457 Schriftliche Antwort des Ministeriums für Inneres, Bauen und Sport Saarland vom 13.7.2018.

458 *Porzel*, Deutsche Polizei 2016, S. 1 (1 f.).

459 Ziffer 1 Dienstanweisung POD.

460 Schriftliche Antwort des Ministeriums für Inneres, Bauen und Sport Saarland vom 27.7.2017.

461 Schriftliche Antwort des Ministeriums für Inneres, Bauen und Sport Saarland vom 27.7.2017; Ministerium für Inneres Bauen und Sport Saarland, Innenminister Bouillon entfristet offiziell POD-Mitarbeiterinnen und Mitarbeiter, abrufbar unter: https://www.saarland.de/SID-0D4DD8B8-0DED8B9F/228527.htm <30.10.2017>.

462 Schriftliche Antwort des Ministeriums für Inneres, Bauen und Sport Saarland vom 27.7.2017; *Kaiser*, Ein Jahr Polizeilicher Ordnungsdienst, Saarländischer Rundfunk,

erklärte, dass der Polizeiliche Ordnungsdienst eine „Erfolgsgeschichte" sei, welche die Vollzugspolizei des Landes mit seinen zusätzlichen Dienstkräften spürbar entlaste und somit zu einer Stärkung der Polizeipräsenz in der Fläche beitrage.[463] Im Koalitionsvertrag vom 16. Mai 2017 verständigten sich CDU und SPD darauf, den Polizeilichen Ordnungsdienst als bewährte Institution zu verfestigen und zu entfristen.[464] Mit Ablauf der zweijährigen Frist zum 31. Mai 2018 wurden die 30 Mitarbeiter des Polizeilichen Ordnungsdienstes unbefristet eingestellt.[465] Zudem werden bis zum Jahr 2019 noch 15 weitere Mitarbeiter eingestellt, um die zunächst angestrebte Zielgröße von 45 Mitarbeitern zu erreichen.[466] Bei dem Polizeilichen Ordnungsdienst im Saarland handelt es sich seither um eine dauerhafte Institution.

(c) Sachsen

Das SächsPolG enthält keine Rechtsgrundlage zur Bestellung von Hilfspolizeibeamten. Das Parlament hat daher, anders als in Hessen oder im Saarland, die Bestellung von Wachpolizisten im „Gesetz über den Sächsischen Wachpolizeidienst" (SächsWachdienstG) geregelt.

Mit dem am 16.12.2015 vom Sächsischen Landtag verabschiedeten SächsWachdienstG wurde die Wachpolizei in Sachsen offiziell wiedereingeführt. Eine Wachpolizei hatte es in Sachsen bereits in den Jahren 2002 bis 2006 gegeben. Als Reaktion auf die veränderte Sicherheitslage nach den Terroranschlägen am 11.9.2001 in den USA beschloss der Landtag in Sachsen die Einführung einer

31.5.2017, abrufbar unter: http://www.sr.de/sr/home/nachrichten/politik_wirtschaft/polizeilicher_ordnungsdienst_bilanz100.html <30.10.2017>.

463 Homepage des Ministeriums für Inneres, Bauen und Sport Saarland, Innenminister Bouillon stellt im zweiten Jahrgang weitere 14 Mitarbeiterinnen und Mitarbeiter im Polizeilichen Ordnungsdienst, abrufbar unter: https://www.saarland.de/233898.htm <7.9.2018>; *Kaiser*, Ein Jahr Polizeilicher Ordnungsdienst, Saarländischer Rundfunk, 31.5.2017, abrufbar unter: http://www.sr.de/sr/home/nachrichten/politik_wirtschaft/polizeilicher_ordnungsdienst_bilanz100.html <30.10.2017>.

464 Koalitionsvertrag zwischen der CDU und der SPD für die 16. Legislaturperiode des Saarlandes 2017–2022, S. 97, abrufbar unter: https://www.sr.de/sr/home/nachrichten/politik_wirtschaft/koalitionsvertrag_spd_cdu100.pdf <30.10.2017>.

465 Schriftliche Antwort des Ministeriums für Inneres, Bauen und Sport Saarland vom 13.7.2018.

466 Schriftliche Antwort des Ministeriums für Inneres, Bauen und Sport Saarland vom 13.7.2018.

Wachpolizei zur Unterstützung der Vollzugspolizei.[467] Nach Ablauf der Befristung war das Gesetz im Jahr 2006 außer Kraft getreten.[468]

Die erneute Einrichtung einer Wachpolizei ist zunächst auf fünf Jahre bis zum 31.12.2020 befristet.[469] Mit ihr wird das Ziel verfolgt, eine zeitnahe, vorübergehende Entlastung der Vollzugspolizei in den Bereichen des Objektschutzes sowie der Personenbewachung zu erreichen.[470] Durch die Unterstützung sollen reguläre Kräfte der Landes- und Bereitschaftspolizei in den genannten Aufgabenbereichen freigesetzt werden, um besondere Einsatzlagen im Zusammenhang mit der verschärften Bedrohungslage oder demonstrativen Aktionen mit ausreichend qualifiziertem Personal bewältigen zu können.[471] Anlass für die Wiedereinführung der Wachpolizei war laut Gesetzgeber die veränderte Sicherheitslage nach dem zunehmenden Eintreffen von Asylsuchenden im Freistaat Sachsen, welche einen verstärkten Polizeieinsatz an und in Erstaufnahmeeinrichtung in Sachsen erforderlich machten.[472]

(d) Berlin

Die Rechtsgrundlage für die Bestellung von Wachpolizisten in Berlin ist in § 5 Abs. 2 Satz 1 ASOG Bln geregelt. Danach kann der Senat durch Rechtsverordnung Dienstkräfte der Polizei, die nicht Polizeivollzugsbeamte sind, mit der Wahrnehmung bestimmter polizeilicher Aufgaben betrauen, soweit dafür ein Bedürfnis besteht.

Die Einrichtung der Wachpolizei geht auf die Allierten-Anordnung „BK/O (47) 227" aus dem Jahre 1947 zurück.[473] Sie dient primär der Entlastung der Vollzugspolizei bei den Aufgaben des Objektschutzes sowie der Gefangenenbewachung.[474] Darüber hinaus kann die Wachpolizei auch zur Unterstützung und Entlastung der Vollzugspolizei bei der Wahrnehmung von Aufgaben der

---

467 Die Rückkehr der Wachpolizei, Sächsische Zeitung online, 16.12.2015, abrufbar unter: http://www.sz-online.de/sachsen/die-rueckkehr-der-wachpolizei-3278135.html <29.10.2017>.

468 Die Rückkehr der Wachpolizei, Sächsische Zeitung online, 16.12.2015, abrufbar unter: http://www.sz-online.de/sachsen/die-rueckkehr-der-wachpolizei-3278135.html <29.10.2017>.

469 § 12 SächsWachdienstG.

470 Begr. des RegE zum SächsWachdienstG, LT-Drs. SN 6/2782, S. 2.

471 Begr. des RegE zum SächsWachdienstG, LT-Drs. SN 6/2782, S. 7.

472 Begr. des RegE zum SächsWachdienstG, LT-Drs. SN 6/2782, S. 7.

473 *Knape/Kiworr*, ASOG Bln Kommentar, S. 126.

474 § 2 Satz 1 PDieVO.

Überwachung des ruhenden Verkehrs (§ 1 Abs. 1 Satz 1 und Abs. 2 ASOG Bln) eingesetzt werden.[475] Der Begriff der „Wachpolizei" wurde behördenintern mittlerweile durch die Begriffe des Polizeiangestellten im Objektschutz (PAngOS)[476] sowie des Polizeiangestellten im Gewahrsamsdienst (PAngGD) verdrängt.[477]

(e) Sachsen-Anhalt

§ 83 Abs. 1 Satz 1 SOG LSA statuiert eine Rechtsgrundlage zur Bestellung von Hilfspolizeibeamten. Danach kann die zuständige Behörde Personen mit deren Einwilligung „zur Überwachung und Regelung des Straßenverkehrs sowie zur Unterstützung der Polizei bei Notfällen" zu Hilfspolizeibeamten bestellen. In Sachsen-Anhalt wurde – genau wie in Sachsen – mit dem „Gesetz zur vorübergehenden personellen Verstärkung der Landespolizei" (WachPolG) eine eigenständige gesetzliche Grundlage geschaffen.

Mit dem am 21.12.2016 vom Landtag in Sachsen-Anhalt verabschiedeten WachPolG wurde die Wachpolizei offiziell eingeführt. Diese ist zunächst auf rund zweieinhalb Jahre bis zum 31.8.2019 befristet.[478] Mit dem Gesetz wird das Ziel verfolgt, kurzfristig zusätzliches Personal zur Verfügung zu stellen, um die in der Überwachung und Regelung des Straßenverkehrs gebundenen Polizeivollzugsbeamten für andere polizeiliche Aufgaben freizusetzen.[479] Anders als in Berlin und Hessen soll die Wachpolizei lediglich als Instrument für eine „schwierige Übergangszeit" eingesetzt und nicht als Dauereinrichtung etabliert werden.[480] Um die Tätigkeit in der Wachpolizei attraktiver zu gestalten wird den Angehörigen der Wachpolizei nach § 8 Abs. 1 Satz 1 WachPolG die Möglichkeit eingeräumt, im Anschluss an ihre Dienstzeit in den Vorbereitungsdienst für die Laufbahn des Polizeivollzugsdienstes Laufbahngruppe 1, zweites Einstiegsamt, übernommen zu werden. Eine Verkürzung der Ausbildung aufgrund der vorangegangenen Betätigung in der Wachpolizei kommt wegen des stark begrenzten Aufgabenbereiches jedoch nicht in Betracht.[481]

---

475 § 2 Satz 2 PDieVO.

476 Die Einheit, in der die Polizeiangestellten im Objektschutz tätig werden, wird als Zentraler Objektschutz („ZOS") bezeichnet.

477 *Baller/Eiffler/Tschisch*, ASOG Bln, S. 81, Rn. 14.

478 § 12 WachPolG.

479 Begr. des RegE zum WachPolG, LT-Drs. SA 7/473, S. 3; Stellungnahme des Innenministers Stahlknecht (CDU) im sächsischen Landtag, PlPr. SA 7/16, S. 28.

480 Stellungnahme des Innenministers Stahlknecht (CDU) im sächsischen Landtag, PlPr. SA 7/16, S. 29.

481 Begr. des RegE zum WachPolG, LT-Drs. SA 7/473, S. 16.

(2) Aufgaben

(a) Hessen

Die Aufgaben der Wachpolizei in Hessen sind in Ziffer 2 VVWaPol geregelt. In Ziffer 2.1 VVWaPol werden zunächst die allgemeinen Grundsätze des Einsatzes der Wachpolizisten genannt. Hiernach darf die Wachpolizei nur zum Einsatz kommen, wenn einerseits für die Wahrnehmung der Aufgaben der Einsatz von Polizeivollzugsbeamten nicht zwingend erforderlich ist und andererseits der Aspekt der Entlastung der Vollzugspolizei im Vordergrund steht. Der Aufgabenbereich, in dem die Wachpolizisten „ausschließlich" eingesetzt werden dürfen, wird in Ziffer 2.2 VVWaPol konkret definiert. Dabei variiert das Gefahrenpotenzial der einzelnen Aufgabenfelder. Nach Ziffer 2.2 VVWaPol dürfen die Wachpolizisten nicht nur zu Objektschutzmaßnahmen, Streifengängen, Sicherungsaufgaben an polizeilichen Liegenschaften, Abschiebe- und Gefangenentransporten sowie Gewahrsamsdiensten, sondern auch zu anlassbezogenen Begleitungen des ÖPNV, Verkehrsüberwachungsdiensten, der Bearbeitung von Ermittlungsersuchen im Verkehrsbereich, der Jugendverkehrserziehung sowie sonstigen Einsätzen im Rahmen einer begleitenden Unterstützung des Polizeivollzugsdienstes (z.B. bei der Begleitung von Schwerlasttransporten) eingesetzt werden. Liegen demgegenüber konkrete Anhaltspunkte für eine „erhebliche Gefährdung" vor, darf die Wachpolizei nicht eingesetzt werden.[482] Die Tätigkeitsschwerpunkte bilden der Objektschutz, das Gefangenenwesen sowie die Verkehrsüberwachung. Besondere Bedeutung kommt dem verstärkten Einsatz der Wachpolizei rund um die hessischen Erstaufnahmeeinrichtungen und deren Außenstellen für Flüchtlinge zu.[483]

Der Aufgabenbereich der Wachpolizei ist durch die Aufzählung in Form eines umfangreichen Positivkatalogs sowie des Begriffes „ausschließlich" in Ziffer 2.1 VVWaPol klar und abschließend definiert. Anders als beim Freiwilligen Polizeidienst in Hessen besteht bei der Wachpolizei keinerlei Gestaltungsspielraum diese in anderen als den konkret aufgezählten Aufgabenfeldern einzusetzen. Auffallend ist, dass den Angestellten der Wachpolizei in Hessen ein über die reine Objektbewachung weit hinausgehendes Aufgabenfeld zugewiesen ist. Die Bezeichnung als „Wach"-Polizei ist insofern irreführend und verharmlost die zum Teil weitreichenden Zuständigkeiten dieses Modells.[484]

---

482 Ziffer 2.3 VVWaPol.

483 Pressemitteilung der Polizei Hessen, Einstellung von 100 Wachpolizistinnen und Wachpolizisten, 11.4.2016, abrufbar unter: https://www.polizei.hessen.de/Karriere/Weitere-Karriereinformationen/ <17.11.2017>.

484 Vgl. auch *Behr*, in: Prätorius, Der lokale Staat als Sicherheitsproduzent, S. 90 (95).

In der Praxis werden die Wachpolizisten in den sieben Polizeipräsidien in Hessen sehr unterschiedlich eingesetzt. So machen die Streifentätigkeiten, die im genannten Aufgabenkatalog das höchste Gefahrenpotenzial mit sich bringen, einen vergleichsweise geringen Anteil der Gesamtarbeitszeit der Wachpolizisten aus. Während im Jahr 2015 im Polizeipräsidium Nordhessen 30 Prozent der Tätigkeit der Wachpolizisten aus Streifengängen bestand, wurde im Polizeipräsidium Frankfurt am Main kein Streifendienst durchgeführt.[485] Dies ist darauf zurückzuführen, dass in Frankfurt größtenteils die Stadtpolizei für den Streifen- und Präsenzdienst eingesetzt wird. Im Durchschnitt machte der Streifendienst in allen Polizeipräsidien in Hessen einen Anteil von rund 15 Prozent der Gesamttätigkeit der Wachpolizei aus. Einen größeren Anteil bildet dagegen der Objektschutz, der durchschnittlich 35 Prozent der Arbeitszeit der Wachpolizisten ausmacht.[486]

(b) Saarland

Die Aufgaben des Polizeilichen Ordnungsdienstes im Saarland sind in Ziffer 6 der Dienstanweisung POD geregelt. Danach werden die Angehörigen des Polizeiliche Ordnungsdienstes vorrangig zur Wahrnehmung von Objektschutzmaßnahmen (insbesondere im Zusammenhang mit Flüchtlingsunterkünften), zur Unterstützung bei Abschiebungen bzw. Rückführungen, zur technischen Verkehrsüberwachung sowie zu Sicherungs- und Absperrmaßnahmen (insbesondere an polizeilichen Liegenschaften) eingesetzt.

Der Aufgabenbereich ist durch die Aufzählung konkreter Bereiche, in denen der Polizeiliche Ordnungsdienst primär tätig werden soll zwar klar definiert, aufgrund des Begriffes „vorrangig" in Ziffer 6 Dienstanweisung POD jedoch nicht abschließend. Es besteht somit die Möglichkeit die Angestellten des Polizeilichen Ordnungsdienstes im konkreten Einzelfall auch in anderen Aufgabenfeldern einzusetzen, sofern hierfür ein besonderes Bedürfnis besteht. Im Vergleich zu den hessischen Vorschriften ist die saarländische Regelung in Bezug auf den Aufgabenbereich der Wachpolizisten weniger umfangreich. Sie ist aufgrund des Wortlauts jedoch nicht abschließend und weist daher eine höhere Flexibilität auf.

(c) Sachsen

Die Wachpolizei in Sachsen nimmt zum einen Aufgaben des Objektschutzes (§ 3 Abs. 1 Alt. 1 SächsWachdienstG) und zum anderen Aufgaben zur

485 Antwort MdI HE auf dringlichen Berichtsantrag der SPD, INA 19/22, S. 16.
486 Antwort MdI HE auf dringlichen Berichtsantrag der SPD, INA 19/22, S. 16.

Unterstützung der Landespolizei bei der Personenbewachung (§ 3 Abs. 1 Alt. 2 SächsWachdienstG) wahr.

Der Objektschutz umfasst alle Maßnahmen, die zur Verhinderung oder Abwehr von Angriffen gegen gefährdete Objekte erforderlich sind.[487] Als Angriff ist in diesem Zusammenhang jede Handlung zu verstehen, die darauf gerichtet ist, eine Störung der öffentlichen Sicherheit und Ordnung zu verursachen oder den Tatbestand eines Strafgesetzes zu erfüllen.[488] Gefährdete Objekte sind in erster Linie die Erstaufnahmeeinrichtungen zur Unterbringung von Asylsuchenden in Sachsen.[489] Denn insbesondere in Sachsen stieg die Zahl der Anschläge auf derartige Unterkünfte – aufgrund der Flüchtlingskrise – im Jahr 2015 signifikant an.[490] So wurden in Sachsen im Jahr 2015 die mit Abstand meisten Anschläge auf Flüchtlingsunterkünfte in der Bundesrepublik Deutschland verübt (64 Anschläge).[491] Die Zahlen belegen, dass insbesondere in Sachsen ein besonderer Bedarf für den Schutz von Flüchtlingsunterkünften besteht. Aufgrund der angespannten Personalsituation ist die Vollzugspolizei in Sachsen nicht in der Lage diesen Bedarf eigenständig zu decken. Aus diesem Grund wurden zum 1.10.2016 insgesamt 100 sächsische Gemeinschaftsunterkünfte und 22 Erstaufnahmeeinrichtungen für Asylbewerber durch die Wachpolizei beschützt.[492] Durch den verstärkten Schutz dieser Objekte durch die Wachpolizei sollen Vorbereitungshandlungen zu möglichen Angriffen auf diese Unterkünfte bereits frühzeitig erkannt und unterbunden werden.[493]

Von der Personenbewachung sind Maßnahmen beim Vollzug des Gewahrsams und von Festnahmen im Beisein eines Polizeivollzugsbeamten erfasst.[494] Dazu zählt beispielsweise die Hilfe beim Gewahrsamsdienst oder Gefangenentransporten sowie bei der Gewährleistung der bestehenden Obhutspflichten.[495]

---

487 § 3 Abs. 3 SächsWachdienstG.

488 Begr. des RegE zum SächsWachdienstG, LT-Drs. SN 6/2782, S. 8.

489 Begr. des RegE zum SächsWachdienstG, LT-Drs. SN 6/2782, S. 8.

490 *Blickle et al.*, Es brennt in Deutschland, Zeit online, 3.12.2015, abrufbar unter: http://www.zeit.de/politik/deutschland/2015-11/rechtsextremismus-fluechtlings-unterkuenfte-gewalt-gegen-fluechtlinge-justiz-taeter-urteile<15.11.2017>.

491 *Blickle et al.*, Es brennt in Deutschland, Zeit online, 3.12.2015, abrufbar unter: http://www.zeit.de/politik/deutschland/2015-11/rechtsextremismus-fluechtlings-unterkuenfte-gewalt-gegen-fluechtlinge-justiz-taeter-urteile<15.11.2017>.

492 Antwort des MdI SL auf kl. Anfrage des Abg. Wippel (AfD), LT-Drs. SN 6/6849, S. 1.

493 Begr. des RegE zum SächsWachdienstG, LT- Drs. SN 6/2782, S. 8.

494 § 3 Abs. 2 SächsWachdienstG.

495 Begr. des RegE zum SächsWachdienstG, LT-Drs. SN 6/2782, S. 8.

Die Formulierung „zur Unterstützung" in § 3 Abs. 1 SächsWachdienstG verdeutlicht, dass die Wachpolizisten insbesondere im Bereich Personenbewachung, welche durch eine besondere Grundrechtsrelevanz geprägt ist, niemals allein, sondern nur im Beisein eines Polizeivollzugsbeamten und lediglich unterstützend tätig werden dürfen. Im Vergleich zu Hessen und dem Saarland werden die Wachpolizisten in Sachsen in einem deutlich begrenzteren Aufgabenfeld eingesetzt.

(d) Berlin

Die Aufgaben der Wachpolizei in Berlin ergeben sich aus § 2 der „Verordnung über die Wahrnehmung bestimmter polizeilicher Aufgaben durch Dienstkräfte der Polizei" (PDieVO). Der Einsatz der Wachpolizisten dient vorrangig der Entlastung der Vollzugspolizei im Bereich des Objektschutzes und der Gefangenenbewachung.[496] Die Hauptaufgabe im Bereich des Objektschutzes besteht in der Durchführung eines Posten- und Streifendienstes an gefährdeten Objekten.[497] Darüber hinaus können sie auch zur Unterstützung und Entlastung der Vollzugspolizei bei der Überwachung des ruhenden Verkehrs (§ 1 Abs. 1 Satz 1 und Abs. 2 ASOG Bln) eingesetzt werden.[498]

Das Aufgabenspektrum der Wachpolizisten Berlin ist in § 2 PDieVO abschließend geregelt. Die Formulierung „zur Entlastung" in § 2 Satz 1, 2 PDieVO unterstreicht die Prämisse, dass die Wachpolizei nur dann zum Einsatz kommen soll, wenn der Aspekt der Entlastung der Vollzugspolizei im Vordergrund steht. Den Wachpolizisten in Berlin ist – wie ihren Kollegen in Sachsen – nur ein sehr begrenztes Aufgabenspektrum zugewiesen, dessen Schwerpunkt im Bereich des Objektschutzes und der Gefangenenbewachung liegt.

(e) Sachsen-Anhalt

Die Aufgaben der Wachpolizei in Sachsen-Anhalt sind in § 4 WachPolG geregelt. Danach werden die Angehörigen der Wachpolizei zur Unterstützung der Vollzugspolizei bei der Überwachung und bei der Regelung des Straßenverkehrs eingesetzt.

---

496 § 2 Satz 1 PDieVO.

497 Homepage der Stadt Berlin, Zentraler Objektschutz, abrufbar unter: https://www.berlin.de/polizei/dienststellen/direktion-einsatz/zentraler-objektschutz/ <30.10.2017>.

498 § 2 Satz 2 PDieVO.

Die Überwachung des Straßenverkehrs umfasst u.a. den Einsatz technischer Mittel, zur Feststellung der Einhaltung der zulässigen Höchstgeschwindigkeit, die Feststellung der Einhaltung des Nutzungsverbots von Mobil- und Autotelefonen während der Fahrt, die Feststellung der Einhaltung der straßenverkehrsrechtlichen Regelungen im ruhenden Verkehr sowie den Einsatz technischer Mittel zur Anfertigung von Bildaufzeichnungen zur Ermittlung der Identität eines Fahrzeugführers.[499] Zur Regelung des Straßenverkehrs gehören u.a. die Erteilung von Zeichen und Weisungen nach § 36 Abs. 1 StVO bei Veranstaltungen, an Gefahrenstellen im Straßenverkehr und bei der Begleitung eines Großraum- und Schwerlasttransportes.[500]

In Sachsen-Anhalt wird den Wachpolizisten ein deutlich geringerer Aufgabenbereich übertragen als in den anderen Ländern. Nach § 4 WachPolG erfolgt der Einsatz der Wachpolizisten ausschließlich zur Überwachung und Regelung des Straßenverkehrs. Durch die Formulierung „zur Unterstützung“ wird die untergeordnete Rolle der Wachpolizisten im Verhältnis zu den Polizeivollzugsbeamten besonders hervorgehoben.

(3) Befugnisse

(a) Hessen

Die Eingriffsermächtigung der Wachpolizisten in Hessen ergibt sich aus §§ 99 Abs. 4 Nr. 1, 114 S. 1 HSOG i.V.m. 13 HSOG-DVO. Nach dem Wortlaut des § 13 HSOG-DVO besitzen die Wachpolizisten im Rahmen der übertragenen Aufgaben die Befugnisse von Hilfspolizeibeamten. Nach § 99 Abs. 2 Satz 1 HSOG werden Hilfspolizeibeamten in Hessen zur Erfüllung ihrer Aufgaben dieselben polizeilichen Befugnisse übertragen wie den Polizeivollzugsbeamten.[501] Die Wachpolizisten dürfen von ihren Befugnissen allerdings nur dann Gebrauch machen, wenn ihnen zuvor die erforderlichen Kenntnisse vermittelt wurden.[502] Im Zweifel ist hierbei die Entscheidung des oder der Vorgesetzten einzuholen.[503]

Die Eingriffsbefugnisse der Tarifangestellten umfassen alle polizeirechtlichen Maßnahmen wie z.B. Identitätsfeststellungen, Befragungen, Sicherstellungen sowie

499 § 2 Nr.1 WachPolG.

500 § 2 Nr. 2 WachPolG.

501 Vgl. auch Ziffer 3.1 VVWaPol, nach dessen Wortlaut „Beschäftigte der Wachpolizei (...) im Rahmen ihrer Aufgaben die Befugnisse von (...) Polizeivollzugsbeamten“ besitzen.

502 Ziffer 3.1 VVWaPol.

503 Ziffer 3.1 VVWaPol.

Durchsuchungen von Personen, Sachen und Wohnungen.[504] Darüber hinaus können sie auf die Befugnisse der polizeilichen Generalklausel § 11 HSOG zurückgreifen. Trotz der Gleichstellung der Wachpolizisten mit den Vollzugspolizisten im Hinblick auf die polizeilichen Befugnisse, sind erstgenannte gemäß Ziffer 3.1 VVWaPol keine Ermittlungspersonen der Staatsanwaltschaft i.S.v. § 152 GVG.[505] Die Wachpolizisten sind nicht berechtigt bei Gefahr im Verzug, d.h. wenn die Einholung eines richterlichen Beschlusses den Ermittlungserfolg ganz oder teilweise vereitelt würde, besondere Maßnahmen zur Strafverfolgung auch ohne richterlichen Beschluss anzuordnen. Polizeibeamte können in einem solchen Fall körperliche Untersuchungen (§ 81a Abs. 2 Satz 1 StPO), Sicherstellungen (§ 98 Abs. 1 StPO) oder Durchsuchungen (§ 105 Abs. 1 Satz 1 StPO) auch ohne vorherige richterliche Anordnung durchführen. Die Beschränkung dieser Befugnisse auf vollausgebildete Polizeibeamte ist insbesondere vor dem Hintergrund der hohen Grundrechtsrelevanz dieser Maßnahmen zwingend notwendig.

Zur Durchsetzung der übertragenen Befugnisse sind die Wachpolizisten nach § 13 Satz 2 und HSOG-DVO zur Anwendung unmittelbaren Zwanges durch Hilfsmittel der körperlichen Gewalt und durch Waffen befugt. Zum Schlagstockeinsatz und Schusswaffengebrauch gegen Personen sind sie nur ermächtigt, wenn die Voraussetzungen des § 61 Abs. 1 Nr. 1 oder Nr. 4 lit. a HSOG[506] vorliegen.[507] Als Ausnahme von § 61 Abs. 1 Nr. 4 lit. a HSOG regelt § 61 Abs. 2 HSOG, dass für den Vollzug eines Jugendarrestes oder eines Strafarrestes keine Schusswaffen gebraucht werden dürfen. Es wird zudem explizit klargestellt, dass das Recht zur Notwehr (§ 32 StGB) sowie zur Nothilfe (§ 227 BGB) von der Regelung der Befugnis zur Ausübung unmittelbaren Zwanges unberührt bleiben.[508]

(b) Saarland

Die Eingriffsermächtigung der Angestellten im Polizeiliche Ordnungsdienst in Saarland ist in § 84 Abs. 2 Satz 1 SPolG i.V.m. §§ 8 ff. SPolG statuiert. Sie

504 Siehe §§ 18, 12, 36, 37, 40 HSOG.

505 Ziffer 3.1 VVWaPol.

506 § 61 Abs. 1 Nr. 1 HSOG regelt den Fall der Abwehr einer gegenwärtigen Gefahr für Leib oder Leben; § 61 Abs. 1 Nr. 4 lit. a HSOG regelt den Fall der Fluchtvereitelung und Ergreifung einer Person, die aufgrund richterlicher Entscheidung wegen eines Verbrechens oder des Verdachts eines Verbrechens in amtlichem Gewahrsam zu führen ist.

507 § 13 Satz 3 HSOG-DVO.

508 Ziffer 3.2 VVWaPol.

besitzen nach § 84 Abs. 2 SPolG den Rechtsstatus von Hilfspolizeibeamten.[509] Nach § 84 Abs. 2 Satz 1 SPolG haben Hilfspolizeibeamte im Rahmen der ihnen übertragenen Aufgaben die Befugnisse von Polizeivollzugsbeamten. Deren Befugnisse sind im Saarland in den §§ 8 ff. SPolG geregelt. Die konkreten hoheitlichen Befugnisse der Angestellten im Polizeiliche Ordnungsdienst werden in der Bestellverfügung enumerativ aufgeführt und auf deren Aufgabenspektrum zugeschnitten.[510] In der Regel werden ihnen die Befugnisse der Identitätsfeststellung (§ 9 SPolG), Befragung (§ 11 SPolG), Platzverweis (§ 12 SPolG), Durchsuchung von Personen und Sachen (§§ 17, 18 SPolG) sowie der Sicherstellung (§ 21 SPolG) übertragen.[511] Sie sind keine Ermittlungspersonen der Staatsanwaltschaft (Ziffer 7 Dienstanweisung POD). Die Wachpolizisten im Saarland sind somit – ebenso wie die Kollegen in Hessen – nicht befugt, bei Gefahr im Verzug bestimmte Maßnahmen zur Strafverfolgung ohne vorherige richterliche Anordnung zu erlassen. Die Anwendung unmittelbaren Zwanges durch einfache körperliche Gewalt gegen Personen, Tiere und Sachen ist den Angehörigen in Ziffer 8 Dienstanweisung POD explizit gestattet.

Im Saarland verfügen die polizeilichen Ordnungsdienstmitarbeiter durch die Verweisung in das Polizei- und Ordnungsgesetz des Landes über die gleichen Befugnisse wie die Vollzugspolizisten. Ihnen steht somit – ebenso wie den Kollegen in Hessen – neben den Standardmaßnahmen nach §§ 9 ff. SPolG die polizeiliche Generalklausel nach § 8 SPolG zur Verfügung.

(c) Sachsen

Die Eingriffsermächtigung der Wachpolizisten in Sachsen ist in § 4 SächsWachdienstG normiert. Die wesentlichen Befugnisse sind in § 4 Abs. 1 Satz 1 SächsWachdienstG in Form eines Positivkatalogs geregelt. Danach stehen den Wachpolizisten die grundlegenden Standardmaßnahmen nach § 18 ff. SächsPolG (z.B. Befragung, Identitätsfeststellung, Durchsuchung von Personen und Sachen, Sicherstellung, Platzverweis sowie Beschlagnahme) zur Verfügung. Ferner sind die Wachpolizisten befugt, Zeichen und Weisungen nach § 36 Abs. 1 StVO zu erteilen,[512] personenbezogene Daten nach § 36 Abs. 1, 2 und

509 Ziffer 3 Dienstanweisung POD.

510 Schriftliche Antwort des Ministeriums für Inneres, Bauen und Sport Saarland vom 21.11.2017.

511 Schriftliche Antwort des Ministeriums für Inneres, Bauen und Sport Saarland vom 21.11.2017.

512 § 4 Abs. 2 SächsWachdienstG.

Abs. 5 Satz 1 SächsPolG zu erheben und diese nach § 43 Abs. 1, 3 bis 5 SächsPolG zu speichern und zu verwenden.[513] Nicht von den übertragenen Befugnissen umfasst sind demgegenüber das Recht zur Vorladung und das Recht zur Vernehmung (§ 18 Abs. 2, 3 SächsPolG), erkennungsdienstliche Maßnahmen (§ 20 SächsPolG) sowie das Aufenthaltsverbot und die Wohnungsverweisung (§ 21 Abs. 2, 3 SächsPolG). Darüber hinaus wird das Recht zur Identitätsfeststellung sowie das Recht zur Durchsuchung von Sachen für Orte, an denen ein hohes Gefahrenpotenzial besteht (§ 19 Abs. 1 Nr. 2 SächsPolG) sowie im Grenzgebiet zur Republik Polen und zur Tschechischen Republik ausgeschlossen.[514] Die Befugnis zum Einsatz von Zwangsmitteln ist in § 4 Abs. 1 Satz 2 SächsWachdienstG geregelt. Danach sind die Wachpolizisten berechtigt, gegenüber Menschen und Sachen Fesseln und Reizstoff als Hilfsmittel der körperlichen Gewalt sowie Schlagstock und Pistole als Waffe einzusetzen, soweit es zur Erfüllung ihrer Aufgaben „erforderlich" ist.

Der Gesetzgeber in Sachsen hat durch § 4 SächsWachdienstG die Befugnisse der Wachpolizisten enumerativ und abschließend geregelt. Statt einer pauschalen Gleichstellung der Angestellten mit vollausgebildeten Polizeivollzugsbeamten (Hessen, Saarland), wurden den Angestellten in Sachsen in erster Linie Standardbefugnisse übertragen. Nicht übertragen wurden hingegen solche Befugnisse, die eine besondere Vorkenntnis und Erfahrung erfordern (z.B. Vorladung und Vernehmung). Zudem wurden bestimmte Befugnisse, wie z.B. die Identitätsfeststellung oder die Durchsuchung von Sachen, für bestimmte Orte mit besonderem Gefahrenpotenzial ausgeschlossen. Auch hinsichtlich der Zwangsmittelbefugnis erfolgt durch die Erforderlichkeitsklausel in § 4 Abs. 1 Satz 2 SächsWachdienstG eine Einschränkung dahingehend, dass die Anwendung unmittelbaren Zwanges nur in besonderen Ausnahmefällen erfolgen darf. Der Gesetzgeber in Sachsen trägt mit diesem differenzierten System der Einschränkungen und Ausnahmen insbesondere dem Umstand Rechnung, dass die Wachpolizisten im Vergleich zu den Vollzugspolizeibeamten nur eine stark verkürzte Ausbildung absolvieren.

(d) Berlin

Die Eingriffsermächtigung der Wachpolizisten in Berlin findet sich in § 5 Abs. 2 Satz 2 ASOG Bln i.V.m. §§ 2, 3 PDieVO. Nach § 5 Abs. 2 Satz 2 ASOG Bln müssen die den Angestellten der Wachpolizei zugewiesenen polizeilichen

---

513 § 4 Abs. 3 Satz 1 SächsWachdienstG.

514 § 4 Abs. 1 Satz 1 Nr. 2, 6 SächsWachdienstG.

Befugnisse in einer Verordnung bestimmt werden. Der Verordnungsgeber hat die wesentlichen Befugnisse in § 3 Nr. 1 PDieVO in Form eines Positivkatalogs geregelt. Dieser umfasst neben den bedeutendsten Standardmaßnahmen wie z.B. Identitätsfeststellungen,[515] Befragungen,[516] Ingewahrsamnahmen[517] und Durchsuchungen von Personen[518] und Sachen[519] auch die polizeiliche Generalklausel.[520] Darüber hinaus werden die Angehörigen der Wachpolizei durch § 3 Nr. 5 PDieVO ermächtigt, im Straßenverkehr Zeichen und Weisungen gemäß § 36 StVO zu erteilen und durch § 3 Nr. 6 PDieVO ermächtigt, in Bußgeldverfahren nach § 46 OWiG Auskünfte bei Behörden zu ersuchen[521] sowie die Identität verdächtiger Personen festzustellen.[522] Für die PAnGD besteht nach § 3 Nr. 4 PDieVO zusätzlich die spezielle Befugnis, Personen zur körperlichen Untersuchung und Blutprobe gemäß § 81a und § 81c StPO vorzuführen und Zwangsanwendungen bei einer angeordneten erkennungsdienstlichen Behandlung nach § 81b und 163b StPO durchzuführen.

Zu den Befugnissen, die den Angehörigen der Wachpolizei Berlin nicht übertragen wurden, gehören u.a. die Vorladung,[523] das Erteilen eines Aufenthaltsverbots,[524] das Betreten und Durchsuchen einer privaten Wohnung[525] sowie die Datenerhebung an gefährdeten Objekten,[526] im Rahmen einer längerfristigen Observation[527] oder bei einer Standortermittlung von Telekommunikationsgeräten.[528] Die Befugnis zur Anwendung unmittelbaren Zwanges ist in § 3 Nr. 3 PDieVO normiert, der auf das „Gesetz über die Anwendung unmittelbaren Zwanges bei der Ausübung öffentlicher Gewalt durch Vollzugsbeamte des Landes Berlin“ (UZwG Bln) verweist. Nach § 3 Nr. 3 lit. a PDieVO i.V.m. § 19 UZwG Bln können die Angehörigen der Wachpolizei im Rahmen des

515 § 21 ASOG Bln.
516 § 18 ASOG Bln.
517 § 30 ASOG Bln.
518 § 34 ASOG Bln.
519 § 35 ASOG Bln.
520 § 17 Abs. 1 ASOG Bln.
521 § 46 Abs. 1 OWiG i.V.m. 163 Abs. 1 Satz 2 StPO.
522 § 46 Abs. 1 OWiG i.V.m. § 163b Abs. 1 Satz 1 HS. 1 StPO.
523 § 20 ASOG Bln.
524 § 29 Abs. 2 ASOG Bln.
525 § 36 Abs. 1 ASOG Bln.
526 § 24 lit. a ASOG Bln.
527 § 25 ASOG Bln.
528 § 25a ASOG Bln.

Zwangsmitteleinsatzes Hiebwaffen und Reizstoff als Hilfsmittel der körperlichen Gewalt einsetzen und nach § 3 Nr. 3 lit. b PDieVO i.V.m. § 20 UZwG Bln eine Person fesseln, sofern die Gefahr besteht, dass diese eine andere Person angreift, flieht oder sich selbst tötet. Der Schusswaffengebrauch ist PAngOS nach § 3 Nr. 3 lit. c i.V.m. § 11 UZwG Bln nur „zur Verhinderung rechtswidriger Taten" und PAngGD nach § 3 Nr. 3 lit. d i.V.m. § 14 und 15 UZwG Bln nur „gegen Ausbrecher oder bei Befreiungsversuchen" gestattet.

Die Befugnisse der Wachpolizei Berlin wurden in § 3 PDieVo enumerativ und abschließend normiert. Mit dieser Norm hat der Verordnungsgeber eine differenzierte Regelung geschaffen, die den Wachpolizisten einerseits umfangreiche Hoheitsbefugnisse überträgt, diese andererseits jedoch in bestimmten, grundrechtsensiblen Bereichen einschränkt. Die Angehörigen der Wachpolizei sind beispielsweise nicht befugt, private Wohnungen zu durchsuchen (§ 36 ASOG Bln), Aufenthaltsverbote zu erteilen (§ 29 Abs. 2 ASOG Bln) oder Datenerhebungen an bestimmten Orten bzw. gefährdeten Objekten durchzuführen (§§ 24 ff. ASOG Bln). Die Anordnung und Durchführung von Maßnahmen auf Grundlage dieser Befugnisse kann einen erheblichen Eingriff in die Grundrechte des betroffenen Bürgers begründen (z.B. Art. 12 GG; Art. 2 Abs. 1 i.V.m. Art. 1 Abs. 1 GG) und bleibt daher zu Recht den Polizeibeamten in Berlin vorbehalten.

(e) Sachsen-Anhalt

Die Eingriffsermächtigung für die Angehörigen der Wachpolizei in Sachsen-Anhalt ist in § 5 WachPolG statuiert. Den Wachpolizisten wurde in § 4 WachPolG lediglich der eng begrenzte Aufgabenbereich der Überwachung und Regelung des Straßenverkehrs übertragen. Im Gegensatz zu den Kollegen in den anderen Ländern werden sie nicht zum Objektschutz oder zur Begleitung von Gefangenentransporten eingesetzt. In § 5 WachPolG sind die Hoheitsbefugnisse zur Überwachung und Regelung des Straßenverkehrs normiert.

Nach § 5 Abs. 2 Nr. 1 WachPolG besitzen die Wachpolizisten bei der Regelung des Straßenverkehrs die Befugnisse der Selbstvornahme (§ 9 SOG LSA), der Befragung (§ 14 Abs. 1 SOG LSA), der Erhebung personenbezogener Daten (§ 15 Abs. 1 SOG LSA), der Datenspeicherung, -veränderung und -nutzung (§ 22 Abs. 1 SOG LSA), des Datenabgleichs (§ 30 Abs. 1 SOG LSA) und des Platzverweises (§ 36 Abs. 1 SOG LSA)[529] sowie die Befugnis zur Erteilung von Zeichen und Weisungen nach § 36 Abs. 1 StVO und zur Verwendung von blauem

529 § 5 Abs. 2 Nr. 1 WachPolG.

Blinklicht bei der Begleitung von Fahrzeugen nach § 38 Abs. 2 StVO.[530] Der den Wachpolizisten übertragene Aufgabenbereich der Verkehrsregelung umfasst vor allem die Begleitung von Großraum- und Schwerlasttransporten sowie der Einsatz bei Veranstaltungen und an Gefahrenstellen im Straßenverkehr.[531]

Im Rahmen der Überwachung des Straßenverkehrs richten sich die Befugnisse der Wachpolizisten hingegen nach dem OWiG. Nach § 5 Abs. 1 Satz 1 WachPolG verfügen die Wachpolizisten bei der Verkehrsüberwachung über die Befugnisse eines Beamten des Polizeidienstes nach § 53 Abs. 1 Satz 2 OWiG. Nach § 53 Abs. 1 Satz 2 OWiG haben Beamte des Polizeidienstes bei der Erforschung von Ordnungswidrigkeiten dieselben Rechte und Pflichten wie bei der Verfolgung von Straftaten, soweit das Gesetz nicht etwas anderes bestimmt. Die Unterscheidung zwischen Ordnungswidrigkeiten und Straftaten ist in der Praxis von höchster Relevanz, da sich die Behandlung von Ordnungswidrigkeiten nach den Vorschriften des OWiG (§§ 35–110e), die Behandlung von Straftaten hingegen nach der StPO richtet.[532] Im Gegensatz zu Straftaten, die von der Staatsanwaltschaft ermittelt, angeklagt und vor Gericht verhandelt werden, werden Ordnungswidrigkeiten durch die zuständige Verwaltungsbehörde ermittelt und geahndet (§ 35 OWiG).[533] Wie § 163 StPO für das Ermittlungsverfahren der Staatsanwaltschaft stellt § 53 OWiG für das Bußgeldverfahren der Verfolgungsbehörde klar, dass die Behörden und Beamten des Polizeidienstes als Ermittlungsorgane der Verwaltungsbehörde oder – wenn deren Zuständigkeit begründet ist – der Staatsanwaltschaft zur Erforschung von Ordnungswidrigkeiten im ersten Zugriff verpflichtet sind und bei der Erforschung von Ordnungswidrigkeiten grundsätzlich die gleichen Rechte und Pflichten haben wie nach der StPO bei der Verfolgung von Straftaten.[534]

Zu den wichtigsten Ermittlungsbefugnissen der Polizei gehören Fahndungsmaßnahmen, die Feststellung der Identität (§ 163b Abs. 1 S. 1 StPO i.V.m § 46 Abs. 1 OWiG), die Vernehmung des Betroffenen (§ 55OWiG), die Vernehmung von Zeugen (§ 163 Abs. 3 StPO i.V.m. § 46 Abs. 1 OWiG) und die Einholung von Auskünften öffentlicher Behörden.[535] Darüber hinaus kommen die Anfertigung von Lichtbildern vom Tatort, Auffindungsort oder der Lage

530 § 5 Abs. 2 Nr. 2 WachPolG.
531 § 4 Alt. 2, § 2 Nr. 2 WachPolG.
532 *Gerhold*, in: Graf, BeckOK OWiG, Einleitung zum OWiG, Rn. 1.
533 *Gerhold*, in: Graf, BeckOK OWiG, Einleitung zum OWiG, Rn. 1.
534 *Lutz*, in: Mitsch, KK-OWiG, § 53, Rn. 1.
535 *Lutz*, in: Mitsch, KK-OWiG, § 53, Rn. 15a.

von beweiserheblichen Gegenständen als beweissichernde Maßnahmen in Betracht.[536]

Aufgrund der Gleichstellung der Wachpolizisten mit Beamten des Polizeidienstes in § 5 Abs. 1 Satz 1 WachPolG, stehen die genannten Befugnisse auch den Wachpolizisten zu. Die Befugnis im Rahmen einer Identitätsfeststellung nach § 163b Abs. 1 StPO die betroffene Person festzuhalten[537] und die Person oder deren Sachen zu durchsuchen[538] wird für die Wachpolizisten jedoch durch § 5 Abs. 1Satz 2 WachPolG explizit ausgeschlossen. Die Wachpolizisten sind ferner nicht befugt, Verkehrsteilnehmer im Rahmen der Überwachung des Straßenverkehrs anzuhalten, da sich die Befugnis zur Erteilung von Weisungen und Zeichen nach § 36 OWiG ausschließlich auf die Regelung des Straßenverkehrs bezieht.

Zusammenfassend ist festzuhalten, dass § 5 WachPolG die Befugnisse der Wachpolizisten abschließend normiert. Der Gesetzgeber in Sachsen-Anhalt hat – im Vergleich zu den anderen Ländern – in deutlich geringerem Ausmaß Befugnisse und Aufgaben auf die Wachpolizisten übertragen. Diese werden in Sachsen-Anhalt lediglich im Bereich der Regelung und Überwachung des Straßenverkehrs eingesetzt. Je nachdem, ob die Wachpolizisten zur Überwachung oder Regelung des Straßenverkehrs eingesetzt werden, variiert auch der Umfang der nach § 5 Abs. 1 bzw. 2 WachPolG übertragenen Hoheitsbefugnisse.

Im Rahmen der Verkehrsregelung werden Wachpolizisten primär für die Begleitung von Großraum- und Schwerlasttransporten sowie bei Veranstaltungen und an Gefahrenstellen im Straßenverkehr eingesetzt. Dieser Aufgabenbereich weist ein vergleichsweise hohes Gefahren- und Konfliktpotenzial auf. So können z.B. Demonstranten den Schwerlasttransport von radioaktivem Atommüll blockieren oder Fangruppen im Zusammenhang mit Fußballveranstaltungen den Zugang zu öffentlichen Plätzen oder Straßen behindern. Den Wachpolizisten stehen daher nach § 5 Abs. 2 WachPolG in erster Linie solche Standardmaßnahmen nach dem SOG LSA zur Verfügung, die zur Sicherstellung einer effektiven polizeilichen Begleitung von Großraum- und Schwerlasttransporten erforderlich sind. Neben der Befugnis zur Befragung zählen hierzu insbesondere das Recht zur Erteilung von Platzverweisen. Im Gegensatz zu den anderen Ländern sind die Wachpolizisten in Sachsen-Anhalt nicht befugt, unmittelbaren Zwang anzuwenden. Im Rahmen der Verkehrsüberwachung ist

536 *Lutz*, in: Mitsch, KK-OWiG, § 53, Rn. 15a.
537 § 163b Abs. 1 Satz 2 StPO.
538 § 163b Abs. 1 Satz 3 StPO.

die Anwendung unmittelbaren Zwanges bereits durch § 3 Abs. 4 Nr. 2 WachPolG ausgeschlossen. Demnach ist es verboten, einen Verwaltungsakt oder eine Maßnahme zur Erforschung von Ordnungswidrigkeiten zwangsweise durchzusetzen. Auch im Rahmen der Verkehrsregelung sind die Wachpolizisten nicht befugt, die ihnen zustehenden Befugnisse durch unmittelbaren Zwang durchzusetzen.

Bei der Verkehrsüberwachung bildet die Ahndung von Verkehrsverstößen den Schwerpunkt der Tätigkeit. Nach § 4 Alt. 1, § 2 Nr. 1 WachPolG können die Wachpolizisten beispielsweise die Einhaltung der zulässigen Höchstgeschwindigkeit (§ 3 StVO), des erforderlichen Abstandes zu einem vorausfahrenden Fahrzeug (§ 4 StVO), des Nutzungsverbots von Mobiltelefonen während der Fahrt (§ 23 Abs. 1 lit. a StVO) sowie der Pflicht zum Anlegen des Sicherheitsgurtes (§ 21 StVO) kontrollieren. Dementsprechend beinhalten die Befugnisse nach § 5 Abs. 1 WachPolG alle zur Beweissicherung erforderlichen Anordnungen, die keinen Aufschub gestatten. Hierzu zählt z.B. das Recht zur Identitätsfeststellung, zur Vernehmung des Betroffenen und von Zeugen sowie zur Anfertigung von Lichtbildern.

(4) Einstellungsvoraussetzungen

(a) Hessen

Die Einstellungsvoraussetzungen für die Wachpolizei in Hessen sind in Ziffer 4 VVWaPol normiert. In Ziffer 4.1 VVWaPol werden positive Einstellungsvoraussetzungen, in Ziffer 4.2 VVWaPol Einstellungsverbote geregelt. So muss ein Bewerber mindestens 18 Jahre alt sein und eine Abschlussprüfung in einem Ausbildungsberuf oder im öffentlichen Dienst erworben haben. Alternativ muss er 21 Jahre alt sein und mindestens einen Hauptschulabschluss erlangt haben. Er darf nicht älter als 39 Jahre alt sein und muss körperlich und geistig für den Dienst geeignet sein. Er muss eine Mindestkörpergröße von 160 cm vorweisen, einen Führerschein der Klasse B besitzen und die deutsche Sprache in Schrift und Wort beherrschen.[539] Die deutsche Staatsangehörigkeit stellt kein Einstellungskriterium dar. Neben EU-Ausn können sich auch Nicht-EU-Aus für die Wachpolizei bewerben, sofern sie im Besitz einer Niederlassungserlaubnis sind und mindestens fünf Jahre in Deutschland gelebt haben.[540]

Die Anforderungen an Bewerber für die Wachpolizei decken sich im Wesentlichen (u.a. Körpergröße, Nationalität, Diensttauglichkeit) mit denen für den regulären Polizeivollzugsdienst in Hessen. Deutlich geringere Anforderungen

539 Ziffer 4.1 VVWaPol.

540 Ziffer 4.1 VVWaPol.

bestehen in Bezug auf den Bildungsabschluss[541] und das Einstellungshöchstalter.[542] Besonders bemerkenswert sind die verstärkten Bemühungen der Hessischen Polizei durch die Einstellung von Mitarbeitern mit Migrationshintergrund zur Integration beizutragen.[543] Staatssekretär *Boris Rhein* begründete diesen Ansatz mit dem enormen Potenzial dieser Mitarbeiter, die aufgrund des besonderen Zugangs zu ihren Landsleuten dazu beitragen können, bestehende Vorbehalte gegen staatliche Organe und deren Maßnahmen abzubauen.[544]

(b) Saarland

Die vorläufige Dienstanweisung POD enthält keinerlei Vorgaben zu den Einstellungsvoraussetzungen in den Polizeilichen Ordnungsdienst. Den Stellenausschreibungen der Polizei ist jedoch zu entnehmen, dass ein Bewerber zwischen 18 und 32 Jahre alt sein, einen Führerschein Klasse B vorweisen, und mindestens einen „mittleren Bildungsabschluss" (d.h. Abschluss der Sekundarstufe I, i.d.R. Realschulabschluss) erworben haben muss.[545] Die deutsche Staatsbürgerschaft wird nicht vorausgesetzt. Bewerber mit Migrationshintergrund sind

541 Für eine Einstellung in die Wachpolizei in Hessen wird lediglich ein Hauptschulabschluss, für eine Einstellung in die hessische Vollzugspolizei die allgemeine Fachholschulreife vorausgesetzt.

542 Das Einstellungshöchstalter beträgt bei der Wachpolizei in Hessen 39 Jahre, bei der hessischen Vollzugspolizei 32 Jahre.

543 Homepage des Ministeriums des Innern und für Sport Hessen, Pressemitteilung: Land Hessen stellt 150 neue Wachpolizistinnen und Wachpolizisten in Dienst, abrufbar unter: https://portal.hessen.de/irj/HMdI_Internet?rid=HMdI_15/HMdI_Internet/sub/54a/54a70586-1dc1-a521-f012-f31e2389e481,,,11111111-2222-3333-4444-100000005005%26_ic_import_zentral=true%26_ic_uCon_zentral=54a70586-1dc1-a521-f012-f31e2389e481%26_ic_uMen=55b309a2-f163-a401-e76c-d1505eb31b65.htm <2.11.2017>.

544 Homepage des Ministeriums des Innern und für Sport Hessen, Pressemitteilung: Land Hessen stellt 150 neue Wachpolizistinnen und Wachpolizisten ein, abrufbar unter: https://portal.hessen.de/irj/HMdI_Internet?rid=HMdI_15/HMdI_Internet/sub/54a/54a70586-1dc1-a521-f012-f31e2389e481,,,11111111-2222-3333-4444-100000005005%26_ic_import_zentral=true%26_ic_uCon_zentral=54a70586-1dc1-a521-f012-f31e2389e481%26_ic_uMen=55b309a2-f163-a401-e76c-d1505eb31b65.htm <16.11.2017>.

545 Homepage des Ministeriums für Inneres und Sport Saarland, Pressemitteilung: Für ein sicheres Saarland – Innenminister Bouillon verstärkt Polizeikräfte, 25.11.2015, abrufbar unter: https://www.saarland.de/SID-88A8DC7D-24D7CEB2/15670.htm?p=13579.xml <16.11.2017>.

ausdrücklich gewünscht, müssen jedoch Deutschkenntnisse in Wort und Schrift nachweisen.[546] Der sich aktuell noch im Aufbau befindende Ordnungsdienst, greift derzeit auf vier Mitarbeiter mit Migrationshintergrund zurück.[547]

Die Einstellungsvoraussetzungen für den Polizeiliche Ordnungsdienst und die Vollzugspolizei im Saarland sind größtenteils identisch, unterscheiden sich jedoch im Hinblick auf den Bildungsabschluss[548] und das Einstellungshöchstalter.[549]

(c) Sachsen

Die Voraussetzungen für eine Einstellung in die Wachpolizei in Sachsen sind im Grundsatz in § 5 SächsWachdienstG festgelegt. Danach muss ein Bewerber u.a. zwischen 20 und 33 Jahre alt sein, einen Führerschein der Klasse B besitzen und die notwendige Polizeitauglichkeit nachweisen. Auf Grundlage der Verordnungsermächtigung in § 10 Abs. 1 sowie § 6 Abs. 1 Satz 2 SächsWachdienstG hat das Sächsische Staatsministeriums des Innern in der „Sächsichen Wachpolizeidienstverordnung“ (SächsWachdienstVO) Ausnahmen vom Regelalter sowie Detailregelungen in Bezug auf das Einstellungs- und Auswahlverfahren normiert. So kann ein Bewerber einerseits bereits im Alter von 18 Jahren eingestellt werden, sofern er die nötige persönlich Reife vorweist und andererseits auch noch im Alter von maximal 40 Jahren angenommen werden, wenn seine Berücksichtigung von besonderem dienstlichen Belang ist oder nicht genügend andere geeignete Bewerber vorhanden sind.[550] Neben den genannten Einstellungsvoraussetzungen muss ein Bewerber zudem einen Realschulabschluss oder einen Hauptschulabschluss mit abgeschlossener Berufsausbildung vorweisen, mindestens 160 cm groß, charakterlich geeignet, nicht vorbestraft und Deutscher oder EU-Aus sein.[551]

---

546 Homepage des Ministeriums für Inneres und Sport Saarland, Pressemitteilung: Für ein sicheres Saarland – Innenminister Bouillon verstärkt Polizeikräfte, 25.11.2015, abrufbar unter: https://www.saarland.de/SID-88A8DC7D-24D7CEB2/15670.htm?p=13579.xml <16.11.2017>.

547 Schriftliche Antwort des Ministeriums für Inneres, Bauen und Sport Saarland vom 21.11.2017.

548 Für eine Einstellung in die Wachpolizei im Saarland wird lediglich ein mittlerer Bildungsabschluss, für eine Einstellung in die saarländische Vollzugspolizei die allgemeine Fachholschulreife vorausgesetzt.

549 Das Einstellungshöchstalter beträgt bei der Wachpolizei im Saarland 32 Jahre, bei der saarländische Vollzugspolizei 37 Jahre.

550 § 1 Abs. 1 Satz 1 SächsWachdienstVO.

551 Homepage der Wachpolizei Sachsen, Voraussetzungen, abrufbar unter: https://wachpolizei-sachsen.de <16.11.2017>.

Da in Sachsen die Besonderheit besteht, dass geeignete Wachpolizisten nach erfolgreicher Absolvierung einer mindestens einjährigen Dienstzeit in die Ausbildung für den Polizeivollzugsdienst (Anwärter in die Laufbahngruppe 1) wechseln können und sich ihre bisherige Dienstzeit für die Ausbildung anrechnen lassen können,[552] sind die Einstellungsvoraussetzungen für die Wachpolizei nahezu identisch mit denen des Polizeivollzugsdienstes. Unterschiede ergeben sich lediglich – wie auch in Hessen und im Saarland – in Bezug auf die Vorbildung[553] und das Einstellungshöchstalter.[554]

(d) Berlin

Der Verordnungsgeber in Berlin hat in der PDieVO keine Einstellungsvoraussetzungen für die Wachpolizei normiert. Der Stellenbeschreibung für den Zentralen Objektschutzes im Land Berlin ist jedoch zu entnehmen, dass Bewerber mindestens 18 Jahre alt und 160 cm groß, im Besitz eines Führerscheins Klasse B, nicht vorbestraft und polizeidiensttauglich sein müssen.[555] In Bezug auf die Vorbildung reicht ein Hauptschulabschluss.[556] Die deutsche Staatsbürgerschaft wird nicht vorausgesetzt. Eine Bewerbung steht auch Nicht-EU-Bürgern offen, sofern sie im Besitz einer gültigen Arbeitserlaubnis sind.[557] Verglichen mit den Voraussetzungen des Polizeivollzugsdienstes in Berlin sind die Anforderungen für die Wachpolizei insbesondere in Bezug auf die Nationalität, den Bildungsabschluss[558] und die Altersbeschränkung[559] deutlich geringer.

---

552 § 6 Abs. 3 SächsWachdienstG.

553 Für eine Einstellung in die Wachpolizei Sachsen wird lediglich ein Real- oder Hauptschulabschluss, für eine Einstellung in die sächsische Vollzugspolizei die allgemeine Fachholschulreife vorausgesetzt.

554 Das Einstellungshöchstalter beträgt bei der Wachpolizei Sachsen u.U. 40 Jahre, bei der sächsischen Vollzugspolizei 34 Jahre.

555 Stellenbeschreibung Zentraler Objektschutz Berlin, Einstellungsvoraussetzungen, abrufbar unter: https://www.berlin.de/polizei/beruf/objektschutz/#Einstellung <16.11.2017>.

556 Stellenbeschreibung Zentraler Objektschutz Berlin, Einstellungsvoraussetzungen, abrufbar unter: https://www.berlin.de/polizei/beruf/objektschutz/#Einstellung <16.11.2017>.

557 Stellenbeschreibung Zentraler Objektschutz Berlin, Einstellungsvoraussetzungen, abrufbar unter: https://www.berlin.de/polizei/beruf/objektschutz/#Einstellung <16.11.2017>.

558 Für eine Einstellung in die Wachpolizei wird lediglich ein Hauptschulabschluss, für eine Einstellung in die Vollzugspolizei die allgemeine Fachholschulreife vorausgesetzt

559 Das Einstellungshöchstalter beträgt bei der Vollzugspolizei 29 Jahre, bei der Wachpolizei existiert hingegen keine Höchstaltersgrenze.

(e) Sachsen-Anhalt

In Sachsen-Anhalt sind die Einstellungsvoraussetzungen in § 6 Abs. 1 WachPolG normiert. Demzufolge muss ein Bewerber u.a. polizeidiensttauglich, zwischen 18 und 32 Jahre alt, gerichtlich nicht vorbestraft und im Besitz eines Führerscheins Klasse B sein.[560] Er muss in geordneten wirtschaftlichen Verhältnissen leben, jederzeit für die freiheitlich demokratische Grundordnung eintreten und mindestens einen Realschulabschluss vorweisen.[561] Im Hinblick auf die Nationalität kann sich neben deutschen auch EU-Staatsbürger sowie Bürger eines anderen Staates bewerben, zu dem die Bundesrepublik Deutschland und die Europäische Union vertraglich einen entsprechenden Anspruch auf Anerkennung von Berufsqualifikationen eingeräumt haben oder der Vertragsstaat Mitglied des Abkommens über den Europäischen Wirtschaftsraum (EWR)[562] ist.[563]

Da in Sachsen-Anhalt – ebenso wie in Sachsen, die Möglichkeit besteht – nach Ablauf der Dienstzeit in den Vorbereitungsdienst für die Laufbahn des Polizeivollzugsdienstes übernommen zu werden,[564] lehnen sich die Einstellungsvoraussetzungen der Wachpolizei an die des Vollzugsdienstes an. Ziel der Übernahmemöglichkeit ist es, Anreize zu schaffen sich für die Wachpolizei zu bewerben und diese zu nutzen, um sich für den regulären Polizeivollzugsdienst zu empfehlen.[565]

(5) Ausbildung

(a) Hessen

Nach Ziffer 7.1 VVWaPol erfolgt die Ausbildung der Wachpolizei in Hessen nach der „Richtlinie für die Durchführung der Aus- und Fortbildung der Wachpolizei“ (RL AuF WaPol). Demnach führt die Polizeiakademie Hessen die Aus- und Fortbildung der Wachpolizisten durch, die sich ausschließlich an den durch die VVWaPol übertragenen Aufgaben zu orientieren hat.[566] Die Ausbildung dauert

560 § 6 Abs. 1 Nr. 7, 2, 5, 9 WachPolG.

561 § 6 Abs. 1 Nr. 6, 4, 3 WachPolG.

562 Das Abkommen über den Europäischen Wirtschaftsraum (EWR) wurde am 2.5.1992 zwischen den Mitgliedstaaten der EFTA (mit der Ausnahme Schweiz) und den EU-Mitgliedstaaten geschlossen und dehnt den Europäischen Binnenmarkt auf Island, Lichtenstein und Norwegen aus.

563 § 6 Abs. 1 Nr. 1 WachPolG.

564 § 8 Abs. 1 Satz 1 WachPolG.

565 Begr. des RegE zum WachPolG, LT-Drs. SA 7/473, S. 16 f.

566 Ziffer 1 RL AuF WaPol.

insgesamt 18 Wochen[567] und gliedert sich in einen fachtheoretischen und einen fachpraktischen Teil.[568] Die theoretische Ausbildung umfasst ein Einführungspraktikum bei dem zuständigen Polizeipräsidium, einen Theorieteil (präventives, repressives Eingriffsrecht, Verkehrsrecht und Polizeidienstkunde), ein Fortführungspraktikum sowie die Vermittlung von Kenntnissen über die (rechtmäßige) Anwendung unmittelbaren Zwanges mittels körperlicher Gewalt und den Hilfsmitteln körperlicher Gewalt.[569] Die praktische Ausbildung beinhaltet die Anwendung unmittelbaren Zwanges durch Schusswaffen (Schießausbildung), eine Kraftfahrausbildung und eine eintägige Erste-Hilfe-Ausbildung.[570] Am Ende der jeweiligen Ausbildungsabschnitte wird eine abschließende Leistungsstandfeststellung durchgeführt.[571] Sofern eine solche Prüfung nicht bestanden wird, kann eine einmalige Wiederholung der Prüfung erfolgen.[572] An die Ausbildung schließen sich die Fortbildung für die Aufgaben des Erkennungsdienstes sowie eine fortlaufende Schießausbildung an. [573]

(b) Saarland

Laut „Stundentafel und Stoffgliederungsplan für den Qualifizierungslehrgang Polizeilicher Ordnungsdienst" (StT POD) beträgt die Ausbildungsdauer für den Polizeiliche Ordnungsdienst Saarland insgesamt zwölf Wochen (214 Unterrichtsstunden á 45 Minuten). Der Qualifizierungslehrgang beschränkt sich auf die Vermittlung wesentlicher rechtlicher sowie praxisrelevanter Lerninhalte, die für die vorgesehene Aufgabenwahrnehmung des Polizeilichen Ordnungsdienstes unabdingbar sind.[574] Die Ausbildung gliedert sich in einen Einführungskurs, einen rechtlichen Teil (Staats-, Verfassungs-, Verkehrs-, Aufenthalts- und Strafrecht) sowie einen Organisations- und Dienstkundeteil (u.a. Psychologie, Praxiskunde, Verhaltens- und Einsatztraining).[575] Der Lehrgang endet mit einer aus einem schriftlichen und einem mündlichen Teil bestehenden Abschlussprüfung,

567 Antwort MdI HE auf dringlichen Berichtsantrag der SPD, INA 19/22, S. 13; Stellungnahme des Abg. Greilich (FDP) im hessischen Landtag, PLPr. HE 19/77, S. 5346.
568 Ziffer 2 RL AuF WaPol.
569 Ziffer 2 RL AuF WaPol.
570 Ziffer 2 RL AuF WaPol.
571 Ziffer 2.2 RL AuF WaPol.
572 Ziffer 2.4 RL AuF WaPol.
573 Ziffer 3 RL AuF WaPol.
574 StT POD, S. 3.
575 StT POD, S. 1.

die ab einer Mindestpunktzahl von 40 Punkten (von maximal zu erreichenden 100 Punkten) als bestanden gilt.[576]

(c) Sachsen

Die Aus- und Fortbildung der Wachpolizisten in Sachsen ist in § 7 SächsWachdienstG sowie §§ 5 bis 22 SächsWachdienstVO normiert. Die Ausbildung der Wachpolizisten wird durch das Präsidium der Bereitschaftspolizei durchgeführt[577] und beträgt zwölf Wochen.[578] Sie gliedert sich in fachtheoretische und fachpraktische Abschnitte und umfasst in der Theorie insbesondere die Vermittlung von Kenntnissen im präventiven und repressiven Eingriffsrecht, allgemeinen Verwaltungs- und Verfassungsrecht, Zwangsmitteleinsatz sowie im interkulturellen Bereich.[579] In praktischer Hinsicht erfolgt eine Kraftfahr- sowie eine Waffen- und Schießausbildung.[580] Die Ausbildung schließt mit einer aus einem schriftlichen Leistungsnachweis und einem mündlichen Abschlussgespräch bestehenden Prüfung.[581] Die Bearbeitungszeit für den schriftlichen Prüfungsteil, der aus einem Single-Choice-Verfahren (Kandidat muss aus vorgegebenen Antworten eine als richtig markieren) besteht, beträgt 120 Minuten.[582] Der schriftliche Teil gilt als bestanden, wenn insgesamt 60 Prozent der Fragen zutreffend beantwortet wurden.[583] Der mündliche Prüfungsteil besteht aus einem insgesamt einstündigen Prüfungsgespräch mit insgesamt vier Prüfungsteilnehmern.[584] Die Prüfung darf nur einmal wiederholt werden.[585]

(d) Berlin

Die PDieVO enthält keine Regelungen in Bezug auf den Inhalt und die Dauer der Ausbildung zum Wachpolizisten in Berlin. Laut Stellenbeschreibung zum

576 StT POD, S. 3.
577 § 7 Abs. 1 SächsWachdienstG.
578 § 7 Abs. 2 Satz 1 SächsWachdienstG.
579 § 6 Abs. 1 SächsWachdienstVO.
580 § 6 Abs. 1 SächsWachdienstVO.
581 § 7 Abs. 3 Satz 2, § 8 Abs. 3 Satz 1 SächsWachdienstG, § 11 Abs. 1 SächsWachdienstVO.
582 § 13 Abs. 1 SächsWachdienstVO.
583 § 15 Abs. 3 SächsWachdienstVO.
584 § 17 Abs. 2 SächsWachdienstVO.
585 § 8 Abs. 3 Satz 3 SächsWachdienstG; § 19 Abs. 1 Satz 1 SächsWachdienstVO.

Zentralen Objektschutz dauert die Ausbildung 16 Wochen.[586] Im Rahmen eines theoretischen Teils werden die erforderlichen rechtlichen Kenntnisse vermittelt.[587] Im Rahmen des praktischen Teils erfolgt die Ausbildung an der Pistole und Maschinenpistole.[588] Die Ausbildung endet mit einer abschließenden Prüfung in Theorie und Praxis.

(e) Sachsen-Anhalt

Über den Inhalt und die Dauer der Ausbildung zum Wachpolizisten wird im WachPolG keine konkrete Aussage getroffen. In § 7 WachPolG wird lediglich festgelegt, dass die Landesbereitschaftspolizei für die Ausbildung zuständig ist und der erfolgreiche Abschluss der Ausbildung für eine Fortführung des Beschäftigungsverhältnisses als Angehöriger der Wachpolizei vorausgesetzt wird. Die Dauer der Ausbildung beträgt drei Monate.[589]

(6) Kennzeichnung und Ausstattung

Die optische Kennzeichnung der Wachpolizei erfolgt analog zur Vollzugspolizei der einzelnen Länder. So tragen alle Wachpolizisten eine Uniform. Einziger Unterschied zur Dienstbekleidung der Polizeivollzugsbeamten ist das Ärmelabzeichen, ein anderes Mützenband sowie die nicht vorhandenen Dienstgradabzeichen an der Uniform.[590] So steht in Hessen,[591] Sachsen[592] und Sachsen-Anhalt[593]

---

586 Stellenbeschreibung Zentraler Objektschutz Berlin, Theoretische und praktische Unterweisung, abrufbar unter: https://www.berlin.de/polizei/beruf/objektschutz/#Einstellung <16.11.2017>.

587 Stellenbeschreibung Zentraler Objektschutz Berlin, Theoretische und praktische Unterweisung, abrufbar unter: https://www.berlin.de/polizei/beruf/objektschutz/#Einstellung <16.11.2017>.

588 Stellenbeschreibung Zentraler Objektschutz Berlin, Theoretische und praktische Unterweisung, abrufbar unter: https://www.berlin.de/polizei/beruf/objektschutz/#Einstellung <16.11.2017>.

589 Begr. des RegE zum WachPolG, LT-Drs. SA 7/473, S. 16; Was Bewerber als Wachpolizisten mitbringen müssen, mdr.de, 8.6.2017, abrufbar unter: https://www.mdr.de/sachsen-anhalt/fragen-und-antworten-zur-wachpolizei-100.html <18.11.2017>.

590 *Schmidt*, in: Lange, Wörterbuch zur Inneren Sicherheit, S. 360 (361).

591 Ziffer 8.1 VVWaPol.

592 Vgl. Homepage der Wachpolizei Sachsen, Abbildung der Wachpolizisten Sachsen, abrufbar unter: https://wachpolizei-sachsen.de/ <23.11.2017>.

593 *Berger*, So erkennen Sie die neuen Hilfspolizisten, Mitteldeutsche Zeitung online, 27.4.2016, abrufbar unter: https://www.mz-web.de/mitteldeutschland/sicherheit-so-erkennen-sie-die-neuen-hilfspolizisten-23965872 <23.11.2017>.

statt dem Schriftzug „Polizei“ der Schriftzug „Wachpolizei“ auf dem Ärmelabzeichen. Im Saarland[594] und in Berlin[595] enthält das Ärmelabzeichen der Wachpolizisten, im Gegensatz zu den Vollzugspolizisten, keine Aufschrift. Rein optisch sind die Wachpolizisten aus Sicht eines Bürgers, Delinquenten oder anderer uniformierter Kräfte nicht von den Polizeivollzugsbeamten zu unterscheiden.[596] Im Politikfeld der Inneren Sicherheit werden damit die Unterschiede zwischen Wach- und Vollzugspolizei immer stärker verwischt.[597]

Alle Wachpolizisten werden mit einem Reizstoffsprühgerät und Handfesseln ausgestattet.[598] Darüber hinaus sind die Angehörigen der Wachpolizei in Hessen,[599] Sachsen[600] und Berlin[601] zum Einsatz einer Schusswaffe berechtigt und tragen während der Dienstverrichtung, ebenso wie die Polizeivollzugsbeamten des jeweiligen Landes, eine Dienstwaffe (i.d.R. Heckler & Koch SFP9).

(7) Rechtlicher Status und Vergütung

Die Angehörigen der Wachpolizeien sind Angestellte des Landes,[602] werden jedoch nicht in ein Beamtenverhältnis berufen. Das jeweilige Land begründet mit ihnen ein privatrechtliches Arbeitsverhältnis. Dieses richtet sich nach dem Arbeitsvertrag i.V.m. dem allgemeinen Tarifvertrag für den öffentlichen Dienst in den Ländern oder dem individuellen Tarifvertrag für den öffentlichen Dienst eines Landes (z.B. TV-H in Hessen).[603] Sie sind Amtsträger i.S.d. Strafrechts (§ 11 Abs. 1 Nr. 2 StGB) und des Amtshaftungsrechts (Art. 34 GG i.V.m. § 839 BGB).[604]

---

594 Ziffer 10 Dienstanweisung POD.

595 Vgl. Homepage der Polizei Berlin, Abbildung der Wachpolizisten (PAngOS), abrufbar unter: https://www.berlin.de/polizei/beruf/objektschutz/ <23.11.2017>.

596 *Groß*, DPolBl. 2012, S. 23 (24); *Groß/Schmidt*, in: Lorei, Polizei&Psychologie, S. 313 (316); vgl. auch *Fenger/Tohidipur/Tuchscherer*, LKRZ 2013, S. 451 (452); *Hornmann*, HSOG, § 99, Rn. 1.

597 *Groß*, DPolBl. 2012, S. 23 (24).

598 Vgl. beispielhaft Ziffer 8.2 VVWaPol, Ziffer 13 Dienstanweisung POD.

599 Ziffer 3.2 VVWaPol.

600 § 4 Abs. 1 Satz 2 SächsWachdienstG.

601 Nach § 3 Nr. 3 lit. c i.V.m. § 11 UZwG Bln für PAngOS und nach § 3 Nr. 3 lit. d i.V.m. § 14 und 15 UZwG Bln für PAngGD.

602 Vgl. Ziffer 1 VVWaPol; Ziffer 3, 5 Dienstanweisung POD; § 2 SächsWachdienstG; § 1 Abs. 1 PDieVO; § 3 Abs. 1 Satz 1 WachPolG.

603 Vgl. *Groß*, DPolBl. 2012, S. 23 (24).

604 Vgl. beispielhaft Ziffer 1 VVWaPol oder Ziffer 3 Dienstanweisung POD; *Göttlicher*, in: Möstl/Bäuerle, BeckOK POR HE, § 99, Rn. 4; *Meixner/Fredrich*, HSOG, § 99, Rn. 4.

Die Vergütung der Wachpolizisten erfolgt auf Grundlage der Eingruppierung in Entgeltgruppen nach dem Tarifvertrag der und variiert zwischen den einzelnen Ländern. Am wenigsten verdienen die Angehörigen der Wachpolizei in Berlin,[605] die der Entgeltgruppe TV-L 4 (rund 2130 Euro[606]) zugeteilt sind. Spitzenverdiener sind die Wachpolizisten in Hessen,[607] die in die Gruppe TV-H 8 (fast 2530 Euro[608]), bei besonders umfangreichen, schwierigen Tätigkeiten auch in die Gruppe TV-H 9 (rund 2690 Euro) eingestellt werden. In Sachsen-Anhalt[609] und im Saarland[610] werden die Wachpolizisten in die Gruppe TV-L 5 (rund 2230 Euro) und in Sachsen[611] in die Gruppe TV-L 6 (rund 2330 Euro) eingruppiert. Die Wachpolizisten in Berlin verdienen somit bis zu 500 Euro weniger im Monat als ihre Kollegen in Hessen. Diese Diskrepanz resultiert aus dem Umstand, dass den Wachpolizisten in Hessen ein wesentlich umfangreicherer Aufgaben- und Verantwortungsbereich übertragen wird, als den ausschließlich im Objektschutz und der Gefangenenbewachung eingesetzten Kollegen in Berlin.

---

605 Homepage der Polizei Berlin, Zentraler Objektschutz, abrufbar unter: https://www.berlin.de/polizei/beruf/objektschutz/ <21.11.2017>.

606 Alle Angaben zur Vergütung nach dem Tarifvertrag für den öffentlichen Dienst der Länder (TV-L) verstehen sich als Bruttobetrag pro Monat nach Abschluss der Ausbildung und sind der Entgelttabelle „TV-L allgemein“ (Gültig vom 1.1.2017-31.12.2017) entnommen, abrufbar unter: http://www.oeffentlichen-dienst.de/images/pdf/tabelle-tv-l.pdf#Allgemein <23.11.2017>.

607 Homepage der hessischen Landesregierung, Pressemitteilung: Neuer Tarifvertrag für hessische Wachpolizei, 17.6.2015, abrufbar unter: https://www.hessen.de/pressearchiv/pressemitteilung/neuer-tarifvertag-fuer-hessische-wachpolizei-0 <22.11.2017>.

608 Die Angaben zur Vergütung der Wachpolizisten in Hessen verstehen sich als Bruttobetrag pro Monat nach Abschluss der Ausbildung und sind dem Tarifvertrag für den öffentlichen Dienst im Land Hessen (TV-H) (Gültig vom 1.2.2017-31.1.2018) entnommen, abrufbar unter: http://www.oeffentlichen-dienst.de/entgelttabelle/tv-h.html <23.11.2017>.

609 Begr. des RegE zum WachPolG, LT-Drs. SA 7/473, S. 3.

610 Begr. des RegE zum ÄndG SPolG, LT-Drs. SL 15/1734, S. 2; Antwort des MdI SL auf kl. Anfrage des Abg. Müller (AfD), LT-Drs. SL 16/134, S. 3.

611 Homepage der Wachpolizei Sachsen, Verdienst, abrufbar unter: https://wachpolizei-sachsen.de/#verdienst <21.11.2017>; Antwort des MdI SN auf kl. Anfrage des Abg. Stange (LINKE), LT-Drs. SN 6/7753, S. 2.

(8) Zusammenfassung

In einer unter Sparzwängen leidenden Polizeilandschaft bietet die Wachpolizei eine gewisse Möglichkeit, den Wegfall des mittleren Dienstes[612] zu kompensieren und so die hohen Kosten der zweigeteilten Laufbahn abzumildern.[613] Denn der Polizeiberuf – eine Mischtätigkeit par excellence – enthält nicht nur anspruchsvolle und komplexe Aufgaben, sondern auch einfache Routine- und Standardtätigkeiten. Eine Entlastung von wenig anspruchsvollen Aufgaben, die als langweilig und unbeliebt unter den Vollzugspolizisten gelten, wird von diesen als hilfreich und sinnvoll bewertet.[614]

Darüber hinaus kommt der Wachpolizei im Bereich der Nachwuchsrekrutierung eine besondere Rolle zu. So besteht für die Wachpolizisten in Sachsen und Sachsen-Anhalt die Möglichkeit, nach Ablauf der Dienstzeit in den Ausbildungszweig für den regulären Polizeivollzugsdienst zu wechseln.[615] In Zeiten chronischen Personalmangels bei der Polizei, stellt die Wachpolizei mithin eine Möglichkeit dar, Personen, die sich bereits als Wachpolizist bewährt haben, für den regulären Vollzugsdienst zu rekrutieren.

In Hessen, Sachsen, Berlin, Sachsen-Anhalt und dem Saarland wurde zur Entlastung des regulären Polizeivollzugsdienstes eine Wachpolizei eingerichtet. Neben wenigen Gemeinsamkeiten im Hinblick auf die Kennzeichnung und den rechtlichen Status der Wachpolizisten, bestehen zwischen den Ländern – insbesondere hinsichtlich der übertragenen Aufgaben und Befugnisse – signifikante Unterschiede.

(a) Gemeinsamkeiten

Die optische Kennzeichnung der Wachpolizei erfolgt in allen fünf Ländern analog zur Vollzugspolizei. Demnach tragen alle Wachpolizisten der einzelnen eine Uniform, die sich lediglich durch die Beschriftung des Ärmelabzeichens unterscheidet. Darüber hinaus besitzen die Wachpolizisten in diesen Ländern den gleichen rechtlichen Status wie die Vollzugspolizisten. Sie sind Angestellte des Landes und begründen mit dem jeweiligen Land ein privatrechtliches

612 Der mittlere Dienst wurde in einigen Ländern (z.B. Bremen, Hessen, Niedersachsen, Nordrhein-Westfalen, Rheinland-Pfalz, Saarland) abgeschafft, sodass in diesen Ländern ausschließlich für den gehobenen und höheren Dienst (zweigeteilte Laufbahn) ausgebildet wird.

613 Vgl. *Behr*, Polizeikultur, S. 66; *Groß*, DPolBl. 2012, S. 23 (25).

614 *Groß*, DPolBl. 2012, S. 23 (24).

615 *Groß*, DPolBl. 2012, S. 23 (25).

Arbeitsverhältnis, welches sich nach dem jeweiligen Arbeitsvertrag i.V.m. dem allgemeinen Tarifvertrag der Länder (TV-L) für den öffentlichen Dienst richtet.[616]

(b) Unterschiede

Wesentlich umfangreicher als die Gemeinsamkeiten sind die Unterschiede zwischen den einzelnen Regelungen der Länder in Bezug auf die Wachpolizei. Am deutlichsten sichtbar sind diese Unterschiede im Bereich der Übertragung hoheitlicher Aufgaben und Befugnisse.

Das umfangreichste Aufgabenspektrum steht den Wachpolizisten in Hessen zur Verfügung. Die Wachpolizisten in Hessen werden insbesondere im Objektschutz, im Abschiebe- und Gefangenenwesen, in der Verkehrsüberwachung, im Streifendienst sowie zur Unterstützung der Polizei bei Schwerlasttransporten oder Großveranstaltungen eingesetzt. Auch im Saarland werden den Mitarbeitern der Wachpolizei umfangreiche polizeiliche Aufgaben übertragen. Neben Objektschutzmaßnahmen nehmen diese schwerpunktmäßig Aufgaben im Bereich der technischen Verkehrsüberwachung und der Rückführung abgelehnter Asylbewerber wahr. Darüber hinaus kommt in beiden Ländern der Wahrnehmung von Sicherungsaufgaben rund um Flüchtlingsunterkünfte und Erstaufnahmeeinrichtungen von Asylsuchenden eine besondere Bedeutung zu.

In Berlin und Sachsen werden den Wachpolizisten deutlich weniger Aufgaben übertragen. Der Schwerpunkt der Aufgabenwahrnehmung liegt dort im Bereich des Objektschutzes und der Personenbewachung.

Das geringste Aufgabenfeld wird den Angehörigen der Wachpolizei in Sachsen-Anhalt zugewiesen. Diese werden ausschließlich zur Überwachung und Regelung des Straßenverkehrs eingesetzt.

Auch im Hinblick auf die Übertragung hoheitlicher Befugnisse weisen die einzelnen Regelungen der Länder signifikante Unterschiede auf. Die weitreichendsten Befugnisse besitzen die Angehörigen Wachpolizei in Hessen und dem Saarland. Diese werden über die Verweisung in Ziffer 3.1 VVWaPol bzw. Ziffer 7 Dienstanweisung POD mit den Polizeivollzugsbeamten des Landes gleichgestellt und besitzen somit die gleichen Befugnisse. Neben den Standardmaßnahmen können die Wachpolizisten somit auch subsidiär auf die polizeiliche Generalklausel in § 11 HSOG bzw. § 8 SPolG zurückgreifen. Sie sind jedoch keine Ermittlungspersonen der Staatsanwaltschaft, sodass sie keine

616 In Hessen gilt der individuelle Tarifvertrag für den öffentlichen Dienst (TV-H).

schwerwiegenden strafprozessualen Eingriffe in die Grundrechte eines Bürgers anordnen dürfen.[617]

In Berlin und Sachsen werden die Wachpolizisten im Hinblick auf die hoheitlichen Befugnisse nicht mit den Polizeivollzugsbeamten gleichgestellt. Durch einen abschließenden Positivkatalog werden ihnen jedoch die wesentlichen Standardbefugnisse wie z.B. das Recht der Befragung, Identitätsfeststellung, Durchsuchung und Sicherstellung übertragen. Davon ausgenommen sind u.a. solche Befugnisse, die eine besondere Vorkenntnis und Erfahrung erfordern (z.B. Vorladung, Vernehmung) oder die einen besonders grundrechtssensiblen Bereich betreffen (z.B. Aufenthaltsverbot, Wohnungsverweisung).

Über die geringsten Befugnisse verfügen die Angehörigen der Wachpolizei in Sachsen-Anhalt. Im Rahmen der Verkehrsregelung werden ihnen solche Standardmaßnahmen übertragen, die zur Sicherstellung einer effektiven polizeilichen Begleitung von Großraum- und Schwerlasttransporten erforderlich sind (z.B. Befragung, Platzverweis). Im Rahmen der Verkehrsüberwachung bildet die Ahndung von Verkehrsverstößen den Schwerpunkt der Tätigkeit. Hierzu werden die Wachpolizisten ermächtigt, alle zur Beweissicherung erforderlichen Anordnungen zu treffen, die keinen Aufschub gestatten (z.B. Identitätsfeststellung, Vernehmung des Betroffenen und von Zeugen, Anfertigung von Lichtbildern).

Die Befugnis zum Einsatz von Zwangsmitteln in Form von einfacher körperlicher Gewalt wird allen Wachpolizisten, mit Ausnahme der Wachpolizisten in Sachsen-Anhalt, übertragen. In Hessen, Sachsen und Berlin sind die Angehörigen der Wachpolizei darüber hinaus befugt, in Ausnahmefällen als ultima ratio, unmittelbaren Zwang in Form von Waffengewalt anzuwenden.

Die Einstellungsvoraussetzungen in die Wachpolizei sind in allen Ländern zum Großteil an die Voraussetzungen der Vollzugspolizei angelehnt. Dennoch variieren die Anforderungen der einzelnen Länder insbesondere in Bezug auf die Vorbildung, die Nationalität sowie die Altershöchstgrenze.

Strenge Anforderungen werden an die Bewerber in Sachsen-Anhalt und dem Saarland gestellt. Ein Bewerber darf in diesen Ländern höchstens 32 Jahre alt sein und muss mindestens einen Realschulabschluss vorweisen. Darüber hinaus können sich in Sachsen-Anhalt Nicht-EU-Ausländer (mit Ausnahme von Staatsbürgern aus Island, Lichtenstein und Norwegen als Mitglieder des EWR-Abkommens), grundsätzlich nicht für die Wachpolizei bewerben. Vor dem Hintergrund der geringen Befugnisse, die den Wachpolizisten in Sachsen-Anhalt übertragen werden, scheinen die hohen Anforderungen bei der Einstellung auf

617 Ziffer 3.1 VVWaPol; Ziffer 7 Dienstanweisung POD.

den ersten Blick nicht nachvollziehbar. Es gilt jedoch zu beachten, dass für die Wachpolizisten in Sachsen-Anhalt die Möglichkeit besteht, nach Ablauf der Dienstzeit in den Vorbereitungsdienst für die Laufbahn des Polizeivollzugsdienstes zu wechseln. Die an den Polizeivollzugsdienst angelehnten Einstellungsvoraussetzungen sind somit gerechtfertigt.

In Sachsen werden im Verhältnis zu Sachsen-Anhalt und dem Saarland geringere Anforderungen an die Bewerber der Wachpolizei gestellt. In Bezug auf die Vorbildung genügt ein Hauptschulabschluss mit abgeschlossener Berufsausbildung. Die Bewerber in Sachsen dürfen zudem grundsätzlich ein Jahr, in Ausnahmefällen sogar bis zu acht Jahren älter sein als die Bewerber in Sachsen-Anhalt und dem Saarland. In Bezug auf die Nationalität werden hingegen strengere Maßstäbe angelegt: Nicht-EU-Bürger können in der Wachpolizei Sachsens nicht arbeiten.

In Hessen und Berlin müssen die Bewerber die geringsten Hürden überwinden. Die Altershöchstgrenze beträgt in Hessen 39 Jahre. In Berlin existiert keine Altersbegrenzung. In beiden Ländern muss ein Bewerber darüber hinaus lediglich einen Hauptschulabschluss vorweisen. Hinsichtlich der Nationalität besteht in Hessen keine Beschränkung, wohingegen Nicht-EU-Ausländer in der Wachpolizei Berlins nur tätig werden können, wenn sie im Besitz einer gültigen Arbeitserlaubnis sind.

In Bezug auf die Ausbildung und die Ausstattung der Wachpolizisten ergeben sich weitere Unterschiede. Mit einer Dauer von 18 Wochen absolvieren die Wachpolizisten in Hessen die längste Ausbildung. In Berlin beträgt die Ausbildungsdauer 16 Wochen, in Sachsen, Sachsen-Anhalt und dem Saarland zwölf Wochen. In allen Ländern besteht die Ausbildung aus einem theoretischen und einem praktischen Teil und endet mit einer Abschlussprüfung. Besonders auffällig ist die Diskrepanz im Hinblick auf die Dauer der Ausbildung in Hessen und dem Saarland. Obwohl den Wachpolizisten in beiden Ländern umfangreiche vollzugspolizeiliche Aufgaben und Befugnisse übertragen werden, ist die Ausbildung im Saarland im Vergleich zu Hessen um sechs Wochen verkürzt. Vor diesem Hintergrund ist eine Anhebung der Ausbildungsdauer in diesen beiden Ländern zwingend notwendig. In den Ländern, in denen die Wachpolizisten zum Einsatz von Schusswaffen ermächtigt werden (Berlin, Sachsen, Hessen), weist der Praxisteil einen wesentlich größeren zeitlichen Umfang auf. Die Angehörigen der Wachpolizei in Hessen, Sachsen und Berlin werden mit einer Dienstwaffe ausgerüstet. Die Wachpolizisten der übrigen Länder erhalten ein Reizstoffsprühgerät und Handfesseln.

Die Vergütung der Wachpolizisten erfolgt in allen Ländern – mit Ausnahme von Hessen – auf Grundlage des allgemeinen Tarifvertrages der Länder (TV-L) für den öffentlichen Dienst. Am meisten verdienen die Wachpolizisten Hessen, die in die Entgeltgruppe nach TV-H 8 (fast 2.530 Euro) bzw. TV-H 9 (rund 2.690 Euro) eingruppiert werden. Deutlich weniger verdienen die Angehörigen der Wachpolizei in Sachsen-Anhalt und im Saarland in der Entgeltgruppe TV-L 5 (rund 2.230 Euro) sowie in Sachsen in der Entgeltgruppe TV-L 6 (rund 2.330 Euro). Am wenigsten verdienen die Wachpolizisten in Berlin, die in die Entgeltgruppe TV-L 4 (rund 2.130 Euro) eingruppiert werden.

b) Kommunale Ordnungsdienste

Auch in Zeiten leerer Haushaltskassen und hoher Personalkosten im öffentlichen Dienst gibt es Verwaltungszweige, die einen regelrechten Boom erleben. Hierzu zählen derzeit die Kommunalen Ordnungsdienste, die organisatorisch den Ordnungsämtern angehören. Grundsätzlich werden die Ordnungsämter zur Wahrung der öffentlichen Ordnung und Sauberkeit tätig und verfügen über einen Innen- und Außendienst. Immer mehr Kommunen tendieren dazu, ihre Mitarbeiter im Außendienst des Ordnungsamtes zu uniformieren und klassische vollzugspolizeiliche Aufgaben zu übertragen.[618] Stimmen in der Literatur bezeichnen diese Entwicklung als „(Re-)Kommunalisierung der Polizeiarbeit",[619] und beschreiben die uniformierten Vollzugsdienste als „Kommunale De-facto Polizei",[620] oder „Kommunalisierte Billigpolizei".[621]

Ob die Städte und Gemeinden in Deutschland wirklich dazu übergegangen sind, vollzugspolizeiliche Aufgaben und Befugnisse in einem solchen Ausmaß zu übertragen, dass von der Entstehung einer neuen „Ordnungspolizei" gesprochen werden kann, soll im Folgenden genauer untersucht werden. Hierfür wird zunächst der Begriff „Kommunale Ordnungsdienste" näher bestimmt (aa). Im Anschluss daran werden die unterschiedlichen landesrechtlichen Regelungen ausgewählter Modelle[622] zum Einsatz eines Kommunalen Ordnungsdienstes dargestellt und miteinander verglichen (bb). Abschließend werden die wesentlichen Gemeinsamkeiten und Unterschiede der Modelle herausgearbeitet (cc).

---

618 Vgl. *Braun*, BayVBl. 2008, S. 680 (680); *Gassner*, VBlBW 2013, S. 281 (281); *Hirschmann/Groß*, in: Frevel, Handlungsfelder lokaler Sicherheitspolitik, S. 146 (188); *Krahmer*, B&P 2018, S. 82 (87); *Rachor*, in: Lisken/Denninger, Hdb des PolR, Kap. C, Rn. 41; *Sommer*, in: Möstl/Bäuerle, BeckOK POR HE, § 81, Rn. 3.

619 *Behr*, in: Prätorius, Der lokale Staat als Sicherheitsproduzent, S. 90 (90 ff.).

620 *Lehmann*, Behördenspiegel 2011, S. 7 (7 ff.).

621 *Gassner*, VBlBW 2013, S. 281 (290).

622 Siehe zu den Auswahlkriterien § 3 II. 2. b) bb).

aa) Begriffsbestimmung

Als „Kommunale Ordnungsdienste“ werden in dieser Arbeit jene Konzepte verstanden, in denen uniformierte Außendienstmitarbeiter der kommunalen Ordnungsämter in begrenztem Umfang polizeiliche Aufgaben mit kommunalem Bezug wahrnehmen.[623] Da die Kommunen in Bezug auf die Errichtung und Ausgestaltung Kommunaler Ordnungsdienste eine sehr unterschiedliche Praxis verfolgen, unterscheiden sich die Streifen der Ordnungsämter nicht nur in ihrer Namensgebung, sondern auch hinsichtlich der Konzeption.[624] Der Begriff „Kommunaler Ordnungsdienst“ wird in dieser Arbeit als Sammelbegriff für all die unterschiedlichen länder- bzw. kommunalspezifischen Ausprägungen derartiger Institutionen verwendet.

bb) Vergleich der landesrechtlichen Regelungen zum Einsatz von kommunalen Ordnungsdienstmitarbeitern

Aufgrund der vielfältigen regionalen Ausprägungen der Kommunalen Ordnungsdienste ist ein bundesweiter Vergleich aller Modelle nicht möglich. Im Folgenden werden daher nur solche Modelle in Bezug auf die rechtliche Grundlage (1), die übertragenen Aufgaben (2) und Befugnisse (3), die Einstellungsvoraussetzungen (4), die Ausbildung (5) sowie die Kennzeichnung und Ausstattung (6) miteinander verglichen, deren Errichtung zum einen ausdrücklich im Polizeigesetz des jeweiligen Landes vorgesehen ist und bei denen es sich zum anderen nicht lediglich um eine kommunale Einzelerscheinung, sondern vielmehr um eine landesweit verbreitete Institution handelt. Zunächst werden dabei die Kommunalen Ordnungsdienste jener Länder dargestellt, die das Trennungsprinzip verfolgen (Hessen, Baden-Württemberg, Rheinland-Pfalz und Berlin); anschließend wird der Kommunale Ordnungsdienst in Sachsen untersucht, in dem das Einheitsprinzip gilt. Zum Abschluss werden die wesentlichen Unterschiede und Gemeinsamkeiten der verschiedenen Modelle zusammengefasst (7).

(1) Rechtliche Grundlage

(a) Hessen

In Hessen besteht nach § 99 Abs. 1 Satz 1 HSOG die Möglichkeit zur „Wahrnehmung bestimmter Aufgaben der Gefahrenabwehr“ (Alt. 1) oder zur „hilfsweisen

---

623 Vgl. hierzu auch *Söllner*, Die Verpolizeilichung, S. 36.

624 Vgl. zur unterschiedlichen Namensgebung der Kommunalen Ordnungsdienste § 2 III. 3.

Wahrnehmung bestimmter polizeilicher Aufgaben“ (Alt. 2) Hilfspolizeibeamte zu bestellen. Nach der ersten Alternative können sowohl die Ordnungsbehörden als auch die Polizeibehörden Hilfspolizeibeamte bestellen, da die „Aufgaben der Gefahrenabwehr“ nach § 1 Abs. 1 HSOG von beiden Behörden gemeinsam wahrgenommen werden. Aufgrund der Beschränkung der Aufgaben auf die Gefahrenabwehr, können nach dieser Alternative keine Hilfspolizeibeamte für die Verfolgung von Straftaten oder Ordnungswidrigkeiten bestellt werden. Nach der zweiten Alternative können die Polizeibehörden zwar Hilfspolizeibeamte bestellen, diese können jedoch nicht nur für präventive Aufgaben im Bereich der Gefahrenabwehr, sondern auch für repressive Aufgaben im Bereich der Verfolgung von Straftaten und Ordnungswidrigkeit eingesetzt werden.[625]

Im Allgemeinen dient § 99 Abs. 3 HSOG (unter den Voraussetzungen des § 99 Abs. 1 Satz 1 HSOG) als taugliche Rechtsgrundlage für die Bestellung der Hilfspolizeibeamten.[626] Die Vorschrift trifft eine Aussage darüber, welche Behörden Hilfspolizeibeamte bestellen können und welche Personenkreise hierfür in Betracht kommen. So können nach § 99 Abs. 3 Satz 1 HSOG die kreisfreien Städte und Landkreise eigene Bedienstete (Nr.1), die Polizeibehörden eigene Bedienstete (Nr.2), die Landräte eigene Bedienstete und Bedienstete kreisangehöriger Gemeinden (Nr.3) sowie die Regierungspräsidien bestimmte Bedienstete (Nr. 4 lit. a-d) zu Hilfspolizeibeamten bestellen. Nach § 99 Abs. 3 Satz 1 Nr. 1–4 lit. d HSOG können die Behörden somit nur eigene bzw. bestimmte Bedienstete zu Hilfspolizeibeamten bestellen. Eine Bestellung von Privatpersonen ist durch die Regierungspräsidien nach § 99 Abs. 3 Satz 1 Nr. 4 lit. e HSOG als „andere Personen“ möglich.

Im speziellen Fall der Stadtpolizei Frankfurt am Main erfolgt die Bestellung der Hilfspolizeibeamten auf der Rechtsgrundlage des § 99 Abs. 3 Satz 1 Nr. 1 HSOG (unter den Voraussetzungen des § 99 Abs. 1 Satz 1 HSOG).[627] Die Stadt Frankfurt am Main erledigt neben Aufgaben des eigenen und übertragenen Wirkungskreises auch die Aufgaben der unteren staatlichen Verwaltungsbehörde in eigener Zuständigkeit. Sie ist mithin eine kreisfreie Stadt

---

625 Vgl. *Hornmann*, HSOG Kommentar, § 99 HSOG, Rn. 12; *Meixner/Fredrich*, HSOG, § 99, Rn. 2.

626 Ziffer 99.1.1 VVHSOG; vgl. auch § 10 Abs. 1 Satz 1 HSOG-DVO.

627 Auch für die kreisfreien Städte Kassel, Fulda oder Darmstadt ist § 99 Abs. 3 Satz 1 Nr. 1 HSOG (unter den Voraussetzungen des § 99 Abs. 1 Satz 1 Alt. 1 HSOG) die taugliche Rechtsgrundlage zur Bestellung von Hilfspolizeibeamten für die Stadtpolizei bzw. Kommunal- oder Ordnungspolizei.

und kann nach § 99 Abs. 3 Satz 1 Nr. 1 HSOG eigene Bedienstete zu Hilfspolizeibeamten bestellen. Die nach erfolgreichem Abschluss des Bewerbungsprozesses zur Ausbildung zugelassenen „Hilfspolizeibeamten“[628] erhalten einen befristeten Arbeitsvertrag bei der Stadt Frankfurt am Main.[629] Nach Abschluss der Ausbildung werden sie dann als „eigene Bedienstete“ offiziell zu Hilfspolizeibeamten bestellt.[630]

Neben dem Ordnungsamt der Stadt Frankfurt am Main haben weitere Ordnungsämter in hessischen Städten die Möglichkeit genutzt Hilfspolizeibeamte zu bestellen. Die Bezeichnung dieser Hilfspolizeibeamten ist nicht einheitlich. Während in Frankfurt am Main, Wiesbaden und Offenbach die Bezeichnung „Stadtpolizei“[631] gewählt wurde, entschied sich Darmstadt für den Begriff „Kommunalpolizei“,[632] Gießen für den Begriff „Ordnungspolizei“[633] und Kassel für den Begriff „Kommunaler Vollzugsdienst“.[634]

(b) Baden-Württemberg

Nach § 80 Abs. 1 PolG BW besteht für die Ortspolizeibehörden die Möglichkeit zur Erfüllung bestimmter auf den Gemeindebereich beschränkter polizeilicher Aufgaben Gemeindliche Vollzugsbedienstete zu bestellen. Hierin besteht ein großer Unterschied zum staatlichen Polizeivollzugsdienst, der nach § 75 PolG BW im Grundsatz für ganz Baden-Württemberg zuständig ist.

Ortspolizeibehörden sind in der Regel die Gemeinden (§ 62 Abs. 4 Satz 1 PolG BW) einschließlich der Stadtkreise und großen Kreisstädte (§ 3 GemO BW). Der Gesetzgeber trägt mit dieser Regelung dem Bedürfnis der Gemeinden Rechnung, neben dem (staatlichen) Polizeivollzugsdienst für gewisse polizeiliche

---

628 Die Auszubildenden erhalten den Status eines Hilfspolizeibeamten erst durch den förmlichen Akt der Bestellung mit der Aushändigung der Bestellverfügung.

629 Schriftliche Antwort des Leiters des Führungsstabes Stadtpolizei Frankfurt am Main (Ordnungsamt der Stadt Frankfurt am Main), Gerald Glamser, vom 17.5.2018.

630 Schriftliche Antwort des Leiters des Führungsstabes Stadtpolizei Frankfurt am Main (Ordnungsamt der Stadt Frankfurt am Main), Gerald Glamser, vom 17.5.2018.

631 *Tuchscherer*, Stadtpolizei statt Polizei, S. 46.

632 *Fenger/Tohidipur/Tuchscherer*, LKRZ 2013, S. 451 (451).

633 *Möller*, Ordnungspolizei rüstet weiter auf, Gießener Allgemeine online, 7.4.2017, abrufbar unter: https://www.giessener-allgemeine.de/regional/stadtgiessen/Stadt-Giessen-Ordnungspolizei-ruestet-weiter-auf;art71,237288 <16.5.2018>; Schriftliche Antwort des Magistrats der Stadt Fulda (Rechts- und Ordnungsamt), Thomas Flügel, vom 10.6.2018.

634 Schriftliche Antwort des Ordnungsamtes Kassel vom 11.6.2018.

Aufgaben innerhalb des Gemeindegebiets über eigene Vollzugskräfte zu verfügen.[635] In Bezug auf die Organisation der Polizei in Baden-Württemberg wird in § 59 PolG BW lediglich zwischen Polizeibehörde und Polizeivollzugsdienst unterschieden. Die Gefahrenabwehr nach §§ 1, 3 ff. PolG BW obliegt damit sowohl den Polizeibehörden als auch den Beamten des Polizeivollzugsdienstes. Ihr gemeinsamer Auftrag ist der Schutz der öffentlichen Sicherheit und Ordnung, wobei ihnen im Einzelnen unterschiedliche Funktionen, Aufgaben und Befugnisse zugewiesen sind (§ 60 PolG BW). Gemeindliche Vollzugsbedienstete stellen ein rechtliches Spezifikum dar, weil sie als Angehörige einer Polizeibehörde im Rahmen der jeweiligen Aufgabenübertragung zugleich mit polizeilichen Vollzugsaufgaben betraut sind und somit – in Bezug auf das klassische Verhältnis zwischen Polizeibehörde und Polizeivollzugsdienst – eine Art Zwitterstellung einnehmen.[636] Von der in § 80 Abs. 1 PolG BW normierten Möglichkeit Gemeindliche Vollzugsbedienstete zu bestellen, haben neben Heidenheim[637] und Freiburg[638] auch Karlsruhe, Mannheim, Stuttgart, Ulm, Reutlingen, Heidelberg, Heilbronn, Esslingen, Ludwigsburg[639] und viele weitere Städte in Baden-Württemberg Gebrauch gemacht. Diese Entwicklung belegt die stetig wachsende Bedeutung der Kommunalen Ordnungsdienste in der baden-württembergischen Sicherheitsarchitektur, insbesondere in den mittleren und großen Städten.[640]

(c) Rheinland-Pfalz

In Rheinland-Pfalz ist in § 94 Abs. 1 POG R-P die Pflicht zur Bestellung Kommunaler Vollzugsbeamter normiert. Alle kommunalen Gebietskörperschaften „sollen" danach zum Vollzug der ihrer Verwaltung als allgemeiner Ordnungsbehörde obliegenden Aufgaben im erforderlichen Umfang Vollzugsbeamte

---

635 *Stephan/Deger*, PolG für BW, § 80, Rn. 2.

636 *Nachbaur*, in: Möstl/Trurnit, BeckOK PolR BW, § 80 PolG, Rn. 9.

637 *Bachmann*, Kommunaler Ordnungsdienst: Was darf die neue „Polizeibehörde Stadt Heidenheim?", Heidenheimer Zeitung online, 13.10.2017, abrufbar unter: https://www.swp.de/suedwesten/staedte/heidenheim/kommunaler-ordnungsdienst_-was-darf-die-neue-_polizeibehoerde-stadt-heidenheim_-23748895.html <15.5.2018>.

638 *Homann*, Rückkehr des Schutzmanns: Warum Freiburg jetzt eine eigene Polizei hat, Südkurier online, 20.10.2017, abrufbar unter: https://www.suedkurier.de/nachrichten/baden-wuerttemberg/Rueckkehr-des-Schutzmanns-Warum-Freiburg-jetzt-eine-eigene-Polizei-hat;art417930,9462371 <15.5.2018>.

639 *Balzer*, KOD in BW, S. 3.

640 *Balzer*, KOD in BW, S. 3.

aus dem eigenen Personal bestellen. Die Regelung trägt den unterschiedlichen Anforderungen in den einzelnen Kommunen Rechnung und ermöglicht eine eigenverantwortliche, an den örtlichen Bedürfnissen orientierte Personalplanung.[641] Die „Soll-Vorschrift" ist als „Muss-Vorschrift" zu lesen, von der nur bei Vorliegen eines atypischen Einzelfalles abgewichen werden kann, sodass in jeder Kommune mindestens ein Kommunaler Vollzugsbeamter bestellt sein muss.[642] Sofern einzelne Kommunen keine kommunalen Vollzugsbeamten bestellen, drängt die aktuelle Landesregierung über die Aufsichts- und Dienstleistungsdirektion als obere Aufsichtsbehörden mit Nachdruck zur Umsetzung dieser Verpflichtung.[643] In der Praxis stellt diese Pflicht insbesondere die kleineren Kommunen vor große Herausforderungen, da diese aufgrund finanzieller Engpässe meist nicht in der Lage sind, Vollzugsbeamte im „erforderlichen Umfang" einzustellen.[644] Im Juni 2016 waren in Rheinland-Pfalz insgesamt 493 Kommunale Vollzugsbeamte bestellt.[645]

(d) Berlin

Jedes Ordnungsamt der zwölf Bezirke in Berlin besitzt einen eigenen Außendienst, der drei Tätigkeits- und Aufgabenbereiche umfasst: den Allgemeinen Ordnungsdienst (AOD) für die Kontrolle von Ordnung und Sauberkeit im öffentlichen Raum, den Verkehrsüberwachungsdienst sowie die Parkraumkontrolle für die Kontrolle der Parkraumbewirtschaftungszonen. Diese Organisationseinheiten sollen Aufgaben zur Sicherung der allgemeinen Ordnung (und Sauberkeit) im öffentlichen Raum wahrnehmen, die ansonsten nicht oder nicht im gewünschten Umfang wahrgenommen werden.[646]

---

641 Antwort des MdI R-P auf kl. Anfrage des Abg. Lammert (CDU), Antwort des MdI R-P auf kl. Anfrage des Abg. Lammert (CDU), LT-Drs. R-P 17/253, S. 2; Antwort des MdI R-P auf kl. Anfrage des Abg. Lammert (CDU), LT-Drs. R-P 17/872, S. 1.

642 *Rühle*, POR für R-P, Kap. B, Rn. 20; Antwort des MdI R-P auf kl. Anfrage des Abg. Lammert (CDU), LT-Drs. R-P 17/872, S. 1.

643 Antwort des MdI R-P auf kl. Anfrage des Abg. Lammert (CDU), Antwort des MdI R-P auf kl. Anfrage des Abg. Lammert (CDU), LT-Drs. R-P 17/253, S. 2.

644 *Rühle*, POR für R-P, Kap. B, Rn. 20.

645 Antwort des MdI R-P auf kl. Anfrage des Abg. Lammert (CDU), LT-Drs. R-P 17/253, S. 1.

646 *Knape/Kiworr*, ASOG Bln Kommentar, S. 16.

Im Fokus der Betrachtung liegt im Folgenden der AOD, der zum Teil auch als sog. „Kiezpolizei" bezeichnet wird.[647] Im Dezember 2017 waren in den zwölf Bezirken 331 Stellen im Allgemeinen Ordnungsdienst besetzt.[648] Als Außendienstmitarbeiter des Ordnungsamtes Berlin müssen die Angehörigen des AOD nicht gesondert bestellt werden. Anders als in Hessen (§ 99 Abs. 1 Satz 1 Alt. 1 HSOG), Rheinland-Pfalz (§ 94 Abs. 1 POG R-P), Sachsen (§ 80 Abs. 1 Satz 1 PolG BW) oder Baden-Württemberg (§ 80 Abs. 1 PolG BW) findet sich daher im Polizeigesetz des Landes Berlin keine Rechtsgrundlage zur Bestellung der Mitarbeiter im AOD.

(e) Sachsen

Genau wie in Baden-Württemberg wird auch in Sachsen den Ortspolizeibehörden das Recht eingeräumt Gemeindliche Vollzugsbedienstete in bestimmten auf den Gemeindebereich beschränkten Gebieten polizeiliche Vollzugsaufgaben zu übertragen und damit einen Beitrag zur Verbesserung der öffentlichen Sicherheit und Ordnung im Gemeindegebiet zu leisten (§ 80 Abs. 1 Satz 1 SächsPolG). Der später in Kraft getretene § 80 SächsPolG orientiert sich deutlich am Wortlaut des § 80 PolG BW. Durch diese Regelung soll in Sachsen den Gemeinden (§ 64 Abs. 1 Nr. 4 SächsPolG) und Verwaltungsverbänden als Ortpolizeibehörde die Möglichkeit eröffnet werden, örtliche Polizeivollzugsaufgaben, denen sich der Polizeivollzugsdienst nicht oder nicht in entsprechendem Umfang widmen kann, selbst wahrzunehmen.[649] Damit nimmt der Gemeindliche Vollzugsdienst zwischen der Polizeibehörde und dem Polizeivollzugsdienst (§ 59 SächsPolG) auch in Sachsen eine Sonderrolle ein. Von der Möglichkeit Gemeindliche Vollzugsbedienstete zu bestellen haben über 50 Städte und Gemeinden in Sachsen Gebrauch gemacht, darunter die Städte Leipzig, Dresden, Chemnitz, Görlitz sowie Freiberg.[650]

647 *Kutscha*, LKV 2007, S. 306 (306, 308); vgl. auch *Pewestorf*, Grenzen ordnungsbehördlicher Kompetenz, S. 15 f.

648 Antwort der SenIS BE auf kl. Anfrage des Abg. Luthe (FDP), Sen.-Drs. BE 18/12940, S. 2.

649 Vgl. *Belz/Elzermann*, PolG SN, § 80, Rn. 2.

650 Antwort des MdI SN auf kl. Anfrage des Abg. Neubert (LINKE), LT-Drs. SN 6/3629, Anlage, S. 1–12.

(2) Aufgaben

(a) Hessen

Die Stadt-/Kommunalpolizisten in Hessen werden auf der Grundlage des § 99 Abs. 1 Satz 1 Alt. 1 HSOG mit der „Wahrnehmung bestimmter Aufgaben der Gefahrenabwehr" betraut.[651] Eine Konkretisierung dieser Aufgaben (z.B. in Form eines Aufgabenkatalogs) findet sich weder in der umfangreichen gesetzlichen Regelung des § 99 HSOG noch in der dazu erlassenen Durchführungsverordnung (§§ 10 ff. HSOG-DVO) noch in der „Verwaltungsvorschrift zur Ausführung des HSOG" (VVHSOG). Je nach Aufgabengebiet können den Stadt-/Kommunalpolizisten somit unterschiedliche Aufgaben übertragen werden.[652] In einer Bestellungsverfügung ist schriftlich festzuhalten, welche konkreten Aufgaben übertragen wurden.[653] Darüber hinaus ist in der Bestellverfügung zu vermerken, ob der Stadt-/ Kommunalpolizist durch die Verwaltungsbehörde ermächtigt worden ist, im Außendienst Verwarnungen zu erteilen und Verwarnungsgelder zu erheben.[654]

Von besonderer Bedeutung ist der Aufgabenbereich der Stadtpolizei Frankfurt am Main. Diese ist deutschlandweit der größte Vollzugsdienst eines Ordnungsamtes. Insgesamt gehören der Stadtpolizei Frankfurt am Main rund 200 Beschäftigte an, die sich auf neun Dienstgruppen (Ermittlungsgruppe, Gewerbe- und Gesundheitsaufsicht, Hundestaffel, illegale Beschäftigung/Aufenthalt, Immissionsschutz, Motorrad- und Fahrradstreife, Umwelt- und Naturschutz-/ Abfallrecht, Task-Force-Sicherheit sowie uniformierte Dienstgruppe) und rund 20 bis 30 Mitarbeiter in der Verwaltung (u.a. Führungsstab) verteilen.[655] Der sog. „uniformierten Dienstgruppe" kommt dabei die größte sichtbare Präsenz zu. Ihre Mitarbeiter werden von den Bürgern im alltäglichen Leben als „Polizei" auf der Straße wahrgenommen. Sie umfasst zwischen 100 und 120 Mitarbeiter

---

651 Siehe oben § 3 II. 2. b) bb) (1) (a).

652 Schriftliche Antwort des Leiters des Führungsstabes Stadtpolizei Frankfurt am Main (Ordnungsamt der Stadt Frankfurt am Main), Gerald Glamser, vom 17.5.2018.

653 Vgl. Ziffer 99.1.2 VVHSOG.

654 Vgl. Ziffer 99.1.2 VVHSOG.

655 Schriftliche Antwort des Leiters des Führungsstabes Stadtpolizei Frankfurt am Main (Ordnungsamt der Stadt Frankfurt am Main), Gerald Glamser, vom 17.5.2018; vgl. auch Homepage der Stadt Frankfurt am Main, Stadtpolizei, abrufbar unter: https://www.frankfurt.de/sixcms/detail.php?id=2943&_ffmpar[_id_inhalt]=102251 <16.5.2018> sowie *Heinrich*, Stadtpolizeiliche Statistik 2016, S. 8 (Schaubild zum Organisationsaufbau der Stadtpolizei).

und ist damit die mit Abstand größte Dienstgruppe innerhalb der Stadtpolizei Frankfurt am Main.[656] Zu den konkreten Aufgaben, die dieser Dienstgruppe nach § 99 Abs. 1 Satz 1 Alt. 1 HSOG übertragen wurden, zählt u.a. der Streifen- und Präsenzdienst im gesamten Stadtgebiet, insbesondere an den sicherheitsrelevanten Einsatzschwerpunkten Innenstadt, Bahnhofsviertel und Zeil.[657] Zudem können Ordnungswidrigkeiten und Straftaten verfolgt sowie im Rahmen der allgemeinen Gefahrenabwehr Maßnahmen wie Platzverweise oder die sofortige Störungsbeseitigung bei Unfällen durchgeführt werden.[658] Die uniformierte Dienstgruppe soll als ständiger Ansprechpartner für die Bürger dienen und so die Zusammenarbeit mit den anderen Sicherheitspartnern im Stadtgebiet umsetzen.[659] Die restlichen rund 60 Mitarbeiter verteilen sich auf die anderen acht Fachdienstgruppen.[660] Die Sonderrolle der Stadtpolizei Frankfurt am Main unterstreicht die „Task-Force-Sicherheit“, die in einem Wechselschichtdienst rund um die Uhr im Einsatz ist[661] sowie die Dienstgruppe „Illegale Beschäftigung und Aufenthaltsrecht“, die Abschiebungen in kompletter Eigenverantwortung, d.h. ohne Unterstützung der Landespolizei Hessen durchführt.[662]

Die Ordnungspolizei in Fulda und Gießen wird demgegenüber hauptsächlich für Verkehrsüberwachungsaufgaben und allgemeine Ordnungsaufgaben

---

656 Schriftliche Antwort des Leiters des Führungsstabes Stadtpolizei Frankfurt am Main (Ordnungsamt der Stadt Frankfurt am Main), Gerald Glamser, vom 17.5.2018.

657 Homepage der Stadt Frankfurt am Main, Uniformierte Dienstgruppe, abrufbar unter: https://www.frankfurt.de/sixcms/detail.php?id=2943&_ffmpar[_id_inhalt]=6960463 <16.5.2018>; vgl. auch *Heinrich*, Stadtpolizeiliche Statistik 2016, S. 10 f.

658 Homepage der Stadt Frankfurt am Main, Uniformierte Dienstgruppe, abrufbar unter: https://www.frankfurt.de/sixcms/detail.php?id=2943&_ffmpar[_id_inhalt]=6960463 <16.5.2018>; vgl. auch *Heinrich*, Stadtpolizeiliche Statistik 2016, S. 10 f.

659 Homepage der Stadt Frankfurt am Main, Uniformierte Dienstgruppe, abrufbar unter: https://www.frankfurt.de/sixcms/detail.php?id=2943&_ffmpar[_id_inhalt]=6960463 <16.5.2018>; vgl. auch *Heinrich*, Stadtpolizeiliche Statistik 2016, S. 10 f.

660 Schriftliche Antwort des Leiters des Führungsstabes Stadtpolizei Frankfurt am Main (Ordnungsamt der Stadt Frankfurt am Main), Gerald Glamser, vom 17.5.2018.

661 Homepage der Stadt Frankfurt am Main, Task-Force-Sicherheit, abrufbar unter: https://www.frankfurt.de/sixcms/detail.php?id=2943&_ffmpar[_id_inhalt]=6960464 <16.5.2018>.

662 Schriftliche Antwort des Leiters des Führungsstabes Stadtpolizei Frankfurt am Main (Ordnungsamt der Stadt Frankfurt am Main), Gerald Glamser, vom 17.5.2018.

(z.B. Kontrolle der Einhaltung der Vorschriften der Gefahrenabwehrverordnung der Stadt Fulda bzw. Gießen und anderer städtischer Satzungen, Kontrolle von Kampfhunden, Ermittlungen und Kontrollen im Rahmen des Beschwerdemanagements) eingesetzt.[663] Die insgesamt 18 Mitarbeiter des Kommunalen Vollzugsdienstes Kassel nehmen ebenfalls schwerpunktmäßig ordnungsrechtliche Aufgaben wahr und kümmern sich insbesondere um Probleme im Zusammenhang mit der Trinker- und Drogenszene im Bereich der Innenstadt.[664]

(b) Baden-Württemberg

Das Spektrum der polizeilichen Aufgaben wurde in § 80 Abs. 1 PolG BW nur sehr allgemein gefasst. Die detaillierte Bestimmung der übertragbaren Aufgaben und Sachgebiete ist gemäß§ 84 Abs. 1 Satz 1 Ziffer 9 PolG BW der Exekutive vorbehalten. Aus § 80 Abs. 1 PolG BW ergibt sich jedoch eine Beschränkung dieser Ermächtigung in dreifacher Hinsicht. So ist der Aufgabenbereich sachlich auf die Wahrnehmung von Aufgaben mit kommunalem Bezug, örtlich auf ein Tätigwerden nur im „Gemeindebereich" und umfänglich auf „bestimmte polizeiliche Aufgaben" beschränkt.[665] Mit dieser Beschränkung wird die Intention des Gesetzgebers deutlich, polizeiliche Vollzugsaufgaben grundsätzlich durch die staatliche Polizei durchführen zu lassen und nur in Ausnahmefällen in begrenztem Umfang auf einen anderen Vollzugsdienst zurückzugreifen.

Auf Grundlage der Ermächtigung in § 84 Abs. 1 Satz 1 Ziffer 9 PolG BW hat das Innenministerium in § 31 Abs. 1 der „Verordnung zur Durchführung des Polizeigesetzes" (DVO PolG) einen Aufgabenkatalog mit neun kommunaltypischen Sachgebieten erlassen. Die Aufgabengebiete reichen vom Straßenverkehrsrecht über den Umweltschutz bis hin zum Veterinärwesen.[666] Darüber hinaus besteht nach § 31 Abs. 2 DVO PolG für die Ortspolizeibehörde die Möglichkeit, den Gemeindlichen Vollzugsbediensteten mit Zustimmung des Regierungspräsidiums auf weiteren, nicht in § 31 Abs. 1 DVO PolG explizit aufgeführten Sachgebieten, polizeiliche Vollzugsaufgaben zu übertragen. Über diese Regelung wurde beispielsweise der Städtischen Vollzugdienst in Stuttgart ermächtigt den

---

663 Schriftliche Antwort des Magistrats der Stadt Fulda (Rechts- und Ordnungsamt), Thomas Flügel, vom 10.6.2018; Schriftliche Antwort des Abteilungsleiters der Ordnungspolizei Gießen, Carsten Trittin, vom 14.9.2018.

664 Schriftliche Antwort des Ordnungsamtes Kassel vom 11.6.2018.

665 *Stephan/Deger*, PolG für BW, § 80, Rn. 14; *Würtenberger/Heckmann*, PolR in BW, Rn. 157.

666 § 31 Abs. 1 Satz 1 Ziffer 2, 6, 8 DVO PolG.

fließenden Verkehr auf Gemeindestraßen zu überwachen, Ordnungswidrigkeiten im Ausweiswesen und Ausländerrecht zu verfolgen sowie Räumungen des Sozialamts zu vollstrecken.[667] Die Zuständigkeit des (staatlichen) Polizeivollzugsdienstes bleibt von der Tätigkeit der Gemeindlichen Vollzugsbediensteten unberührt.[668]

In der Praxis wird der Gemeindliche Vollzugsdienst in Baden-Württemberg überwiegend für die Überwachung des ruhenden sowie des fließenden Verkehrs, für die Überwachung des Fehlverhaltens in öffentlichen Anlagen sowie für die Überwachung der Regelungen der allgemeinen Polizeiverordnungen und sonstiger Gemeindesatzungen eingesetzt.[669]

(c) Rheinland-Pfalz

Der Aufgabenbereich der Kommunalen Vollzugsbeamten wird in § 94 Abs. 1 POG R-P auf den Vollzug der „ihrer Verwaltung als allgemeine Ordnungsbehörde obliegenden Aufgaben" beschränkt. Es können somit nur Aufgaben übertragen werden, die die Ordnungsbehörde als solche zu erfüllen hat. Es liegt im Ermessen der Behördenleitung, ob alle oder nur einzelne Aufgaben i.S.d. § 94 Abs. 1 POG R-P übertragen werden.[670] Welche Aufgaben damit gemeint sind, wird weder in dieser Norm noch in einer Verordnung ausgeführt.

In der Praxis liegt der Schwerpunkt der Aufgabenerfüllung in der Durch- bzw. Umsetzung ordnungsbehördlicher Überwachungspflichten, Weisungen und Forderungen, wie z.B. der Kontrolle von Gaststätten, der Abwehr von Gefahren (durch gefährliche Hunde, Lärm, Obdachlosigkeit, Schwarzarbeit oder Waffen) und der Unterstützung bei Großveranstaltungen.[671]

(d) Berlin

Nach § 2 Abs. 6 Satz 1 ASOG Bln wird der Berliner Senat ermächtigt, eine Rechtsverordnung zu erlassen, welche die Aufgaben und Befugnisse der bezirklichen Ordnungsbehörden für die Dienstkräfte im Außendienst einheitlich regelt und beschränkt. Auf Grundlage dieser Ermächtigung wurde am 1.9.2004

---

667 *Nachbaur*, in: Möstl/Trurnit, BeckOK PolR BW, § 80 PolG, Rn. 24.1.

668 § 31 Abs. 1 Satz 2 DVO PolG.

669 Stellungnahme des MdI BW auf Antrag des Abg. Gall (SPD), LT-Drs. BW 14/4111, S. 3 f.

670 § 94 Abs. 2 Satz 1 POG R-P.

671 Begr. des RegE zum ÄndG PolG R-P, LT-Drs. R-P 14/2287, S. 54; *Rühle*, POR für R-P, Kap. B, Rn. 20.

die „Verordnung zur Festlegung der Aufgaben und Befugnisse der Dienstkräfte der Außendienste der bezirklichen Ordnungsämter“ (ODienstV BE) verkündet. Nach § 3 Abs. 1 OdienstV BE gehört insbesondere die Überwachung der Einhaltung der Bestimmungen zur Nutzung der Straßen und öffentlichen Einrichtungen sowie zum Haus- und Nachbarschaftslärm, die Feststellung von Verstößen gegen diese Vorschriften, die Verfolgung von Ordnungswidrigkeiten sowie das Ergreifen gebotener Gefahrenabwehrmaßnahmen zum Aufgabenspektrum des AOD.

Die Aufzählung in § 3 Abs. 1 ODienstV BE ist aufgrund des Begriffes „insbesondere“ nicht abschließend. Die Vorschrift enthält lediglich Regelbeispiele. Die weite Formulierung eröffnet die Möglichkeit, den Mitarbeitern des AOD weitere, nicht in § 3 Abs. 1 ODienstV BE aufgeführte, ordnungsbehördliche Aufgaben zu übertragen. Zu Klarstellungszwecken sollte hierfür eine konkretisierende Regelung in die ODienstV BE aufgenommen werden.

In der Praxis nimmt der AOD Berlin schwerpunktmäßig Aufgaben im Zusammenhang mit der Überwachung des ruhenden Verkehrs sowie der Aufrechterhaltung der Sicherheit, Ordnung und Sauberkeit im öffentlichen Raum (insb. Kontrolle des Radfahrverbots und das Mitnahmeverbots von Hunden in öffentlichen Grünanlagen, Aufnahme von Lärmbeschwerden, Kontrolle des Jugendschutzes) wahr.[672] Der AOD soll im Rahmen der Aufgabenerfüllung kooperativ und sachorientiert mit der Berliner Polizei zusammenarbeiten.[673] So werden in regelmäßig durchgeführten Koordinationsgesprächen die konkreten Erfahrungen, die bei besonders häufigen Formen der Zusammenarbeit (z.B. bei der Lärmbekämpfung, bei der Überwachung des ruhenden Verkehrs oder bei der Bewältigung von Großveranstaltungen) gemacht werden, ausgewertet und zum Zwecke der Optimierung gemeinsam erörtert.[674]

(e) Sachsen

Ebenso wie in Baden-Württemberg wird in Sachsen das Staatsministerium des Innern dazu ermächtigt durch Rechtsverordnung zu regeln, welche polizeilichen Vollzugsaufgaben auf die Gemeindlichen Vollzugsbediensteten übertragen

---

672 Antwort der SenIS BE auf kl. Anfrage des Abg. Luthe (FDP), Sen.-Drs. BE 18/12940, S. 2.

673 Antwort der SenIS BE auf kl. Anfrage der Abg. West (SPD), Sen.-Drs. BE 17/13196, S. 1.

674 Antwort der SenIS BE auf kl. Anfrage der Abg. West (SPD), Sen.-Drs. BE 17/13196, S. 1 f.

werden können (§ 80 Abs. 1 Satz 2 SächsPolG). Diese Verordnungsermächtigung erfährt durch § 80 Abs. 1 Satz 1 SächsPolG ebenfalls eine Beschränkung in örtlicher, sachlicher und umfänglicher Hinsicht.[675] Das Staatsministerium des Innern hat von der Verordnungsermächtigung im September 1991 Gebrauch gemacht und die „Verordnung über die Wahrnehmung polizeilicher Vollzugsaufgaben durch Gemeindliche Vollzugsbedienstete" (VO GVB) erlassen. Die Verordnung enthält in § 1 Satz 1 einen neun Ziffern umfassenden Katalog von kommunalen Aufgabengebieten. Diese reichen von der Überwachung des ruhenden Straßenverkehrs über den Schutz öffentlicher Grünanlagen, Erholungseinrichtungen, Kinderspielplätzen und anderer dem öffentlichen Nutzen dienender Anlagen und Einrichtungen vor Beschädigung, Verunreinigung und missbräuchliche Benutzung bis hin zum Vollzug der Vorschriften über die Sperrzeiten und den Ladenschluss. Die Zuständigkeit des Polizeivollzugsdienstes wird durch die Übertragung von Aufgaben auf die Gemeindlichen Vollzugsbediensteten nicht berührt.[676]

In der Praxis der Gemeindlichen Vollzugsbediensteten in Sachsen kommt der Überwachung des ruhenden Straßenverkehrs sowie der Kontrolle der öffentlichen Grünanlagen die größte Bedeutung zu.[677] Der Gemeindliche Vollzugsdienst der Stadt Dresden stellt mit 141 Mitarbeitern den personell größten Kommunalen Ordnungsdienst in Sachsen dar.[678]

(3) Befugnisse

(a) Hessen

Nach § 99 Abs. 2 Satz 1 HSOG besitzen die Stadt-/Kommunalpolizisten als Hilfspolizeibeamte im Rahmen der ihnen übertragenen Aufgaben „die Befugnisse von Polizeivollzugsbeamten". Ihre Eingriffsbefugnisse umfassen alle polizeirechtlichen Maßnahmen wie z.B. Identitätsfeststellungen, Befragungen, Sicherstellungen sowie Durchsuchungen.[679]

---

675 Hierzu ausführlicher *Rommelfanger/Rimmele*, PolG SN, § 80, Rn. 1.

676 § 80 Abs. 1 Satz 3 SächsPolG.

677 *Belz/Elzermann*, PolG SN, § 80, Rn. 13; Schriftliche Antwort des Abteilungsleiters Stadtordnungsdienst Leipzig (Ordnungsamt der Stadt Leipzig), Jörg Zimmermann, vom 21.6.2018.

678 Schriftliche Antwort der Abteilungsleiterin des Gemeindlichen Vollzugsdienstes Dresden (Ordnungsamt der Stadt Dresden), Jutta Gerschner, vom 12.7.2018.

679 Siehe §§ 11, 18, 12, 36, 37, 40 HSOG.

Zur zwangsweisen Durchsetzung ihrer Befugnisse durch Hilfsmittel der körperlichen Gewalt oder durch Waffen (§ 55 Abs. 3, 4 HSOG) sind die Stadt-/Kommunalpolizisten nur befugt, wenn sie hierzu explizit ermächtigt wurden.[680] Anders als für die Wachpolizei in Hessen[681] existiert für die Stadt-/Kommunalpolizisten keine allgemeine Rechtsverordnung, sodass die Ermächtigung zur Anwendung unmittelbaren Zwanges in der Regel mit der Bestellung zum Hilfspolizeibeamten erfolgt.[682] In dieser Einzelermächtigung, die grundsätzlich widerruflich ist, muss das Hilfsmittel der körperlichen Gewalt oder die Waffe genau bezeichnet werden.[683] Die Ermächtigung steht unter der einschränkenden Bedingung, dass die Stadt-/Kommunalpolizisten als Hilfspolizeibeamte die erforderlichen theoretischen und praktischen Kenntnisse über die Anwendung unmittelbaren Zwanges erworben haben.[684] Bei Schusswaffen ist die Ermächtigung auf Pistolen beschränkt, wobei das Regierungspräsidium auch Ausnahmen zulassen kann.[685] In der Praxis sind lediglich die Stadtpolizisten in Frankfurt am Main zum Zwangsmitteleinsatz durch eine Schusswaffe ermächtigt.[686]

(b) Baden-Württemberg

Nach § 80 Abs. 2 PolG BW haben die Gemeindlichen Vollzugsbediensteten bei der Erledigung ihrer polizeilichen Dienstverrichtungen die „die Stellung von Polizeibeamten" im Sinne dieses Gesetzes. Sie besitzen als Angehörige der Ortspolizeibehörde bei der Wahrnehmung der ihnen nach § 80 Abs. 1 PolG BW, § 31 Abs. 1 DVO PolG übertragenen Aufgaben die Befugnisse und Pflichten von Polizeibeamten, soweit das Bundesrecht (z.B. § 55 Abs. 1 WaffG) nicht entgegensteht.[687] Sie sind jedoch nicht gleichzeitig Angehörige des Polizeivollzugsdienstes im Sinne des § 59 Nr. 2 PolG BW.

Den Gemeindlichen Vollzugsbediensteten steht daher im Vergleich zu den Polizeivollzugsbeamten lediglich ein begrenztes Spektrum an Befugnissen zur

---

680 § 99 Abs. 2 Satz 2 HSOG.

681 Für die Wachpolizei Hessen wird die Ermächtigung zur Anwendung unmittelbaren Zwanges allgemein durch eine Rechtsverordnung erteilt (§ 13 Satz 2, 3 HSOG-DVO).

682 § 99 Abs. 2 Satz 3 HSOG sowie Ziffer 99.2.1 VVHSOG.

683 Ziffer 99.2.1 VVHSOG.

684 Ziffer 99.2.1 VVHSOG.

685 Ziffer 99.2.1 VVHSOG.

686 *Scheh*, Pistole der Stadtpolizei verschwunden, Neue Frankfurter Presse online, 11.6.2015, abrufbar unter: http://www.fnp.de/lokales/frankfurt/Wer-hat-diese-Dienstwaffe-gesehen;art675,1440444 <26.5.2018>.

687 *Stephan/Deger*, PolG für BW, § 80, Rn. 23.

Verfügung. Soweit sich die Befugnisnormen des PolG BW an den einzelnen Polizeibediensteten richten, d.h. ausschließlich den „Polizeivollzugsdienst" ermächtigen (z.B. § 20 Abs. 3, §§ 21 bis 25 PolG BW), stehen sie dem gemeindlichen Vollzugsdienst nicht zur Verfügung.[688] Denn insoweit handelt es sich nach dem erkennbaren Willen des Gesetzgebers um Sonderbestimmungen für den staatlichen Polizeivollzugsdienst.[689]

Anders als in Hessen, findet sich in Baden-Württemberg weder im PolG BW noch in der DVO PolG eine explizite Ermächtigung zur Anwendung unmittelbaren Zwanges. Aufgrund der „Stellung von Polizeibeamten" im Sinne des PolG BW sind jedoch auch die Gemeindlichen Vollzugsbediensteten im übertragenen Aufgabenbereich zur Anwendung unmittelbaren Zwanges nach Maßgabe der für Polizeibedienstete geltenden Vorschriften (§§ 49–54 lit. a PolG BW) berechtigt.[690] Nach § 51 PolG BW sind Gemeindliche Vollzugsbedienstete sowohl im Rahmen der Gefahrenabwehr als auch bei der Verfolgung von Straftaten und Ordnungswidrigkeiten zwangsmittelbefugt. Die Anwendung unmittelbaren Zwanges kommt beispielsweise beim Vollzug von Ortsrecht (Polizeiverordnungen der Orts- und Kreispolizeibehörden sowie gemeindlicher Satzungen, vgl. § 31 Abs. 1 Nr. 1 DVO PolG) in Betracht, sofern darin Ge- und Verbote enthalten und den Vollzugsbediensteten entsprechende Vollzugsaufgaben übertragen worden sind.[691]

(c) Rheinland-Pfalz

Nach § 94 Abs. 2 Satz 2 HS. 1 POG R-P überträgt die Behördenleitung den Kommunalen Vollzugsbeamten alle oder einzelne Befugnisse, die den allgemeinen Ordnungsbehörden nach diesem Gesetz zustehen. Die kommunalen Vollzugsbeamten können sich demnach nur auf die Befugnisnormen des POG R-P stützen, die nach ihrem Wortlaut neben der Polizei auch die allgemeinen Ordnungsbehörden ermächtigen. Hierzu zählen Standardmaßnahmen, wie die

---

688 *Balzer*, KOD in BW, S. 28; *Nachbaur*, in: Möstl/Trurnit, BeckOK PolR BW, § 80 PolG, Rn. 30; Antwort des MdI SN auf kl. Anfrage des Abg. Neubert (LINKE), LT-Drs. SN 6/3628, S. 2; Antwort des MdI SN auf kl. Anfrage der Abg. Pinka (LINKE), LT-Drs. SN 6/3402, S. 3; vgl. auch *Wagner/Ruder*, PolR SN, Kap. C, Rn. 94; *Belz/Elzermann*, PolG SN, § 80, Rn. 17; a.A. *Würtenberger/Heckmann*, PolR BW, Rn. 158 f.

689 *Stephan/Deger*, PolG für BW, § 80, Rn. 25; *Gassner*, VBlBW 2012, 281 (285).

690 *Krüger*, BWVPr. 1990, S. 7 (9); *Nachbaur*, in: Möstl/Trurnit, BeckO PolR BW, § 80 PolG, Rn. 38; *Ruder/Schmitt*, PolR BW, Kap. C, Rn. 94; *Würtenberger/Heckmann*, PolR in BW, Rn. 159.

691 *Gassner*, VBlBW 2013, S. 281 (284).

Befragung (§ 9a POG R-P), die Identitätsfeststellung (§ 10 POG R-P), der Platzverweis (§ 13 POG R-P), die Sicherstellung (§ 22 POG R-P), die Datenerhebung in bestimmten Fällen (§§ 26, 27, 30 POG R-P) sowie die Maßnahmen nach der Befugnisgeneralklausel (§ 9 POG R-P).

Die in § 94 Abs. 2 Satz 2 HS. 2 POG R-P übertragene Befugnis zur Anwendung unmittelbaren Zwanges ist keine Maßnahme, die das POG R-P für den allgemeinen Ordnungsdienst vorsieht.[692] Die Zwangsmittelbefugnis der Kommunalen Vollzugsbeamten richtet sich daher nach § 65 LVwVG. Die Anwendung unmittelbaren Zwanges durch Waffen ist unzulässig.[693]

(d) Berlin

In § 2 Abs. 6 Satz 1, 2 ASOG Bln wird die Exekutive ermächtigt, eine Verordnung zu erlassen, die die Befugnisse des AOD konkret festlegt. Auf Grundlage der Verordnungsermächtigung hat die Senatsverwaltung für Inneres mit § 3 Abs. 2 Nr. 1 bis 5 ODienstV BE einen detaillierten Befugniskatalog erlassen. Neben den Standardmaßnahmen nach dem allgemeinen Polizeigesetz (§§ 18 ff. ASOG Bln),[694] stehen dem AOD auch Befugnisse nach dem Gesetz über Ordnungswidrigkeiten (§ 46 Abs. 1 OWiG und § 49c OWiG)[695] sowie dem Verwaltungsvollstreckungsgesetz des Bundes (§ 10 VwVG)[696] zu.

Die Dienstkräfte des AOD[697] werden mit Reizstoffsprühgeräten und Schlagstöcken ausgerüstet;[698] Waffen oder andere Hilfsmittel zur Ausübung körperlicher Gewalt dürfen nicht mitgeführt werden.[699] Die Mitarbeiter des AOD sind mithin befugt Zwangsmittel in Form von einfacher körperlicher Gewalt einzusetzen.[700] Die Hilfsmittel der körperlichen Gewalt (Reizstoffsprühgerät und Schlagstock) sind auf Fälle der Notwehr und Nothilfe begrenzt.[701]

---

692 Der Wortlaut der Normen zur Anwendung unmittelbaren Zwanges (§§ 57 ff. POG R-P) adressiert lediglich die Polizei und nicht die allgemeinen Ordnungsbehörden.

693 *Rühle*, POR für R-P, Kap. B, Rn. 20.

694 § 2 Abs. 2 Nr. 1 ODienstV BE.

695 § 2 Abs. 2 Nr. 5 ODienstV BE.

696 § 2 Abs. 2 Nr. 2 ODienstV BE.

697 Die Mitarbeiter des Parkraumüberwachungs- und Verkehrsüberwachungsdienstes sind nicht zur Anwendung unmittelbaren Zwanges befugt.

698 § 4 Abs. 2 ODienstV BE.

699 § 4 Abs. 3 ODienstV BE.

700 Vgl. *Knape/Kiworr*, ASOG Bln Kommentar, S. 107; *Pewestorf/Söllner/Tölle*, POR BE Kommentar, § 2, Rn. 24.

701 *Knape/Kiworr*, ASOG Bln Kommentar, S. 107; *Pewestorf/Söllner/Tölle*, POR BE Kommentar, § 2, Rn. 24.

(e) Sachsen

Nach § 80 Abs. 2 SächsPolG haben die Gemeindlichen Vollzugsbediensteten bei der Erfüllung ihrer Aufgaben „die Stellung von Polizeibediensteten" im Sinn dieses Gesetzes. Auch in Sachsen sind die Gemeindlichen Vollzugsbediensteten nicht gleichzeitig Angehörige des Polizeivollzugsdienstes im Sinne des § 59 Nr. 2 SächsPolG. Die Befugnisse nach dem SächsPolG sind, wie auch in Baden-Württemberg, auf jene Befugnisnormen beschränkt, die sich nach ihrem Wortlaut an den Polizeivollzugsdienst als Einheit („die Polizei") und nicht an den einzelnen Polizeibediensteten („der Polizeivollzugsdienst") richten.[702] In Sachsen können die Gemeindlichen Vollzugsbediensteten insbesondere die Standardmaßnahmen (§§ 18, 19, 20–27 SächsPolG) durchführen.

Es fehlt hingegen eine konkrete Regelung in Bezug auf die Zwangsmittelbefugnis der Gemeindlichen Vollzugsbediensteten. Gleichwohl sind auch sie befugt, nach Maßgabe der für Polizeibediensteten geltenden Vorschriften (§§ 30–34 SächsPolG), die ihnen obliegenden Befugnisse zwangsweise durchzusetzen.[703]

(4) Einstellungsvoraussetzungen

(a) Hessen

Einzelne Einstellungsvoraussetzungen sind in den Ausführungen der VVHSOG zu § 99 HSOG normiert. Demnach müssen die Bewerber persönlich zuverlässig und geeignet sein, bestimmte Aufgaben der Gefahrenabwehr oder hilfsweise bestimmte polizeiliche Aufgaben wahrzunehmen.[704] Sie müssen körperlich und geistig in der Lage sein, die ihnen übertragenen Aufgaben angemessen zu erfüllen.[705] Die Mindestaltersgrenze wird in der Verwaltungsvorschrift auf 21 Jahre festgelegt.[706] Weitere Einstellungsvoraussetzungen wie z.B. Schulbildung, Berufserfahrung oder Altershöchstgrenze werden nicht einheitlich normiert, sodass die konkrete Ausgestaltung den einzelnen

---

702 Antwort des MdI SN auf kl. Anfrage des Abg. Neubert (LINKE), LT-Drs. SN 6/3628, S. 2; Antwort des MdI SN auf kl. Anfrage der Abg. Pinka (LINKE), LT-Drs. SN 6/3402, S. 3; vgl. auch *Wagner/Ruder*, PolR SN, Kap. C, Rn. 94; *Belz/Elzermann*, PolG SN, § 80, Rn. 17; a.A. *Rommelfanger/Rimmele*, PolG SN, § 80, Rn. 4.

703 Antwort des MdI SN auf kl. Anfrage des Abg. Neubert (LINKE), LT-Drs. SN 6/3628, S. 2; Antwort des MdI SN auf kl. Anfrage der Abg. Pinka (LINKE), LT-Drs. SN 6/3402, S. 3; *Belz/Elzermann*, PolG SN, § 80, Rn. 18.

704 Ziffer 99.1.1 VVHSOG.

705 Ziffer 99.1.1 VVHSOG.

706 Ziffer 99.1.1 VVHSOG.

Kommunen obliegt. In der Praxis verlangt z.B. das Ordnungsamt der Stadt Frankfurt am Main von einem Bewerber für die Stadtpolizei neben den in der VVHSOG genannten Voraussetzungen, einen Schulabschluss, eine abgeschlossene Berufsausbildung sowie einen Führerschein der Klasse B.[707]

(b) Baden-Württemberg

In Baden-Württemberg existiert keine Regelung, die die Einstellungsvoraussetzungen zum Gemeindlichen Vollzugsdienst landesweit einheitlich normiert. Die konkrete Ausgestaltung der Anforderungen obliegt den Kommunen. Die erforderliche Eignung, Befähigung und fachliche Leistung hängen von der Art und dem Umfang der übertragenen Aufgaben ab. In der Praxis gelten für den KOD Karlsruhe die strengsten Einstellungsvoraussetzungen: Neben einer abgeschlossenen Berufsausbildung und einem Führerschein der Klasse B, müssen die Bewerber gute technische Kenntnisse sowie eine besondere Ausdrucksfähigkeit in Schrift und Wort vorweisen.[708]

(c) Rheinland-Pfalz

Auf Grundlage der Ermächtigung in § 94 Abs. 4 POG R-P wurde die „Landesverordnung über die kommunalen Vollzugsbeamtinnen und kommunalen Vollzugsbeamten sowie die Hilfspolizeibeamtinnen und Hilfspolizeibeamten hat der Innenminister“ (KomVollzBV) erlassen. In § 1 KomVollzBV wurden verbindliche Einstellungsvoraussetzungen für Kommunale Vollzugsbeamte normiert. Demnach müssen Bewerber mindestens 18 Jahre alt sein, Gewähr dafür bieten, jederzeit für die freiheitlich demokratische Grundordnung im Sinne des Grundgesetzes für die Bundesrepublik Deutschland einzutreten und eine entsprechende fachliche Befähigung vorweisen. Den Kommunen steht es darüber hinaus frei, weitere Einstellungsvoraussetzungen zu normieren.

---

707 Homepage der Stadt Frankfurt am Main, Einstellungsvoraussetzungen für die Stadtpolizei, abrufbar unter: https://www.frankfurt.de/sixcms/detail.php?id=2948&_ffmpar[_id_inhalt]=7938946 <26.5.2018>.

708 Informationsbroschüre der Stadt Karlsruhe, Ihr kommunaler Ordnungsdienst, S. 17, abrufbar unter: https://edit.karlsruhe.de/b4/buergerdienste/sicherheit_ordnung/kod/HF_sections/content/ZZkuIbEZMx9Z0H/ZZmaeusSIiufV3/15022%20KOD%20Broschuere%20RZ%20Ansicht.pdf <15.5.2018>.

(d) Berlin

Auch in Berlin existiert keine Vorschrift, die konkrete Einstellungsvoraussetzungen verbindlich festlegt. In Berlin ergibt sich in der Praxis die Besonderheit, dass die Besetzung der AOD-Stellen in der Regel aus dem Personalüberhang Berlins erfolgt.[709] Nur, wenn sich im Personalpool keine oder nicht genügend Mitarbeiter finden, erfolgt eine externe Ausschreibung von Stellen.[710] So wurde beispielsweise in einer öffentlichen Ausschreibung als „Tarifangestellter im Allgemeinen Ordnungsdienst" im Bezirksamt Steglitz-Zehlendorf im März 2018 neben einer abgeschlossenen dreijährigen Berufsausbildung, eine Außendiensttauglichkeit sowie der Besitz eines Führerscheins der Klasse B vorausgesetzt.[711]

(e) Sachsen

In Sachsen existiert keine Vorschrift, die die Einstellungsvoraussetzungen für die Gemeindlichen Vollzugsbediensteten einheitlich normiert. Die Entscheidung über die konkreten polizeifachlichen Voraussetzungen, Qualifizierungen und anderweitigen fachlichen und Zuverlässigkeitsanforderungen, die die Bewerber erfüllen müssen, obliegt der jeweiligen Kommune.[712] In der Praxis müssen Bewerber bei der „Polizeibehörde" Leipzig[713] als einzige Einstellungsvoraussetzung eine verwaltungsrechtliche Ausbildung (z.B. als Ausbildung zum Verwaltungsfachangestellten oder Angestelltenlehrgang I) vorweisen.[714] In Zukunft soll diese Anforderung auf eine abgeschlossene dreijährige Berufsausbildung im kaufmännischen Bereich angehoben werden.[715] In Dresden müssen die Bewerber für eine Einstellung in den Gemeindlichen

---

709 *Söllner*, Die Verhilfspolizeilichung, S. 47.

710 *Söllner*, Die Verhilfspolizeilichung, S. 47.

711 Homepage der Stadt Berlin, Stellenausschreibung zum Tarifangestellten im Allgemeinen Ordnungsdienst, abrufbar unter: https://www.berlin.de/politik-verwaltung-buerger/stellenausschreibungen/detail.php/22056 <26.5.2018>.

712 Antwort des MdI SN auf kl. Anfrage der Abg. Pinka (LINKE), LT-Drs. SN 6/3402, S. 3.

713 Im Frühjahr 2018 erfolgte die Umbenennung des Gemeindlichen Vollzugsdienstes Leipzig in „Polizeibehörde" Leipzig.

714 Schriftliche Antwort des Abteilungsleiters Stadtordnungsdienst Leipzig (Ordnungsamt der Stadt Leipzig), Jörg Zimmermann, vom 21.6.2018.

715 Schriftliche Antwort des Abteilungsleiters Stadtordnungsdienst Leipzig (Ordnungsamt der Stadt Leipzig), Jörg Zimmermann, vom 21.6.2018.

Vollzugsdienst neben der abgeschlossenen verwaltungsrechtlichen Berufsausbildung auch einen Führerschein der Klasse B vorweisen.[716]

(5) Ausbildung

(a) Hessen

Auf Grundlage von §§ 99 Abs. 4 Nr. 3, 114 HSOG hat der Minister des Innern in Hessen § 10 HSOG-DVO erlassen. Die Ausbildungsdauer der Hilfspolizeibeamten beträgt mindestens sechs Wochen (25 bis 30 Stunden in der Woche).[717] Die Ausbildung umfasst in einem allgemeinen Teil die Vermittlung allgemeiner verwaltungs- und verfassungsrechtlicher Kenntnisse sowie theoretischer und praktischer Kenntnisse des allgemeinen Gefahrenabwehrrechts und der allgemeinen Bestimmungen des Straf- und des Ordnungswidrigkeitenrechts.[718] Zum Abschluss der Ausbildung müssen die Auszubildenden eine Befähigungsnachweisprüfung erfolgreich absolvieren.[719] Die Formulierung einer Mindestdauer für die Ausbildung der Hilfspolizeibeamten eröffnet den Kommunen in Hessen einen großen Handlungsspielraum. In der Praxis beträgt die Dauer der Ausbildung bei der Stadtpolizei Frankfurt am Main 32 Wochen.[720] In Kassel müssen die Mitarbeiter des Kommunalen Vollzugsdienstes an einem „Sonderlehrgang zur Ausbildung von Hilfspolizeibeamten" beim Hessischen Verwaltungsschulverband (HVSV) teilnehmen. Die Gesamtdauer des Lehrgangs beträgt 228 Stunden und wird von den Teilnehmern in einem Zeitraum von drei bis sechs Monaten absolviert.[721] Darüber hinaus müssen die Mitarbeiter an einem 40-stündigen Basisseminar „Ermächtigung zum Zwang"[722] sowie einem zwölfstündigen Seminar „Teleskopschlagstock – rechtssichere und praktische Anwendung" teilnehmen.[723] Die Dauer der Ausbildung zum Kommunalen Vollzugsbeamten der Stadt

716 Schriftliche Antwort der Abteilungsleiterin des Gemeindlichen Vollzugsdienstes Dresden (Ordnungsamt der Stadt Dresden), Jutta Gerschner, vom 12.7.2018.

717 § 10 Abs. 3 Satz 1, 2 HSOG-DVO.

718 § 10Abs. 4 HSOG-DVO.

719 § 10Abs. 5 Satz 1 HSOG-DVO.

720 Homepage der Stadt Frankfurt am Main, Ausbildung bei der Stadtpolizei, abrufbar unter: https://www.frankfurt.de/sixcms/detail.php?id=2943&_ffmpar[_id_inhalt]=6734674 <27.5.2018>; *Söllner*, Die Verpolizeilichung, S. 40.

721 Schriftliche Antwort des Ordnungsamtes Kassel vom 25.6.2018.

722 Das Seminar besteht aus einem 20-stündigen Theorie- und einem 20-stündigen Praxisblock und wird an insgesamt 5 Tagen absolviert.

723 Schriftliche Antwort des Ordnungsamtes Kassel vom 25.6.2018.

Kassel beträgt insgesamt 280 Stunden. In Gießen dauert die Ausbildung zum Ordnungspolizeibeamten hingegen (nur) 228 Stunden.

(b) Baden-Württemberg

In Baden-Württemberg existiert derzeit keine Rechtsvorschrift, die die Ausbildung der Gemeindlichen Vollzugsbediensteten landesweit einheitlich regelt. Die Ausbildung obliegt mithin der freien Entscheidung der Kommunen, sodass zum Teil erhebliche Unterschiede bei der Ausbildungsdauer der Gemeindlichen Vollzugsbediensteten in den einzelnen Kommunen Baden-Württembergs bestehen.[724] Teilweise erfolgt keine Ausbildung, teilweise wird eine einjährige Fortbildung an der Verwaltungsschule Baden-Württemberg in Karlsruhe einschließlich Hospitation bei der Vollzugspolizei im Streifendienst vorausgesetzt.[725] Nicht nur die Ausbildungsdauer, sondern auch das in der Ausbildung vermittelte Wissen des Gemeindevollzugsdienstes unterscheidet sich erheblich zwischen den Kommunen. Dabei bilden die Lehrgänge und Seminare der Württembergischen Verwaltungs- und Wirtschaftsakademie e.V. die Basis des beruflichen Wissens eines Gemeindevollzugsbediensteten und begründen die Standardausbildung in Baden-Württemberg.[726] In Anbetracht dieser zum Teil erheblichen Unterschiede wurde bereits im Jahr 2013 im Rahmen einer umfassenden Analyse der Eingriffsbefugnisse und Ausbildung der Mitarbeiter des KOD in Baden-Württemberg eine grundlegende Reform der Ausbildung und die Normierung einheitlicher Ausbildungsstandards gefordert.[727] In einem detaillierten „Vorschlag für eine Verordnung über die Berufsausbildung zum Verwaltungsfachangestellten Fachrichtung Sicherheit und Ordnung" raten die Experten die Ausbildungsdauer auf 120 Wochen (2,5 Jahre) anzuheben, davon 72 Wochen in der Theorie und 48 Wochen in der Praxis.[728] Das Innenministerium in Baden-Württemberg plant daher die DVO PolG bis zum Ende der Legislaturperiode im Jahr 2021 zu überarbeiten, um die bislang bestehenden Unterschiede in der Ausbildung zu reduzieren.[729]

---

724 Stellungnahme des MdI BW auf Antrag der Abg. Berg u.a. (AfD), LT-Drs. BW 16/3802, S. 4.

725 Stellungnahme des MdI BW auf Antrag der Abg. Berg u.a. (AfD), LT-Drs. BW 16/3802, S. 1.

726 *Balzer*, KOD in BW, S. 86.

727 *Balzer*, KOD in BW, S. 1 ff.

728 *Balzer*, KOD in BW, S. 90.

729 Stellungnahme des MdI BW auf Antrag der Abg. Berg u.a. (AfD), LT-Drs. BW 16/3802, S. 4.

(c) Rheinland-Pfalz

Auf der Grundlage des § 94 Abs. 4 POG R-P wurde mit § 2 KomVollzBV eine konkrete Regelung zur Ausbildung der kommunalen Vollzugsbeamten in Rheinland-Pfalz erlassen. Die Ausbildungsdauer beträgt demnach zehn Wochen und ist bei der Hochschule der Polizei Rheinland-Pfalz oder einer anderen geeigneten Stelle durchzuführen.[730] Grundlage der Ausbildung ist ein von dem für die öffentliche Sicherheit und Ordnung zuständigen Ministerium erlassener Lehrplan.[731] Der Ausbildungsinhalt umfasst u.a. die Gebiete Allgemeines Verwaltungs-, Polizei- und Ordnungsrecht, besonderes Verwaltungs- und Ordnungsrecht, Eingriffsrecht, Ordnungswidrigkeitenrecht und Strafrecht, Psychologie sowie Einsatz- und Situationstraining.[732]

In der Praxis wird die zehnwöchige Ausbildungsdauer von den meisten Kommunen nicht eingehalten. Insbesondere die kleineren Kommunen sind aus Kostengründen dazu übergegangen, sich ein bis zwei Jahre Zeit zu lassen, bevor sie ihre Vollzugsbeamten auf den 10-wöchigen Ausbildungslehrgang schicken.[733] Darüber versuchen sie unter Verweis auf den Ausnahmetatbestand in § 2 Abs. 2 KomVollzBV die Pflicht zur Teilnahme der Vollzugsbediensteten an diesem Lehrgang zu umgehen. So kann eine Person, die bei einem der kommunalen Studieninstitute des Landes eine Prüfung zum Verwaltungsfachangestellten oder bei der Zentralen Verwaltungsschule eine Ausbildung im 2. Einstiegsamt erfolgreich abgeschlossen hat, sofort und ohne Einschränkung als kommunaler Vollzugsbeamter tätig werden, obwohl er im Rahmen dieser kurzen Ausbildungszweige lediglich rudimentäre Grundkenntnisse im Bereich des Gefahrenabwehrrechts erworben hat.[734]

(d) Berlin

In Berlin existiert keine einheitliche Regelung zur Ausbildung der Mitarbeiter im AOD. In der Praxis beträgt die Dauer der „Qualifizierungsreihe „Allgemeiner Ordnungsdienst“ bei der Verwaltungsakademie Berlin knapp 13 Wochen (63 Tage) und umfasst die Module Ordnungswidrigkeitenrecht, Polizei- und Ordnungsrecht, Verkehrsrecht, Konflikttraining, Deeskalation, Interkulturelle

---

730 § 2 Abs. 1 Satz 1 KomVollzBV.
731 § 2 Abs. 1 Satz 2 KomVollzBV.
732 § 2 Abs. 1 Satz 3 KomVollzBV.
733 *Rühle*, POR für R-P, Kap. B, Rn. 20.
734 *Rühle*, POR für R-P, Kap. B, Rn. 20.

Kompetenz sowie Selbstverteidigung.[735] Sie endet mit einer Abschlussprüfung, die aus einer Gruppenpräsentation und einem schriftlichen Abschlusstest besteht.[736]

(e) Sachsen

Die Ausgestaltung der Dauer und des Inhalts der Ausbildung obliegt in Sachsen, mangels einheitlicher Regelung, den Städten und Gemeinden.[737] In der Praxis durchlaufen die Mitarbeiter der Polizeibehörde Leipzig ein Ausbildungsprogramm für den Gemeindlichen Vollzugsdienst. In einem Grundlehrgang von bisher 160 Stunden[738] werden neben theoretische Kenntnissen im Bereich des Strafrechts, Ordnungswidrigkeitenrechts, Polizeirechts sowie diversen Fachgesetzen und Satzungen auch praktische Kenntnisse aus dem Bereich Einsatztaktik und Deeskalationsmethodik vermittelt.[739] Darüber hinaus werden diverse Unterrichtseinheiten zu speziellen Themen (z.B. Selbstverteidigung, Einsatztaktik, Gewerberecht) im laufenden Dienstbetrieb angeboten.[740] Die Mitarbeiter des Gemeindlichen Vollzugsdienstes in Dresden werden primär im Dienst geschult. Ihre Einarbeitungszeit beträgt zwischen vier und sechs Monate.[741] Eine Teilnahme an externen Ausbildungslehrgängen findet nicht statt.[742]

---

735 Homepage der Stadt Berlin, Qualifizierungsreihe „Allgemeiner Ordnungsdienst", abrufbar unter: https://www.berlin.de/vak/beraten-und-entwickeln/reihen/qualifizierungsreihen/artikel.59734.php <26.5.2018>.

736 Homepage der Stadt Berlin, Qualifizierungsreihe „Allgemeiner Ordnungsdienst", abrufbar unter: https://www.berlin.de/vak/beraten-und-entwickeln/reihen/qualifizierungsreihen/artikel.59734.php <26.5.2018>.

737 Antwort des MdI SN auf kl. Anfrage des Abg. Stange (LINKE), LT-Drs. SN 6/3402, S. 2; Antwort des MdI SN auf kl. Anfrage der Abg. Pinka (LINKE), LT-Drs. SN 6/3402, S. 3.

738 Laut Auskunft des Abteilungsleiters Stadtordnungsdienst Leipzig, Jörg Zimmermann, soll der Grundlehrgang im Jahr 2018 erheblich erweitert werden (insbesondere im Hinblick auf die Vermittlung verwaltungsrechtlicher Kenntnisse).

739 Schriftliche Antwort des Abteilungsleiters Stadtordnungsdienst Leipzig (Ordnungsamt der Stadt Leipzig), Jörg Zimmermann, vom 21.6.2018.

740 Schriftliche Antwort des Abteilungsleiters Stadtordnungsdienst Leipzig (Ordnungsamt der Stadt Leipzig), Jörg Zimmermann, vom 21.6.2018.

741 Schriftliche Antwort der Abteilungsleiterin des Gemeindlichen Vollzugsdienstes Dresden (Ordnungsamt der Stadt Dresden), Jutta Gerschner, vom 12.7.2018

742 Schriftliche Antwort der Abteilungsleiterin des Gemeindlichen Vollzugsdienstes Dresden (Ordnungsamt der Stadt Dresden), Jutta Gerschner, vom 12.7.2018

(6) Kennzeichnung und Ausstattung

Die Mitarbeiter der Kommunalen Ordnungsdienste in Hessen,[743] Baden-Württemberg,[744] Sachsen,[745] Rheinland-Pfalz[746] und Berlin[747] tragen allesamt eine Uniform, die der dunkelblauen Uniform der Polizeivollzugsbeamten der Länder stark ähnelt. Die optische Unterscheidbarkeit beschränkt sich in der Regel auf das Wappen der bestellenden Behörde am oberen Ärmel sowie einen Schriftzug auf der Rückseite der Jacke, der den Mitarbeiter – je nach Land und Kommune – als Angestellten bei der „Stadtpolizei",[748] „Kommunalpolizei",[749] „Polizeibehörde"[750] oder beim „Ordnungsamt"[751] ausweist. Zur Ausstattung der Mitarbeiter der Kommunalen Ordnungsdienste gehören regelmäßig Handfesseln, Reizstoffsprühgeräte sowie ein Schlagstock.[752] Die Angestellten der

---

743 *Fenger/Tohidipur/Tuchscherer*, LKRZ 2013, S. 451 (451); *Söllner*, Die Verhilfspolizeilichung, S. 39.

744 *Gassner*, VBlBW 2013, S. 281 (290); *Homann*, Rückkehr des Schutzmanns: Warum Freiburg jetzt eine eigene Polizei hat, Südkurier online, 20.10.2017, abrufbar unter: https://www.suedkurier.de/nachrichten/baden-wuerttemberg/Rueckkehr-des-Schutzmanns-Warum-Freiburg-jetzt-eine-eigene-Polizei-hat;art417930,9462371 <15.5.2018>; Informationsbroschüre der Stadt Karlsruhe, Ihr kommunaler Ordnungsdienst, S. 5, abrufbar unter: https://edit.karlsruhe.de/b4/buergerdienste/sicherheit_ordnung/kod/HF_sections/content/ZZkuIbEZMx9Z0H/ZZmaeusSIiufV3/15022%20KOD%20Broschuere%20RZ%20Ansicht.pdf <15.5.2018>.

745 *Nößler*, Leipzigs neue „Stadtpolizei" ist da – was sich dadurch ändert, Leipziger Volkszeitung online, 23.2.2018, abrufbar unter: http://www.lvz.de/Leipzig/Lokales/Leipzigs-neue-Stadtpolizei-ist-da-was-sich-dadurch-aendert <15.5.2018>; Antwort des MdI SN auf kl. Anfrage des Abg. Neubert (LINKE), LT-Drs. SN 6/3629, S. 11.

746 *Rühle*, POR für R-P, Kap. B, Rn. 20a.

747 *Kutscha*, LKV 2007, S. 306 (306).

748 *Rachor*, in: Lisken/Denninger, Hdb des PolR, Kap. C, Rn. 39.

749 *Rachor*, in: Lisken/Denninger, Hdb des PolR, Kap. C, Rn. 39.

750 Informationsbroschüre der Stadt Karlsruhe, Ihr kommunaler Ordnungsdienst, S. 5, abrufbar unter: https://edit.karlsruhe.de/b4/buergerdienste/sicherheit_ordnung/kod/HF_sections/content/ZZkuIbEZMx9Z0H/ZZmaeusSIiufV3/15022%20KOD%20Broschuere%20RZ%20Ansicht.pdf <15.5.2018>; *Nößler*, Leipzigs neue „Stadtpolizei" ist da-was sich dadurch ändert, Leipziger Volkszeitung online, 23.2.2018, abrufbar unter: http://www.lvz.de/Leipzig/Lokales/Leipzigs-neue-Stadtpolizei-ist-da-was-sich-dadurch-aendert <15.5.2018>; Stellungnahme des MdI BW auf Antrag der Abg. Berg u.a. (AfD), LT-Drs. BW 16/3802, S. 2.

751 *Kutscha*, LKV 2007, S. 306 (306).

752 Vgl. beispielhaft §§ 99 Abs. 2 Satz 2, Abs. 4 Satz 2 HSOG, Ziffer 99.2.2 VVHSOG; § 5 Abs. 1 KomVollzBV; § 4 Abs. 2 ODienstV BE.

Stadtpolizei Frankfurt am Main[753] sowie des Kommunalen Ordnungsdienstes der Stadt Stuttgart[754] sind darüber hinaus mit einer Pistole ausgestattet. Die besondere Einsatzgruppe des Gemeindlichen Vollzugsdienstes der Stadt Dresden ist mit einer CO2-Pistole Typ Walther P99RAM mit Pepperball-Munition ausgerüstet.[755] Der Einsatz der Pistole ist nur zur Tierabwehr erlaubt, sofern nicht andere Umstände, wie z. B. Notwehr oder rechtfertigender Notstand einen Einsatz zur Abwehr einer Gefahr für Leib, Leben oder Gesundheit von sich selbst oder einer dritten Person notwendig erscheinen lassen.[756]

(7) Zusammenfassung

Die Städte und Gemeinden in Hessen, Baden-Württemberg, Sachsen, Rheinland-Pfalz sowie Berlin verfolgen in Bezug auf die Errichtung und Ausgestaltung Kommunaler Ordnungsdienste eine sehr unterschiedliche Praxis. Trotz der enormen Anzahl verschiedener Konzepte sollen nachfolgend die relevantesten Gemeinsamkeiten (a) und Unterschiede (b) aufgezeigt werden.

(a) Gemeinsamkeiten

Eine erste Gemeinsamkeit zwischen den einzelnen landesrechtlichen Ausprägungen Kommunaler Ordnungsdienste besteht im Hinblick auf die optische Kennzeichnung und Ausstattung der Mitarbeiter. Alle Mitarbeiter tragen eine Uniform, die der dunkelblauen Uniform der Polizeivollzugsbeamten der Länder stark ähnelt. Rein optisch lassen sich diese Uniformen nur anhand des Wappens der bestellenden Behörde sowie des Schriftzuges auf der Rückseite der Jacke unterscheiden. Die Mitarbeiter der Kommunalen Ordnungsdienste sind regelmäßig mit Handfesseln, Reizstoffsprühgeräten sowie einem Schlagstock ausgerüstet. Eine Waffe tragen demgegenüber nur die Mitarbeiter der Stadtpolizei Frankfurt am Main, die besondere Einsatzgruppe des Gemeindlichen

---

753 *Scheh*, Pistole der Stadtpolizei verschwunden, Neue Frankfurter Presse online, 11.6.2015, abrufbar unter: http://www.fnp.de/lokales/frankfurt/Wer-hat-diese-Dienstwaffe-gesehen;art675,1440444 <26.5.2018>.

754 Stellungnahme des MdI BW auf Antrag der Abg. Berg u.a. (AfD), LT-Drs. BW 16/3802, S. 2; *Eschenauer*, „Stadtpolizei" zieht Bilanz: Die Waffe soll bleiben, OP online, 25.6.2013, abrufbar unter: https://www.op-online.de/region/frankfurt/waffe-soll-bleiben-2972667.html <26.5.2018>; *Krahmer*, B&P 2018, S. 82 (87).

755 Antwort des MdI SN auf kl. Anfrage des Abg. Stange (LINKE), LT-Drs. SN 6/11007, S. 2; *Krahmer*, B&P 2018, S. 82 (87).

756 Antwort des MdI SN auf kl. Anfrage des Abg. Stange (LINKE), LT-Drs. SN 6/11007, S. 2; *Krahmer*, B&P 2018, S. 82 (87).

Vollzugsdienstes der Stadt Dresden sowie die Mitarbeiter des Kommunalen Ordnungsdienstes der Stadt Stuttgart.

In Bezug auf die Einstellungsvoraussetzungen existieren – mit Ausnahme von Hessen und Rheinland-Pfalz – keine landesweit einheitlichen Vorgaben. Die konkrete Ausgestaltung dieser Voraussetzungen obliegt den Kommunen. Selbst die in Ziffer 99.1.1 VVHSOG sowie § 1 KomVollzBV formulierten Vorgaben, z. B. der „körperlichen und fachlichen" Befähigung, sind so weit gefasst, dass der bestellenden Behörde in Hessen und Rheinland-Pfalz bei der Anwendung dieser Rechtsvorschriften ein großer Ermessensspielraum zukommt. In der Praxis der Kommunen ist zu erkennen, dass von allen eine abgeschlossene Berufsausbildung sowie ein Führerschein der Klasse B vorausgesetzt wird. Das von den Kommunen festgelegte Mindestalter für eine Einstellung liegt zwischen 18 und 21 Jahren.

(b) Unterschiede

Trotz der aufgezeigten Gemeinsamkeiten im Hinblick auf die Uniformierung, Ausstattung und Ausbildung der Mitarbeiter der Kommunalen Ordnungsdienste überwiegen – aufgrund des großen Handlungsspielraums der Kommunen – die Unterschiede zwischen den Konzepten.

Diese werden unter anderem bei einem Vergleich der übertragenen Aufgaben deutlich. Bereits in der rechtlichen Normierung konkreter Aufgabenfelder unterscheiden sich die landesspezifischen Regelungen. So wurden in Sachsen, Baden-Württemberg und Berlin Verordnungen erlassen, in der einzelne Aufgabenfelder konkret benannt sind (§ 1 Satz 1 VO GVB, § 31 Abs. 1, 2 DVO PolG, § 3 Abs. 1 ODienstV BE). Für die Gemeindlichen Vollzugsbediensteten enthält § 1 Satz 1 VO GVB einen Aufgabenkatalog, der ihre potentiellen Tätigkeitsbereiche abschließend normiert. In Baden-Württemberg besteht hingegen die Möglichkeit, über § 31 Abs. 2 DVO PolG auch auf weiteren, nicht im Aufgabenkatalog des § 31 Abs. 1 DVO PolG explizit aufgeführten Sachgebieten polizeiliche Vollzugsaufgaben auf die Gemeindlichen Vollzugsbediensteten zu delegieren. Aufgrund dieser Subdelegation kommt den jeweiligen Behörden in Baden-Württemberg bei der Übertragung der polizeilichen Aufgaben ein weiter Entscheidungsspielraum zu. Die Möglichkeit der Ortspolizeibehörden, nach § 31 Abs. 2 DVO PolG das Aufgabenfeld der Gemeindlichen Vollzugsbediensteten zu erweitern (z. B. Städtischer Vollzugsdienst Stuttgart), ist jedoch äußerst bedenklich. Die Delegation zusätzlicher, nicht in § 31 Abs. 1 DVO PolG genannter Aufgaben ist eigentlich nur durch das Innenministerium auf der Grundlage des § 84 PolG zulässig.[757] Die gleichen Bedenken lassen sich in Bezug auf § 3 Abs. 1 ODienstV BE vorbringen. Dieser nennt lediglich Regelbeispiele für Aufgaben, die der AOD wahrnehmen kann. Somit können die zuständigen Behörden dem AOD weitere, in § 3 Abs. 1 ODienstV BE nicht explizit aufgeführte Aufgaben übertragen und so die Zuständigkeit des Verordnungsgebers umgehen.

In Hessen und Rheinland-Pfalz existieren hingegen keine vergleichbaren Regelungen, welche die übertragbaren polizeilichen Aufgaben näher spezifizieren. Der Umfang der Aufgaben kann mithin zwischen den einzelnen Hilfspolizeibeamten in Hessen bzw. den Kommunalen Vollzugsbeamten in Rheinland-Pfalz variieren.

In der Praxis steht den Stadtpolizisten in Frankfurt am Main das mit Abstand umfangreichste Aufgabenspektrum zur Verfügung. Zu den Aufgaben zählt neben dem Streifen- und Präsenzdienst im gesamten Stadtgebiet auch die Verfolgung von Ordnungswidrigkeiten und Straftaten. Darüber hinaus führt die Stadtpolizei Frankfurt am Main Abschiebungen ausreisepflichtiger Personen – ohne Unterstützung der Landespolizei Hessen – in Eigenregie durch. In den anderen Ländern sowie den anderen hessischen Städten und Gemeinden nehmen die uniformierten Vollzugskräfte der Ordnungsämter hingegen überwiegend „einfache" Ordnungsaufgaben mit kommunalem Bezug wahr. Hierzu zählen u. a. die Überwachung des ruhenden Verkehrs, die Überwachung gefahrenabwehrrechtlicher Verordnungen und städtischer Satzungen sowie Ermittlungen und Kontrollen im Rahmen des Beschwerdemanagements.

Auch im Hinblick auf die polizeilichen Befugnisse zeigt sich die exponierte Stellung der Stadtpolizei Frankfurt am Main. Nach § 99 Abs. 2 Satz 1 HSOG besitzen die Hilfspolizeibeamten in Hessen im Rahmen der ihnen übertragenen Aufgaben „die Befugnisse von Polizeibeamten". Die Eingriffsbefugnisse der Stadt-, Kommunal- bzw. Ordnungspolizeibeamten umfassen alle polizeirechtlichen Standardmaßnahmen wie Identitätsfeststellungen, Befragungen, Sicherstellungen oder Durchsuchungen von Personen, Sachen und Wohnungen.

Den uniformierten Vollzugskräften der Ordnungsämter in Sachsen, Baden-Württemberg und Berlin stehen dagegen geringe Eingriffsbefugnisse zu. In Sachsen und Baden-Württemberg kommt ihnen bei der Erfüllung ihrer Aufgaben „die Stellung von Polizeibediensteten" zu (§ 80 Abs. 2 SächsPolG, § 80 Abs. 2 PolG BW). Trotz dieser Gleichstellung der Vollzugskräfte mit den Polizeibediensteten sind die Befugnisse auf jene Normen beschränkt, die sich nach ihrem Wortlaut an den Polizeivollzugsdienst als Einheit („die Polizei") und nicht

---

757 So auch *Stephan/Deger*, PolG für BW, § 80, Rn. 19.

an den einzelnen Polizeibediensteten („der Polizeivollzugsdienst") richten. Den Mitarbeitern des AOD Berlin sind in einem detaillierten Befugniskatalog (§ 2 Abs. 2 Nr. 1 lit. a bis l ODienstV BE) die wesentlichen Standardmaßnahmen nach dem ASOG Bln zugewiesen.

Die geringsten Befugnisse besitzen die Kommunalen Vollzugsbeamten in Rheinland-Pfalz. Aufgrund der in § 94 Abs. 2 Satz 2 POG R-P formulierten Beschränkung auf Befugnisse „die den allgemeinen Ordnungsbehörden nach diesem Gesetz zustehen", können diese lediglich Befragungen, Identitätsfeststellungen und Sicherstellungen durchführen oder Platzverweise aussprechen.

Ferner bestehen im Bereich der Ausbildung erhebliche Divergenzen hinsichtlich der Dauer. Die Zeitspanne der Ausbildung reicht von keiner Ausbildung über eine 13-wöchige Ausbildung des AOD Berlin bis hin zu einer einjährigen Ausbildung des KOD Karlsruhe. Die Ausbildung bei dem mit den umfangreichsten Befugnissen ausgestatteten Ordnungsdienst – der Stadtpolizei in Frankfurt am Main – dauert 32 Wochen. Die große Heterogenität in Bezug auf die Ausbildung ist auf das Fehlen landesweit einheitlicher Ausbildungsstandards zurückzuführen. Lediglich in Hessen (mindestens sechs Wochen)[758] und Rheinland-Pfalz (zehn Wochen)[759] hat der Verordnungsgeber landesweit einheitliche Vorgaben für die Dauer der Ausbildung erlassen. Besonders hervorzuheben ist in diesem Zusammenhang die Umsetzung dieser Vorgaben durch das Land Hessen. Denn Hessen ist das einzige Land, in dem landesweit einheitliche Ausbildungslehrgänge angeboten werden (z. B. „Sonderlehrgang zur Ausbildung von Hilfspolizeibeamten" oder Basisseminar „Ermächtigung zum Zwang"). Die zeitliche und inhaltliche Ausgestaltung der Ausbildung obliegt in allen anderen Ländern der freien Entscheidung der Kommunen.

Abschließend ist festzustellen, dass in Bezug auf den Umfang der übertragenen polizeilichen Aufgaben und Befugnisse nur bei der Stadtpolizei Frankfurt am Main von der Entstehung einer neuen „Ordnungspolizei" gesprochen werden kann. Nur hier leisten die Mitarbeiter der Stadtpolizei einen umfangreichen Streifen- und Präsenzdienst im gesamten Stadtgebiet und verfolgen neben Ordnungswidrigkeiten auch Straftaten. Dass in Hessen eine echte kommunale Ordnungspolizei neben der Vollzugspolizei erwünscht ist, zeigt sich in der nach § 99 Abs. 1 Satz 1 HS. 2 HSOG explizit geregelten Möglichkeit, als Hilfspolizeibeamter in den Landkreisen und Gemeinden in Hessen die Bezeichnung „Ordnungspolizei"-Beamter zu führen. In den anderen Städten und Gemeinden

758 § 10 Abs. 3 Satz 1 HSOG-DVO.

759 § 2 KomVollzBV.

nehmen die Mitarbeiter im Kommunalen Ordnungsdienst überwiegend „einfache“ Ordnungs- und Kontrollaufgaben (z. B. Überwachung des ruhenden Verkehrs, Überwachung der Einhaltung kommunaler Satzungen) mit kommunalem Bezug wahr.

III. Zusammenfassung von § 3

Politische, wirtschaftliche und vor allem gesellschaftliche Veränderungsprozesse führen zu einer akteursbezogenen Neugestaltung im Bereich der Inneren Sicherheit in Deutschland. Die Aufrechterhaltung der öffentlichen Sicherheit und Ordnung stellt sich nicht mehr als rein staatliche, sondern zunehmend als gesamtgesellschaftliche Aufgabe dar.[760] Sowohl auf Landes- als auch auf Kommunalebene sind unterschiedliche Formen kooperativer Zusammenarbeit zwischen dem Staat, in Gestalt der Polizei, und den Bürgern zu erkennen. Auf Landesebene übernehmen in immer größerem Umfang Wachpolizisten und private Bürger in Sicherheitswachten, Freiwilligen Polizeidiensten und Sicherheitspartnerschaften vollzugspolizeiliche Aufgaben. Auf Kommunalebene werden die Ordnungsdienste in verschiedenen Großstädten (z. B. Stadtpolizei Frankfurt am Main) immer weiter aufgerüstet und mit polizeilichen Aufgaben betraut. Angehörige der Wachpolizei sowie der Stadtpolizei werden in der Regel zu Hilfspolizeibeamten bestellt und sind beim Land bzw. bei der kommunalen Gebietskörperschaft angestellt. Die Angehörigen der Freiwilligen Polizeidienste, Sicherheitswachten und Sicherheitspartnerschaften begründen hingegen kein privatrechtliches Arbeitsverhältnis zum Land. Sie werden ehrenamtlich tätig und erhalten eine geringe Aufwandsentschädigung. Die unterschiedliche konzeptionelle Ausgestaltung der drei Modelle (Ehrenamtliche Polizeihelfer, Wachpolizei, Kommunale Ordnungsdienste) begründet mitunter erhebliche Unterschiede im Hinblick auf den Umfang der übertragenen polizeilichen Aufgaben und Befugnisse sowie die Dauer und Qualität der Ausbildung. Diese Unterschiede werden durch landesspezifische Ausgestaltungen innerhalb der Modelle weiter verstärkt.

Der Oberbegriff „Ehrenamtliche Polizeihelfer“ umfasst das Modell des Freiwilligen Polizeidienstes, der Sicherheitswacht sowie der Sicherheitspartner. Trotz der vordergründigen Ähnlichkeit dieser Modelle bestehen insbesondere im Hinblick auf die Übertragung hoheitlicher Befugnisse sowie die Form und das Ausmaß der Bürgerbeteiligung signifikante Unterschiede.

---

760 Vgl. *Hirschmann/Groß*, Polizierende Präsenz, S. 129.

So werden die Freiwilligen Polizeidienste und Sicherheitswachten von der Landespolitik initiiert; die Sicherheitspartnerschaften in Brandenburg gründen dagegen primär auf bürgerschaftlichem Engagement zur Beseitigung subjektiv wahrgenommener Unsicherheitslagen. Diese starke Bürgerbeteiligung wird bei der Auswahl und Anleitung der Sicherheitspartner besonders deutlich. Während diese Aufgaben bei den Freiwilligen Polizeidiensten und Sicherheitswachten durch die örtlichen Polizeipräsidien wahrgenommen werden, übernehmen in Brandenburg interessierte Bürger im Rahmen der örtlichen Sicherheitsversammlungen die Auswahl. Das Modell der Sicherheitspartner ist daher in besonderem Maße an den Willen der Bürger in der jeweiligen Gemeinde gebunden. Im Unterschied zu den anderen Modellen werden den Sicherheitspartnern zur Aufgabenerfüllung jedoch keine Hoheitsbefugnisse übertragen. Sie sind organisatorisch gerade nicht Bestandteil der Polizei, sondern handeln aus rechtlicher Sicht nur als Bürger unter Bürgern.

Im Vergleich zu den Modellen des Einsatzes Ehrenamtlicher Polizeihelfer fallen die landesspezifischen Unterschiede in Bezug auf die Wachpolizei erheblich geringer aus. Dennoch lassen sich insbesondere im Hinblick auf die Tätigkeitsbereiche und die Ausbildungsdauer gravierende Unterschiede erkennen. So nehmen Wachpolizisten in Hessen u. a. Aufgaben im Objektschutz, im Abschiebe- und Gefangenenwesen, in der Verkehrsüberwachung sowie im Streifendienst wahr, wohingegen die Wachpolizisten in Sachsen-Anhalt lediglich zur Überwachung und Regelung des Straßenverkehrs eingesetzt werden. Die Ausbildungsdauer beträgt dementsprechend in Hessen 18 und in Sachsen-Anhalt nur zwölf Wochen.

Die größten länderspezifischen Unterschiede bestehen im Hinblick auf die Kommunalen Ordnungsdienste. Der Grund hierfür liegt in der institutionellen Verankerung. Denn anders als bei den Freiwilligen Polizeidiensten, Sicherheitswachten und Wachpolizeien erfolgt der Einsatz nicht durch die Polizeipräsidien bzw. Polizeidirektionen, sondern durch die jeweils zuständigen Stellen der Städte oder Gemeinden. Diesen wird die Möglichkeit eingeräumt – je nach individuellem Bedarf – neben dem (staatlichen) Polizeivollzugsdienst für gewisse polizeiliche Aufgaben innerhalb des Gemeindegebiets eigene Vollzugskräfte einzustellen.

Die umfangreichsten Aufgaben und Befugnisse werden in diesem Zusammenhang den Stadtpolizisten in Frankfurt am Main übertragen. Neben der Durchführung des Streifen- und Präsenzdienstes an Kriminalitätsschwerpunkten gehört auch die Verfolgung von Ordnungswidrigkeiten und Straftaten zu ihrem Aufgabengebiet. In den anderen Ländern nehmen die Kommunalen Ordnungsdienste hingegen überwiegend „einfache“ Ordnungs- und Kontrollaufgaben

(z. B. Überwachung des ruhenden Verkehrs, Überwachung der Einhaltung kommunaler Satzungen) mit kommunalem Bezug wahr.

Es kann mithin nur im Zusammenhang mit der Stadtpolizei Frankfurt am Main von einer neuen „Kommunalen Ordnungspolizei“ gesprochen werden. Es handelt sich lediglich um ein regionales und kein landesweites Phänomen. Die von Teilen der Literatur geäußerten Befürchtungen vor einer flächendeckenden „Verpolizeilichung der kommunalen Sicherheitsbehörden“ durch den verstärkten Einsatz einer laienhaft ausgebildeten „kommunalisierte[n] Billigpolizei“ sind daher unbegründet.

§ 4 Verfassungsrechtliche Grenzen der Übertragung von Aufgaben der Gefahrenabwehr auf Hilfspolizisten

Die Abwehr von Gefahren für die öffentliche Sicherheit und Ordnung ist im Grundsatz dem Staat und seinen Institutionen zugeschrieben.[761] Neben den „normalen“ Polizeibeamten bedient sich der Staat zur Erfüllung dieser Aufgabe in zunehmendem Maße sogenannter Hilfspolizisten. Diese nehmen zum Teil umfangreiche polizeiliche Befugnisse wahr, absolvieren jedoch eine deutlich kürzere Ausbildung als Polizeibeamte und müssen geringere Einstellungsvoraussetzungen erfüllen. In rechtlicher Hinsicht stellt sich daher die Frage, ob die Übertragung polizeilicher Aufgaben auf Nichtpolizeibeamte im Einklang mit dem Grundgesetz steht.[762]

Der rechtliche Rahmen für die Übertragung polizeilicher Aufgaben auf Nichtpolizeibeamte wird insbesondere durch das staatliche Gewaltmonopol (I), den Vorbehalt des Gesetzes (II), die grundrechtlichen Schutzpflichten des Staates (III) sowie den Funktionsvorbehalt des Berufsbeamtentums aus Art. 33 Abs. 4 GG (IV) geprägt: Der Einsatz kurz ausgebildeter Hilfspolizisten, die zum Teil lediglich ehrenamtlich tätig werden und damit einer vergleichsweise geringen staatlichen Kontrolle unterliegen, darf nicht zu einer Umgehung des staatlichen Gewaltmonopols führen. Sofern die Hilfspolizisten im Rahmen ihrer Aufgaben polizeiliche Befugnisse im grundrechtssensiblen Sicherheitsbereich ausüben, fordert der Vorbehalt des Gesetzes hierfür eine formell-gesetzliche Ermächtigungsgrundlage. Nach den grundrechtlichen Schutzpflichten trifft den Staat eine Pflicht, die Sicherheit seiner Bürger möglichst umfassend zu gewährleisten. Die Schutzpflichten richten sich einerseits an den parlamentarischen Bundes- und Landesgesetzgeber und andererseits an die Polizei als ausführendes Organ. Der Schwerpunkt der Untersuchung der verfassungsrechtlichen Zulässigkeit des Einsatzes von Hilfspolizisten im Bereich der Gefahrenabwehr liegt

---

761 *Merten*, Rechtsstaat und Gewaltmonopol, S. 55; *Nünke*, Verwaltungshilfe und Inpflichtnahme des Sicherheitsgewerbes, S. 33 f.

762 Die Sicherheitspartner Brandenburg nehmen keine polizeilichen Befugnisse wahr und werden daher bei Prüfung der Modelle zum Einsatz Ehrenamtlicher Polizeihelfer ausgelassen. Sofern in diesem Abschnitt von „Ehrenamtlich Polizeihelfern“ die Rede ist, sind die Angehörigen der Freiwilligen Polizeidienste und Sicherheitswachten gemeint.

auf Art. 33 Abs. 4 GG. Danach ist die Durchführung von hoheitlichen Aufgaben im Grundsatz dem Berufsbeamtentum vorbehalten. Der Einsatz von nichtverbeamteten Hilfspolizisten zur Erfüllung hoheitlicher Aufgaben der Gefahrenabwehr stellt insofern eine Ausnahme dar, die einer besonderen sachlichen Rechtfertigung bedarf.

I. Staatliches Gewaltmonopol

Das staatliche Gewaltmonopol statuiert die Befugnis und die Pflicht des Staates, die Sicherheit seiner Bürger effektiv zu schützen.[763] Es obliegt allein dem Staat und seinen Institutionen, das geltende Recht, notfalls mit Zwangsmitteln, durchzusetzen.[764] Der Bürger darf Gewalt nur in Notsituationen anwenden (vgl. § 127 StPO, §§ 32 ff. StGB, 227 ff. BGB). Im präventiven Bereich der Gefahrenabwehr sowie im repressiven Bereich der Strafverfolgung wird das Gewaltmonopol durch die Polizei als staatliches Organ ausgeübt.[765] Die Polizeibeamten werden auf Grundlage der Polizeigesetze der Länder ermächtigt, zur effektiven Rechtsdurchsetzung notfalls Zwangsmittel einzusetzen.[766] Auch den Hilfspolizisten (d. h. den Ehrenamtlichen Polizeihelfern[767], Wachpolizisten[768] und Stadt/Kommunalpolizisten[769]) wird die Anwendung unmittelbaren Zwanges gestattet, wobei der Umfang der übertragenen Befugnisse zwischen den Modellen variiert.

Die Anwendung von Zwang gegenüber dem rechtsunterworfenen Bürger ist der unmittelbarste Ausdruck staatlicher Gewalt.[770] Sie kann beim Betroffenen zu physischen Schmerzen sowie dem Verlust der freien Willensbildung führen und stellt somit – je nach Zwangsmittel – einen Eingriff in das Grundrecht auf körperliche Unversehrtheit (Art. 2 Abs. 2 Satz 1 Alt. 2 GG) oder das Grundrecht auf Leben (Art. 2 Abs. 2 Satz 1 Alt. 1 GG) dar.[771] Die Übertragung derart

763 *Götz*, in: Isensee/Kirchhof, HdbStR, Bd. III, 2. Aufl., § 79, Rn. 2.

764 *Götz*, in: Isensee/Kirchhof, HdbStR, Bd. III, 2. Aufl., § 79, Rn. 29 ff.; *Herdegen*, in: Maunz/Dürig, GG, Art. 79, Rn. 180; *Murck*, in: Weiß/Plate, Privatisierung von polizeilichen Aufgaben, S. 119 (121); *Weber*, Wirtschaft und Gesellschaft, S. 39.

765 *Hornmann*, Ergänzungsheft, HFPG, Rn. 4, *Stoll*, Die staatliche Garantie, S. 15; vgl. *Nünke*, Verwaltungshilfe und Inpflichtnahme des Sicherheitsgewerbes, S. 33 ff.

766 Vgl. beispielhaft §§ 64 ff. NPOG; §§ 47 ff. HSOG; Art. 70 ff. BayPAG.

767 Vgl. zur Zwangsmittelbefugnis der Ehrenamtlichen Polizeihelfer § 3 I. 3. c).

768 Vgl. zur Zwangsmittelbefugnis der Wachpolizisten § 3 II. 2. a) bb) (3).

769 Vgl. zur Zwangsmittelbefugnis der Stadt-/Kommunalpolizisten § 3 II. 2. b) bb) (3).

770 *Rachor*, in: Lisken/Denninger, HdB des PolR, Kap. E, Rn. 789.

771 *Drews/Wacke/Vogel/Martens*, Gefahrenabwehr, S. 520.

grundrechtsintensiver Hoheitsbefugnisse auf kurz ausgebildete Hilfspolizisten wird in Teilen der Literatur als Verstoß gegen das staatliche Gewaltmonopol gewertet, da diese im Vergleich zu den Polizeibeamten einer deutlich geringeren Kontrolle durch den Staat unterlägen.[772]

1. Inhalt und dogmatische Herleitung

Unter dem staatlichen Gewaltmonopol ist die Staatsgewalt im engeren Sinne zu verstehen, d. h., dass nur die staatlichen Institutionen die Befugnis besitzen, physische Gewalt einzusetzen, um die Rechtsordnung gegen den Willen anderer durchzusetzen und den inneren Frieden bzw. die Innere Sicherheit zu gewährleisten, indem die Ausübung privater Gewalt verhindert wird.[773] Die Bürger sind nicht berechtigt, ihre Rechtsansprüche oder politischen Zielsetzungen eigenmächtig mit Gewalt durchzusetzen, sondern werden auf die gesetzlich vorgesehenen Verfahren durch staatliche Organe verwiesen.[774] Die einfachgesetzliche Ausprägung des Gewaltmonopols zeigt sich in den Zwangsvollstreckungsvorschriften der Zivilprozessordnung (§§ 704 ff. ZPO) sowie den Vorschriften zur Anwendung von Zwangsmitteln in den Polizeigesetzen der Länder (z. B. §§ 64 ff. NPOG).

Obwohl das staatliche Gewaltmonopol als Staatsaufgabe von hohem verfassungsrechtlichem Rang anerkannt ist,[775] besteht in Rechtsprechung und Lehre im Hinblick auf die dogmatische Herleitung Uneinigkeit. Teilweise wird das staatliche Gewaltmonopol aus der Friedenssicherungsfunktion des Staates mit der Begründung abgeleitet, das Gewaltmonopol gehe als Bedingung des Staates diesem voraus und führe überhaupt erst zur Staatlichkeit.[776] Andere stellen im Rahmen einer Gesamtschau der Verfassung auf die Art. 20 Abs. 2 Satz 1, Art. 33 Abs. 4 und Art. 13 Abs. 7 GG ab.[777] Demnach seien verschiedene Aspekte des

---

772 Vgl. Antrag der Abg. Bause u.a. (GRÜNE), LT-Drs. BY 17/13078, S. 1 f.; *Behrendes/Jungbluth/Twickler*, in: Kniesel/Kube/Murck, Hdb für Führungskräfte der Polizei, S. 201 (209 f.); *Hornmann*, Ergänzungsheft, HFPG, Rn. 3 ff.

773 *Götz*, in: Isensee/Kirchhof, HdbStR, Bd. III, 2. Aufl., § 79, Rn. 29; *Van Ooyen*, in: Möllers, Wörterbuch der Polizei, S. 977 ff.

774 *Van Ooyen*, in: Möllers, Wörterbuch der Polizei, S. 977 ff.

775 *Götz*, in: Isensee/Kirchhof, HdbStR, Bd. III, 1. Aufl., § 75, Rn. 18 ff; *Stober*, NJW 1997, S. 889 (889).

776 BVerfG, Beschl. v. 1.8.1978 – 2 BvR 1013/77 = BVerfGE 49, 24 (56), vgl. hierzu auch *Kniesel*, ZRP 1996, S. 482 (482 ff.); *Scholz*, NJW 1983, S. 705 (705 ff.).

777 *Isensee*, in: Müller, Staatsorganisation und Staatsfunktionen im Wandel, S. 23 (32); vgl. auch *Schnekenburger*, Rechtsstellung und Aufgaben des Privaten Sicherheitsgewerbes, S. 187 ff.

Gewaltmonopols zumindest mittelbar zu erkennen, wenn das Grundgesetz „alle Staatsgewalt" dem Volk zuspreche (Art. 20 Abs. 2 Satz 1 GG), die Ausübung „hoheitsrechtlicher Befugnisse" grundsätzlich den Beamten vorbehalte (Art. 33 Abs. 4 GG) und Gesetzesvorbehalte zur Gefahrenabwehr und zum Schutz der öffentlichen Sicherheit und Ordnung einführe (Art. 13 Abs. 7 GG). Der überwiegende Teil des Schrifttums entwickelt das Gewaltmonopol des Staates aus dem Rechtsstaatsprinzip (Art. 20 Abs. 3 GG).[778] Es gehöre zu den primären Aufgaben des Rechtsstaates, die Durchsetzung des geltenden Rechts und somit die Freiheit und Sicherheit der Bürger zu gewährleisten. Das Gewaltmonopol werde im Rechtsstaat gewissermaßen gebändigt, indem Gewalt und Zwang gegen den Bürger nur durch Gesetze oder aufgrund eines formellen Gesetzes ausgeübt werden dürfen.[779]

2. Verfassungskonforme Übertragung hoheitlicher Befugnisse auf Hilfspolizisten

Die Übertragung von Zwangsmittelbefugnissen auf Hilfspolizisten im Bereich der Gefahrenabwehr könnte einen Verstoß gegen das staatliche Gewaltmonopol begründen. Beim Einsatz der Hilfspolizisten handelt es sich um eine Sonderform, die von der nach Art. 33 Abs. 4 GG vorgegebenen Regel der Wahrnehmung hoheitlicher Befugnisse durch Beamte abweicht.[780] Für die Beurteilung der Verfassungskonformität der Übertragung von Zwangsmittelbefugnissen kommt es entscheidend darauf an, ob die Hilfspolizisten als Privatpersonen oder als Teil des Staates tätig werden. Sofern die Hilfspolizisten als staatliche Stelle hoheitliche Gewalt ausüben, liegt keine Verletzung des Gewaltmonopols vor. Sofern sie jedoch als Privatpersonen Hoheitsbefugnisse wahrnehmen, bedarf es einer besonderen Gewaltgestattung (z. B. Beleihung) vonseiten des Staates. Für die rechtliche Fundierung der Ausübung von Hoheitsgewalt durch Hilfspolizisten werden in der Literatur zwei unterschiedliche Modelle diskutiert: zum

---

778 *Pewestorf*, in: Pewestorf//Söllner/Tölle, POR, Teil A, Kap. 1, Rn. 6; *Kingreen/Poscher*, POR, § 4, Rn. 9; *Kugelmann*, POR, Kap. 5, Rn. 208; *Hammer*, DÖV 2000, S. 613 (617); *Mackeben*, Grenzen der Privatisierung, S. 75; *Merten*, Rechtsstaat und Gewaltmonopol, S. 35 ff.; *Scholz*, NJW 1997, S. 14 (15); *Schulte*, DVBl. 1995, S. 130 (132); *Stegmann*, NJW 1997, S. 2157 (2158); *Stober*, NJW 1997, S. 889 (890).

779 *Merten*, Rechtsstaat und Gewaltmonopol, S. 36.

780 *Behrendes/Jungbluth/Twickler*, in: Kniesel/Kube/Murck, Hdb für Führungskräfte der Polizei, S. 201 (209).

einen die Beleihung (Beleihungsmodell) und zum anderen die Integration in die Polizei- oder Kommunalverwaltung (Integrationsmodell).[781]

a) Beleihungsmodell

Eine mögliche Form der rechtmäßigen Übertragung hoheitlicher Befugnisse im Rahmen des staatlichen Gewaltmonopols ist die Beleihung. Unter einem Beliehenen versteht man eine natürliche Person (oder private Organisation), der durch Hoheitsakt und auf gesetzlicher Grundlage die Zuständigkeit eingeräumt worden ist, bestimmte öffentlich-rechtliche Aufgaben grundsätzlich selbstständig und in Handlungsformen des öffentlichen Rechts, d. h. durch Verwaltungsakt, öffentlich-rechtlichen Vertrag oder schlicht hoheitlich auszuüben.[782]

Die Figur der Beleihung ist demnach im Wesentlichen durch drei Merkmale gekennzeichnet: Erstens wird dem Beliehenen aufgrund eines Gesetzes die Kompetenz zur „selbstständigen" hoheitlichen Wahrnehmung bestimmter Verwaltungsaufgaben, wie z. B. dem Erlass von Verwaltungsakten, übertragen. Zweitens verfügt der Beliehene über einen „eigenen öffentlich-rechtlichen Handlungs- und Entscheidungsspielraum". Drittens handelt der Beliehene „in eigenem Namen", d. h., er bleibt Privatperson, wird jedoch aufgrund der ihm übertragenen Handlungsbefugnisse ein Teil der öffentlichen Verwaltung. Der Private tritt als Behörde im Sinne des § 1 Abs. 4 VwVfG auf, d. h., er ist der staatlichen Organisation zwar nicht ein-, aber angegliedert. Es handelt sich daher um eine Form der mittelbaren Staatsverwaltung.[783] Als klassische Beispiele für Beliehene werden in der Literatur regelmäßig der Bezirksschornsteinfeger oder der Technische Überwachungsverein (TÜV) bzw. dessen Sachverständige aufgeführt.[784]

Im Hinblick auf die Art und Weise der Beleihung bestehen grundsätzlich zwei Möglichkeiten: Zum einen kann die Beleihung – gewissermaßen

---

781 *Götz*, in: Pitschas/Stober, Quo vadis Sicherheitsgewerberecht, S. 235 (239 ff.); vgl. auch *Möstl*, Die staatliche Garantie, S. 296; *Burgi*, Funktionelle Privatisierung und Verwaltungshilfe, S. 12.

782 *Burgi*, in: Stober/Olschok, Hdb des Sicherheitsgewerberechts, S. 585 (586); *Schönenbroicher*, in: Mann/Sennekamp/Uechtritz, VwVfG, § 1, Rn. 63; *Sellmann*, NVwZ 2008, S. 817 (818); *Sommer*, in: Möstl/Bäuerle, BeckOK POR HE, § 81, Rn. 18; *Scholz*, NJW 1997, S. 14 (16); *Stober*, NJW 2008, S. 2301 (2306).

783 *Ipsen*, Allg. VwR, Rn. 326 ff.; *Erbguth/Guckelberger*, Allg. VwR, § 6, Rn. 22 f.; *Ehm*, Freiwilliger Polizeidienst in BW, S. 158.

784 *Kiefer, LKRZ 2009, S. 441 (442).*

self-executing – im Beleihungsgesetz selbst erfolgen (z. B. § 12 LuftSiG, nach dem der Luftfahrzeugführer als Beliehener ohne weiteren Verwaltungsakt die entsprechenden Zuständigkeiten und Kompetenzen besitzt).[785] Zum anderen kann sie – wie in den meisten Fällen – auf Grundlage eines Gesetzes erfolgen, welches die Beleihungsmöglichkeit abstrakt regelt. Der eigentliche Akt der Beleihung vollzieht sich dann regelmäßig in der rechtlichen Form des – in der Regel zustimmungsbedürftigen – Verwaltungsakts oder des öffentlich-rechtlichen Vertrags.[786]

Neben den genannten Kriterien wird zur Bewertung von Grenzfällen zum Teil auf die zusätzlichen Beurteilungskriterien der Dauer und des Umfangs sowie der Grundrechtssensibilität der Aufgabenübertragung abgestellt.[787] Eine längerfristige Übertragung von Aufgaben und eine daraus resultierende (faktische) Zuständigkeitsverschiebung sind Indizien für eine Zuordnung zum Institut der Beleihung.[788] Auch die Übertragung besonders grundrechtssensibler Aufgaben spricht für die Annahme einer Beleihung.[789]

aa) Ehrenamtliche Polizeihelfer

In der Literatur werden die Ehrenamtlichen Polizeihelfer teilweise als Beliehene eingestuft.[790] Für die Zuordnung zum Institut der Beleihung spricht die weitestgehend selbstständige Wahrnehmung gefahrenabwehrrechtlicher Aufgaben durch die Ehrenamtlichen Polizeihelfer.[791] Zwar unterliegen die Polizeihelfer in der Theorie den Weisungen der zuständigen Polizeidirektion (§ 7 Satz 2 HFPG; Art. 14 Satz 1 SWG; § 13 SächsSWG), jedoch findet diese Weisungsbefugnis in der Praxis nur in beschränktem Umfang Anwendung. Die Polizeihelfer verrichten ihren Dienst aufgrund des Personalmangels bei der Polizei in der Regel in

785 *Schönenbroicher*, in: Mann/Sennekamp/Uechtritz, VwVfG, § 1, Rn. 67.

786 *Schönenbroicher*, in: Mann/Sennekamp/Uechtritz, VwVfG, § 1, Rn. 67.

787 *Sellmann*, NVwZ 2008, S. 817 (819 ff.).

788 *Sellmann*, NVwZ 2008, S. 817 (819).

789 *Sellmann*, NVwZ 2008, S. 817 (820).

790 *Nitz*, Private und öffentliche Sicherheit, S. 539; *Roos*, Krim 1994, S. 287 (287); *Rupprecht*, in: Weiß/Plate, Privatisierung von polizeilichen Aufgaben, S. 45 (47); *Schulte*, DVBl. 1995, S. 130 (135); a.A. *Ehm*, Freiwilliger Polizeidienst in BW, S. 158; vgl. auch *Tuchscherer*, Stadtpolizei statt Polizei, S. 118, welche mit der gleichen Argumentation eine Zuordnung der Bestellung von Hilfspolizeibeamten zum Institut der Beleihung in Hessen ablehnt.

791 *Hornmann*, LKRZ 2008, S. 201 (204).

Zweierteams ohne vollzugspolizeiliche Begleitung.[792] Den erteilten Dienstauftrag (z. B. Bestreifung eines bestimmten Stadtgebietes) können die Polizeihelfer selbstständig umsetzen. Ihnen werden keine festgelegten Routen vorgegeben, die abgelaufen oder unter Benutzung öffentlicher Verkehrsmittel abgefahren werden müssen.[793] Im Rahmen ihrer Tätigkeit verfügen die Angehörigen der Sicherheitswacht und des Freiwilligen Polizeidienstes über einen gewissen Handlungs- und Entscheidungsspielraum. Ihnen steht es frei, über das „Ob" (Entschließungsermessen) und das „Wie" (Auswahlermessen) des Eingreifens zu entscheiden.[794] Die Bandbreite an Entscheidungsmöglichkeiten reicht dabei von einem Nichteinschreiten über das Herbeirufen eines Polizeibeamten bis hin zu einem sofortigen Eingreifen.[795] Das eingeräumte Ermessen ist jedoch nicht voraussetzungslos, sondern stets pflichtgemäß und unter Beachtung des Verhältnismäßigkeitsgrundsatzes auszuüben.[796]

Problematisch erscheint jedoch, ob die Ehrenamtlichen Polizeihelfer im eigenen Namen handeln. Die Polizeihelfer werden durch die jeweils zuständigen Polizeipräsidien bzw. Polizeidirektionen der Länder mit der Aushändigung der Bestellurkunde zu Angehörigen des Freiwilligen Polizeidienstes bzw. der Sicherheitswacht bestellt.[797] Sie stehen in einem öffentlich-rechtlichen Dienstverhältnis zu dem Land, in dem sie eingesetzt werden.[798] Ihr Handeln (z. B. Erteilung eines Platzverweises) wird der jeweiligen Polizeidirektion zugerechnet, für die sie tätig werden.[799] Das für die Beleihung wesentliche Merkmal des Handelns in eigenem Namen ist mithin nicht erfüllt.[800] Das äußere Erscheinungsbild der Polizeihelfer, welches sich durch die polizeiähnliche Uniform dem der Vollzugspolizisten stark annähert, unterstreicht diese Annahme. Im Ergebnis scheidet eine Zuordnung der Ehrenamtlichen Polizeihelfer zum Institut der Beleihung aus.

---

792 *Hirschmann/Groß*, in: Frevel, Handlungsfelder lokaler Sicherheitspolitik, S. 146 (165).

793 *Hirschmann/Groß*, in: Frevel, Handlungsfelder lokaler Sicherheitspolitik, S. 146 (167).

794 Vgl. beispielhaft Art. 8 Abs. 1 SWG; § 9 Abs. 1 Satz 1 SächsSWG.

795 *Fickenscher*, Polizeilicher Streifendienst mit Hoheitsbefugnissen, S. 61.

796 Vgl. beispielhaft Art. 8 Abs. 2-4 SWG; § 9 Abs. 2-4 SächsSWG.

797 § 4 Abs. 1 Satz 2 HFPG; Art. 11 Abs. 1 Satz 3 SWG; § 10 Abs. 3 Satz 3 SächsSWG; § 4 Abs. 2 Satz 2 FPolDG.

798 § 4 Abs. 1 Satz 1 HFPG; Art. 11 Abs. 1 Satz 1 SWG; § 10 Abs. 1 SächsSWG; § 1 Abs. 2 FPolDG.

799 § 3 Abs. 2 Satz 2 SächsSWG; § 2 Abs. 2 HFPG; § 1 Abs. 2 Satz 1 FPolDG.

800 So auch *Ehm*, Freiwilliger Polizeidienst in BW, S. 158; *Fickenscher*, Polizeilicher Streifendienst mit Hoheitsbefugnissen, S. 65.

bb) Hilfspolizeibeamte

Die Hilfspolizeibeamten in den Wachpolizeien und den Kommunalen Ordnungsdiensten (Stadt-/Kommunalpolizeien) könnten dem Institut der Beleihung zuzuordnen sein.

Die Wachpolizei ist eine mit besonderen Aufgaben betraute und aus Angestellten bestehende Organisationseinheit, die als Teil der allgemeinen Aufbauorganisation von den Polizeibehörden an die Polizeipräsidien der einzelnen Länder angebunden ist.[801] In Kommunalen Ordnungsdiensten nehmen uniformierte Außendienstmitarbeiter der Ordnungsämter in begrenztem Umfang polizeiliche Aufgaben mit kommunalem Bezug wahr. Die Außendienstmitarbeiter sind bei den kommunalen Gebietskörperschaften angestellt.[802]

Im Unterschied zu den Ehrenamtlichen Polizeihelfern stehen die Hilfspolizeibeamten in einem Angestelltenverhältnis zum Land oder der Kommune. Sie handeln nicht im eigenen Namen, sondern für die zuständige Polizei- oder Ordnungsbehörde. Bei der Wahrnehmung hoheitlicher Befugnisse durch Hilfspolizeibeamte liegt keine Beleihung im verwaltungsrechtlichen Sinne vor.[803]

b) Integrationsmodell

Im Gegensatz zum Beleihungsmodell ist der „Private“ beim Integrationsmodell dem Staat nicht lediglich angegliedert, sondern in den Verwaltungsaufbau des Staates eingegliedert.[804] Es handelt sich somit um eine Form unmittelbarer Staatsverwaltung. Die staatliche Eingliederung muss dabei so umfassend sein, dass die eingesetzte Person während der Dienstverrichtung ihren Privatstatus vollständig verliert.[805] Dies gilt insbesondere für die Wahrnehmung hoheitlicher Befugnisse im Bereich der Gefahrenabwehr. Es ist mithin zu prüfen, ob die Ehrenamtlichen Polizeihelfer und Hilfspolizeibeamten die übertragenen Hoheitsbefugnisse als „staatliche Institution“ wahrnehmen.

---

801 Siehe oben § 3 II. 2. a) aa).

802 Siehe oben § 3 II. 1.

803 Vgl. Götz, in: Pitschas/Stober, Quo vadis Sicherheitsgewerberecht, S. 235 (241).

804 Vgl. Götz, in: Pitschas/Stober, Quo vadis Sicherheitsgewerberecht, S. 235 (241).

805 Vgl. *Fickenscher,* Polizeilicher Streifendienst mit Hoheitsbefugnissen, S. 94.

aa) Ehrenamtliche Polizeihelfer

Die Ehrenamtlichen Polizeihelfer müssten während der Dienstverrichtung in organisationsrechtlicher Hinsicht in den Staat integriert sein.[806] In diesem Fall würden sie nicht als Privatperson, sondern als Institution des Staates hoheitliche Befugnisse ausüben. Das Gewaltmonopol wäre mithin nicht verletzt.

(1) Haftung und Rechtsbehelfsverfahren

Die Frage der Haftung, sowohl im Innenverhältnis (gegenüber dem Staat) als auch im Außenverhältnis (gegenüber Dritten), ist für den Einsatz von Ehrenamtlichen Polizeihelfern von zentraler Bedeutung. Die Polizeihelfer nehmen zum Teil umfangreiche polizeiliche Aufgaben und Befugnisse wahr. Sie sind berechtigt, unmittelbaren Zwang bis hin zum Schusswaffengebrauch anzuwenden.[807] Der Einsatz der Polizeihelfer kann mithin dazu führen, dass eine Person infolge der Anwendung körperlicher Gewalt geschädigt wird und Schadensersatzansprüche geltend macht.

Für Haftungsfragen im Innenverhältnis sind die Regelungen des Beamtenrechts (z. B. § 48 BeamtStG) auf die Ehrenamtlichen Polizeihelfer entsprechend anzuwenden.[808] Nach § 48 BeamtStG sind Beamte verpflichtet, dem Staat den aus einer schuldhaften Pflichtverletzung resultierenden Schaden zu ersetzen, wobei die Haftung auf Vorsatz und grobe Fahrlässigkeit beschränkt ist. Die Gleichstellung der Polizeihelfer mit Polizeibeamten in Haftungsfragen, die das Innenverhältnis betreffen, ist in § 10 Abs. 2 SächsSWG geregelt. Danach gelten die Angehörigen der Sächsischen Sicherheitswacht hinsichtlich der Verpflichtung zum Schadenersatz „als Angehörige ihrer Polizeidienststelle".[809] Der Wortlaut des § 10 Abs. 2 SächsSWG spricht eindeutig für eine Eingliederung der Ehrenamtlichen Polizeihelfer in die staatliche Verwaltungsorganisation.

Für die bedeutsame Frage nach der Haftung des Staates im Außenverhältnis enthält keines der Gesetze zum Einsatz der Ehrenamtlichen Polizeihelfer eine konkrete Regelung. Das zentrale Institut des Staatshaftungsrechts ist der Amtshaftungsanspruch gemäß § 839 BGB i. V. m. Art. 34 GG. Danach haftet

---

806 Die Angehörigen des Freiwilligen Polizeidienstes Baden-Württemberg sind nach § 1 Abs. 2 Satz 1 FPolDG „ein Teil des Polizeivollzugsdienstes". Sie sind daher unstreitig in den staatlichen Verwaltungsaufbau integriert und nehmen die hoheitlichen Befugnisse als „staatliche Institution" wahr.

807 Siehe oben § 3 I. 3. H).

808 Vgl. beispielhaft Art. 17 SWG; § 16 SÄchsSWG. § 7 Abs. 1 Ziffer 1 HFPG.

809 § 10 Abs. 2 SächsSWG.

der Dienstherr für Schäden, die einem Dritten während der Dienstverrichtung des Beamten entstanden sind. Die Ehrenamtlichen Polizeihelfer stehen in einem öffentlich-rechtlichen Dienstverhältnis zu dem jeweiligen Land[810] und sind mit der Wahrnehmung hoheitlicher Aufgaben betraut. Sie gelten als Beamte im haftungsrechtlichen Sinn.[811] Für Amtspflichtverletzungen der Ehrenamtlichen Polizeihelfer haftet somit das jeweilige Land, zu dem der Polizeihelfer in einem öffentlich-rechtlichen Dienstverhältnis steht.[812]

Neben der beamtenähnlichen Stellung in Haftungsfragen deutet auch die Ausgestaltung des Rechtsbehelfsverfahrens auf eine staatliche Eingliederung der Polizeihelfer hin. Nach dem Wortlaut des Art. 9 SWG gelten die Angehörigen der Sicherheitswacht Bayern für Rechtsbehelfsverfahren gegen von ihnen angeordnete Maßnahmen „als Angehörige ihrer Polizeiinspektion". Der Bürger kann sich somit gegen Maßnahmen eines Polizeihelfers (z. B. Identitätsfeststellung, Platzverweis) direkt an die zuständige Polizeidirektion wenden. Das Handeln der Ehrenamtlichen Polizeihelfer wird der jeweiligen Polizeidirektion zugerechnet, für die sie tätig werden.[813] Die Handlungszurechnung ist unter dem Aspekt staatlicher Fürsorge gegenüber den Ehrenamtlichen Polizeihelfern geboten und schafft für den rechtsschutzsuchenden Bürger Rechtsklarheit, indem sich dieser nicht an den einzelnen Polizeihelfer, sondern direkt an die zuständige Behörde wenden kann. Sowohl die Ausgestaltung des Rechtsbehelfsverfahrens als auch die beamtenähnliche Stellung in Haftungsfragen sprechen für die Annahme der staatlichen Eingliederung der Ehrenamtlichen Polizeihelfer.

(2) Beamtenähnliches Dienst- und Treueverhältnis

Neben den Fragen der Haftung spricht auch die Ausgestaltung des Dienstverhältnisses zwischen den Polizeihelfern und ihrem Dienstherrn für deren Eingliederung in den Verwaltungsaufbau des Staates. Im Gegensatz zu den Polizeibeamten stehen die Polizeihelfer in keinem „öffentlich-rechtlichen Dienst- und Treueverhältnis" (§ 3 Abs. 1 BeamtStG) zu ihrem Dienstherrn. Sie werden ehrenamtlich und für einen begrenzten Zeitraum tätig. Die für das

---

810 § 4 Abs. 1 Satz 1 HFPG; Art. 11 Abs. 1 Satz 1 SWG; § 10 Abs. 1 SächsSWG; § 1 Abs. 2 FPolDG.

811 *Benisch*, in: Stober, Staat und Wirtschaft in Sicherheitsnetzwerken, S. 67 (70); Begr. des RegE zum SächsSWEG, LT-Drs. SN 2/6146; S. 8; Begr. des RegE zum SEG, LT-Drs. BY 12/13076, S. 8.

812 *Jungk*, Police Private Partnership, S. 285.

813 § 3 Abs. 2 Satz 2 SächsSWG; § 2 Abs. 2 HFPG; § 1 Abs. 2 Satz 1 FPolDG.

Berufsbeamtentum prägenden Merkmale der Hauptberuflichkeit und Lebenslänglichkeit sind mithin nicht erfüllt. Die Polizeihelfer stehen jedoch in einem „öffentlich-rechtlichen Dienstverhältnis" zum Land. Dieses Dienstverhältnis ist darüber hinaus durch bestimmte „beamtenähnliche" Treue- und Fürsorgepflichten gekennzeichnet. In Bezug auf die Treuepflichten werden die Ehrenamtlichen Polizeihelfer durch Verweisung auf beamtenrechtliche Vorschriften den (Polizei-)Beamten weitgehend gleichgestellt.[814] Die Polizeihelfer unterliegen der Verschwiegenheitspflicht.[815] Danach haben sie über die ihnen während der amtlichen Tätigkeitsverrichtung bekannt gewordenen dienstlichen Angelegenheiten Verschwiegenheit zu bewahren. Sie müssen ihre Aufgaben unparteiisch und gerecht erfüllen und haben bei ihrer Amtsführung stets das Wohl der Allgemeinheit zu beachten.[816] Sie müssen sich durch ihr gesamtes Verhalten zu der freiheitlichen demokratischen Grundordnung im Sinne des Grundgesetzes bekennen und für deren Erhaltung eintreten.[817] Ihr Verhalten innerhalb und außerhalb des Dienstes muss der Achtung und dem Vertrauen gerecht werden, die ihr Beruf erfordert.[818] Weitere Treuepflichten bestehen im Hinblick auf die Annahme von Belohnungen.[819] Diese Gleichstellung mit Polizeivollzugsbeamten lässt sich für die Angehörigen des Freiwilligen Polizeidienstes in Hessen bereits am Wortlaut des § 2 Abs. 1 Satz 2 HFPG erkennen, nach dem die Polizeihelfer „im Rahmen der Wahrnehmung ihrer Befugnisse die Rechte und Pflichten von Polizeivollzugsbeamtinnen und Polizeivollzugsbeamten" besitzen. Auch für den Dienstherrn – das jeweilige Land – bestehen gegenüber den Polizeihelfern gewisse Fürsorgepflichten. So ist das zuständige Land verpflichtet, für das Wohl der Polizeihelfer und ihrer Familien, auch für die Zeit nach Beendigung des öffentlich-rechtlichen Dienstverhältnisses zu sorgen.[820]

(3) Zwischenergebnis zur staatlichen Eingliederung der Ehrenamtlichen Polizeihelfer

Die Ehrenamtlichen Polizeihelfer stehen in einem „beamtenähnlichen" Dienst- und Treueverhältnis zum Staat. Sie haften dem Staat im Innenverhältnis für

814 § 6 Abs. 2 Satz 2 FPolDG; § 7 Abs. 1 HFPG; § 12 Abs. 3 SächsSWG; Art. 12 Abs. 3 SWG.
815 § 6 Abs. 2 Satz 2 FPolDG; § 7 Abs. 1 HFPG; § 12 Abs. 3 SächsSWG; Art. 12 Abs. 3 SWG.
816 Vgl. beispielhaft § 7 Abs. 1 Ziffer 1 HFPG i.V.m. § 33 Abs. 1 Satz 2 BeamtStG.
817 Vgl. beispielhaft § 7 Abs. 1 Ziffer 1 HFPG i.V.m. § 33 Abs. 1 Satz 3 BeamtStG.
818 Vgl. beispielhaft § 7 Abs. 1 Ziffer 1 HFPG i.V.m. § 34 Satz 3 BeamtStG.
819 Vgl. beispielhaft § 7 Abs. 1 Ziffer 3 HFPG i.V.m. § 51 HBG.
820 Vgl. beispielhaft § 7 Abs. 1 Ziffer 2 HFPG i.V.m. 45 BeamtstG.

schuldhafte Pflichtverletzungen in vergleichbarem Umfang wie Polizeivollzugsbeamte. Im Außenverhältnis handeln die Polizeihelfer mit rechtlicher Wirkung für die bestellende Polizeidirektion. Für Amtspflichtverletzungen der Ehrenamtlichen Polizeihelfer haftet das jeweilige Land nach den Regelungen des Staatshaftungsrechts.

Im Ergebnis sind die Ehrenamtlichen Polizeihelfer für die Dauer der Dienstverrichtung in organisationsrechtlicher Hinsicht in den Staat integriert.[821] Sie verlieren während ihrer Einsatztätigkeit den Status als Privatperson und handeln als staatliche Stelle. Diese Eingliederung wird ikonographisch durch das Tragen einer einheitlichen Uniform mit Hoheitsabzeichen symbolisiert.[822] Das staatliche Gewaltmonopol wird durch die Übertragung hoheitlicher Befugnisse auf Ehrenamtliche Polizeihelfer nicht verletzt.

bb) Hilfspolizeibeamte

Zu den Rechtsverhältnissen, die ein hoheitliches Handeln in organisationsrechtlicher Hinsicht nicht mehr als das einer Privatperson, sondern als das Handeln einer staatlichen Institution qualifizieren, zählt neben dem Beamtenverhältnis auch das Angestelltenverhältnis.[823] Hilfspolizeibeamte sind regelmäßig Angestellte des Landes bzw. der kommunalen Gebietskörperschaften und begründen mit der jeweiligen Anstellungsbehörde ein privatrechtliches Arbeitsverhältnis. Sie sind Amtsträger i. S. d. § 11 Abs. 1 Nr. 2 StGB und Beamte im haftungsrechtlichen Sinn.[824] Aufgrund ihrer Eingliederung in den staatlichen Verwaltungsaufbau verstößt die Übertragung hoheitlicher Befugnisse auf Hilfspolizeibeamten nicht gegen das staatliche Gewaltmonopol.

3. Ergebnis

Indem der Staat zum Teil umfangreiche Zwangsmittelbefugnisse im Bereich der Gefahrenabwehr auf Hilfspolizisten überträgt, verstößt er nicht gegen das staatliche Gewaltmonopol. Sowohl die Ehrenamtlichen Polizeihelfer als auch die Hilfspolizeibeamten nehmen die hoheitlichen Befugnisse als staatliche Stelle und nicht als Privatperson wahr.

---

821 *Rachor*, in: Lisken/Denninger, Hdb des PolR, Kap. C, Rn. 54.
822 Siehe oben § 3 I. 3. f).
823 *Remmert*, Private Dienstleistungen in staatlichen Verwaltungsverfahren, S. 298.
824 *Meixner/Fredrich*, HSOG, § 99, Rn. 4.

II. Vorbehalt des Gesetzes

Der Einsatz der Hilfspolizisten bzw. deren Ausübung hoheitlicher Aufgaben und Befugnisse im grundrechtssensiblen Sicherheitsbereich könnte gegen den Vorbehalt des Gesetzes verstoßen. Nach diesem Grundsatz darf die Exekutive in bestimmten Bereichen nur dann tätig werden, soweit sie sich auf eine formellgesetzliche Ermächtigungsgrundlage stützen kann.[825] Verwaltungsmaßnahmen (z. B. polizeiliche Standardmaßnahmen) ohne eine erforderliche gesetzliche Ermächtigung sind rechtswidrig. Die konkreten Aufgaben und Hoheitsbefugnisse der Hilfspolizisten sind nicht in allen Ländern gesetzlich normiert;[826] einige Länder haben zu diesem Zweck lediglich Rechtsverordnungen[827] oder Verwaltungsvorschriften[828] erlassen. In der Literatur gibt es daher Stimmen, die in der Festlegung derart grundrechtssensibler Hoheitsbefugnisse auf dem einfachen Verordnungsweg oder in Verwaltungsvorschriften einen Verstoß gegen den Vorbehalt des Gesetzes sehen.[829] Die geäußerte Kritik gibt Anlass, die jeweilige Ermächtigungsgrundlage für den Einsatz der Ehrenamtlichen Polizeihelfer, Wachpolizisten und Angestellten in Kommunalen Ordnungsdiensten genauer zu betrachten und einer kritischen Würdigung zu unterziehen.

1. Dogmatische Herleitung, Inhalt und Reichweite

Nach dem Grundsatz vom Vorbehalt des Gesetzes bedarf das Handeln der Exekutive – insbesondere bei Eingriffen in Freiheit und Eigentum der Bürger – einer parlamentsgesetzlichen Grundlage.[830] Der Grundsatz schafft damit eine

---

825 *Schulze-Fielitz*, in: Dreier, GG, Bd. II, Art. 20, Rn. 105; *Maurer/Waldhoff*, Allgemeines Verwaltungsrecht, § 6, Rn. 3; *Jarass*, in: Jarass/Pieroth, GG, Art. 20, Rn. 44 f.; vgl. auch *Mann/Fontana*, JA 2013, S. 734 (734).

826 Siehe oben § 3 I. 3. b) und c) cc) zum SWG; § 3 I. 3. b) und c) dd) zum SächsSWG; § 3 I. 3. b) und c) aa) zum HFPG; § 3 I. 3. b) und c) bb) zum FPolDG; § 3 II. 2. a) bb) (2) und (3) (c) zum SächsWachdienstG; § 3 II. 2. a) bb) (2) und (3) (e) zum WachPolG.

827 Siehe oben § 3 II. 2. a) bb) (2) und (3) (d) zur PDieVO; § 3 II. 2. b) bb) (2) und (3) (d) zur ODienstV BE.

828 Siehe oben § 3 II. 2. a) bb) (2) und (3) (b) zur Dienstanweisung POD; § 3 II. 2. a) bb) (2) und (3) (a) zur VVWaPol.

829 *Jarass*, in: Jarass/Pieroth, GG, Art. 20, Rn. 44 f.; *Hornmann*, HSOG Kommentar, § 99 HSOG; *Schulze-Fielitz*, in: Dreier, GG, Bd. II, Art. 20, Rn. 105 f.; vgl. auch *Behr*, in: Ortner/Pilgram/Steinert, Die Null-Lösung, S. 177 (183 f.).

830 *Grzeszick*, in: Maunz/Dürig, GG, Art. 20, Rn. 76; *Huster/Rux*, in: Epping/Hillgruber, BeckOK GG, Art. 20, Rn. 172.

Abgrenzung zwischen den Wirkungsbereichen von Gesetzgebung und Verwaltung, indem er jene Sachbereiche umreißt, die dem „Gesetz vorbehalten", also einer autonomen Regelung der Verwaltung entzogen sind.[831]

a) Dogmatische Herleitung

Eine gesetzliche Grundlage ist zunächst überall dort erforderlich, wo das Grundgesetz ein Gesetz vorschreibt, sei es durch einen grundgesetzlichen Gesetzesvorbehalt (z. B. Art. 2 Abs. 2 Satz 3, 5 Abs. 2, 8 Abs. 2, 10 Abs. 2, 11 Abs. 2 GG) oder einen organisatorischen Gesetzesvorbehalt (z. B. Art. 23 Abs. 1 Satz 2; 24 Abs. 1; 29 Abs. 2 Satz 1; 59 Abs. 2 Satz 1 GG). Die Grundrechtsvorbehalte normieren bestimmte Anforderungen an Gesetze, die die grundrechtliche Freiheit der Bürger beschränken. Die organisatorischen Gesetzesvorbehalte fordern für ein bestimmtes staatliches Handeln (z. B. die Übertragung von Hoheitsrechten auf zwischenstaatliche Einrichtungen, vgl. Art. 24 Abs. 1 GG) eine gesetzliche Grundlage, selbst wenn es nicht grundrechtsbedeutsam ist.

Sofern keine speziellen Erscheinungsformen des Gesetzesvorbehalts einschlägig sind, ist ein Rückgriff auf den allgemeinen Gesetzesvorbehalt geboten.[832] Früher wurde der allgemeine Gesetzesvorbehalt als Element der Gesetzmäßigkeit der Verwaltung und als Voraussetzung für den Vorrang des Gesetzes zum Teil allein in Art. 20 Abs. 3 GG verortet.[833] Heute wird er in Rechtsprechung und Lehre weiterhin aus dem Rechtsstaatsprinzip (Art. 20 Abs. 3 GG) und dem Demokratieprinzip (Art. 20 Abs. 1, 2 GG) abgeleitet.[834] Er wird insofern als Teil des Demokratieprinzips gesehen, als er Öffentlichkeit und Volksvertretung

---

831 *Detterbeck*, Allgemeines Verwaltungsrecht, Rn. 259; *Maurer/Waldhoff*, Allgemeines Verwaltungsrecht, § 6, Rn. 6; *Ossenbühl*, in: Isensee/Kirchhof, HdbStR, Bd. III, 2. Aufl., § 62, Rn. 7.

832 *Jarass*, in: Jarass/Pieroth, GG, Art. 20, Rn. 46.

833 BVerfG, Beschl. v. 28.10.1975 – 2 BvR 883/73 = BVerfGE 40, 237 (248); *Huster/Rux*, in: Epping/Hillgruber, BeckOK GG, Art. 20, Rn. 173 f.

834 BVerfG, Urt. v. 6.7.1999 – 2 BvF 3/90 = BVerfGE 101, 1 (34); BVerfG, Beschl. v. 8.8.1978 – 2 BvL 8/77 = BVerfGE 49, 89 (126); BVerfG, Beschl. v. 20.10.1982 – 1 BvR 1470/80 = BVerfGE 61, 260 (275); *Ehlers* in: Ehlers/Pünder, Allgemeines Verwaltungsrecht, § 2, Rn. 40; *Huster/Rux*, in: Epping/Hillgruber, BeckOK GG, Art. 20, Rn. 173; *Maurer/Waldhoff*, Allgemeines Verwaltungsrecht, § 6, Rn. 6; *Ossenbühl*, in: Isensee/Kirchhof, HdbStR, Bd. III, 2. Aufl., § 62, Rn. 32; *Rupp*, Grundfragen der heutigen Verwaltungsrechtslehre, S. 113 ff.

anhält, die Notwendigkeit und das Ausmaß der Entscheidung in öffentlicher Debatte zu klären.[835]

b) *Inhalt und Reichweite*

Der Inhalt des Grundsatzes vom Vorbehalt des Gesetzes ist durch seine dogmatische Herleitung determiniert. So fordert das Demokratieprinzip, dass der Gesetzgeber als einzig unmittelbar demokratisch legitimiertes Staatsorgan alle für das Gemeinwesen wesentlichen Entscheidungen selbst trifft und diese nicht auf andere Normgeber, namentlich im Wege der Verordnungs- oder Satzungsermächtigung, delegiert.[836] Das Rechtsstaatsprinzip verlangt, dass das staatliche Handeln für den Bürger transparent und vorhersehbar ist, d. h. eine berechenbare Rechtsbeziehung zwischen dem Staat und seinen Bürgern in Form einer gesetzlichen Grundlage für das Verwaltungshandeln besteht.[837] Der Vorbehalt des Gesetzes besagt mithin nicht nur, dass die Exekutive für bestimmte Tätigkeiten eine formell-gesetzliche Ermächtigungsgrundlage vorweisen muss, sondern stellt darüber hinaus auch Anforderungen an deren inhaltliche Ausgestaltung (Bestimmtheit).

Lange Zeit umstritten war die Frage nach der Reichweite des Gesetzesvorbehalts. Früher galt der Vorbehalt des Gesetzes, der sich im 19. Jahrhundert als verfassungsrechtliches Instrument des Konstitutionalismus entwickelte, nur für den Bereich der Eingriffsverwaltung.[838] Eine solche Beschränkung wird nach der Ansicht der Rechtsprechung und Literatur einer demokratisch-parlamentarischen Staatsverfassung, wie dem deutschen Grundgesetz, heutzutage nicht mehr gerecht.[839] Aus diesem Grund entwickelte das BVerfG die „Wesentlichkeitstheorie“. Danach muss der Gesetzgeber in grundlegenden normativen Bereichen, zumal im Bereich der Grundrechtsausübung, soweit diese

---

835 BVerfG, Beschl. v. 25.3.1993 – 1 BvR 1430/88 = BVerfGE 85, 386 (403 f.); BVerfG, Urt. v. 24.4.2013 – 1 BvR 1215/07 = BVerfGE 133, 277 (336).

836 BVerfG, Beschl. v. 8.8.1978 – 2 BvL 8/77 = BVerfGE 49, 89 (125 ff.); *Jarass,* in: Jarass/Pieroth, GG, Art. 20, Rn. 44 f.; *Maurer/Waldhoff,* Allgemeines Verwaltungsrecht, § 6, Rn. 6.

837 BVerfG, Beschl. v. 21.12.1977 – 1 BvL 1/75, 1 BvR 147/75 = BVerfGE 47, 46 (78 ff.); *Maurer/Waldhoff,* Allgemeines Verwaltungsrecht, § 6, Rn. 6.

838 *Detterbeck,* Allgemeines Verwaltungsrecht, Rn. 276; *Maurer/Waldhoff,* Allgemeines Verwaltungsrecht, § 6, Rn. 10.

839 Vgl. BVerfG, Beschl. v. 28.10.1975 – 2 BvR 883/73 = BVerfGE 40, 237 (249); *Maurer/Waldhoff,* Allgemeines Verwaltungsrecht, § 6, Rn. 11.

einer staatlichen Regelung zugänglich ist, alle wesentlichen Entscheidungen selbst treffen.[840] Die Wesentlichkeitsrechtsprechung führte dazu, dass für sämtliche Rechtsbereiche das verfassungsrechtliche Gebot einer formell-gesetzlichen Regelung der grundlegenden Fragen im Verhältnis Bürger-Staat gilt.[841]

Heutzutage unterscheiden sowohl Schrifttum als auch Rechtsprechung in der Regel nicht mehr zwischen dem klassischen Gesetzesvorbehalt, welcher nur für die Eingriffsverwaltung Geltung beansprucht, und den Grundsätzen der Wesentlichkeitstheorie.[842] Bei der Konkretisierung dessen, was als „wesentlich" zu gelten hat und damit dem Wirkungsbereich des parlamentarischen Gesetzgebers vorbehalten ist, wird entscheidend auf das Maß und den Grad der rechtlichen Betroffenheit des Bürgers abgestellt.[843] Je höher der Grad der rechtlichen Betroffenheit des Bürgers, desto höhere Anforderungen sind an den Gesetzgeber zu stellen.

Hieraus folgt für die Bestimmung der Regelungsdichte (Grad der inhaltlichen Bestimmtheit): Je nachhaltiger und stärker die Grundrechte des einzelnen Bürgers betroffen oder bedroht sind, desto präziser und detaillierter muss die formell-gesetzliche Regelung ausgestaltet sein.[844] Es besteht mithin eine gleitend verlaufende Stufenfolge von den ganz wesentlichen Angelegenheiten, die der ausschließlichen Regelung durch den parlamentarischen Gesetzgeber bedürfen (sog. „Parlamentsvorbehalt"), über die weniger wichtigen Angelegenheiten, die auch durch den gesetzlich determinierten Verordnungsgeber geregelt werden können, bis hin zu den unwesentlichen Angelegenheiten, die nicht unter den Vorbehalt des Gesetzes fallen und somit auch von der Verwaltung geregelt werden können.[845]

---

840 BVerfG, Beschl. v. 29.12.2004 – 1 BvR 2283/03 = BVerfGE 84, 212 (226); BVerfG, Beschl. v. 8.8.1978 – 2 BvL 8/77 = BVerfGE 49, 89 (126 f.); BVerfG, Urt. v. 6.7.1999 – 2 BvF 3/90 = BVerfGE 101, 1 (34).

841 *Detterbeck*, Allgemeines Verwaltungsrecht, Rn. 276.

842 Vgl. *Sommermann*, in: Mangoldt/Klein/Starck, GG, Bd. II, Art. 20, Rn. 278; BVerfG, Beschl. v. 8.8.1978 – 2 BvL 8/77 = BVerfGE 49, 89 (126 f.); BVerwG, Beschl. v. 17.12.2013 – 1 WRB 2/12, 1 WRB 3/12 = BVerwGE 149, 1 (6 f.).

843 *Ossenbühl*, in: Isensee/Kirchhof, HdbStR, Bd. III, 2. Aufl., § 62, Rn. 45; *Schulze-Fielitz*, in: Dreier, GG, Bd. II, Art. 20, Rn. 113; *Sommermann*, in: Mangoldt/Klein/Stark, GG, Bd. II, Art. 20, Rn. 275.

844 BVerfG, Urt. v. 16.6.1981 – 1 BvL 89/78 = BVerfGE 57, 295 (327); *Detterbeck*, Allgemeines Verwaltungsrecht, Rn. 278; *Grzeszick*, in: Maunz/Dürig, GG, Art. 20, Rn. 75; *Jarass*, in: Jarass/Pieroth, GG, Art. 20, Rn. 54.

845 *Maurer/Waldhoff*, Allgemeines Verwaltungsrecht, § 6, Rn. 14.

2. Verletzung des Vorbehalts des Gesetzes durch den Einsatz von Hilfspolizisten

Eine Verletzung des Grundsatzes vom Vorbehalt des Gesetzes läge vor, wenn die Hilfspolizisten in den jeweiligen Modellen hoheitliche Befugnisse im grundrechtssensiblen Sicherheitsbereich wahrnehmen würden, ohne sich auf eine formell-gesetzliche Ermächtigungsgrundlage stützen zu können, bzw. die Ermächtigungsgrundlage die inhaltlichen Anforderungen an die Regelungsdichte (Grad der inhaltlichen Bestimmtheit) nicht erfüllt. Es soll im Folgenden zunächst geprüft werden, ob die Hilfspolizisten im Rahmen der Ausübung ihrer Hoheitsbefugnisse in die Grundrechte der Bürger eingreifen (Eingriffsverwaltung) oder lediglich „schlicht-hoheitlich", d. h. ohne Beschränkung der Grundrechte der Bürger tätig werden (a). Anschließend wird untersucht, ob eine entsprechende formell-gesetzliche Ermächtigungsgrundlage für die jeweilige Institution (Freiwilliger Polizeidienst, Sicherheitswacht, Wachpolizei, Stadt-/ Kommunalpolizei) vorliegt (b) und ob diese auch im Hinblick auf die inhaltliche Bestimmtheit bzw. Regelungsdichte den Ansprüchen des Rechtsstaatsprinzips genügt (c).

a) Bedürfnis einer formell-gesetzlichen Ermächtigungsgrundlage

Der Vorbehalt des Gesetzes gilt unzweifelhaft für den Bereich der Eingriffsverwaltung. Sofern einzelne Maßnahmen der Hilfspolizisten in die Grundrechte der Bürger eingreifen, bedarf es einer formell-gesetzlichen Grundlage.

Im Rahmen der Gefahrenabwehr, dem primären Tätigkeitsfeld der Hilfspolizisten, werden grundsätzlich drei Handlungsarten unterschieden: schlicht-hoheitliches Handeln, Handeln durch Verwaltungsakt (Ordnungs- oder Polizeiverfügung) und faktische Eingriffe.[846] Sowohl die Erteilung einer Ordnungs- oder Polizeiverfügung (Ge- oder Verbot gegenüber dem Bürger, damit dieser selbst tätig wird oder eine mögliche Handlung unterlässt) als auch der faktische Rechtseingriff (z. B. heimliches Beobachten von Personen, verdecktes Fotografieren, polizeilicher Bericht an eine andere Behörde) bedürfen aufgrund ihrer Grundrechtsrelevanz einer formell-gesetzlichen Ermächtigungsgrundlage.[847]

---

846 Vgl. *Bialon/Springer*, Eingriffsrecht, S. 1 f.

847 *Bialon/Springer*, Eingriffsrecht, S. 1 f.; vgl. *Maurer/Waldhoff*, Allgemeines Verwaltungsrecht, § 6, Rn. 16.

Schlicht-hoheitliches Handeln zeichnet sich hingegen dadurch aus, dass in der Regel nicht in die Grundrechte des Bürgers eingegriffen wird (z. B. Verkehrsüberwachung, schlichte Bestreifung und Beobachtung öffentlicher Bereiche, Öffentlichkeitsarbeit, Gefahrbeseitigung durch behördeneigene Maßnahmen).[848] Für derartige grundrechtsneutrale Maßnahmen muss keine formell-gesetzliche Grundlage vorliegen. Sofern die Hilfspolizisten grundrechtsneutrale Aufgaben wie beispielsweise Streifendienst,[849] die Beobachtung von Kriminalitätsschwerpunkten[850] oder die Verkehrsüberwachung[851] ausüben, ist eine besondere formell-gesetzliche Ermächtigungsgrundlage nicht erforderlich. Diese schlicht-hoheitlichen Handlungen können die Hilfspolizisten auf Grundlage der jeweiligen Aufgabennorm wahrnehmen.

Sofern die Hilfspolizisten jedoch gegenüber dem Bürger eine Ordnungs- oder Polizeiverfügung (z. B. Platzverweis, Aufenthaltsverbot, Ingewahrsamnahme, Sicherstellung, Durchsuchung) erlassen, greifen sie in die Grundrechte des Bürgers ein (z. B. in Art. 2 Abs. 1; 2 Abs. 2 Satz 2; 14 Abs. 1 oder 13 GG). Für diese polizeilichen Maßnahmen bedarf es einer formell-gesetzlichen Ermächtigungsgrundlage.

b) Bestehen einer formell-gesetzlichen Ermächtigungsgrundlage

In einem ersten Schritt wurde soeben festgestellt, dass den Hilfspolizisten für polizeiliche Maßnahmen, die in die Grundrechte der Bürger eingreifen, eine formell-gesetzliche Ermächtigungsgrundlage zur Verfügung stehen muss. In einem zweiten Schritt gilt es nun zu überprüfen, ob eine derartige Ermächtigungsgrundlage für die jeweiligen Modelle zum Einsatz der Hilfspolizisten erlassen wurde.

In Bezug auf die Ehrenamtlichen Polizeihelfer in Bayern, Sachsen, Hessen und Baden-Württemberg hat der Gesetzgeber erkannt, dass die übertragenen Hoheitsbefugnisse zu teils erheblichen Grundrechtseingriffen führen können, und daher mit dem SWG, dem SächsSWG, dem HFPG und dem FPolDG eigenständige formell-gesetzliche Ermächtigungsgrundlagen geschaffen. Für die

---

848 Vgl. *Detterbeck*, Allgemeines Verwaltungsrecht, Rn. 165.

849 § 1 Abs. 3 Satz 2 Nr. 3 HFPG; § 1 Abs. 3 Satz 2 Nr. 3 FPolDG; Ziffer 2.2 Punkt 10 VVWaPol; Art. 2 SWG; § 2 SächsSWG.

850 Vgl. beispielhaft Art. 2 SWG.

851 § 1 Abs. 3 Satz 2 Nr. 2 HFPG; § 1 Abs. 3 Satz 2 Nr. 2 FPolDG; Ziffer 2.2 Punkt 8 VVWaPol; § 4 WachPolG; Ziffer 6 Dienstanweisung POD; § 31 Abs. 1 Satz 2 Nr. 2 lit. c, d DVO PolG; § 1 Nr. 1 VO GVB; § 3 Abs. 1 ODienstV BE.

Sicherheitswacht in Bayern und Sachsen wird der Grundsatz des Vorbehalts des Gesetzes darüber hinaus ausdrücklich festgeschrieben. Nach § 3 Satz 1 SWG bzw. § 3 Abs. 1 Satz 1 SächsSWG können die Angehörigen der Sicherheitswacht Maßnahmen, die in die Grundrechte eines Bürgers eingreifen, nur treffen, wenn eine entsprechende gesetzliche Ermächtigung vorliegt.

Auch für die Wachpolizei in Sachsen und Sachsen-Anhalt hat sich der Gesetzgeber entschieden, die konkret übertragenen hoheitlichen Befugnisse in einem separaten Gesetz zu normieren (SächsWachdienstG und WachPolG).

Bei den übrigen Modellen zum Einsatz von Wachpolizisten, namentlich der Wachpolizei in Berlin, in Hessen und dem Saarland, findet sich keine formell-gesetzliche Grundlage. Die Länder Berlin und Hessen haben lediglich eine Rechtsverordnung erlassen, die unter anderem den Umfang der hoheitlichen Befugnisse der Wachpolizisten festlegt (§ 3 PDieVO, § 13 HSOG-DVO). Um dem Vorbehalt des Gesetzes zu genügen, muss die Rechtsverordnung auf eine formell-gesetzliche Verordnungsermächtigung zurückzuführen sein.[852] § 13 HSOG-DVO wurde auf Grundlage der Verordnungsermächtigung in § 99 Abs. 4 Nr. 1, 114 Satz 1 HSOG und § 3 PDieVO auf Grundlage der Verordnungsermächtigung in Art. 5 Abs. 2 ASOG Bln erlassen. Beide Verordnungen sind auf eine taugliche Verordnungsermächtigung zurückzuführen. Für die Wachpolizisten im Saarland bildet § 84 Abs. 2 Satz 1 SPolG i. V. m. §§ 8 ff. SPolG die formell-gesetzliche Ermächtigungsgrundlage. Nach § 84 Abs. 2 Satz 1 SPolG besitzen die Hilfspolizeibeamten im Rahmen der ihnen übertragenen Aufgaben die Befugnisse von Polizeivollzugsbeamten. Über diesen Verweis stehen den Hilfspolizeibeamten die Befugnisse der Polizeivollzugsbeamten im Saarland (§§ 8 ff. SPolG) zur Verfügung.[853]

Die Kommunalen Ordnungsdienste nehmen primär einfachere Ordnungs- und Kontrollaufgaben im Gemeindegebiet wahr. Mit Ausnahme der Stadtpolizisten in Frankfurt am Main werden die Mitarbeiter der Kommunalen Ordnungsdienste in der Regel nur schlicht-hoheitlich tätig (Kontrollen im Veterinärwesen, Überwachung Straßenverkehr, teilweise auch Bestreifung von Grünanlagen und öffentlichen Plätzen oder Fußgängerzonen), ohne dabei in die Grundrechte der Bürger einzugreifen.[854] Diese Maßnahmen können bereits auf

---

852 *Detterbeck*, Allgemeines Verwaltungsrecht, Rn. 826.

853 Für die Frage, ob eine derartige Rückführbarkeit der Verordnungen auf eine gesetzliche Ermächtigungsgrundlage ausreichend ist, um dem Vorbehalt des Gesetzes zu genügen, sie unten § 4 II. 2. c) cc).

854 Siehe oben § 3 II. 2. b) bb) (7).

die jeweilige Aufgabenzuweisungsnorm gestützt werden, und zwar in Baden-Württemberg (§§ 80 Abs. 1, 84 Abs. 1 Satz 2 Nr. 9 PolG BW i. V. m. § 31 DVO PolG), in Sachsen (§ 80 Abs. 1 Satz 2 SächsPolG i. V. m. § 1 VO GVB), in Berlin (§ 2 Abs. 6 Satz 1 ASOG Bln i. V. m. § 3 Abs. 1 ODienstV BE), in Hessen (§ 99 Abs. 1 Satz 1 HSOG) sowie in Rheinland-Pfalz (§ 94 Abs. 1 POG R-P). Sofern die Mitarbeiter der Kommunalen Ordnungsdienste darüber hinaus Maßnahmen durchführen, die die Grundrechte des Bürgers tangieren, müssen sie sich auf eine formell-gesetzliche Grundlage beziehen. Eine solche Ermächtigungsgrundlage besteht für Sachsen (§ 80 Abs. 2 i. V. m. §§ 18 ff. SächsPolG), Baden-Württemberg (§ 80 Abs. 2 i. V. m. §§ 26 ff. PolG BW), Berlin (§ 2 Abs. 6 Satz 1 ASOG Bln i. V. m. § 3 Abs. 2 ODienstV BE), Hessen (§ 99 Abs. 2 Satz 1 i. V. m. §§ 11 ff. HSOG) und Rheinland-Pfalz (§ 94 Abs. 2 Satz 2 i. V. m. §§ 9 ff. POG R-P).[855]

c) Regelungsdichte der formell-gesetzlichen Ermächtigungsgrundlage

Nachdem festgestellt wurde, dass den Hilfspolizisten in den verschiedenen Modellen für Eingriffe in die Grundrechte der Bürger formell-gesetzliche Ermächtigungsgrundlagen zur Verfügung stehen, ist in einem weiteren Schritt zu klären, ob diese Vorschriften auch im Hinblick auf ihre Regelungsdichte (Grad inhaltlicher Bestimmtheit) den Anforderungen des Grundsatzes vom Vorbehalt des Gesetzes genügen.

aa) Bestimmung der Regelungsdichte

Die Messbarkeit und Berechenbarkeit staatlichen Handelns setzt stets voraus, dass die Gesetze und die daraus abgeleiteten Rechtsnormen und Einzelfallentscheidungen hinreichend bestimmt sind (Bestimmtheitsgebot).[856] Nach der Rechtsprechung des BVerfG soll das Bestimmtheitsgebot „die Betroffenen befähigen, die Rechtslage anhand der gesetzlichen Regelung zu erkennen, damit sie ihr Verhalten danach ausrichten können; die Bestimmtheitsanforderungen dienen darüber hinaus dazu, die Verwaltung zu binden und ihr Verhalten nach Inhalt, Zweck und Ausmaß zu begrenzen sowie den Schutzauftrag näher zu konkretisieren".[857] Bei gesetzlichen Regelungen, die zu Eingriffen ermächtigen,

---

855 Vgl. hierzu ausführlich § 3 II. 2. b) bb) (3.).

856 *Sommermann*, in: Mangolgt/Klein/Stark, GG, Bd. II, Art. 20, Rn. 289.

857 BVerfG, Beschl. v. 7.4.1964 – 1 BvL 12/63 = BVerfGE 17, 306 (314); BVerfG, Beschl. v. 7.7.1971 – 1 BvR 775/66 = BVerfGE 31, 255 (264); BVerfG, Beschl. v. 23.4.1974 – 1 BvR 6/74, 1 BvR 2270/73 = BVerfGE 37, 132 (142).

richten sich die konkreten Anforderungen an die Bestimmtheit und Klarheit nach der „Art und der Schwere des Eingriffs".[858] Je nachhaltiger und stärker die Grundrechte des einzelnen Bürgers betroffen oder bedroht sind, desto präziser und detaillierter muss die formell-gesetzliche Regelung ausgestaltet sein.

bb) Ausgestaltung der landesspezifischen Normen

In Bezug auf die Ermächtigungsgrundlage der Ehrenamtlichen Polizeihelfer in Sachsen, Bayern, Hessen und Baden-Württemberg sowie der Wachpolizei in Sachsen und Sachsen-Anhalt bestehen keine Zweifel an der Bestimmtheit der Norm. Die Rechtseingriffe der Polizeihelfer sind im SWG, SächsSWG, HFPG und FPolDG, die Rechtseingriffe der Wachpolizisten im WachpolG und SächsWachdienstG hinreichend normiert. Die Gesetze regeln abschließend, welche Hoheitsbefugnisse[859] übertragen werden und in welche Grundrechte[860] eingegriffen werden darf (Zitiergebot). Die Gesetze sind insgesamt hinreichend klar und inhaltlich bestimmt. Auch die Ermächtigungsgrundlagen der Wachpolizei Berlin sowie der Kommunalen Ordnungsdienste in Sachsen, Baden-Württemberg, Berlin und Rheinland-Pfalz stehen im Einklang mit dem Gebot der Normbestimmtheit.

cc) Inhaltliche Bestimmtheit von § 99 HSOG und § 84 SPolG

Es stellt sich die Frage, ob auch § 99 HSOG (Grundlage für den Einsatz der Wach- und Stadtpolizisten in Hessen) und § 84 SPolG (Grundlage für den Einsatz der Wachpolizisten im Saarland) hinreichend klar und bestimmt gefasst sind. Bevor eine konkrete Prüfung dieser beiden Normen erfolgt, soll zunächst der vom BVerfG für die Bestimmtheitsprüfung entwickelte Kontrollmaßstab dargestellt werden.

(1) Kontrollmaßstab des BVerfG

Im Rahmen der Bestimmtheitsprüfung ist der vom BVerfG geprägte strenge Kontrollmaßstab zu berücksichtigen. Das Gericht erklärt eine Norm erst dann wegen fehlender Bestimmtheit oder Unverständlichkeit für verfassungswidrig,

---

858 BVerfG, Beschl.v. 3.3.2004 – 1 BvF 3/92 = BVerfGE 110, 33 (55); BVerfG, Urt. v. 11.3.2008 – 1 BvR 2074/05 = BVerfGE 120, 378 (408).

859 Siehe oben § 3 I. 3. c); § 3 II. 2. a) bb) (3) (c), (e).

860 § 9 HFPG; Art. 19 SWG; § 17 SächsSWG; § 9 SächsWachdienstG; § 10 WachPolG.

wenn es sich um einen extremen und/oder evidenten Fall handelt.[861] Nur in einem solchen Fall verstoße die jeweilige Norm gegen rechtsstaatliche Grundsätze, zu denen sich das Grundgesetz in Art. 20 Abs. 3 und 28 Abs. 1 GG ausdrücklich bekenne.[862] Die Rechtsvorschriften seien stets so genau zu fassen, wie es „nach der Eigenart der zu ordnenden Lebenssachverhalte und mit Rücksicht auf den Normzweck" möglich sei.[863] Ein evidenter Fall liege dann vor, wenn der Charakter und die Bedeutung der Regelung auch im Wege der normalen juristischen Auslegung nicht ermittelt werden könne.[864] Bei der Auslegung seien insbesondere die Folgen zu berücksichtigen, die im sozialen Leben und im Rechtsverkehr von der Unbestimmtheit abhängen.[865]

(2) Konkrete Prüfung der inhaltlichen Bestimmtheit

Unter Beachtung des strengen Kontrollmaßstabs des BVerfG wird im Folgenden geprüft, ob der Normtext des § 99 Abs. 1 und 2 HSOG sowie des § 84 Abs. 1 und 2 SPolG den Anforderungen des Gebotes inhaltlicher Bestimmtheit genügt. Die Hilfspolizeibeamten besitzen nach § 99 Abs. 2 Satz 1 HSOG bzw. § 84 Abs. 2 Satz 1 SPolG „im Rahmen der ihnen übertragenen Aufgaben die Befugnisse von Polizeivollzugsbeamten", d. h., es wird auf die in §§ 11 ff. HSOG bzw. §§ 8 ff. SPolG geregelten Befugnisse der Polizeivollzugsbeamten verwiesen.

Für einen Verstoß gegen das Bestimmtheitsgebot lässt sich vorbringen, dass für den betroffenen Bürger in Hessen oder dem Saarland nicht klar erkennbar ist, welche konkreten Befugnisse dem Hilfspolizeibeamten zustehen und in welche konkreten Grundrechte des Bürgers dieser – auf Grundlage der Norm – eingreifen darf. Für den Bürger könnten die Grenzen des Einsatzes der Hilfspolizeibeamten nicht hinreichend erkennbar sein. Gesetzesbegriffe müssen jedoch stets die tatbestandliche Grenzziehung selbst leisten und dürfen diese nicht dem Ermessen des Rechtsanwenders überlassen.[866] Andernfalls kann der Bürger die konkreten Maßstäbe für die Gesetzesanwendung nicht erkennen und sein Verhalten nicht dementsprechend ausrichten.

---

861 BVerfG, Beschl. v. 24.7.1963 – 1 BvR 425/58 = BVerfGE 17, 67 (82); BVerfG, Urt. v. 23.10.1951 – 2 BvG 1/51 = BVerfGE 1, 14 (45); BVerfG, Urt. v. 30.5.1956 – 1 BvF 3/53 = BVerfGE 5, 25 (31 ff.).

862 BVerfG, Urt. v. 23.10.1951 – 2 BvG 1/51 = BVerfGE 1, 14 (45).

863 BVerfG, Beschl. v. 26.9.1978 – 1 BvR 525/77 = BVerfGE 49, 168 (181); BVerfG, Beschl. v. 24.11.1981 – 2 BvL 4/80 = BVerfGE 59, 104 (114).

864 BVerfG, Beschl. v. 24.7.1963 – 1 BvR 425/58 = BVerfGE 17, 67 (82).

865 BVerfG, Beschl. v. 24.7.1963 – 1 BvR 425/58 = BVerfGE 17, 67 (82).

866 *Schulze-Fielitz*, in: Dreier, GG, Bd. II, Art. 20, Rn. 134.

Gegen einen Verstoß gegen das Bestimmtheitsgebot spricht jedoch der Gestaltungsspielraum des Gesetzgebers bei der Formulierung und Ausgestaltung gesetzlicher Tatbestände. Die Gleichstellung der Hilfspolizeibeamten mit den Polizeivollzugsbeamten in § 99 Abs. 2 Satz 1 HSOG bzw. § 84 Abs. 2 Satz 1 SPolG führt nicht dazu, dass der betroffene Bürger die Rechtslage nicht in ausreichendem Maße erkennen und einschätzen kann. Denn die Eingriffsbefugnisse der Polizeivollzugsbeamten – und damit auch der Hilfspolizeibeamten – sind im HSOG bzw. SPolG klar umgrenzt. Der Verweis in § 99 Abs. 2 Satz 1 HSOG bzw. § 84 Abs. 2 Satz 1 SPolG kann somit nicht dazu führen, dass die Befugnisse der jeweiligen Behörde erweitert oder selbstständig verändert werden können. Die tatbestandliche Grenzziehung wird nicht in das Ermessen des Rechtsanwenders gestellt.

Gleiches gilt im Hinblick auf die Grundrechte des Bürgers. In § 10 HSOG bzw. § 7 SPolG werden die Grundrechte, die auf Grundlage des Gesetzes eingeschränkt werden dürfen, konkret aufgezählt. Über den Verweis in § 99 Abs. 2 Satz 1 HSOG bzw. § 84 Abs. 2 Satz 1 SPolG sind somit auch die Grundrechte, in die die Hilfspolizeibeamten eingreifen dürfen, klar eingegrenzt.

Im Ergebnis sprechen die überzeugenderen Argumente gegen die Annahme eines Verstoßes gegen das Gebot inhaltlicher Bestimmtheit. Dies gilt insbesondere vor dem Hintergrund des vom BVerfG geprägten strengen Kontrollmaßstabes. Eine Verletzung des Bestimmtheitsgebots ist nur ausnahmsweise in evidenten Fällen anzunehmen. Die Gleichstellung der Hilfspolizeibeamten mit den Polizeivollzugsbeamten in § 84 Abs. 2 und § 99 Abs. 2 HSOG genügt nicht, um einen solchen Fall zu begründen. Im Ergebnis ist sowohl § 99 HSOG als auch § 84 SPolG hinreichend klar und bestimmt.

3. Ergebnis

Die Wachpolizisten, Stadt-/Kommunalpolizisten sowie die Ehrenamtlichen Polizeihelfer nehmen in unterschiedlichem Umfang hoheitliche Befugnisse im grundrechtssensiblen Sicherheitsbereich wahr. In allen neun Ländern, in denen der Einsatz von Hilfspolizisten erfolgt, existiert eine entsprechende formellgesetzliche Ermächtigungsgrundlage. Die verschiedenen landesspezifischen Gesetzesnormen sind allesamt hinreichend klar und bestimmt formuliert. Der Einsatz der Hilfspolizisten bzw. deren Ausübung von hoheitlichen Befugnissen im grundrechtssensiblen Sicherheitsbereich verstößt nicht gegen den Grundsatz vom Vorbehalt des Gesetzes.

III. Grundrechtliche Schutzpflichten

Der Staat könnte durch den Einsatz von Hilfspolizisten gegen grundrechtliche Schutzpflichten – insbesondere gegen die Pflicht zum Schutz des Lebens aus Art. 2 Abs. 2 Satz 1 GG – verstoßen.[867] Diese Ansicht vertritt eine Vielzahl von Autoren insbesondere in Bezug auf den Einsatz Ehrenamtlicher Polizeihelfer.[868] Hauptkritikpunkt ist die im Vergleich zu den Polizeibeamten extrem verkürzte Ausbildung. Den Kritikern zufolge bedürften jegliche Eingriffsbefugnisse in die Freiheitsgrundrechte der Bürger einer professionellen Grundlage, die „Freizeit oder Feierabendpolizisten" in einer Kurzausbildung nicht hinreichend vermittelt werden könnten.[869] Ihrer Meinung nach könne der Ehrenamtliche Polizeihelfer dem betroffenen Bürger in bestimmten Gefahrensituationen (z. B. Raubüberfall im Park, tätliche Auseinandersetzungen im Umfeld von Flüchtlingsunterkünften) nicht den gleichen Schutz gewährleisten wie der Vollzugspolizeibeamte. Der Staat verstoße so gegen seine Pflicht, das Leben der Bürger zu schützen (Art. 2 Abs. 2 Satz 1 GG). Vor dem Hintergrund der soeben dargestellten Kritik soll nachfolgend untersucht werden, ob der Staat durch den Einsatz von Hilfspolizisten seine grundrechtliche Schutzpflichten – insbesondere aus Art. 2 Abs. 2 Satz 1 GG – verletzt.

1. Dogmatische Herleitung der Schutzpflichten

Die im Grundgesetz verankerten Grundrechte (Freiheits-, Gleichheits- und Verfahrensgrundrechte) begrenzen die Ausübung der staatlichen Macht und schaffen dem Bürger eine staatlich geschützte Individualsphäre. Die Grundrechte sind damit Rechte des Individuums, die den Staat verpflichten. Sie sind nicht nur reine Programmsätze, sondern binden über Art. 1 Abs. 3 GG die Exekutive, Legislative und Judikative.

---

867 Die Begriffe „grundrechtliche" Schutzpflicht und „staatliche" Schutzpflicht werden synonym verwendet. Sie unterscheiden sich lediglich im Hinblick auf den Bezugspunkt: Erstere stellt auf den Rechtsgrund des Schutzes, letztere auf den Adressaten der Pflicht ab.

868 *Behrendes/Jungbluth/Twickler*, in: Kniesel/Kube/Murck, Hdb für Führungskräfte der Polizei, S. 201 (209 f.); *Zuck*, Rechtsgutachten betreffend Gesetz über die Freiwillige Polizeireserve Berlin, S. 1 ff.; vgl. auch *Hornmann*, LKRZ 2008, S. 201 (205); *Kutscha*, in: van Elsbergen, Kustodialisierung der Inneren Sicherheit, S. 225 (231); *Hitzler*, in: Reichertz/Schröer, Qualitäten polizeilichen Handelns, S. 30 (39 f.).

869 Vgl. *Behrendes/Jungbluth/Twickler*, in: Kniesel/Kube/Murck, Hdb für Führungskräfte der Polizei, S. 201 (210); *Hornmann*, LKRZ 2008, S. 201 (205).

In ihrer klassischen Funktion gewähren die (Freiheits-)Grundrechte dem Bürger ein subjektiv-öffentliches Abwehrrecht gegenüber dem Staat.[870] Sie dienen dem Schutz des Einzelnen vor staatlichen Eingriffen und sollen die Individualsphäre garantieren (status negativus).[871]

Nach Auffassung des BVerfG sowie einem Großteil der Lehre gewährleisten die Freiheitsgrundrechte darüber hinaus auch staatliche Schutzpflichten (status positivus).[872] Diese verpflichten den Staat, die Grundrechte des Bürgers gegen die Beeinträchtigung durch private Dritte zu schützen. Ungeachtet der breiten Anerkennung der staatlichen Schutzpflichten ist ihre dogmatische Begründung höchst umstritten. Die folgende Darstellung beschränkt sich auf die wesentlichen Begründungsansätze in Literatur und Rechtsprechung.

Wesentlich geprägt wurde die Schutzpflichtdogmatik durch das BVerfG. Das Gericht entwickelte die Schutzpflichten, um auch in Fällen, in denen eine Gefährdung für grundrechtlich geschützte Rechtsgüter nicht auf staatliches Handeln, sondern auf das Verhalten privater Dritter zurückzuführen ist, einen umfassenden Grundrechtsschutz für das private Opfer zu gewährleisten. Das Gericht leitet die staatlichen Schutzpflichten aus der objektiv-rechtlichen Funktion der Grundrechte als objektive Werteordnung ab und zieht außerdem die Menschenwürdegarantie in Art. 1 Abs. 1 Satz 2 i. V. m. Abs. 3 GG zur Begründung heran.[873] So statuiere Art. 1 Abs. 1 Satz 2 GG die Verpflichtung „aller staatlicher Gewalt", die Würde des Menschen als höchstes Gut „zu achten und zu schützen". Das Gebot des Achtens wird als Ausdruck der Abwehrfunktion, das des Schützens als Ausdruck der Schutzpflichtfunktion gedeutet.[874] Die Pflicht des Staates zum Schutz der Grundrechtssubstanz gegenüber Dritten als objektive

---

870 *Isensee*, HdbStR, Bd. V, § 111, Rn. 9, 21; *Müller-Franken*, in: Schmidt-Bleibtreu/Hofmann/Henneke, GG, Vorb. v. Art. 1, Rn. 6; *Mann*, in: Eötvös Loránd, Annales Universitatis Scientiarum Budapestinensis, S. 105 (108).

871 *Jellinek*, System der subjektiven öffentlichen Rechte, S. 94 ff.; vgl. *Müller-Franken*, in: Schmidt-Bleibtreu/Hofmann/Henneke, GG, Vorb. v. Art. 1, Rn. 6.

872 *Jellinek*, System der subjektiven öffentlichen Rechte, S. 114 ff.; vgl. *Alexy*, Theorie der Grundrechte, S. 410 ff.; *Dietlein*, Die Lehre von den grundrechtlichen Schutzpflichten, S. 17; *Hermes*, Das Grundrecht auf Schutz von Leben und Gesundheit, S. 208 ff.; *Erichsen*, Jura 1997, S. 85 (86); *Lang*, in: Epping/Hillgruber, BeckOK GG, Art. 2 Rn. 74 ff.; *Unruh*, Zur Dogmatik der grundrechtlichen Schutzpflichten, S. 29.

873 BVerfG, Urt. v. 25.2.1975 – 1 BvF 1/74 = BVerfGE 39, 1 (36 ff.).

874 BVerfG, Urt. v. 25.2.1975 – 1 BvF 1/74 = BVerfGE 39, 1 (36 ff.).

Grundrechtskomponente hatte die Rechtsprechung zunächst für Schutz und Förderung des Lebens (Art. 2 Abs. 2 Satz 1 GG) entwickelt.[875]

In der Literatur werden auf Grundlage einer grundrechtlichen Verortung der Schutzpflichten im Wesentlichen zwei Begründunganstäze verfolgt: Zum einen wird vertreten, die staatliche Schutzpflicht sei grundrechtsimmanent und aus dem Text („Schutz" und „Sicherheit") sowie der Dogmatik der Grundrechte abzuleiten.[876] Als Beispiele werden insbesondere der Wortlaut des Art. 6 Abs. 1 GG („Ehe und Familie stehen unter dem besonderen Schutz der staatlichen Ordnung") sowie des Art. 6 Abs. 4 GG („Jede Mutter hat Anspruch auf den Schutz und die Fürsorge der Gemeinschaft") angeführt. Zum anderen wird versucht, die staatliche Schutzpflicht grundrechtstranszendent unter Berücksichtigung allgemeiner Erwägungen zum Zweck und zur Legitimation von Staatlichkeit zu begründen.[877]

2. Umfang der Schutzpflichten

Ist der Staat nach dem bisher Gesagten zum Schutz bestimmter, grundrechtlich garantierter Rechtsgüter verpflichtet, stellt sich des Weiteren die Frage, welchen Umfang die staatlichen Schutzpflichten aufweisen und an wen diese adressiert sind. Die Grundrechte binden nach Art. 1 Abs. 3 GG Legislative, Exekutive und Judikative. Da Art. 1 Abs. 3 GG nicht nach Grundrechtsfunktionen differenziert, gilt die Bindung aller drei Staatsgewalten auch für die grundrechtlichen Schutzpflichten.[878] Im Folgenden sollen die konkreten Anforderungen dargestellt werden, die sich hieraus für den Gesetzgeber und die Verwaltung ergeben.

a) Legislative Schutzpflichten

Das BVerfG nahm bereits im ersten Urteil seiner Schutzpflichtenjudikatur primär den Gesetzgeber in die Pflicht.[879] Hauptadressat der vom BVerfG entwickelten grundrechtlichen Schutzpflichten ist mithin der Gesetzgeber. Im folgenden

---

875 BVerfG, Beschl. v. 29.10.1987 – 2 BvR 624/83 = BVerfGE 77, 170 (214); BVerfG, Urt. v. 16.10.1977 – 1 BvQ 5/77 = BVerfGE 46, 160 (164).

876 Vgl. *Hillgruber*, Der Schutz des Menschen vor sich selbst, S. 147.

877 Vgl. *Isensee*, Das Grundrecht auf Sicherheit, S. 3 ff.; *Bleckmann*, DVBl. 1988, S. 938 (941 f.); *Klein*, NJW1989, S. 1633 (1635 f.); *Ruffert*, Vorrang der Verfassung und Eigenständigkeit des Privatrechts, S. 154 ff.

878 *Bleckmann*, DVBl. 1988, S. 938 (942); *Calliess*, in: Merten/Papier, HdB der Grundrechte, Bd. II, S. 964 (967).

879 BVerfG, Urt. v. 25.2.1975 – 1 BvF 1/74 = BVerfGE 39, 1 (44 f.).

Abschnitt dieser Arbeit soll daher geprüft werden, ob der Gesetzgeber in Hessen, Sachsen, Sachsen-Anhalt, Baden-Württemberg und Bayern durch den Erlass des Gesetzes zum Einsatz von Ehrenamtlichen Polizeihelfern (HFPG, SächsSWG, FPolDG, SWG) bzw. Wachpolizisten (SächsWachdienstG, WachPolG) den verfassungsrechtlich zu gewährleistenden Mindestschutz unterschritten und somit seine legislativen Schutzpflichten verletzt hat.

aa) Inhaltliche Konkretisierung der legislativen Schutzpflichten

Aus den grundrechtlichen Schutzpflichten folgt für den Gesetzgeber die Verpflichtung, Rechtsnormen zu erlassen, welche die geschützten Rechtsgüter möglichst umfassend absichern.[880] Von dem Gesetzgeber kann jedoch nicht erwartet werden, absolute Sicherheit im Sinne eines vollständigen Schutzes vor jeglicher Art von Gefahr für die Rechtsgüter des Bürgers zu gewährleisten. Bei der Umsetzung dieser Verpflichtung steht dem Gesetzgeber daher ein Einschätzungs- und Gestaltungsspielraum zu.[881] Eine Begrenzung findet dieser Spielraum im „Untermaßverbot".[882] Das Untermaßverbot soll eine Antwort auf die Frage nach dem Minimalstandard staatlicher Schutzmaßnahmen, d. h. nach dem verfassungsrechtlichen Schutzminimum geben.[883] Das BVerfG stellte erstmals in seinem zweiten Fristenregelungsurteil[884] auf das Untermaßverbot ab und verlangte vom Gesetzgeber, dass dieser Vorkehrungen trifft, die für einen „angemessenen und wirksamen Schutz ausreichend" sind und zudem auf „sorgfältigen Tatsachenermittlungen und vertretbaren Einschätzungen" beruhen.[885]

Fraglich ist jedoch, wie das erforderliche Schutzminimum zu bestimmen ist. Aus der Verfassung selbst lassen sich keine konkreten Kriterien ableiten. Das BVerfG stellt zur Bestimmung des einzuhaltenden verfassungsrechtlichen Mindestschutzes neben der „Art, der Nähe und dem Ausmaß möglicher Gefahren" vor allem auf den „Rang des verfassungsrechtlich geschützten Rechtsgutes" ab.[886] Je bedeutender das zu schützende Rechtsgut und je intensiver die drohende Gefahr ist, desto höher sind die Anforderungen, die an den Mindestschutz zu

880 *Dietlein*, Die Lehre von den grundrechtlichen Schutzpflichten, S. 70.
881 BVerfG, Beschl. v. 29.10.1987 – 2 BvR 624/83 = BVerfGE 77, 170 (214 f.).
882 *Krings*, Grund und Grenzen grundrechtlicher Schutzansprüche, S. 297; *Wollenteit/Wenzel*, NuR 1997, S. 60 (63); der Begriff „Untermaßverbot" geht zurück auf *Canaris*, AcP 1984, S. 201 (228).
883 *Canaris*, JuS 1989, S. 161 (163).
884 BVerfG, Urt. v. 28.5.1993 – 2 BvF 2/90 = BVerfGE 88, 203 (203 ff.).
885 BVerfG, Urt. v. 28.5.1993 – 2 BvF 2/90 = BVerfGE 88, 203 (254).
886 BVerfG, Beschl. v. 8.8.1978 – 2 BvL 8/77 = BVerfGE 49, 89 (142).

stellen sind, und umso mehr ist der Gesetzgeber verpflichtet, effektive Schutzmaßnahmen zu erlassen.[887]

bb) Verletzung der legislativen Schutzpflichten durch den Einsatz von Hilfspolizisten

Eine Verletzung der legislativen Schutzpflichten kommt insbesondere durch die Übertragung besonders gefahrgeneigter Aufgaben in Betracht. Indem der Gesetzgeber den Hilfspolizisten die Aufgabe des „polizeilichen Streifendienstes" zuweist, ohne gleichzeitig sicherzustellen, dass diese der Bedeutung der Aufgabe entsprechend ausgebildet werden, könnte er gegen seine legislativen Schutzpflichten (insbesondere Art. 2 Abs. 2 Satz 1 GG) verstoßen.

In Sachsen (§ 2 SächsSWG „zusätzliche Streifentätigkeit"), in Hessen (§ 3 Satz 2 Nr. 3 HFPG „Polizeilicher Streifendienst") sowie in Baden-Württemberg (§ 1 Abs. 3 Satz 1 Nr. 3 „zum Streifendienst") hat der Gesetzgeber den Ehrenamtlichen Polizeihelfern die Aufgabe des polizeilichen Streifendienstes explizit zugeteilt.[888] Eine Regelung, die eine Mindestdauer für die Ausbildung verbindlich festlegt, findet sich hingegen in keinem der drei Gesetze. Die Dauer der Ausbildung der Ehrenamtlichen Polizeihelfer beträgt in Hessen und Sachsen lediglich 50 Stunden, in Baden-Württemberg 84 Stunden.[889]

Vor diesem Hintergrund wird im Schrifttum vereinzelt vertreten, dass der Staat durch den Einsatz von Hilfspolizisten zum polizeilichen Streifendienst den verfassungsrechtlich zu gewährleistenden Mindestschutz unterschreite und somit gegen legislative Schutzpflichten verstoße.[890]

Für eine solche Ansicht spricht, dass Hilfspolizisten im Rahmen des polizeilichen Streifendienstes relativ leicht in Situationen geraten können, in denen bedeutende Rechtsgüter eines Bürgers (z. B. Art. 2 Abs. 2 Satz 1 GG) konkret gefährdet sind. Sie können beispielsweise in einem Park oder einer Fußgängerzone in Zusammenhang mit ihrer Arbeit tätlich angegriffen werden. Aufgrund

---

887 Vgl. *Fickenscher*, Polizeilicher Streifendienst mit Hoheitsbefugnissen, S. 160.

888 Die Ehrenamtlichen Polizeihelfer in Bayern sowie die Wachpolizisten in Sachsen und Sachsen-Anhalt werden nicht zum polizeilichen Streifendienst, sondern ausschließlich in weniger gefahrgeneigten Aufgabenfeldern eingesetzt, vgl. zum Aufgabenbereich der Sicherheitswacht Bayern § 3 I. 3. b) bb); der Wachpolizei Sachsen § 3 II. 2. a) bb) 2. (c); der Wachpolizei Sachsen-Anhalt § 3 II. 2. a) bb) 2. (e).

889 Siehe oben § 3 I. 3. g).

890 Vgl. *Behrendes/Jungbluth/Twickler*, in: Kniesel/Kube/Murck, Hdb für Führungskräfte der Polizei, S. 201 (209 f.) sowie *Zuck*, Rechtsgutachten betreffend Gesetz über die Freiwillige Polizeireserve Berlin, S. 1 ff.

ihrer zum Teil begrenzten Befugnisse sowie ihrer deutlich verkürzten Ausbildung sind die Hilfspolizisten in bestimmten Gefahrsituationen jedoch nicht in der Lage, die Rechtsgüter des Opfers in der gleichen Weise vor einem Angriff durch einen privaten Störer zu schützen, wie ein Polizeibeamter. Folgt man dieser Ansicht, so ist für Sachsen, Hessen und Baden-Württemberg ein Verstoß des Gesetzgebers gegen grundrechtliche Schutzpflichten aus Art. 2 Abs. 2 Satz 1 GG anzunehmen.

Andere Stimmen in der Literatur sehen in dem Einsatz der kurz ausgebildeten Hilfspolizisten keinen Verstoß gegen legislative Schutzpflichten.[891] Der Gesetzgeber genüge seiner Schutzpflicht bereits dadurch, dass er den Polizeibeamten durch die Polizeigesetze der Länder umfassende hoheitliche Aufgaben und Befugnisse übertrage, um die Rechtsgüter der Bürger angemessen zu schützen.[892] Es spreche nichts dagegen, wenn der Gesetzgeber neben den von ihm bereits geschaffenen Sicherheitsbehörden weitere Institutionen einführe, die zusätzlich zu den Polizeibeamten für den Rechtsgüterschutz eingesetzt werden.[893] Nach dieser Ansicht verstößt der Gesetzgeber durch den Einsatz der kurz ausgebildeten Hilfspolizisten nicht gegen seine legislativen Schutzpflichten aus Art. 2 Abs. 2 Satz 1 GG.

Im Ergebnis ist eine Verletzung legislativer Schutzpflichten abzulehnen. Die von der letztgenannten Ansicht angeführte Begründung, der Gesetzgeber verletze seine Schutzpflicht nicht, da die Hilfspolizisten nur „zusätzlich" zu den Polizeibeamten tätig würden, kann allerdings nicht überzeugen. Denn in fast allen Ländern, in denen ein separates Gesetz zum Einsatz von Hilfspolizisten erlassen wurde, sollen die Hilfspolizisten nach der Intention des Gesetzgebers die Polizeibeamten „entlasten", d. h., sie haben in bestimmten Bereichen eine substituierende und nicht lediglich ergänzende Funktion.[894]

Gegen eine Verletzung legislativer Schutzpflichten spricht vielmehr der durch den Gesetzgeber für die Verwaltung eröffnete Ermessensspielraum beim Einsatz der Hilfspolizisten. Der Gesetzgeber normiert keine Pflicht, die Hilfspolizisten zum polizeilichen Streifendienst einzusetzen.[895] Um einen flexiblen Einsatz zu

---

891 Vgl. *Müller*, DPolBl. 2012, S. 4 (5).

892 *Fickenscher*, Polizeilicher Streifendienst mit Hoheitsbefugnissen, S. 161.

893 *Fickenscher*, Polizeilicher Streifendienst mit Hoheitsbefugnissen, S. 161; vgl. *Müller*, DPolBl. 2012, S. 4 (5).

894 Vgl. Begr. des RegE zum FPolDG, LT-Drs. BW 3/2325, S. 4343 ff.; Begr. des RegE zum HFPG, LT-Drs. HE 15/1004, S. 6; Begr. des RegE zum SächsWachdienstG, LT-Drs. SN 6/2782, S. 1 ff.; Begr. des RegE zum WachPolG, LT-Drs. SA 7/473, S. 3.

895 Einzige Ausnahme ist § 94 Abs. 1 POG R-P, der eine Pflicht zur Bestellung Kommunaler Vollzugsbeamter normiert, vgl. hierzu ausführlich § 3 II. 2. b) bb) (1) (c).

gewährleisten, sind die wesentlichen Aufgabenfelder, in denen die Hilfspolizisten eingesetzt werden können, nur beispielhaft und aufgrund des Begriffes „insbesondere" nicht abschließend aufgezählt.[896]

Zudem tritt in der Praxis staatlicher Schutzpflichtenerfüllung die legislative Schutzpflichtenerfüllung hinter die exekutive Schutzpflichtenerfüllung zurück.[897] Denn die Exekutive setzt die abstrakten gesetzgeberischen Schutzpflichten im Einzelfall um und konkretisiert diese inhaltlich.[898] So wurden in Hessen Verwaltungsvorschriften (VVFPolD und VVWaPol) erlassen, die den Einsatz von Mitarbeitern des Freiwilligen Polizeidienstes und der Wachpolizei in Hessen zum polizeilichen Streifendienst auf solche Einsatzlagen beschränken, in denen ein Einschreiten ohne Inkaufnahme erheblicher Gefahren für die eigene Person möglich ist.[899] Der Leiter der zuständigen Polizeidirektion bzw. des zuständigen Polizeipräsidiums ist bei der Entscheidung über die Bestellung und den Einsatz der ehrenamtlichen Polizeihelfer und Wachpolizisten in Hessen an diese Verwaltungsvorschriften gebunden.[900] Hält er sich nicht an die in den Verwaltungsvorschriften normierten Einschränkungen, handelt er ermessensfehlerhaft und damit rechtswidrig. Auch in den anderen Ländern werden die Hilfspolizisten in der Regel nicht zum polizeilichen Streifendienst eingesetzt, wenn eine konkrete Gefährdungslage besteht.[901]

b) Exekutive Schutzpflichten

Die Polizei- und Ordnungsbehörden nehmen innerhalb der Exekutive bei der Umsetzung staatlicher Schutzpflichten eine zentrale Rolle ein. Sie tragen Sorge dafür, dass Gefahren für die öffentliche Sicherheit und Ordnung wirksam abgewehrt werden. Die Polizeipräsidien bzw. Polizeidirektionen könnten als Teil der Exekutive durch den Einsatz der kurz ausgebildeten Hilfspolizisten grundrechtliche Schutzpflichten verletzen, indem sie durch deren Einsatz den verfassungsrechtlichen Mindestschutz nicht mehr gewährleisten können.

---

896 Siehe hierzu ausführlich insbesondere § 3 I. 3. b) aa) für den Freiwilligen Polizeidienst Hessen, § 3 I. 3. b) bb) für den Freiwilligen Polizeidienst Baden-Württemberg und § 3 I. 3. b) dd) für die Sicherheitswacht Sachsen.

897 Vgl. *Krings*, Grund und Grenzen grundrechtlicher Schutzpflichten, S. 245.

898 Vgl. *Dietlein*, Die Lehre von den grundrechtlichen Schutzpflichten, S. 378; *Krings*, Grund und Grenzen grundrechtlicher Schutzpflichten, S. 243 f.

899 Siehe hierzu noch ausführlich § 4 III. 2. b) bb) (2) (b).

900 Siehe oben § 2 III. 2. c).

901 Siehe hierzu noch ausführlich § 4 III. 2. b) bb) (2) (b).

aa) *Inhaltliche Konkretisierung der exekutiven Schutzpflichten*

Die grundrechtlichen Schutzpflichten enthalten neben dem Gesetzgebungsauftrag auch einen Vollzugsauftrag.[902] Der Schwerpunkt der sicherheitsgewährleistenden Tätigkeit der Exekutive erfolgt unter dem Aspekt der Wahrung und Durchsetzung des Rechts. Im Verhältnis zur Legislative übt sie eine nachgeordnete Funktion aus, sodass in diesem Zusammenhang auch von der „sekundären Schutzpflichtenebene" gesprochen werden kann.[903] Auf dieser Ebene ist der Staat u. a. zur Schaffung von Einrichtungen verpflichtet, die den verfassungsrechtlichen Mindestschutz in der Lebenswirklichkeit praktisch umsetzen. Der Staat muss somit insbesondere Polizei- und Ordnungsbehörden vorhalten.[904] Polizei- und Ordnungsbehörden verfügen aufgrund des Opportunitätsprinzips über ein Entschließungs- und Auswahlermessen. Ihnen kommt bei der Wahl der Mittel zur Umsetzung der Schutzpflicht ein weiter Spielraum zu. Es liegt somit im Ermessen der Polizeipräsidien bzw. Polizeidirektionen, in bestimmten Aufgabenbereichen kurz ausgebildete Hilfspolizisten einzusetzen. Dieser Möglichkeit kommt vor dem Hintergrund begrenzter finanzieller und personeller Ressourcen bei der Polizei eine besondere Bedeutung zu. Denn die Polizei wäre überfordert, wenn sie für jegliche polizeilichen Aufgaben ausschließlich Polizeibeamte einsetzen müsste, um den Schutzpflichten zu genügen. Die Schutzpflichten wirken jedoch ermessenskonkretisierend, d. h., das Ermessen der Polizeipräsidien bzw. Polizeidirektionen wird insofern eingeengt, als durch den Einsatz der Hilfspolizisten die Umsetzung des verfassungsrechtlichen Mindestschutzes gewährleistet sein muss.[905]

bb) *Verletzung der exekutiven Schutzpflichten durch den Einsatz von Hilfspolizisten*

Durch den Einsatz von Hilfspolizisten im Bereich der Gefahrenabwehr könnten die Polizeipräsidien bzw. Polizeidirektionen ihre Verpflichtung zur Umsetzung des verfassungsrechtlichen Mindestschutzes verletzen. Der von der Legislative zu gewährleistende und durch die Exekutive umzusetzende Mindestschutz bestimmt sich nach der Wertigkeit der bedrohten Rechtsgüter und dem Grad der ihnen drohenden Gefahr. Welche Rechtsgüter in der konkreten Situation

902 *Isensee*, in: Isensee/Kirchhof, HdbStR, Bd. IX, 3. Aufl., § 191, Rn. 267.
903 *Möstl*, in Demel, Funktionen und Kontrolle der Gewalten, S. 53 (63 f.).
904 *Robbers*, Sicherheit als Menschenrecht, S. 233.
905 *Fickenscher*, Polizeilicher Streifendienst mit Hoheitsbefugnissen, S. 162 f.; *Nitz*, Private und öffentliche Sicherheit, S. 390.

bedroht sind und welchen Grad die Gefahr aufweist, hängt maßgeblich davon ab, in welchem Aufgabenbereich die Hilfspolizisten eingesetzt werden. Aus Gründen der Übersichtlichkeit wird nachfolgend in Bezug auf die verschiedenen Aufgabenbereiche der Hilfspolizisten zwischen Aufgaben im Gefahrenvorfeld und Aufgaben der konkreten Gefahrenabwehr unterschieden.

(1) Aufgaben im Gefahrenvorfeld

Die Polizei nimmt neben Aufgaben der klassischen Gefahrenabwehr verstärkt Aufgaben im Gefahrenvorfeld wahr.[906] Hierzu zählt neben der Vorbereitung auf die künftige Gefahrenabwehr (Gefahrenvorsorge) die vorbeugende Bekämpfung von Straftaten. Die Aufgaben im Gefahrenvorfeld dienen der Abwehr abstrakter Gefahren für die polizeilichen Schutzgüter. Es besteht (noch) kein konkretes Schadenspotenzial. Die Gefahrenvorsorge umfasst neben binnenbehördlichen und innerpolizeilichen Maßnahmen, wie z. B. dem Erstellen von Ablaufplänen oder Alarmplänen sowie dem Bereitstellen von entsprechenden Gerätschaften für Katastrophen, Unglücke und Großdemonstrationen, auch die Verkehrsregelung und Verkehrsüberwachung, die Anwesenheit bei Großveranstaltungen sowie die Verkehrserziehung.[907]

Die Gefahrenvorsorge umfasst u. a. die Überwachung des fließenden und ruhenden Straßenverkehrs. Diese Aufgabe nehmen beispielsweise die Ehrenamtlichen Polizeihelfer in Hessen sowie die Wachpolizisten in Sachsen-Anhalt, Hessen und dem Saarland wahr.[908] Auch auf der Ebene der Kommunalen Ordnungsdienste werden beispielsweise der städtische Vollzugsdienst in Stuttgart zur Überwachung des fließenden Verkehrs[909] und die Mitarbeiter der Kommunalen Ordnungsdienste in Sachsen zur Überwachung des ruhenden Straßenverkehrs[910] herangezogen.

Die vorbeugende Bekämpfung von Straftaten beinhaltet dagegen die Durchführung von Aufklärungs- und Beratungsgesprächen (z. B. Beratung zum Einspruchsschutz) sowie Präventionsmaßnahmen (z. B. Feststellung von Gefahrenpunkten im Straßenverkehr).[911] Vor allem die Ehrenamtlichen Polizeihelfer werden in diesem Aufgabenfeld eingesetzt.[912]

---

906 Siehe oben § 2 II. 1. b).

907 Siehe oben § 2 II. 1. b) bb).

908 § 1 Abs. 3 Satz 2 Nr. 2 HFPG; § 2 WachPolG; Ziffer 2.2 Punkt 7 VVWaPol; Ziffer 6 Dienstanweisung POD.

909 *Nachbaur*, in: Möstl/Trurnit, BeckOK PolR BW, § 80 PolG, Rn. 24.1.

910 § 1 Satz 1 Nr. 1 VO GVB.

911 Siehe oben § 2 II. 1. b) cc).

912 Vgl. beispielhaft § 1 Abs. 3 Satz 2 Nr. 1 HFPG.

Kennzeichnend für die Aufgaben im Gefahrenvorfeld ist zum einen, dass sie eine vergleichsweise geringe Gefahrneigung aufweisen, und zum anderen, dass die potentiell gefährdeten Rechtsgüter der Bürger von eher geringer Bedeutung sind (z. B. Recht auf Eigentum aus Art. 14 GG). Der im Bereich des Gefahrenvorfelds von der Legislative zu gewährleistende und durch die Exekutive umzusetzende Mindestschutz ist mithin vergleichsweise gering. Die Polizeipräsidien bzw. Polizeidirektionen gewährleisten durch den Einsatz der Hilfspolizisten die Umsetzung des verfassungsrechtlichen Mindestschutzes. Es liegt kein Verstoß gegen die Umsetzung der grundrechtlichen Schutzpflichten vor, wenn in diesem Aufgabenbereich Hilfspolizisten statt Polizeibeamte eingesetzt werden.

(2) Aufgaben im Bereich konkreter Gefahren

Im Gegensatz zum Gefahrenvorfeld existiert im Bereich konkreter Gefahren bereits ein konkretes Schadenspotenzial, d. h., Geschehensverlauf und Schadensausmaß zeichnen sich bereits deutlich ab.

(a) Polizeilicher Streifendienst

Zu den Aufgaben der konkreten Gefahrenabwehr zählt der polizeiliche Streifendienst, insbesondere an Angsträumen und Kriminalitätsschwerpunkten, d. h. Orten, an denen ein erhöhtes Bedürfnis nach staatlicher Präsenz besteht, weil es dort vermehrt zu Straftaten kommt. Hierzu zählen beispielsweise größere Wohnsiedlungen mit hoher Kriminalitätsrate, Bahnhöfe und deren unmittelbare Umgebung, öffentliche Parks und Anlagen, die Umgebung von Haltestellen öffentlicher Verkehrsmittel, bestimmte Asylbewerberunterkünfte sowie das Umfeld von Gebäuden oder Einrichtungen, bei denen es immer wieder zu mutwilligen Zerstörungen kommt.[913]

Zum polizeilichen Streifendienst werden die Ehrenamtlichen Polizeihelfer in Sachsen,[914] Hessen,[915] Baden-Württemberg[916] und Bayern[917] sowie die Wachpolizisten in Hessen[918] und die Stadtpolizisten in Frankfurt am Main[919] eingesetzt. Der Streifendienst im Bereich von Kriminalitätsschwerpunkten

913 Vgl. *Fickenscher*, Polizeilicher Streifendienst mit Hoheitsbefugnissen, S. 164.
914 § 2 SächsSWG.
915 § 3 Satz 2 Nr. 3 HFPG.
916 § 1 Abs. 3 Satz 1 Nr. 3 FPolDG.
917 Art. 2 SWG.
918 Ziffer 2.2 Punkt 10 VVWaPol.
919 Siehe oben § 3 II. b) bb) (2) (a).

und Angsträumen weist im Vergleich zu den anderen Aufgaben, die den Hilfspolizisten übertragen werden, das größte Gefahrenpotenzial auf. An Kriminalitätsschwerpunkten besteht ein reales Schadenspotenzial, das jederzeit in eine konkrete (erhebliche) Gefahr für bedeutsame Rechtsgüter des betroffenen Bürgers sowie des eingesetzten Hilfspolizisten umschlagen kann.[920]

Als Beleg hierfür lassen sich zum einen die gewaltsamen Auseinandersetzungen in einer Asylbewerberunterkunft im baden-württembergischen Ellwangen[921] sowie zahlreiche Meldungen der vergangenen Monate von Übergriffen auf junge Frauen vor allem in öffentlichen Parkanlagen[922] anführen. Sowohl Asylbewerber-Unterkünfte als auch öffentliche Park- und Grünanlagen gehören zum Einsatzgebiet der Hilfspolizisten. Zum anderen betonte bereits die sogenannte Kienbaum-Studie von 1991 die besonderen Anforderungen und Gefahren des polizeilichen Streifendienstes.[923] Laut dieser Studie ist der polizeiliche Streifendienst vor dem Hintergrund des besonderen Gefahrenpotenzials sowie der daraus resultierenden hohen Anforderungen an die Polizeibeamten (insbesondere Kontaktfähigkeit, Problembearbeitungsfähigkeit und Konfliktstabilität) dem Bereich des gehobenen Polizeivollzugsdienstes zuzuordnen. Neben der hohen Gefahrneigung zeichnet sich dieser Aufgabenbereich zudem dadurch aus, dass die potentiell gefährdeten Rechtsgüter der Bürger von höchstem Verfassungsrang sind (z. B. Rechtsgüter wie das Leben oder die körperliche Unversehrtheit aus Art. 2 Abs. 2 Satz 1 GG).

Im Bereich konkreter Gefahren ist der von der Legislative zu gewährleistende und durch die Exekutive umzusetzende Mindestschutz deutlich höher als im Gefahrenvorfeld. Sofern die Polizeipräsidien bzw. Polizeidirektionen oder Ordnungsämter ausschließlich Hilfspolizisten zum polizeilichen Streifendienst

---

920 Vgl. *Fickenscher*, Polizeilicher Streifendienst mit Hoheitsbefugnissen, S. 164.

921 Etwa 200 Migranten verhindern Abschiebung eines Mannes, Zeit online, 2.5.2018, abrufbar unter: https://www.zeit.de/news/2018-05/02/etwa-200-migranten-verhindern-abschiebung-eines-mannes-180502-99-145421 <20.8.2018>.

922 Junge Frau im Park vergewaltigt, FAZ online, 10.6.2018, abrufbar unter: http://www.faz.net/aktuell/gesellschaft/kriminalitaet/junge-frau-in-freiburger-park-vergewaltigt-15632557.html <20.8.2018>; Frau auf dem Weg zur Arbeit in Park vergewaltigt, Focus online, 20.3.2018, abrufbar unter: https://www.focus.de/regional/hessen/bad-nauheim-frau-59-auf-dem-weg-zur-arbeit-vergewaltigt-ein-spaziergaenger-hoerte-ihre-schreie_id_863432.html <20.8.2018>.

923 *Behrendes/Jungbluth/Twickler*, in: Kniesel/Kube/Murck, Hdb für Führungskräfte der Polizei, S. 201 (210) unter Verweis auf das unveröffentlichte Dokument der Kienbaum Unternehmensberatung (Abschlussbericht 1991).

an Kriminalitätsschwerpunkten und Angsträumen einsetzen, gewährleisten sie nicht die Umsetzung des verfassungsrechtlichen Mindestschutzes. Diesen Mindestschutz können allein die Polizeibeamten gewährleisten, da nur sie vollumfänglich mit den entsprechenden Hoheitsbefugnissen ausgestattet sind.

(b) Notwendige Beschränkung des Einsatzbereiches beim polizeilichen Streifendienst

Die zuständigen Stellen dürfen die Hilfspolizisten nur dann zum polizeilichen Streifendienst einsetzen, wenn eine Gefährdung von vornherein ausgeschlossen werden kann. Dort, wo der Einsatz von Polizeibeamten zwingend erforderlich ist, muss auf den Einsatz der Hilfspolizisten verzichtet werden. Die zuständigen Polizeipräsidien bzw. Polizeidirektionen oder Ordnungsämter müssen im Rahmen der Einsatzplanung jeden Einsatzbereich im Hinblick auf das konkrete Gefahrenpotenzial individuell bewerten. Hierbei sind regionale Unterschiede in Bezug auf das Kriminalitätsaufkommen zu beachten. So besteht in einer Großstadt wie z. B. Frankfurt am Main ein größeres Gefahrenpotenzial als in einer hessischen Kleinstadt. Auch in Bezug auf einzelne Stadtteile besteht ein unterschiedliches Kriminalitätsaufkommen. In Bahnhofsvierteln oder Gegenden, in denen es vermehrt zu Drogenkriminalität kommt, im Umfeld von bestimmten Asylbewerberunterkünften, in denen es in der Vergangenheit wiederholt zu gewaltsamen Auseinandersetzungen und Anfeindungen gekommen ist, in großen Wohnsiedlungen in sozialen Brennpunkten („No-Go-Areas") oder in öffentlichen Parks und Grünanlagen, in denen es vermehrt zu Überfällen und sexuellen Übergriffen kommt, dürfen keine Hilfspolizisten zur Durchführung des polizeilichen Streifendienstes eingesetzt werden.

Eine derartige Einschränkung des Einsatzbereiches zum Streifendienst wurde in Hessen für die Wachpolizei und den Freiwilligen Polizeidienst in einer Verwaltungsvorschrift geregelt. Hiernach dürfen die Polizeihelfer nach Ziffer 1 VVFPolD nur tätig werden, wenn „ein Einschreiten ohne Inkaufnahme erheblicher Gefahren für die eigene Person möglich ist", d. h. kein Sachverhalt vorliegt, der den Einsatz von Polizeivollzugsbeamtinnen und Polizeivollzugsbeamten erfordern würde. Die Wachpolizisten in Hessen dürfen nach Ziffer 2.3 VVWaPol nicht eingesetzt werden, „wenn im Einzelfall Anhaltspunkte für eine erhebliche Gefährdung gegeben sind". Eine vergleichbare explizite Regelung existiert für die anderen Modelle zum Einsatz der Hilfspolizisten nicht. In der Praxis zeigt sich allerdings, dass auch die Ehrenamtlichen Polizeihelfer in Baden-Württemberg, Bayern und Sachsen nicht zum Streifendienst eingesetzt werden, wenn Anhaltspunkte für eine erhebliche Gefährdung vorliegen. So wird der Freiwillige

Polizeidienst in Baden-Württemberg in der Praxis derzeit nicht mehr zum Streifendienst eingesetzt.[924] Die bayrische Sicherheitswacht wird nur dort eingesetzt, wo die „Gefährdung nicht so groß ist, dass Polizeibeamte ständig vor Ort sein müssen".[925] Auch die Angehörigen der sächsischen Sicherheitswacht werden „bei konkreten Gefährdungslagen grundsätzlich zu keinen Einsatzmaßnahmen (insbesondere nicht zum Streifendienst) herangezogen".[926]

cc) Zwischenergebnis zur Verletzung exekutiver Schutzpflichten

Nur die Stadtpolizei Frankfurt am Main wird in der Praxis zum polizeilichen Streifendienst an Kriminalitätsschwerpunkten und Angsträumen wie z. B. der Frankfurter Innenstadt, dem Bahnhofsviertel oder der Zeil eingesetzt. An derartigen Kriminalitätsschwerpunkten müssen primär Polizeibeamte zum polizeilichen Streifendienst eingesetzt werden. Hilfspolizisten sind in diesem besonders gefahrgeneigten Aufgabenbereich nur dann ein zulässiges Einsatzmittel für den Rechtsgüterschutz und somit zur Erfüllung der grundrechtlichen Schutzpflichten geeignet, wenn gewährleistet wird, dass eine der besonderen Gefahrneigung entsprechende Ausbildung erfolgt.[927] Dies trifft nach derzeitigem Stand für die Stadtpolizei in Frankfurt am Main (32 Wochen) nicht zu. Der Einsatz an Kriminalitätsschwerpunkten erfordert besonders umfangreiche Kenntnisse im Bereich des Eingriffsrechts sowie eine ausgeprägte Empathie- und Kommunikationsfähigkeit. In 32 Wochen können den Stadtpolizisten nicht die gleichen Kenntnisse und praktischen Erfahrungswerte vermittelt werden wie den Polizeivollzugsbeamten in einem dreijährigen Studium. In Bezug auf die Stadtpolizei Frankfurt am Main liegt mithin eine Verletzung exekutiver Schutzpflichten vor.

3. Ergebnis

Im Ergebnis liegt keine Verletzung legislativer Schutzpflichten vor, d. h., der Gesetzgeber verstößt durch die gesetzlich geregelte Möglichkeit zum Einsatz von Hilfspolizisten in den verschiedenen Modellen nicht gegen grundrechtliche Schutzpflichten. Es liegt jedoch eine Verletzung exekutiver Schutzpflichten vor. Das Ordnungsamt der Stadt Frankfurt am Main verstößt durch den Einsatz der

---

924 Schriftliche Antwort des Ministeriums für Inneres, Digitalisierung und Migration Baden-Württemberg vom 17.7.2017.

925 Homepage der Bayrischen Sicherheitswacht, abrufbar unter: http://www.polizei.bayern.de/wir/sicherheitswacht/index.html/300 <12.8.2017>.

926 Schriftliche Antwort des Sächsischen Staatsministeriums des Innern vom 14.9.2018.

927 Vgl. *Fickenscher*, Polizeilicher Streifendienst mit Hoheitsbefugnissen, S. 163 ff.

Stadtpolizisten beim polizeilichen Streifendienst an Kriminalitätsschwerpunkten gegen die Pflicht zur Umsetzung des grundrechtlichen Mindestschutzes.

IV. Funktionsvorbehalt des Art. 33 Abs. 4 GG

Für die Beurteilung der Übertragung von Aufgaben im Bereich der Gefahrenabwehr auf Hilfspolizisten sind dem Vorbehalt des Berufsbeamtentums in Art. 33 Abs. 4 GG die konkretesten Maßstäbe zu entnehmen. Danach ist die Ausübung hoheitsrechtlicher Befugnisse als ständige Aufgabe in der Regel Angehörigen des öffentlichen Dienstes zu übertragen, die in einem öffentlich-rechtlichen Dienst- und Treueverhältnis stehen. Zu den Personen, die in einem öffentlich-rechtlichen Dienst- und Treueverhältnis zum Staat stehen, zählen neben den Berufsbeamten auch Richter und (Berufs)Soldaten.[928] Bezogen auf den vorliegend zu untersuchenden Fall der Gewährleistung der öffentlichen Sicherheit und Ordnung bedeutet dies, dass die Ausübung von Hoheitsbefugnissen in der Regel nur Polizeibeamten zu übertragen ist. Die gesetzliche Übertragung von polizeilichen Befugnissen auf Nichtpolizeibeamte in Freiwilligen Polizeidiensten, Sicherheitswachten, Wachpolizeien oder Kommunalen Ordnungsdiensten (insbesondere Stadt/Kommunalpolizeien) wird daher von zahlreichen Stimmen in der Literatur kritisiert und als Verstoß gegen Art. 33 Abs. 4 GG gewertet.[929] Diese Kritik zum Anlass nehmend wird nachfolgend geprüft, ob der Einsatz von Hilfspolizisten in den verschiedenen Modellen – bzw. das jeweilige Gesetz, auf dessen Grundlage der Einsatz erfolgt – tatsächlich gegen den Funktionsvorbehalt des Art. 33 Abs. 4 GG verstößt.

---

928 *Domgörgen*, in: Hömig/Wolff, GG, Art. 33, Rn. 10; *Sachs*, in: Sachs/Battis, GG, Art. 33, Rn. 45.

929 *Behrendes/Jungbluth/Twickler*, in: Kniesel/Kube/Murck, Hdb für Führungskräfte der Polizei, S. 201 (209); *Hermes/Groß*, Landesrecht Hessen, § 5, Rn. 8a; *Hornmann*, Ergänzungsheft, HFPG, Rn. 2 f., 6; *Hornmann*, Ergänzungsheft, § 99, Rn. 20 f.; *Fenger/Tohidipur/Tuscherer* LKRZ 2013, S. 451 (455); *Krölls*, GewArch 1997, S. 445 (454); *Kutscha*, LKV 2007, S. 306 (306 ff.); *Nitz*, Private und öffentliche Sicherheit, S. 429 ff.; *Rachor*, in: Lisken/Denninger, Hdb des PolR, Kap. C, Rn. 54; *Pausch/Dölger*, POR in HE, S. 58; *Sommer*, in: Möstl/Bäuerle, BeckOK POR HE, § 81, Rn. 7; vgl. auch *Pitz*, Erfolgsmodell Sicherheitswacht, S. 16; a.A. *Jungk*, Police Private Partnership, S. 249; *Rasch/Schulze/Pöhlker/Hoja*, HSOG, Anhang B1, Rn. 5 f.; *Kelm*, in: Erbguth/Müller/Neumann, Rechtstheorie und Rechtsdogmatik, S. 111 (132); vgl. auch die Entscheidung des Verwaltungsgerichtshofs Baden-Württemberg, der ohne konkrete Prüfung die Vereinbarkeit des FPolDG BW mit Art. 33 Abs. 4 GG unterstellt, VGH BW, Urt. v. 20.3.2017 – 4 S 1175/14 = VWBlBW 2018, 30 (30 ff.).

1. Telos der Norm

Bei dem Funktionsvorbehalt für das Berufsbeamtentum in Art. 33 Abs. 4 GG handelt es sich dem Wesen nach nicht bloß um einen unverbindlichen Programmsatz, sondern um eine institutionelle Garantie, die die Exekutive und Legislative des Bundes und der Länder unmittelbar bindet.[930] Der Funktionsvorbehalt korrespondiert mit dem staatlichen Gewaltmonopol dergestalt, dass Art. 33 Abs. 4 GG ein allgemeines staatliches Gewaltmonopol sowohl voraussetzt als auch in dessen Diensten steht.[931] Insgesamt soll der Funktionsvorbehalt für das Berufsbeamtentum die Kontinuität der hoheitlichen Staatsfunktionen und damit das öffentliche Interesse an einer rechtsstaatlichen Erfüllung der Staatsaufgaben normativ absichern. Hierdurch soll das Risiko von Schäden für den Einzelnen und die Allgemeinheit minimiert werden.[932] Denn die Beamten sind aufgrund ihrer speziellen Sachkunde, Pflichtbindung und Leistungsfähigkeit besonders geeignet, eine gesetzmäßige, effektive und unparteiische Wahrnehmung der hoheitsrechtlichen Befugnisse zu gewährleisten.[933] Zu diesem Zweck wird dem Berufsbeamtentum mit Art. 33 Abs. 4 GG ein „Mindesteinsatzbereich" institutionell zugesichert.[934]

2. Ausübung hoheitsrechtlicher Befugnisse

Das tatbestandliche Zentrum der Vorschrift bildet der Begriff der „hoheitsrechtlichen Befugnisse". Nach der Rechtsprechung des BVerfG handelt es sich jedenfalls dann um die Ausübung hoheitsrechtlicher Befugnisse, „wenn Befugnisse zum Grundrechtseingriff im engeren Sinne ausgeübt werden, die öffentliche Gewalt also durch Befehl oder Zwang unmittelbar beschränkend auf grundrechtlich geschützte Freiheiten einwirkt".[935]

---

930 *Ossenbühl*, Eigensicherung und hoheitliche Gefahrenabwehr, S. 33 ff.; *Lenguth*, ZBR 1991, S. 266 (268); *Lecheler*, Die Beamtenaufgaben, S. 9, 17 f.; *Waechter*, NZV 1997, S. 329 (330).

931 *Bracher*, Gefahrenabwehr durch Private, S. 81; *Krölls*, GewArch 1997, S. 445 (451, 455).

932 *Strauß*, Funktionsvorbehalt und Berufsbeamtentum, S. 146; vgl. auch BVerfG, Beschl. v. 2.3.1993 – 1 BvR 1213/85 = BVerfGE 88, 103 (114); BVerfG, Urt. v. 27.4.1959 – 2 BvF 2/58 = BVerfGE 9, 268 (284); BVerfG, Beschl. v. 19.9.2007 – 2 BvF 3/02 = BVerfGE 119, 247 (260 f.).

933 *Badura*, in: Maunz/Dürig, GG, Art. 33, Rn. 55; *Lecheler*, in: Isensee/Kirchhof, HdbStR, Bd. V, 3. Aufl., § 110, Rn. 15.

934 BVerfG, Urt. v. 18.1.2012 – 2 BvR 133/10, – BVerfGE 130, S. 76 (112); *Hense*, in: Epping/Hillgruber, BeckOK GG, Art. 33, Rn. 27.

935 BVerfG, Urt. v. 18.1.2012 – 2 BvR 133/10, – BVerfGE 130, S. 76 (113).

Den ehrenamtlichen Polizeihelfern, Wachpolizisten und Mitarbeitern der Kommunalen Ordnungsdienste (insbesondere den Stadtpolizisten) werden zum Teil umfangreiche, grundrechtsintensive Eingriffsbefugnisse (z. B. Festhalten im Rahmen einer Identitätsfeststellung, Durchsuchen von Personen oder Sachen) bis hin zur Anwendung unmittelbaren Zwanges übertragen.

Die Ehrenamtlichen Polizeihelfer[936] in Sachsen, Hessen und Bayern werden ermächtigt, einfache körperliche Gewalt als Zwangsmittel einzusetzen. In Bayern ist diese Befugnis auf die Befragung und Identitätsfeststellung beschränkt. In Baden-Württemberg haben die Polizeihelfer hingegen dieselben Befugnisse wie Polizeibeamte und dürfen sogar Hilfsmittel der körperlichen Gewalt und Waffen einsetzen.

Die Wachpolizisten[937] im Saarland sind im Rahmen des Zwangsmitteleinsatzes auf den Einsatz von einfacher körperlicher Gewalt beschränkt. In Hessen, Berlin und Sachsen sind die Wachpolizisten hingegen auch zur Anwendung von Hilfsmitteln der körperlichen Gewalt und Waffen ermächtigt. Einzig die Wachpolizisten in Sachsen-Anhalt werden nicht ermächtigt, unmittelbaren Zwang anzuwenden. Sie sind jedoch u. a. befugt, Platzverweise zu erteilen oder personenbezogene Daten zu erheben, sodass sie ebenfalls in der Lage sind -- wenn auch in wesentlich geringerer Intensität –, beschränkend auf die Freiheitsrechte der Bürger einzuwirken.

Die Mitarbeiter der Kommunalen Ordnungsdienste sind regelmäßig zur Anwendung unmittelbaren Zwanges in Form von einfacher körperlicher Gewalt ermächtigt. Die Stadtpolizisten in Frankfurt am Main sind darüber hinaus in der Regel zum Zwangsmitteleinsatz durch eine Schusswaffe berechtigt.[938]

Abschließend ist festzuhalten, dass die Hilfspolizisten in jedem der drei Modelle – wenn auch in unterschiedlichem Umfang – zu Grundrechtseingriffen im engeren Sinne und damit zur Ausübung hoheitsrechtlicher Befugnisse ermächtigt werden.

---

936 Siehe zu den Zwangsmittelbefugnissen der Ehrenamtlichen Polizeihelfer ausführlich § 3 I. 3. c).

937 Siehe zu den Zwangsmittelbefugnissen der Ehrenamtlichen Polizeihelfer ausführlich § 3 II. a) bb) (3).

938 Siehe zu den Zwangsmittelbefugnissen der Stadtpolizei Frankfurt am Main ausführlich § 3 II. b) bb) (3) (a).

3. Ständige Aufgabe

Die Ausübung der hoheitsrechtlichen Befugnisse müsste den Hilfspolizisten zudem als „ständige Aufgabe" übertragen sein. Die „Ständigkeit" der Aufgabe kann sich zum einen auf die Konstanz der Tätigkeit und zum anderen auf die Wahrnehmung durch den durch seinen Status ausgezeichneten Amtswalter beziehen.[939] Das BVerfG stellt für die Frage, ob die Ausübung der hoheitsrechtlichen Befugnisse als ständige Aufgabe übertragen ist – dem Wortsinn entsprechend –, auf die Dauerhaftigkeit der Aufgabenübertragung ab.[940]

Neben den Freiwilligen Polizeidiensten in Hessen (2000) und Baden-Württemberg (1963) bzw. den Sicherheitswachten in Sachsen (1998) und Bayern (1994) haben sich die Wachpolizeien in Berlin (1993), Hessen (2000) und dem Saarland (2016)[941] sowie die Kommunalen Ordnungsdienste in Hessen, Baden-Württemberg, Sachsen, Rheinland-Pfalz und Berlin als unbefristete Dauereinrichtung etabliert.

Die Wachpolizei in Sachsen bzw. das SächsWachdienstG ist hingegen bis zum 31.10.2020 (§ 12 SächsWachdienstG),[942] die Wachpolizei Sachsen-Anhalt bzw. das WachPolG bis zum 31.8.2021[943] befristet. Durch die Wachpolizei Sachsen bzw. das SächsWachdienstG soll eine „vorübergehende" Entlastung der bisher für die Aufgaben Objektschutz und Personenbewachung eingesetzten Polizeibediensteten geschaffen werden.[944] In Sachsen-Anhalt soll durch die „befristete" Vorhaltung eines Wachpolizeidienstes für einen eingeschränkten Bereich der Aufgaben der Polizei kurzfristig zusätzliches Personal zur Verfügung gestellt werden.[945]

---

939 *Krölls*, GewArch 1997, S. 445 (451 f.); *Ossenbühl*, Eigensicherung und hoheitliche Gefahrenabwehr, S. 35.

940 BVerfG, Urt. v. 18.1.2012 – 2 BvR 133/10, Rn. 141 = BVerfGE 130, S. 76 (113 f.).

941 Die Wachpolizei Saarland war zunächst bis zum 31.5.2018 befristet und wurde mittlerweile entfristet.

942 Eine Evaluation ist geplant, inwieweit diese eine Verlängerung der Wachpolizei nach sich zieht, ist derzeit nicht absehbar, vgl. Schriftliche Antwort des Sächsischen Ministeriums des Innern vom 23.7.2018.

943 Die Wachpolizei in Sachsen-Anhalt bzw. das WachPolG war ursprünglich auf 2 Jahre bis zum 31.8.2019 befristet (§ 12 WachPolG). Die Geltungsdauer wurde anschließend um zwei Jahre bis zum 31.8.2021 verlängert, vgl. Schriftliche Antwort des Ministeriums für Inneres und Sport des Landes Sachsen-Anhalt vom 29.8.2018.

944 Begr. des RegE zum SächsWachdienstG, LT- Drs. SN 6/2782, S. 1 ff.

945 Begr. des RegE zum WachPolG, LT-Drs. SA 7/473, S. 3.

Mit Ausnahme der Wachpolizei in Sachsen und Sachsen-Anhalt, die nach derzeitigem Stand nur zur vorübergehenden Verstärkung des Polizeivollzugsdienstes tätig werden, ist die Ausübung der hoheitsrechtlichen Befugnisse den Hilfspolizisten in allen anderen Institutionen als „ständige Aufgabe" übertragen.

4. Regel-Ausnahme-Verhältnis

Eine ständige Aufgabenübertragung bedeutet indes nicht zwangsläufig, dass der Einsatz von Nichtbeamten in diesem Bereich ausgeschlossen wäre. Denn die Ausübung von Hoheitsbefugnissen als ständige Aufgaben ist den Beamten nach Art. 33 Abs. 4 GG nur „in der Regel" zu übertragen. Es wird demnach ein Regel-Ausnahme-Verhältnis zugunsten der Beamten begründet.[946] Dieses Verhältnis weist sowohl eine quantitative als auch eine qualitative Dimension auf. Die institutionelle Sicherung eines Mindesteinsatzbereichs für das Berufsbeamtentum darf weder in quantitativer noch in qualitativer Hinsicht unterlaufen werden.[947]

a) Quantitative Dimension

Das Regel-Ausnahme-Verhältnis muss zunächst quantitativ sichergestellt sein. Das BVerfG hat diesbezüglich bereits in einer ersten Grundsatzentscheidung aus dem Jahr 1959 ausgeführt, dass eine ständige Ausübung hoheitlicher Befugnisse in „größerem Umfang" durch Nichtbeamte nicht mit dem Grundgesetz vereinbar ist.[948] In der Literatur wird zur Bestimmung des „größeren Umfangs" regelmäßig auf den Personalbestand abgestellt.[949] Die Wahrnehmung hoheitlicher Aufgaben und Befugnisse durch Nichtbeamte muss somit insgesamt eine Ausnahmeerscheinung bleiben. Dieser Grundsatz muss sich auch im Hinblick auf das eingesetzte Personal widerspiegeln. So darf der Personalbestand der Nichtbeamten den Personalbestand der Beamten weder zahlen- noch bedeutungsmäßig übertreffen.[950] Hierdurch soll sichergestellt werden, dass der Institution

---

946 *Lerche*, Verbeamtung als Verfassungsauftrag, S. 51; vgl. *Badura*, in: Maunz/Dürig, GG, Art. 33, Rn. 55; *Krölls*, GewArch 1997, S. 445 (449).

947 *Battis/Schlenga*, ZBR 1995, S. 253 (257); *Epping*, JZ 1991, S. 1102 (1104); *Lehnguth*, ZBR 1991, S. 266 (269); *Strauß*, Funktionsvorbehalt und Berufsbeamtentum, S. 144; *Krölls*, GewArch 1997, S. 445 (451 f.); vgl. BVerfG, Urt. v. 18.1.2012 – 2 BvR 133/10, Rn. 141 = BVerfGE 130, S. 76 (114 ff.); OVG NRW, Urt. v. 16.12.1980 – 6 A 1096/80 = DÖD 1982, S. 66 (67).

948 BVerfG, Urt. v. 27.4.1959 – 2 BvF 2/58 = BVerfGE 9, S. 268 (284).

949 Vgl. *Lecheler*, in: Isensee/Kirchhof, HdbStR, Bd. V, 3. Aufl., § 110, Rn. 15; *Lehnguth*, ZBR 1991, S. 266 (269).

950 *Fickenscher*, Polizeilicher Streifendienst mit Hoheitsbefugnissen, S. 111.

des Berufsbeamtentums ein substantiell bedeutsamer Tätigkeitsbereich erhalten bleibt und der Beamte nicht zur „Randfigur" der öffentlichen Verwaltung verkommt.[951]

Im Jahr 2017[952] beteiligten sich 96 hessische Kommunen mit rund 400 aktiven Helferinnen und Helfern am Freiwilligen Polizeidienst.[953] Im Vergleich dazu verfügte das Land im Jahr 2017 über rund 14.000 Polizeibeamte.[954] In Bayern engagierten sich im Jahr 2017 insgesamt 875 Sicherheitswachtangehörige in 130 bayerischen Gemeinden.[955] Das Land verfügte im gleichen Jahr über rund 33.500 Polizeibeamte.[956] In Sachsen belief sich die Zahl der in der Sicherheitswacht aktiven Bürger im Jahr 2017 auf 455.[957] Das Land verfügte zudem über rund 11.500 Polizeibeamte.[958] In Baden-Württemberg waren im Jahr 2017 über 673 Polizeifreiwillige tätig.[959] Im gleichen Zeitraum waren über 24.433 Polizeibeamte tätig.[960]

In der Wachpolizei in Hessen waren im Jahr 2017[961] rund 630 Wachpolizisten angestellt.[962] Im Saarland waren es im Jahr 2017 rund 30 Mitglieder der Wachpolizei.[963] Darüber hinaus standen dem Land im Jahr 2017 rund 3.000

---

951 *Möstl*, Die staatliche Garantie, S. 355; *Strauß*, Funktionsvorbehalt und Berufsbeamtentum, S. 144.

952 Zum Verhältnis der Ehrenamtlichen Polizeihelfer zu den Polizeibeamten in dem jeweiligen Land (Stand 2017) siehe auch Anlage III.

953 Schriftliche Antwort des Hessischen Ministeriums des Innern und für Sport vom 2.8.2017.

954 Schriftliche Antwort des Ministeriums des Innern und für Sport Hessen vom 5.9.2018.

955 Schriftliche Antwort des Bayrischen Staatsministeriums des Innern, für Bau und Verkehr vom 27.7.2017.

956 Schriftliche Antwort des Bayrischen Staatsministeriums des Innern, für Bau und Verkehr vom 27.7.2017.

957 Schriftliche Antwort des Sächsischen Staatsministeriums des Innern vom 4.8.2017.

958 Schriftliche Antwort des Ministeriums für Inneres und Sport des Landes Sachsen vom 29.1.2018.

959 Stellungnahme des Innenministers Strobel (CDU) im baden-württembergischen Landtag, PLPr. BW 16/59, S. 3505.

960 Schriftliche Antwort des Ministeriums für Inneres, Digitalisierung und Migration Baden-Württemberg vom 29.1.2018.

961 Zum Verhältnis der Wachpolizisten zu den Polizeibeamten in dem jeweiligen Land (Stand 2017) siehe auch Anlage IV.

962 Schriftliche Antwort des Hessischen Ministeriums des Innern und für Sport vom 2.8.2017.

963 Schriftliche Antwort des Ministeriums für Inneres, Bauen und Sport Saarland vom 27.7.2017.

Polizeibeamte zur Verfügung.[964] Das Land Berlin verfügte im Jahr 2017 über rund 1.946 Polizeiangestellte in der Wachpolizei (1.500 Polizeiangestellte im Objektschutz und 446 im Bereich des Gefangenendienstes).[965] Im Vergleich dazu beschäftigte das Land Berlin im Jahr 2016 rund 16.450 Polizeibeamte.[966]

Der Stadtpolizei Frankfurt am Main gehörten im Jahr 2017 rund 200 Hilfspolizeibeamte an.[967] In Bezug auf die anderen Kommunalen Ordnungsdienste in Hessen, Baden-Württemberg, Sachsen, Rheinland-Pfalz und Berlin kann aufgrund der Vielzahl der regionalen Varianten keine abschließende Aussage über deren quantitative Präsenz getroffen werden. Im Gegensatz zum mit Abstand größten Kommunalen Ordnungsdienst, der Stadtpolizei Frankfurt am Main, verfügen die Vollzugsdienste in den anderen Städten und Gemeinden über deutlich weniger Mitarbeiter.

Der zahlenmäßige Vergleich zwischen den Hilfspolizisten und den Polizeibeamten zeigt, dass die Anzahl der Hilfspolizisten die Anzahl der Polizeibeamten in allen Modellen deutlich unterschreitet. Unter quantitativen Gesichtspunkten liegt mithin kein Verstoß gegen das Regel-Ausnahme-Verhältnis des Art. 33 Abs. 4 GG vor.

b) *Qualitative Dimension*

Das Regel-Ausnahme-Verhältnis in Art. 33 Abs. 4 GG muss auch in qualitativer Hinsicht eingehalten werden. Hierzu bedarf es eines „sachlichen Grundes“, der die im Einsatz der Hilfspolizisten begründete Abweichung vom Grundsatz des Funktionsvorbehalts in Art. 33 Abs. 4 GG zu rechtfertigen vermag.[968] Fraglich ist, welche konkreten Anforderungen an diesen Grund zu stellen sind bzw. welches Legitimationsniveau dieser aufweisen muss. Nicht jeder beliebige sachliche Grund kann eine Ausnahme vom Grundsatz des Art. 33 Abs. 4 GG

---

964 Schriftliche Antwort des Ministeriums für Inneres, Bauen und Sport Saarland vom 27.7.2017.

965 Schriftliche Antwort des Polizeipräsidenten des Landes Berlin vom 15.11.2017.

966 *Hasselmann*, Berliner Polizei fehlt es an Nachwuchs, Tagesspiegel online, 17.10.2016, abrufbar unter: http://www.tagesspiegel.de/berlin/personalnot-in-berlin-berliner-polizei-fehlt-es-an-nachwuchs/14701172.html <10.10.2017>.

967 Schriftliche Antwort des Leiters des Führungsstabes Stadtpolizei Frankfurt am Main (Ordnungsamt der Stadt Frankfurt am Main), Gerald Glamser, vom 17.5.2018.

968 BVerfG, Urt. v. 18.1.2012 – 2 BvR 133/10 = BVerfGE 130, S. 76 (115); *Brosius-Gersdorf* in: Dreier, GG, Art. 33, Rn. 166 f.; *Lehnguth*, ZBR 1991, S. 266 (269); *Ossenbühl*, Eigensicherung und hoheitliche Gefahrenabwehr, S. 43, 47; *Pieroth*, in: Jarass/Pieroth, GG, Art. 33, Rn. 42; *Ehlers*, Verwaltung in Privatrechtsform, S. 123.

legitimieren. Nach einer Grundsatzentscheidung des BVerfG kommt als Grund nur ein „spezifischer, dem Sinn der Ausnahmemöglichkeit entsprechender – auf Erfahrungen mit gewachsenen Strukturen oder im Hinblick auf den Zweck des Funktionsvorbehalts relevante Besonderheiten der jeweiligen Tätigkeit Bezug nehmender – Ausnahmegrund" in Betracht.[969] Um die Besonderheiten der jeweiligen Tätigkeit (der Hilfspolizisten) hinreichend zu würdigen, sind bei der Bestimmung des Legitimationsniveaus des sachlichen Grundes vor allem zwei zentrale Determinanten zu berücksichtigen. Dies ist neben der staatlichen Kontrollmöglichkeit die Grundrechtsrelevanz der ausgeübten Tätigkeit. Je intensiver eine bestimmte Tätigkeit die Grundrechte des betroffenen Bürgers berührt, desto weniger sind Einbußen an institutioneller Absicherung qualifizierter und gesetzestreuer Aufgabenwahrnehmung hinnehmbar.[970]

aa) Staatliche Kontrollmöglichkeit

Sowohl die Ehrenamtlichen Polizeihelfer als auch die Hilfspolizeibeamten sind während der Dienstverrichtung in den staatlichen Verwaltungsaufbau integriert. Dennoch unterscheiden sich diese zwei Modelle zum Einsatz von Hilfspolizisten im Hinblick auf die staatliche Kontrollmöglichkeit.

Hilfspolizeibeamte sind überwiegend Angestellte des Landes bzw. der kommunalen Gebietskörperschaften und begründen mit der jeweiligen Anstellungsbehörde ein privatrechtliches Arbeitsverhältnis.[971] Hilfspolizeibeamte unterliegen als Angestellte des öffentlichen Dienstes vergleichsweise strengen Kontrollmechanismen und dem Direktionsrecht der bestellenden Behörde.[972] Die bestellende Behörde kann durch eine entsprechende behördeninterne Aufgabenverteilung zwischen den Polizeibeamten und den angestellten Hilfspolizeibeamten sowie durch Weisungsrechte eines verbeamteten Vorgesetzten gegenüber den untergeordneten Angestellten die Wahrnehmung hoheitlicher Aufgaben und Befugnisse sachgemäß steuern.[973] Die Gefahr des Missbrauchs der übertragenen Hoheitsbefugnisse ist daher geringer als bei den Ehrenamtlichen Polizeihelfern.[974]

---

969 BVerfG, Urt. v. 18.1.2012 – 2 BvR 133/10 = BVerfGE, 130, 76 (115).

970 BVerfG, Urt. v. 18.1.2012 – 2 BvR 133/10 = BVerfGE, 130, 76 (115).

971 Vgl. *Göttlicher*, in: Möstl/Bäuerle, BeckOK POR HE, § 99, Rn. 5; *Rachor*, in: Lisken/Denninger, Hdb des PolR, Kap. C, Rn. 39; *Sommer*, in: Möstl/Bäuerle, BeckOK POR HE, § 81, Rn. 7.

972 Vgl. beispielhaft Ziffer 6 VVWaPol.

973 Vgl. *Gassner*, VBlBW 2013, S. 281 (290).

974 Vgl. *Strauß*, Funktionsvorbehalt und Berufsbeamtentum, S. 23.

Den Modellen zum Einsatz Ehrenamtlicher Polizeihelfer fehlt eine derart enge Anbindung an den Staat.[975] Die Angehörigen des Freiwilligen Polizeidienstes sowie der Sicherheitswacht stehen weder zum Land noch zu den Kommunen in einem Arbeitsverhältnis und unterliegen somit einer geringeren Kontrollmöglichkeit.[976] Darüber hinaus ist die Gefahr eines Konflikts zwischen den bei der Erfüllung der hoheitlichen Aufgaben zu berücksichtigenden öffentlichen Interessen und den privaten Interessen höher als bei einem Angestellten im öffentlichen Dienst.[977] Die bestellende Behörde hat in besonderem Maße darauf zu achten, dass niemand eingestellt wird, der die mit der Tätigkeit verbundene Aufwandsentschädigung als Einnahmequelle ansieht.[978] Aufgrund der im Verhältnis zu den Hilfspolizeibeamten deutlich geringeren Anforderungen bei der Bewerberauswahl besteht bei den Ehrenamtlichen Polizeihelfern eine größere Gefahr, dass Rechtsradikale oder Reichsbürger diese Institutionen unterwandern.[979] Besonders problematisch ist in diesem Zusammenhang, dass den zuständigen Polizeidirektionen in Hessen, Sachsen und Bayern bei Pflichtverstößen der Polizeihelfer keine dem beamtenrechtlichen Disziplinarrecht entsprechende Sanktionsmöglichkeit zur Verfügung steht. Einzig der Gesetzgeber in Baden-Württemberg hat dieses Problem erkannt und die Möglichkeit normiert, einfache Pflichtverstöße mit einem Verweis (§ 6 Abs. 2 Satz 1 FPolDG) und grobe Pflichtverstöße mit einer Geldbuße (§ 6 Abs. 3 Satz 1 FPolDG) zu ahnden.

Trotz der Eingliederung der Ehrenamtlichen Polizeihelfer in den Staat besteht gegenüber den Hilfspolizeibeamten ein gewisser Verlust an Staatlichkeit. An die Übertragung von Hoheitsbefugnissen auf Ehrenamtliche Polizeihelfer sind – im Vergleich zu den Hilfspolizeibeamten – höhere Anforderungen zu stellen, um einen möglichen Missbrauch dieser zum Teil sehr umfangreichen Befugnisse zu verhindern.

---

975 Vgl. hierzu auch *Benndorf*, VerwArch 1981, S. 23 (24); *Peters*, in: Dietz/Hübner, FS Nipperdey, S. 877 (892); *Greifeld*, DÖV 1981, S. 906 (912).

976 *Behrendes/Jungbluth/Twickler*, in: Kniesel/Kube/Murck, Hdb für Führungskräfte der Polizei, S. 201 (209); *Bracher*, Gefahrenabwehr durch Private, S. 65; *Rachor*, in: Lisken/Denninger, Hdb des PolR, Kap. C, Rn. 53.

977 Vgl. *Jarass*, Politik und Bürokratie, S. 101 ff.

978 *Spöhrl*, Die Polizei 1997, S. 33 (34).

979 Im Jahr 2016 wurde ein Mitglied der bayrischen Sicherheitswacht wegen des der Mitgliedschaft in der Reichsbürgerbewegung vom Dienst entfernt, vgl. *Watzke*, Bayern überprüft vier Polizisten, Deutschlandfunk, 21.10.2016, abrufbar unter: https://www.deutschlandfunk.de/reichsbuerger-verdacht-bayern-ueberprueft-vier-polizisten.1766.de.html?dram:article_id=369181 <1.12.2018>.

bb) Grundrechtsrelevanz der Tätigkeit

Die zentrale Determinante für die Bestimmung des Legitimationsniveaus des sachlichen Grundes ist die Grundrechtsrelevanz der Tätigkeit der Hilfspolizisten.[980] Die besondere Bedeutung der Grundrechte lässt sich bereits an der systematischen Stellung an der Spitze der Verfassung ablesen. Ihre Verwirklichung bedarf daher einer institutionellen und organisatorischen Absicherung.[981] Für den Bereich der Verwaltung stellt die Verfassung mit Art. 33 Abs. 4 GG eine solche Absicherung bereit. Diese Norm gewährleistet, dass der Schutz der Grundrechte durch eine spezielle Gruppe von Bediensteten wahrgenommen wird, die aufgrund ihrer engen Bindung zum Staat eine besondere Gewähr für die Rechtmäßigkeit ihres Handelns bieten: durch die Berufsbeamten. Der Funktionsvorbehalt des Art. 33 Abs. 4 GG dient somit dem Schutz des von hoheitlicher Aufgabenwahrnehmung in seinen Grundrechten betroffenen Bürgers.[982] Für die Bestimmung der Grundrechtsrelevanz der Tätigkeit ist im Rahmen des Art. 33 Abs. 4 GG nach dessen Wortlaut auf die übertragenen „hoheitsrechtlichen Befugnisse" abzustellen. Je intensiver auf Grundlage der übertragenen Hoheitsbefugnisse in die Grundrechte des Bürgers eingegriffen werden kann, desto höher sind die Anforderungen an das Legitimationsniveau des sachlichen Grundes.[983]

(1) Konkrete Bestimmung der Grundrechtsrelevanz

Im Folgenden ist zu prüfen, welche Grundrechtsrelevanz die Tätigkeit der Ehrenamtlichen Polizeihelfer in Sachsen, Bayern, Hessen und Baden-Württemberg, der Wachpolizisten in Hessen, Berlin und dem Saarland sowie der Mitarbeiter der Kommunalen Ordnungsdienste in Hessen (insbesondere der Stadtpolizisten

---

980 BVerfG, Urt. v. 18.1.2012 – 2 BvR 133/10 = BVerfGE, 130, 76 (115 ff.); BVerwG, Urt. v. 3.3.1994 – 4 C 1/93 = BVerwGE 95, 188 (196 f.); vgl. auch *Gramm*, VerwArch 1999, S. 329 (356 ff.).

981 Vgl. *Lecheler*, ZBR 1996, S. 1 (3); *Merten*, ZBR 1999, S. 1 (3).

982 BVerfG, Beschl. v. 19.6.2007 – 2 BvF 3/02 = BVerfGE 119, 247 (261); *Brohm*, Strukturen der Wirtschaftsverwaltung, S. 284; *Bansch*, Die Beleihung als verfassungsrechtliches Problem, S. 68.

983 Als Maßstab für die Bewertung der Grundrechtsrelevanz dient die potentielle Eingriffsintensität, d.h. es ist allein auf das rechtliche Dürfen nach dem Gesetz abzustellen. Eine etwaige restriktivere Anwendung der Befugnisse in der Praxis bleibt hingegen unberücksichtigt.

in Frankfurt am Main), Baden-Württemberg, Sachsen, Rheinland-Pfalz und Berlin aufweist.

Im Hinblick auf die verschiedenen Modelle zum Einsatz von Hilfspolizisten wurde bereits festgestellt, dass sowohl den Ehrenamtlichen Polizeihelfern in Sachsen, Hessen, Bayern und Baden-Württemberg als auch den Wachpolizisten in Hessen, Berlin und dem Saarland sowie mit Einschränkungen den Mitarbeitern der Kommunalen Ordnungsdienste in Hessen, Baden-Württemberg, Sachsen, Rheinland-Pfalz und Berlin die Befugnis zur Anwendung unmittelbaren Zwanges als denkbar schärfste Form des Eingriffs in die Grundrechte des Bürgers übertragen wird.[984]

Die höchste Grundrechtsrelevanz weist die Tätigkeit der Ehrenamtlichen Polizeihelfer in Baden-Württemberg, der Wachpolizisten in Hessen und Berlin sowie der Stadtpolizisten in Hessen (Frankfurt am Main) auf, da diese zur Anwendung unmittelbaren Zwanges durch Hilfsmittel der körperlichen Gewalt und Waffen ermächtigt sind. An das Legitimationsniveau des sachlichen Grundes sind mithin höchste Anforderungen zu stellen.

Die Ehrenamtlichen Polizeihelfer in Hessen und Sachsen sowie die Wachpolizisten im Saarland dürfen hingegen nur Zwangsmittel in Form von einfacher körperlicher Gewalt einsetzen. Auch die Mitarbeiter in den Kommunalen Ordnungsdiensten in Hessen, Baden-Württemberg, Sachsen, Rheinland-Pfalz und Berlin werden in der Regel nur zur Anwendung unmittelbaren Zwanges in Form von einfacher körperlicher Gewalt ermächtigt. Ihre Tätigkeit weist eine unwesentlich geringere Grundrechtsrelevanz auf, sodass in Bezug auf das Legitimationsniveau des sachlichen Grundes geringere Anforderungen gelten.

(2) Zwischenergebnis zur Grundrechtsrelevanz der Tätigkeit

Mit Ausnahme von der Wachpolizei in Sachsen sowie in Sachsen-Anhalt stellen die verschiedenen Modelle zum Einsatz der Hilfspolizisten eine Abweichung vom Funktionsvorbehalt des Art. 33 Abs. 4 GG dar. Aufgrund der dargelegten Unterschiede besteht im Hinblick auf die verschiedenen Modelle zum Einsatz von Hilfspolizisten ein unterschiedliches Legitimationsniveau.

Das insgesamt höchste Legitimationsniveau muss ein sachlicher Grund zur Rechtfertigung des Einsatzes der Ehrenamtlichen Polizeihelfer in Baden-Württemberg aufweisen.

Geringere Anforderungen sind an einen sachlichen Grund zur Rechtfertigung des Einsatzes der Ehrenamtlichen Polizeihelfer in Hessen, Sachsen und Bayern,

---

984 Siehe oben § 4 IV. 2.

der Wachpolizisten in Hessen und Berlin sowie der Mitarbeiter in Kommunalen Ordnungsdiensten in Hessen (insbesondere Stadtpolizisten in Frankfurt am Main), Baden-Württemberg, Sachsen, Rheinland-Pfalz und Berlin zu stellen.

Das geringste Legitimationsniveau besteht hinsichtlich eines sachlichen Rechtfertigungsgrundes zum Einsatz der Wachpolizisten im Saarland.

cc) Konkrete sachliche Rechtfertigungsgründe

Nach dem Funktionsvorbehalt in Art. 33 Abs. 4 GG sind im Bereich der Gefahrenabwehr grundsätzlich Polizeibeamte einzusetzen. Die Übertragung hoheitlicher Befugnisse auf Hilfspolizisten stellt insoweit eine Durchbrechung dieses Grundsatzes dar, die einer besonderen Rechtfertigung bedarf. Im Rahmen der Prüfung der sachlichen Rechtfertigungsgründe hat eine Abwägung der Vor- und Nachteile des Einsatzes der Hilfspolizisten zu erfolgen, in der das unterschiedlich hohe Legitimationsniveau in Bezug auf die verschiedenen Modelle zu berücksichtigen ist.[985]

(1) Überqualifikation der Polizeivollzugsbeamten

Als sachlicher Rechtfertigungsgrund kommt zunächst eine mögliche Überqualifikation der Polizeivollzugsbeamten für Aufgaben aus dem „Randbereich"[986] polizeilicher Tätigkeit in Betracht.[987] Im Gesetzesentwurf zum HFPG wird dieser Rechtsfertigungsgrund ausdrücklich aufgeführt. Nach der Intention des hessischen Gesetzgebers soll der Freiwillige Polizeidienst die Polizei von „solchen Aufgaben entlasten, die nicht von voll ausgebildeten Polizeivollzugskräften wahrgenommen werden müssen".[988]

---

985 In Bezug auf die Wachpolizei Sachsen und Sachsen-Anhalt unterbleibt eine Prüfung konkreter sachlicher Rechtfertigungsgründe, da diese Modelle aufgrund ihrer Befristung nach derzeitigem Stand nicht gegen Art. 33 Abs. 4 GG verstoßen.

986 Die Terminologie in Bezug auf derartige Aufgaben ist uneinheitlich. Vereinzelt sprechen Autoren diesbezüglich von „Randbereichsaufgaben", vgl. *Rachor*, in: Lisken/Denninger, Hdb des PolR, Kap. C, Rn. 11; andere sprechen von „polizeifremden Sekundäraufgaben", vgl. *Hirschmann/Groß*, Polizierende Präsenz, S. 25, 165; *Frevel/Wendekamm*, Sicherheitsproduktion zwischen Staat, Markt und Zivilgesellschaft, S. 158; von „polizeifremden Aufgaben", vgl. *Krölls*, GewArch 1997, S. 445 (445); *Krölls*, NVwZ 1993, S. 233 (233); *Pausch/Dölger*, POR in HE, S. 56; oder von „Randsektoren der Polizeiarbeit", vgl. *Groß*, APuZ 2008, S. 20 (24).

987 Vgl. hierzu *Braun*, BayVBl. 2008, S. 680 (684); *Kelm*, in: Erbguth/Müller/Neumann, Rechtstheorie und Rechtsdogmatik, S. 111 (130); *Steiner*, DAR 1996, S. 272 (273 ff.); *Waechter*, NZV 1997, S. 329 (329 ff.).

988 Begr. des RegE zum HFPG, LT-Drs. HE 15/1004, S. 1.

Die Übertragung hoheitlicher Aufgaben ist demnach gerechtfertigt, wenn es sich um besonders einfache Tätigkeiten handelt, die nicht zwingend durch speziell ausgebildete, loyale Beamte wahrzunehmen sind. Denn der Staat ist nach dem Grundsatz der Verwaltungseffizienz verpflichtet, eine Aufgabe möglichst kostengünstig zu erfüllen.[989] Somit kann für bestimmte Aufgaben unter Umständen weniger qualifiziertes und damit kosteneffizienteres Personal eingesetzt werden, wenngleich jederzeit sicherzustellen ist, dass – trotz der geringeren Qualifikation – die ordnungsgemäße Aufgabenerfüllung gewährleistet wird.[990] Bei Randbereichsaufgaben muss der Tätigkeitsbereich so klar abgrenzbar sein, dass es sich im Falle des Einschreitens stets nur um einen Routinevorgang handelt.[991] Die Durchführung der Aufgabe erfolgt nach einem fest vorgegebenen, standardisierten Muster, das sich stets wiederholt.[992] Die zu treffenden Ermessensentscheidungen sind auf ein Minimum begrenzt. Demgegenüber handelt es sich bei Aufgaben aus dem „Kernbereich“[993] polizeilicher Tätigkeit um anspruchsvolle Tätigkeiten, die durch Polizeivollzugsbeamte zu erfüllen sind.

(a) Die Zuordnung konkreter Aufgaben zum Randbereich polizeilicher Tätigkeit

Vor der Beurteilung einer (etwaigen) Überqualifikation der Polizeibeamten gilt es festzustellen, welche konkreten Aufgaben dem „Randbereich“ polizeilicher Tätigkeit zuzuordnen sind. Nur für Randbereichsaufgaben kommt der sachliche Rechtfertigungsgrund der Überqualifikation in Betracht. Eine trennscharfe Abgrenzung des Randbereichs vom Kernbereich der polizeilichen Tätigkeit bereitet erhebliche Schwierigkeiten.

(aa) Zuordnung in der Literatur

In der Literatur nennen die wenigsten Autoren Beispiele für Aufgaben, die dem Randbereich zugerechnet werden können. Die wenigen Stimmen, die sich

---

989 *Strauß*, Funktionsvorbehalt und Berufsbeamtentum, S. 211.

990 *Fickenscher*, Polizeilicher Streifendienst mit Hoheitsbefugnissen, S. 139.

991 *Badura*, ZBR 1996, S. 321 (326); *Manssen*, ZBR 1999, S. 253 (256).

992 *Fickenscher*, Polizeilicher Streifendienst mit Hoheitsbefugnissen, S. 139 f.

993 Die Terminologie in Bezug auf derartige Aufgaben ist uneinheitlich. Vereinzelte Stimmen bezeichnen diese als „Kernbereichsaufgaben“, vgl. *Rachor*, in: Lisken/Denninger, Hdb des PolR, Kap. C, Rn. 11; andere als „Kernaufgaben“, vgl. Antwort des MdI SL auf kl. Anfrage des Abg. Müller (AfD), LT-Drs. SL 16/326, S. 2; *Mohrdieck*, Privatisierung im Bereich öffentlicher Verkehrsräume, S. 166.

konkret äußern, nennen vor allem den polizeilichen Streifendienst, den Objektschutz sowie die Überwachung des ruhenden Straßenverkehrs als Aufgaben aus dem Randbereich polizeilicher Tätigkeit.[994] Andere ordnen vor allem die Aufgaben der Sicherung von polizeilichen Liegenschaften und den Verkehrsüberwachungsdienst dem Randbereich zu.[995]

(bb) Zuordnung in der Politik

Auf politischer Ebene lässt sich eine Zuordnung konkreter Aufgaben zum Randbereich polizeilicher Tätigkeit vor allem aus den Regelungen zum hessischen Freiwilligen Polizeidienst und zur hessischen Wachpolizei ableiten. So formuliert die hessische Landesregierung in ihrem Gesetzesentwurf zum HFPG aus dem Jahr 2000 die Zielvorstellung, dass der Freiwillige Polizeidienst in Hessen in Aufgabenfeldern eingesetzt werden soll, „in denen der Einsatz eines voll ausgebildeten Polizeibeamten nicht unbedingt erforderlich ist".[996] Sodann werden in § 1 Abs. 3 HFPG einzelne Aufgabenbereiche genannt, in denen der Polizeidienst eingesetzt werden kann, wie z. B. bei der Überwachung des Straßenverkehrs, beim polizeilichen Streifendienst, bei der Sicherung und dem Schutz von Gebäuden und öffentlichen Anlagen oder bei der Erforschung von Ordnungswidrigkeiten. Es lässt sich mithin darauf schließen, dass die hessische Landesregierung die beispielhaft aufgezählten Tätigkeiten als besonders einfache Aufgaben bewertet, die nicht zwingend durch speziell ausgebildete, loyale Beamte wahrzunehmen sind. Zu dem gleichen Ergebnis kommt *Kelm*, der sämtliche Aufgaben, die den Ehrenamtlichen Polizeihelfern übertragen werden, dem Randbereich hoheitlicher Tätigkeit zurechnet.[997]

In Bezug auf die Wachpolizei Hessen bestimmte das hessische Innenministerium in Ziffer 2.1 VVWaPOl, dass eine Übertragung von Aufgaben auf die Wachpolizei Hessen nur unter dem Aspekt einer Entlastung möglich ist, damit sich die Polizeivollzugsbeamten ihren „Kernaufgaben" widmen können. In Ziffer 2.2 VVWaPOl werden sodann in einem abschließenden Katalog jene Aufgabenfelder aufgelistet, in denen die Wachpolizei Hessen tätig werden kann. Hierzu zählen neben dem Objektschutz, dem Verkehrsüberwachungsdienst und der Fußstreifenpräsenz u. a. die Urkundenvorprüfung sowie die anlassbezogene

994 *Brenner*, SVR 2011, S. 129 (129); *Rachor*, in: Lisken/Denninger, Hdb des PolR, Kap. C, Rn. 11.

995 *Meixner/Fredrich*, HSOG, § 99, Rn. 10.

996 Begr. des RegE zum HFPG, LT-Drs. HE 15/1004, S. 1.

997 *Kelm*, in: Erbguth/Müller/Neumann, Rechtstheorie und Rechtsdogmatik, S. 111 (130).

Begleitung des ÖPNV. Gibt das Innenministerium vor, dass die Vollzugspolizei sich verstärkt um die „Kernaufgaben“ polizeilicher Tätigkeit kümmern soll, muss es sich im Umkehrschluss bei den abschließend aufgezählten Aufgaben der Wachpolizei um „Randaufgaben“ handeln, für die die kurz ausgebildeten Wachpolizisten eingesetzt werden können.

Zusammenfassend lässt sich festhalten, dass es sich nach Ansicht der hessischen Landesregierung sowie vereinzelter Stimmen in der Literatur jedenfalls im Hinblick auf den polizeilichen Streifendienst, den Objektschutz sowie die Überwachung des ruhenden Straßenverkehrs um einfache Tätigkeiten handelt, die nicht zwingend durch speziell ausgebildete, loyale Beamte wahrzunehmen und somit dem Randbereich polizeilicher Tätigkeit zuzuordnen sind. Würde man dieser Ansicht folgen, ließe sich der Einsatz der Hilfspolizisten in diesen Aufgabenbereichen durch den sachlichen Grund der Überqualifikation der Polizeibeamten rechtfertigen.

(b) Kritische Bewertung

Es erscheint fraglich, ob die von der Politik und der Literatur vorgenommene Zuordnung vor dem Hintergrund einer sich rasch verändernden Sicherheitslage heutzutage noch zutreffend ist oder einzelne Aufgaben, namentlich der polizeiliche Streifendienst, der Objektschutz oder die Überwachung des ruhenden Straßenverkehrs, heutzutage nicht mehr dem Randbereich polizeilicher Tätigkeit zugerechnet werden können.

(aa) Polizeilicher Streifendienst

Beim polizeilichen Streifendienst sehen sich die Polizisten und Hilfspolizisten mit den unterschiedlichsten Sachlagen konfrontiert, die nicht vorhersehbar sind. Sie sind nicht auf ein einzelnes, schon vorgegebenes Einschreiten festgelegt, sondern müssen in der konkreten Situation individuell entscheiden, welche polizeilichen Maßnahmen zu treffen und welche Hoheitsbefugnisse anzuwenden sind. Zu diesem Ergebnis kam auch die bereits erwähnte „Kienbaum-Studie“ von 1991, welche die Streifentätigkeit aufgrund des besonderen Gefahrenpotenzials sowie der daraus resultierenden hohen Anforderungen an die Polizeibeamten (insbesondere Kontaktfähigkeit, Problembearbeitungsfähigkeit und Konfliktstabilität) als Aufgabe des gehobenen Polizeivollzugsdienstes bewertete. Diese Einordnung erscheint rund 25 Jahre später umso berechtigter, da der Streifendienst heutzutage durch ein besonderes Gefahrenpotenzial gekennzeichnet ist.[998] Das

998 Siehe oben § 4 III. 3. b) bb) (2).

gestiegene Gefahrenpotenzial des polizeilichen Streifendienstes zeigt sich nicht zuletzt in einer deutlichen Zunahme gewaltsamer Angriffe auf Polizisten.[999] Die Ausschreitungen in einer Asylunterkunft in Ellwangen im Mai 2018 verdeutlichen beispielhaft, womit die Polizisten und Hilfspolizisten heutzutage während ihres Einsatzes rechnen müssen: mit robustem Widerstand von Personen, die auch bereit sind, gegenüber der Polizei körperliche Gewalt anzuwenden.[1000]

Eine wachsende Gewaltbereitschaft gegenüber Polizeivollzugsbeamten belegen auch die Zahlen der polizeilichen Kriminalstatistik für das Jahr 2017.[1001] So wurden Polizeivollzugsbeamte im Jahr 2017 in insgesamt 74.403 Fällen (66.524 vollendet, 7.879 versucht) Opfer von Straftaten.[1002] Im Vergleich zum Vorjahr (71.795 Fälle) bedeutet dies einen Anstieg von 3,6 Prozent (+ 2.606 Fälle).[1003] Ein Grund für die zunehmende Gewalt gegen Polizeibeamte ist nach Ansicht des stellvertretenden Bundesvorsitzenden der GdP, *Jörg Radek*, eine zunehmende Respektlosigkeit gegenüber Menschen in Uniform und Mitarbeitern von Rettungsdiensten.[1004] Aufgrund des häufig unmittelbaren Kontakts zu einem

---

999 Gewalt gegen Polizei und Rettungskräfte nimmt deutlich zu, Zeit online, 24.8.2018, abrufbar unter: https://www.zeit.de/news/2018-08/24/gewalt-gegen-polizei-und-rettungskraefte-nimmt-deutlich-zu-180824-99-679936 <10.9.2018>; Gewalt gegen Polizisten nimmt zu, FAZ online, 24.8.2018, abrufbar unter: http://www.faz.net/aktuell/politik/inland/angriffe-auf-beamte-gewalt-gegen-polizisten-nimmt-zu-15754577.html?GEPC=s1 <10.9.2018>; Gewalt gegen Polizisten nimmt zu, Spiegel online, 24.8.2018, abrufbar unter: http://www.spiegel.de/panorama/justiz/polizei-gewalt-gegen-einsatzkraefte-nimmt-zu-a-1224879.html <10.9.2018>;

1000 *Van Bebber*, Gewalt gegen Polizei zerstört unsere Gesellschaft, Tagesspiegel online, 15.5.2018, abrufbar unter: https://www.tagesspiegel.de/politik/kriminalitaetsstatistik-gewalt-gegen-polizisten-zerstoert-unsere-gesellschaft/22114770.html <10.9.2018>.

1001 Für die Beurteilung der Gefahrenlage des Streifendienstes ist einschränkend zu berücksichtigen, dass die PKS in Bezug auf die gegenüber Polizeivollzugsbeamten verübten Gewalttaten nicht zwischen den einzelnen Einsatzbereichen der Polizeivollzugsbeamten (z.B. Streifendienst, Sicherungsaufgaben, Begleitung von Castor-Transporten) unterscheidet.

1002 BMI, Bericht zur PKS 2017, S. 74.

1003 BMI, Bericht zur PKS 2017, S. 74.

1004 Gewalt gegen Polizei und Rettungskräfte nimmt deutlich zu, Zeit online, 24.8.2018, abrufbar unter: https://www.zeit.de/news/2018-08/24/gewalt-gegen-polizei-und-rettungskraefte-nimmt-deutlich-zu-180824-99-679936 <10.9.2018>; Gewalt gegen Polizisten nimmt zu, FAZ online, 24.8.2018, abrufbar unter: http://www.faz.net/aktuell/politik/inland/angriffe-auf-beamte-gewalt-gegen-polizisten-nimmt-zu-15754577.html?GEPC=s1 <10.9.2018>.

großen Personenkreis zählt der Streifendienst zweifelsfrei zu den Aufgabenbereichen der Polizei, die das höchste Gefahrenpotenzial aufweisen.

Beim polizeilichen Streifendienst handelt es sich somit nicht um einen standardisierten Routinevorgang, der dem Randbereich der polizeilichen Tätigkeit zuzurechnen wäre.[1005] Der Einsatz der Hilfspolizisten zum polizeilichen Streifendienst an Gefahren- und Kriminalitätsschwerpunkten kann daher nicht mit dem sachlichen Grund der Überqualifikation der Polizeivollzugsbeamten gerechtfertigt werden.

(bb) Objektschutz

Der Aufgabenbereich des Objektschutzes umfasst regelmäßig Tätigkeiten, die der Verhinderung oder Abwehr von Angriffen gegen „gefährdete Objekte" (z. B. Flüchtlingsunterkünfte, Botschaften) dienen.[1006] Die Vorgänge beim Objektschutz sind im Vergleich zum polizeilichen Streifendienst vorhersehbarer und planbarer. Dennoch kann es auch beim Objektschutz zu Situationen kommen, die eine individuelle Entscheidung des Hilfspolizisten in Bezug auf die zu ergreifende Gefahrenabwehrmaßnahme erfordern. Die Wachpolizisten nehmen im Rahmen der Durchführung von Objektschutzmaßnahmen auch Streifendiensttätigkeiten in der unmittelbaren Umgebung des zu schützenden Objekts wahr.[1007]

Die Aufgabe des Objektschutzes weist heutzutage ein erhöhtes Gefahrenpotenzial auf. In Hessen, Sachsen und dem Saarland werden die Wachpolizisten insbesondere zur Wahrnehmung von Objektschutzmaßnahmen im Zusammenhang mit Flüchtlingsunterkünften eingesetzt.[1008] Die Zahl der zu schützenden Einrichtungen stieg seit der Flüchtlingskrise signifikant an. So wurden in Sachsen im Jahr 2016 insgesamt 100 Gemeinschaftsunterkünfte und 22 Erstaufnahmeeinrichtungen für Asylbewerber durch die Wachpolizei beschützt.[1009] Auch die Zahl rechtsextremistisch motivierter Gewalttaten im Zusammenhang mit Asylunterkünften nahm in den Jahren 2015/2016 drastisch zu. Im Jahr 2016 wurden bundesweit insgesamt 907 rechtsextremistische Straftaten gegen Asylunterkünfte

---

1005 So auch *Fickenscher*, Polizeilicher Streifendienst mit Hoheitsbefugnissen, S. 140.

1006 Vgl. zu den Aufgaben der Wachpolizei ausführlich § 3 II. 2. a) bb) (2).

1007 Vgl. beispielhaft Ziffer 2.2 VVWaPol; Homepage der Stadt Berlin, Zentraler Objektschutz, abrufbar unter: https://www.berlin.de/polizei/dienststellen/direktion-einsatz/zentraler-objektschutz/ <30.10.2017>.

1008 Siehe oben § 3 II. 2. a) bb) (2) (a), (b), (c).

1009 Siehe oben § 3 II. 2. a) bb) (2) (c).

registriert, davon 153 Gewalttaten gegen Asylbewerberunterkünfte sowie 65 Brandanschläge.[1010] Neben der Gefahr rechter Angriffe zeigen die Vorfälle in der Asylunterkunft in Ellwangen, dass die Wachpolizisten auch innerhalb der zu schützenden Unterkünfte mit besonderen Gefahrenlagen konfrontiert werden können.

Auch in Berlin, das mit rund 1.500[1011] Polizeiangestellten im Objektschutz (PangOS)[1012] die meisten Wachpolizisten einsetzt, zeigt sich ein wachsendes Gefahrenpotenzial im Rahmen des Objektschutzes. Zu den insgesamt rund 700 geschützten Objekten in Berlin zählen beispielsweise diplomatische Einrichtungen, jüdische Schulen oder Synagogen, Moscheen sowie Einrichtungen des Bundes und des Landes Berlin.[1013] Aufgrund des Anstiegs antisemitischer und antimuslimischer Straftaten in Deutschland[1014] besteht insbesondere für die Wachpolizei in Berlin beim Schutz jüdischer oder muslimischer Einrichtungen ein erhöhtes Gefahrenpotenzial. Die Anzahl der bundesweit registrierten Straftaten mit antisemitischem Hintergrund belief sich in den ersten beiden Quartalen des Jahres 2018 auf insgesamt 401 Straftaten.[1015] Im Vergleich zum Vorjahreszeitraum (361 Straftaten) bedeutet dies einen Anstieg um 10,7 Prozent.[1016] Die mit Abstand meisten antisemitischen Straftaten wurden in der ersten Jahreshälfte im Jahr 2018 in Berlin (80) registriert; dahinter folgen Bayern

---

1010 BMI, Verfassungsschutzbericht 2016, S. 25 f.

1011 Die Zahl ist als Vollzeitäquivalent und ohne beurlaubte Dienstkräfte mit Stand vom 18.8.2015 dargestellt.

1012 Antwort der SenIS BE auf kl. Anfrage der Abg. Schreiber (SPD), Sen.-Drs. BE 17/16808, S. 1.

1013 Homepage der Stadt Berlin, Zentraler Objektschutz, abrufbar unter: https://www.berlin.de/polizei/dienststellen/direktion-einsatz/zentraler-objektschutz/ <30.10.2017>.

1014 Zahl gemeldeter antisemitischer Straftaten steigt deutlich, Morgenpost online, 8.8.2018, abrufbar unter: https://www.morgenpost.de/politik/inland/article215038537/Deutlich-mehr-antisemitische-Straftaten-gemeldet.html <11.9.2018>; 2017 gab es mindestens 950 Angriffe auf Muslime und Moscheen, SZ online, 3.3.2018, abrufbar unter: https://www.sueddeutsche.de/politik/islamfeindlichkeit-in-deutschland-gab-es-mindestens-angriffe-auf-muslime-und-moscheen-1.3891042 <11.9.2018>.

1015 Antwort BReg auf kl. Anfrage der Abg. Pau u.a. (LINKE), BT-Drs. 19/2336, S. 2 sowie BT-Drs. 19/3738, S. 2.

1016 Antwort BReg auf kl. Anfrage der Abg. Pau u.a. (LINKE), BT-Drs. 18/12316, S. 2 f. sowie BT-Drs. 18/13266, S. 2 f.

(43) und Niedersachsen (41).[1017] Zum Unterthema „islamfeindlich" wurden im ersten Halbjahr 2018 bundesweit insgesamt 281 Straftaten gemeldet.[1018] Die mit Abstand meisten Straftaten wurden in diesem Zeitraum in Berlin verübt (40 Straftaten).[1019] Die Anzahl der Straftaten, die aus einer islamfeindlichen Motivation heraus gegen das Angriffsziel „Religionsstätte/Moschee" begangen wurden, belief sich in diesem Zeitraum auf 18 Straftaten.[1020]

Der Schutz von Gebäuden und Anlagen, für die ein besonderes Gefahren- und Konfliktpotenzial besteht (z. B. Flüchtlingsunterkünfte, Gebäude von besonderer religiöser oder politischer Bedeutung, wie Synagogen, Moscheen oder Botschaften) ist nicht dem Randbereich der polizeilichen Tätigkeit zuzurechnen. Der Einsatz der Hilfspolizisten zum Objektschutz, der in der Praxis vor allem an solchen gefahrgeneigten Objekten erfolgt, kann daher nicht mit dem sachlichen Grund der Überqualifikation der Polizeivollzugsbeamten gerechtfertigt werden.

(cc) Überwachung des ruhenden Straßenverkehrs

Die Überwachung des ruhenden Straßenverkehrs umfasst die Erforschung einfacher Ordnungswidrigkeiten und deren Ahndung mittels Verwarngeldes.[1021] Es handelt sich um einen schematisierten Routinevorgang. Die Tätigkeit der Hilfspolizisten beschränkt sich ausschließlich auf die Erforschung und Anzeige einfacher Ordnungswidrigkeiten. Bei der Feststellung von massenhaft einfachen Ordnungsverstößen, wie im ruhenden Straßenverkehr oder bei Verstößen gegen das Ortsrecht, sind die Anforderungen an die Sachverhaltsaufklärung und Ermessensausübung auf ein Minimum reduziert. Im Gegensatz zum polizeilichen Streifendienst und zum Objektschutz weist diese Aufgabe ein sehr viel geringeres Gefahrenpotenzial auf, da die Aufgabenerfüllung in der Regel ohne unmittelbaren Kontakt zum Bürger erfolgt. Die vermittelten Grundrechtseinbußen sind bei der Überwachung des ruhenden Straßenverkehrs von vergleichsweise geringem Gewicht (die Höchstsumme des Verwarngeldes beträgt

1017 Antwort BReg auf kl. Anfrage der Abg. Pau u.a. (LINKE), BT-Drs. 19/2336, S. 2 sowie BT-Drs. 19/3738, S. 2.

1018 Antwort BReg auf kl. Anfrage der Abg. Jelpke u.a. (LINKE), BT-Drs. 19/2315, S. 3 sowie BT-Drs. 19/3917, S. 3.

1019 Antwort BReg auf kl. Anfrage der Abg. Jelpke u.a. (LINKE), BT-Drs. 19/2315, S. 3 ff. sowie BT-Drs. 19/3917, S. 3 ff.

1020 Antwort BReg auf kl. Anfrage der Abg. Jelpke u.a. (LINKE), BT-Drs. 19/2315, S. 3 sowie BT-Drs. 19/3917, S. 3.

1021 *Braun*, BayVBl. 2008, S. 680 (684).

35 Euro).[1022] Die Verdachtsgewinnung, Tatbestandserforschung und Ahndung „einfacher“ Ordnungswidrigkeiten (z. B. Verstöße im ruhenden Straßenverkehr, Verstöße gegen das Ortsrecht) kann damit dem Randbereich polizeilicher Tätigkeit zugeordnet werden.[1023] Bei massenhaft einfachen Ordnungsverstößen bedarf es keines spezialisierten, besonders loyalen und neutralen Personals wie der Polizeivollzugsbeamten. Der Einsatz der Hilfspolizisten bei einfachen Ordnungsverstößen (z. B. im ruhenden Straßenverkehr) oder bei Verstößen gegen das Ortsrecht ist mithin durch den sachlichen Grund der Überqualifikation der Polizeivollzugsbeamten gerechtfertigt.

(c) Zwischenergebnis zur Überqualifikation der Polizeivollzugsbeamten

Mit Ausnahme der Stadtpolizei Frankfurt am Main erledigen die Kommunalen Ordnungsdienste in Hessen, Baden-Württemberg, Sachsen, Rheinland-Pfalz und Berlin überwiegend „einfache“ Ordnungsaufgaben (insbesondere die Verfolgung und Ahndung von Ordnungswidrigkeiten) mit kommunalem Bezug.[1024] Ihr Einsatz ist daher durch den sachlichen Grund der Überqualifikation der Polizeivollzugsbeamten gerechtfertigt.

Den Ehrenamtlichen Polizeihelfern, den Wachpolizisten in Berlin, Hessen und dem Saarland sowie den Stadtpolizisten in Frankfurt am Main werden hingegen Aufgaben übertragen, die eine höhere Gefahrneigung aufweisen (z. B. Streifendienst, Objektschutz an gefährdeten Gebäuden). Ihr Einsatz lässt sich daher nicht mit einer Überqualifikation der Polizeivollzugsbeamten rechtfertigen.

(2) Vorübergehender personeller Engpass

Als sachlicher Grund für die Rechtfertigung des Einsatzes der Hilfspolizisten könnte ein vorübergehender personeller Engpass bei der Vollzugspolizei angeführt werden. Der erhöhte Personalbedarf und der damit verbundene personelle Engpass müssten dafür zwingend „vorübergehend“ und „unvorhersehbar“ sein.[1025] In einem solchen Fall kann der Staat den Engpass nicht durch die sofortige Einstellung weiterer Polizeivollzugsbeamter beheben, da deren Auswahl und Ausbildung mehrere Jahre dauert. Der besondere Bedarf an Sicherheitskräften kann daher durch eine Neueinstellung von Polizeibeamten nicht in gleicher

---

1022 *Waechter*, NZV 1997, S. 329 (333).

1023 *Braun*, BayVBl. 2008, S. 680 (684); *Steiner*, DAR 1996, S. 272 (273 ff.); *Waechter*, NZV 1997, S. 329 (329 ff.).

1024 Siehe oben § 3 II. 2. b) bb) (7) (b).

1025 *Bracher*, Gefahrenabwehr durch Private, S. 153; *Krölls*, GewArch 1997, S. 445 (452).

Zeit ebenso effektiv gedeckt werden wie durch die Neueinstellung von kurz ausgebildeten Hilfspolizisten.[1026] Für die Mehrheit der Modelle zum Einsatz von Hilfspolizisten scheidet dieser Rechtfertigungsgrund aus, da diese bereits seit mehreren Jahren und ohne Befristung existieren.[1027]

In Bezug auf die sächsische Sicherheitswacht hat der Gesetzgeber im Gesetzesentwurf zum SächsSWEG ausdrücklich festgestellt, dass „mit der Einrichtung einer Sicherheitswacht nicht das Ziel verfolgt wird, personelle Engpässe bei der sächsischen Polizei auszugleichen".[1028]

Als sachlicher Rechtfertigungsgrund käme ein vorübergehender personeller Engpass somit nur in Bezug auf die im Jahr 2016 in Sachsen, Sachsen-Anhalt und dem Saarland eingerichtete Wachpolizei in Betracht. In Bezug auf die Wachpolizei in Sachsen und Sachsen-Anhalt ist jedoch zu beachten, dass diese aufgrund der klaren Befristung (Sachsen bis 31.10.2020 und Sachsen-Anhalt bis 31.8.2021) bereits das Merkmal der „Ständigkeit" nicht erfüllen,[1029] sodass kein Verstoß gegen Art. 33 Abs. 4 GG vorliegt. Auch in Bezug auf die Wachpolizei Saarland scheidet eine Rechtfertigung aus, da diese mittlerweile entfristet wurde.[1030] Zudem ist der weitere Ausbau über das Jahr 2019 hinaus geplant. Nach nunmehr knapp drei Jahren kann der Einsatz der Wachpolizei im Saarland nicht mehr unter Berufung auf einen „vorübergehenden" und „unvorhersehbaren" Engpass bei der Polizei gerechtfertigt werden, zumal es dem Staat möglich gewesen wäre, innerhalb dieses Zeitraums zusätzliche Polizeibeamte auszubilden.

(3) Finanzielle Entlastung des Staates

Als sachlicher Rechtfertigungsgrund für den Einsatz der Hilfspolizisten kommt die „finanzielle Entlastung des Staates" in Form von Kostenabwälzungen oder Kosteneinsparungen in Betracht.[1031] Im Gegensetz zu den Polizeibeamten stehen

---

1026 *Bracher*, Gefahrenabwehr durch Private, S. 153; *Braun*, Die Finanzierung polizeilicher Aufgabenwahrnehmung, S. 72.

1027 Der FPD in Hessen besteht seit dem Jahr 2000, der FPD in Baden-Württemberg seit dem Jahr 1963, die SiWa in Bayern seit dem Jahr 1994, die SiWa in Sachsen seit dem Jahr 1998, die Wachpolizei in Hessen seit dem Jahr 2000, die Wachpolizei in Berlin seit dem Jahr 1993 und die Stadtpolizei in Frankfurt am Main seit dem Jahr 2004.

1028 Begr. des RegE zum SächsSWEG, LT-Drs. SN 2/6146, S. 1.

1029 Siehe oben § 4 IV. 3.

1030 Siehe oben § 4 IV. 3.

1031 Vgl. *Fickenscher*, Polizeilicher Streifendienst mit Hoheitsbefugnissen, S. 136; *Kelm*, in: Erbguth/Müller/Neumann, Rechtstheorie und Rechtsdogmatik, S. 111 (131),

weder die Wachpolizisten noch die Stadtpolizisten oder die Ehrenamtlichen Polizeihelfer in einem Beamtenverhältnis zum Staat. Sie haben kein Anrecht auf die vermögensrechtlichen Rechte der Beamten (z. B. Beihilfen, Besoldung, Reisekosten, Trennungsgeld, Unterstützung und Versorgung). Die Wachpolizisten und Stadtpolizisten sind Angestellte des Landes bzw. einer kommunalen Gebietskörperschaft. Die Ehrenamtlichen Polizeihelfer begründen hingegen kein privatrechtliches Arbeitsverhältnis zum Land. Sie erhalten für ihre ehrenamtliche Tätigkeit lediglich eine (geringe) Aufwandsentschädigung. Die durch den Einsatz von Hilfspolizisten erzielte finanzielle Ersparnis des Staates ist von bedeutendem Umfang. So beliefen sich die Kosten, die für die Sicherheitswacht im bayrischen Landeshaushalt für das Jahr 2017 veranschlagt wurden, auf 1,625 Mio. Euro.[1032] Im Vergleich dazu betrug der Gesamthaushalt der Bayerischen Polizei für das Jahr 2017 3,4 Mrd. Euro, der Sachhaushalt (ohne Bauunterhalt und Hochbau) 376,7 Mio. Euro.[1033] Die kalkulierten Kosten für die Aufwandsentschädigung der sächsischen Sicherheitswacht beliefen sich im Jahr 2017 auf rund 1 Mio. Euro.[1034] Der Polizeihaushalt des Landes Hessen betrug für das Jahr 2016 insgesamt 1,6 Mrd. Euro.[1035] Für die Wachpolizei wurden für das gleiche Jahr Mittel i. H. v. 3,5 Mio. Euro eingestellt.[1036] Die kalkulierten Gesamtkosten (inklusive Kosten der Erstausstattung und Personalkosten) für die Wachpolizei Saarland beliefen sich im Jahr 2017 auf 1,3 Mio. Euro.[1037]

Fraglich ist, ob die finanzielle Entlastung des Staates ein ausreichender sachlicher Grund ist, um eine Ausnahme vom Funktionsvorbehalt des Art. 33 Abs. 4 GG zu legitimieren. Nach der Rechtsprechung des BVerfG[1038] sowie der

---

Tuchscherer, Stadtpolizei statt Polizei, S. 129 f.; kritisch hierzu *Kutscha*, LKV 2007, S. 306 (308).

1032 Schriftliche Antwort des Bayrischen Staatsministeriums des Innern, für Bau und Verkehr vom 27.7.2017.

1033 Schriftliche Antwort des Bayrischen Staatsministeriums des Innern, für Bau und Verkehr vom 27.7.2017.

1034 Schriftliche Antwort des Sächsischen Staatsministeriums des Innern vom 4.8.2017.

1035 Haushaltsplan des Landes Hessen für das Jahr 2016, S. 34, abrufbar unter: https://finanzen.hessen.de/haushalt/haushaltsplaene/haushaltsplan-2016 <7.9.2018>.

1036 Antwort MdI HE auf dringlichen Berichtsantrag der SPD, INA 19/22, S. 17.

1037 Schriftliche Antwort des Ministeriums für Inneres, Bauen und Sport Saarland vom 27.7.2017; Antwort des MdI SL auf kl. Anfrage des Abg. Müller (AfD), LT-Drs. SL 16/134, S. 3.

1038 BVerfG, Urt. v. 18.1.2012 – 2 BvR 133/10 = BVerfGE 130, 76 (116); BVerfG, Beschl. v. 23.11.1988 – 2 BvR 1619/83 = BVerfGE 79, 127 (153).

Mehrheit der Stimmen in der Literatur[1039] sind die Verwaltungsvereinfachung und Einsparung von Kosten als sachlicher Grund nicht ausreichend, außer bei bedeutenden Fällen von Unwirtschaftlichkeit. Nach der Argumentation des BVerfG sind Gründe, die sich in gleicher Weise wie für die ins Auge gefasste Ausnahme für beliebige andere hoheitsrechtliche Tätigkeiten anführen ließen, von vornherein ungeeignet, um eine Ausnahme von der Regel des Art. 33 Abs. 4 GG zu rechtfertigen.[1040] Der pauschale Verweis auf ein mögliches Kosteneinsparungspotenzial für den Fall, dass Nichtbeamte die Aufgaben von Berufsbeamten erfüllen, ist zu unspezifisch und kann nicht als tauglicher Rechtfertigungsgrund herangezogen werden.

(4) Aufgaben- und personalbezogene Entlastung der Polizei

Der Einsatz der Hilfspolizisten könnte durch den sachlichen Grund der „aufgaben- und personalbezogenen Entlastung der Polizei" gerechtfertigt sein. Es ist zu prüfen, ob der Einsatz der Hilfspolizisten in der Praxis geeignet ist, die Polizeivollzugsbeamten spürbar zu entlasten. In der Literatur bestehen vor allem im Hinblick auf die Entlastungsfunktion der Modelle zum Einsatz der Ehrenamtlichen Polizeihelfer große Zweifel.[1041] Kritiker argumentieren, dass es sich bei den von den Ehrenamtlichen Polizeihelfern gemeldeten Verstößen häufig um solche aus dem Bagatellbereich handele, sodass die bearbeitenden Polizeidienststellen mit Anzeigen und zu prüfenden Sachverhalten überflutet würden.[1042] Dies bedeute einen erheblichen bürokratischen Mehraufwand für die Polizeibeamten, der zum zeitlichen Aufwand für die Aus- und Weiterbildung, Einsatzplanung sowie Nachbesprechung noch hinzukomme.[1043] Um beurteilen zu können, ob diese Kritik gerechtfertigt ist, soll zunächst geprüft werden, ob die verschiedenen Modelle zum Einsatz von Hilfspolizisten nach der Intention des

---

1039 Vgl. *Badura*, in: Maunz/Dürig, GG, Art. 33, Rn. 55; *Krölls*, GewArch 1997, S. 445 (452); *Ossenbühl*, Eigensicherung und hoheitliche Gefahrenabwehr, S. 50; *Rüppel*, Privatisierung des Strafvollzugs, 2010, S. 79; *Gusy*, in: *Stober*, Privatisierung im Strafvollzug, S. 5 (24); *Waechter*, NZV 1997, S. 329 (331).

1040 BVerfG, Urt. v. 18.1.2012 – 2 BvR 133/10 = BVerfGE 130, 76 (116).

1041 Vgl. beispielhaft *Hirschmann*, DPolBl. 2012, S. 25 (27); *Hirschmann/Groß*, Polizierende Präsenz, S. 131; *Pütter/Kant*, B&P 2000, S. 16 (30); *Stienen*, Privatisierung und Entstaatlichung der Inneren Sicherheit, S. 170 f.; *Tuchscherer*, Stadtpolizei statt Polizei, S. 54 f.

1042 *Tuchscherer*, Stadtpolizei statt Polizei, S. 54 f.; Antrag der Abg. Bause u.a. (GRÜNE), LT-Drs. BY 17/13078, S. 1 f.

1043 *Pütter/Kant*, B&P 2000, S. 16 (30).

Gesetz- bzw. Verordnungsgebers eine Entlastungsfunktion gegenüber der Vollzugspolizei übernehmen sollen. Im Anschluss daran wird das konkrete Entlastungspotenzial der Hilfspolizisten in der Praxis dargelegt.

(a) Theoretische Konzeption

Vor der Bewertung des praktischen Entlastungspotenzials der Modelle zum Einsatz von Hilfspolizisten ist zu prüfen, ob diese nach der Intention des Gesetzgebers überhaupt dazu bestimmt sind, die Vollzugspolizei zu entlasten. In Bezug auf die Modelle zum Einsatz der Ehrenamtlichen Polizeihelfer wird dieses Ziel für den Freiwilligen Polizeidienst in Hessen und Baden-Württemberg in der Gesetzesbegründung zum HFPG und FPolDG ausdrücklich formuliert. In Baden-Württemberg betont der Gesetzgeber, die Hilfspolizisten sollten nicht erst im Bedarfsfall verpflichtet werden, sondern es soll „bereits in ruhigen Zeiten eine Polizeireserve als Teil des Polizeivollzugsdienstes aufgestellt und ausgebildet werden, die verwendet werden kann, wenn die polizeilichen Aufgaben mit den vorhandenen Polizeibeamten (...) nicht bewältigt werden können".[1044] Der Freiwillige Polizeidienst in Hessen soll nach dem Willen des Gesetzgebers „die voll ausgebildeten Polizeivollzugskräfte in die Lage (versetzen), sich verstärkt auf die vorbeugende Bekämpfung von Straftaten und die Strafverfolgung zu konzentrieren".[1045]

Die bayrische und die sächsische Sicherheitswacht sind dagegen nicht dafür vorgesehen, die Vollzugspolizei zu entlasten. So heißt es in dem bayrischen Gesetzentwurf zum SEG, dass „mit der Einrichtung einer Sicherheitswacht nicht das Ziel verfolgt wird, die Polizei bei ihren Aufgaben zu entlasten oder gar Bürger anstelle von Polizeibeamten einzusetzen".[1046] Im Gesetzesentwurf zum SächsSWEG wird angemerkt, dass die sächsische Sicherheitswacht „die Arbeit der Polizei nicht ersetzen (kann)".[1047]

Im Hinblick auf den Einsatz von Wachpolizisten wird dieses Ziel für die Wachpolizei in Hessen, Berlin und dem Saarland explizit in den jeweiligen Verordnungen oder Verwaltungsvorschriften festgeschrieben (§ 2 Satz 1 PDieVO; Ziffer 2.1 VVWaPol; Ziffer 1 Dienstanweisung POD). Für die Stadtpolizei Frankfurt am Main existiert keine entsprechende Rechtsnorm bzw. Entwurf, in dem das Ziel der Entlastung der Vollzugspolizei ausdrücklich genannt wird.

1044 Begr. des RegE zum FPolDG, LT-Drs. BW 3/2325, S. 4343.

1045 Begr. des RegE zum HFPG, LT-Drs. HE 15/1004, S. 6.

1046 Begr. des RegE zum SEG, LT-Drs. BY 12/13076, S. 1.

1047 Begr. des RegE zum SächsSWEG, LT-Drs. SN 2/6146, S. 1.

(b) Praktisches Entlastungspotenzial

Zu prüfen ist, ob die Freiwilligen Polizeidienste in Hessen und Baden-Württemberg, die Wachpolizeien in Hessen, Berlin und dem Saarland sowie die Stadtpolizei Frankfurt am Main in der Praxis dazu geeignet sind, die Vollzugspolizei des jeweiligen Landes spürbar zu entlasten.[1048] Das größte praktische Entlastungspotenzial wird vonseiten der Politik der Institution der Wachpolizei zugeschrieben. So sind es vor allem die Innenminister der jeweiligen Landesregierungen, die eine Entlastung der Vollzugspolizei durch die Wachpolizei anpreisen, ohne dabei konkrete Zahlen oder Statistiken (z. B. Anzahl der geleisteten Einsatzstunden in einem Kalenderjahr, Anzahl der aktiven Wachpolizisten, Verhältnis der Wachpolizisten zu den Polizeivollzugsbeamten)[1049] vorzulegen, die eine derartige Aussage untermauern.[1050]

(aa) Wachpolizei in Hessen, Berlin und dem Saarland

Für die Wachpolizei in Hessen und Berlin kann den Befürwortern der Wachpolizei zugestimmt und eine Entlastungsfunktion bejaht werden. Dafür spricht zum einen die lange Tradition und die damit verbundene besondere Bedeutung der Wachpolizei in Berlin (1993) und in Hessen (2000). Zum anderen kann die große Anzahl der Wachpolizisten in diesen beiden Ländern als Argument für die besondere Leistungs- bzw. Entlastungsfähigkeit der Wachpolizisten angeführt werden.

Das Land Berlin verfügte im Jahr 2017 über rund 1.946 Wachpolizisten (1.500 PAngOS und 446 PAngGD).[1051] Hauptaufgabe der PAngOS ist der Schutz

---

1048 Die praktische Entlastungfunktion der Sicherheitswacht in Sachsen und Bayern wird nicht geprüft, da deren Angestellte nach dem Willen des Gesetzgebers nicht zur Entlastung der Vollzugspolizei tätig werden sollen.

1049 Die Innenministerien der Länder führen keine derartigen Statistiken für das gesamte Land. Die entsprechenden Zahlen mussten daher bei jedem einzelnen Polizeipräsidium bzw. jeder einzelnen Polizeidirektion des Landes angefragt werden. Angaben über den Umfang der in einem Kalenderjahr geleisteten Dienststunden wurden von den Polizeipräsiden/Polizeidirektionen der Länder, die über eine Wachpolizei verfügen, nicht gemacht.

1050 Antwort des MdI HE auf kl. Anfrage des Abg. Greilich (FDP), LT-Drs. HE 19/1043, S. 2; Antwort des MdI HE auf dringlichen Berichtsantrag der SPD betreffend Eingruppierung der Wachpolizei in HE, INA 19/22, S. 15; Stellungnahme des Abg. Bauer (CDU) im hessischen Landtag, PLPr. HE 19/77, S. 5343; Antwort des MdI SL auf kl. Anfrage des Abg. Müller (AfD), LT-Drs. SL 16/326, S. 2; Stellungnahme des Abg. Hans (CDU) im saarländischen Landtag, PLPr. SL 15/43, S. 3681.

1051 Siehe oben § 4 IV. 4. a).

gefährdeter Objekte in Berlin durch einen Posten- und Streifendienst.[1052] Zu den rund 700 geschützten Objekten zählen beispielsweise diplomatische Einrichtungen, jüdische Schulen oder Synagogen sowie Einrichtungen des Bundes und des Landes Berlin.[1053] Das Land Berlin beschäftigte im Jahr 2016 rund 16.450 Polizeivollzugsbeamte.[1054] Bis zum Jahr 2019 sollen mit dem Programm „Wachsende Stadt" 500 neue Stellen in der Vollzugspolizei finanziert werden.[1055] Die „Wachpolizisten" (PAngOS und PangGD) machen somit im Verhältnis zur Vollzugspolizei einen Anteil von rund 11,8 Prozent (Verhältnis 1:8) aus.

Das Land Hessen verfügte im Jahr 2017 über rund 14.000 Polizeivollzugsbeamte.[1056] Bis zum Jahr 2022 soll diese Zahl auf insgesamt 15.260 aufgestockt werden.[1057] Die 630 Wachpolizisten in Hessen bilden im Verhältnis zu den Polizeivollzugsbeamten einen Anteil von knapp 4,5 Prozent (Verhältnis 1:22). Am größten sind die Entlastungseffekte im Bereich des Objektschutzes sowie des Transportes von Gefangenen und ausreisepflichtigen Personen. Hier erfolgt die Ersetzung eines Polizeibeamten durch einen Wachpolizisten im Verhältnis 1:1.[1058] Der Einsatz der Wachpolizisten in Hessen und Berlin ist mithin durch den sachlichen Grund der „aufgaben- und personalbezogenen Entlastung der Polizei" gerechtfertigt.

Im Gegensatz zu den Ländern Hessen und Berlin befindet sich die Wachpolizei im Saarland derzeit noch im Aufbau. Sie ist Teil eines von der saarländischen Landesregierung am 17.11.2015 beschlossenen Sicherheitspakets zur Verbesserung der personellen Situation in der Polizei im Land und war zunächst nur auf

---

1052 Homepage der Stadt Berlin, Zentraler Objektschutz, abrufbar unter: https://www.berlin.de/polizei/dienststellen/direktion-einsatz/zentraler-objektschutz/ <30.10.2017>.

1053 Homepage der Stadt Berlin, Zentraler Objektschutz, abrufbar unter: https://www.berlin.de/polizei/dienststellen/direktion-einsatz/zentraler-objektschutz/ <30.10.2017>.

1054 Siehe oben § 4 IV. 4. a).

1055 *Hasselmann*, Berliner Polizei fehlt es an Nachwuchs, Tagesspiegel online, 17.10.2016, abrufbar unter: http://www.tagesspiegel.de/berlin/personalnot-in-berlin-berliner-polizei-fehlt-es-an-nachwuchs/14701172.html <10.10.2017>.

1056 Siehe oben § 4 IV. 4. a).

1057 Homepage des Hessischen Ministeriums des Innern und für Sport, Hessens Sicherheit in Zahlen, abrufbar unter: https://innen.hessen.de/presse/bildergalerie/hessens-sicherheit-zahlen <20.10.2017>.

1058 Schriftliche Antwort des Ministeriums des Innern und für Sport Hessen vom 5.9.2018.

zwei Jahre (bis zum 31.5.2018) befristet.[1059] Nach einer ersten Bewertung im Juni 2017 zogen die Polizei, die Gewerkschaft der Polizei sowie die Regierungsparteien eine positive Bilanz, sodass die Landesregierung darauf verzichtete, den Polizeilichen Ordnungsdienst erneut zu befristen. Seit dem 1.6.2018 handelt es sich somit um eine dauerhafte Einrichtung. Mit Stand 27.7.2017 waren 30 Mitglieder in der Wachpolizei Saarland angestellt.[1060] Diese stellen im Verhältnis zu den rund 3.000 Polizeivollzugsbeamten einen Anteil von rund ein Prozent (Verhältnis 1:100) dar. Bis zum Jahr 2019 sollen 15 weitere Mitarbeiter eingestellt werden.[1061] Auch über das Jahr 2019 hinaus ist ein weiterer Ausbau des Polizeilichen Ordnungsdienstes geplant.[1062] Eine Evaluation, die laut Ziffer 14 Dienstanweisung POD nach einem Jahr durchgeführt werden sollte, ist bisher nicht erfolgt.

Eine abschließende Beurteilung des praktischen Entlastungspotenzials der Wachpolizei im Saarland ist daher nur eingeschränkt möglich. Der aktuelle Innenminister des Saarlandes, *Klaus Bouillon* (CDU), bescheinigt der Institution bereits im Jahr 2018 ein hohes Entlastungspotenzial.[1063] Er bezeichnet die Wachpolizei als eine „Erfolgsgeschichte", die mit ihren zusätzlichen Kräften die Vollzugspolizei des Landes entlaste und somit zu einer Stärkung der Polizeipräsenz in der Fläche beitrage.[1064]

1059 Vgl. hierzu ausführlich § 3 II. 2. a) bb) (1) (b).

1060 Siehe oben § 4 IV. 4. a).

1061 Schriftliche Antwort des Ministeriums für Inneres, Bauen und Sport Saarland vom 18.7.2018.

1062 Schriftliche Antwort des Ministeriums für Inneres, Bauen und Sport Saarland vom 18.7.2018.

1063 Homepage des Ministeriums für Inneres, Bauen und Sport Saarland, Pressemitteilung: Innenminister Bouillon stellt im zweiten Jahrgang weitere 14 Mitarbeiterinnen und Mitarbeiter im Polizeilichen Ordnungsdienst ein, abrufbar unter: https://www.saarland.de/233898.htm <7.9.2018>; *Kaiser*, Ein Jahr Polizeilicher Ordnungsdienst, Saarländischer Rundfunk, 31.5.2017, abrufbar unter: http://www.sr.de/sr/home/nachrichten/politik_wirtschaft/polizeilicher_ordnungsdienst_bilanz100.html <30.10.2017>.

1064 Homepage des Ministeriums für Inneres, Bauen und Sport Saarland, Pressemitteilung: Innenminister Bouillon stellt im zweiten Jahrgang weitere 14 Mitarbeiterinnen und Mitarbeiter im Polizeilichen Ordnungsdienst ein, abrufbar unter: https://www.saarland.de/233898.htm <7.9.2018>; *Kaiser*, Ein Jahr Polizeilicher Ordnungsdienst, Saarländischer Rundfunk, 31.5.2017, abrufbar unter: http://www.sr.de/sr/home/nachrichten/politik_wirtschaft/polizeilicher_ordnungsdienst_bilanz100.html <30.10.2017>.

Da im Hinblick auf den Einsatz der Wachpolizisten im Saarland die geringsten Anforderungen an das Legitimationsniveau des sachlichen Rechtfertigungsgrundes zu stellen sind,[1065] ist ihr Einsatz im Ergebnis ebenfalls durch den sachlichen Grund der „aufgaben- und personalbezogenen Entlastung der Polizei" gerechtfertigt.

(bb) Stadtpolizei Frankfurt am Main

Nachdem festgestellt wurde, dass die Wachpolizeien in der Lage sind, die Vollzugspolizei des jeweiligen Landes zu entlasten, ist zu prüfen, ob dies auch für die Stadtpolizei Frankfurt am Main zutrifft.

Dafür spricht zum einen der Umfang der Aufgaben, die der Stadtpolizei übertragen werden. So nimmt diese neben den klassischen ordnungsbehördlichen Aufgaben vor allem die Aufgabe des polizeilichen Streifendienstes an Kriminalitätsschwerpunkten wahr. Grundsätzlich gilt im Rahmen der Aufgabenverteilung zwischen Polizei- und Ordnungsbehörden, dass die Ordnungsbehörden die ihnen zugewiesenen Aufgaben zunächst in Eigenregie erfüllen. Nur wenn die Ordnungsbehörden nicht über ausreichend Personal verfügen, übernimmt die Landespolizei die Vollzugsaufgabe im Rahmen der Vollzugshilfe. Die Stadt Frankfurt am Main hat sich zum Ziel gesetzt, die kommunalen Vollzugsaufgaben weitestgehend selbst zu erledigen und die Vollzugshilfe nur in Einzelfällen und bei besonderer Gefährdungslage (z. B. Überwachung von Demonstrationen) in Anspruch zu nehmen.[1066] Nach Aussage des Leiters des Führungsstabes der Stadtpolizei Frankfurt am Main zeigen die praktischen Erfahrungen, dass die Stadtpolizei Frankfurt am Main – trotz der deutlich verkürzten Ausbildung – in der Lage ist, die übertragenen Aufgaben gleichwertig zu erledigen und die Vollzugspolizei spürbar zu entlasten.[1067]

Darüber hinaus lässt sich der hohe Personalbestand der Stadtpolizei Frankfurt am Main anführen, um deren Leistungsfähigkeit zu unterstreichen. Diese verfügt mit rund 200 Mitarbeitern im Verhältnis zum Freiwilligen Polizeidienst in Hessen (400 Mitarbeiter) sowie zur Wachpolizei in Hessen (620 Mitarbeiter) zwar nur über die Hälfte bzw. ein Drittel des Personals, jedoch verteilen sich die Polizeihelfer und die Wachpolizisten auf das gesamte Land, wohingegen die

---

1065 Siehe oben § 4 IV. 4. b) bb) (2).

1066 Schriftliche Antwort des Leiters des Führungsstabes Stadtpolizei Frankfurt am Main (Ordnungsamt der Stadt Frankfurt am Main), Gerald Glamser, vom 4.9.2018.

1067 Schriftliche Antwort des Leiters des Führungsstabes Stadtpolizei Frankfurt am Main (Ordnungsamt der Stadt Frankfurt am Main), Gerald Glamser, vom 4.9.2018.

200 Stadtpolizisten allein in Frankfurt am Main tätig sind. Als weiteres Argument kann der im Jahr 2017 (im Vergleich zum Vorjahr) verzeichnete Anstieg an geleisteten Streifendienststunden, durchgeführten „sonstigen repressiven Maßnahmen“[1068] sowie eingeleiteten Strafverfahren[1069] angeführt werden.

So leisteten die Stadtpolizisten im Jahr 2017 insgesamt 70.300 Streifenstunden (davon 33.903 in der Innenstadt/Bahnhofsgebiet und 36.397 in den Stadtteilen).[1070] Dies bedeutet im Vergleich zum Vorjahr (68.479) einen Anstieg von rund 2,7 Prozent.[1071] Als ein Schwerpunkt wurden im Jahr 2017 vermehrt Streifengänge in den „Wasserstraßen“ des Bahnhofsgebietes und in den unterirdischen Bereichen des Hauptbahnhofs durchgeführt, in denen sich viele Dealer und Drogenkonsumenten aufhalten.[1072] Die Stadtpolizisten führten im Jahr 2017 zudem 26.601 „sonstige repressive Maßnahmen“ durch.[1073] Dies bedeutet im Vergleich zum Vorjahr (22.194) ein Plus von rund 20 Prozent.[1074] Die Anzahl der durchgeführten Ermahnungen/Belehrungen/Maßnahmen der allgemeinen Gefahrenabwehr lag 2017 bei 9.920.[1075] Dies bedeutet im Vergleich zum Vorjahr (5.661) einen Anstieg um rund 75 Prozent. Im Jahr 2017 wurden insgesamt 1.083 Platzverweise ausgesprochen (+ 137 Prozent im Vergleich zum Jahr 2016).[1076] In 783 Fällen war bei nicht feststehender Identität eine Mitnahme zur Wache zwecks Identitätsfeststellung (Sistierung) erforderlich (+ 95 Prozent im Vergleich zum Jahr 2016).[1077] Zudem lieferten Stadtpolizisten in 131 Fällen Personen, gegen die ein offener Haftbefehl festgestellt wurde oder sonstige Haftgründe vorlagen, in eine Haftzelle ein. Gegenüber dem Vorjahr ist dieser Wert um 58 Prozent gestiegen.[1078] Im Jahr 2017 wurden 3.979 Strafverfahren[1079]

1068 Hierunter fallen Ermahnung/Belehrung/Allgemeine Gefahrenabwehr, Platzverweise, Barverwarnungen, Sistierungen, Eingeleitete Ordnungswidrigkeitenverfahren, Einlieferungen in die Haftzellen, Sicherstellungen (ohne Hunde).

1069 Ausgenommen sind Verstöße gegen das BtMG.

1070 *Heinrich*, Stadtpolizeiliche Statistik 2017, S. 16.

1071 *Heinrich*, Stadtpolizeiliche Statistik 2017, S. 16.

1072 *Heinrich*, Stadtpolizeiliche Statistik 2017, S. 15.

1073 *Heinrich*, Stadtpolizeiliche Statistik 2017, S. 39.

1074 *Heinrich*, Stadtpolizeiliche Statistik 2017, S. 39.

1075 *Heinrich*, Stadtpolizeiliche Statistik 2017, S. 39.

1076 *Heinrich*, Stadtpolizeiliche Statistik 2017, S. 39.

1077 *Heinrich*, Stadtpolizeiliche Statistik 2017, S. 39.

1078 *Heinrich*, Stadtpolizeiliche Statistik 2017, S. 39.

1079 Ausgenommen sind Verstöße gegen das BtMG.

durch die Stadtpolizei eingeleitet.[1080] Dies bedeutet im Vergleich zum Vorjahr (3.122) einen Anstieg von rund 22 Prozent.[1081]

Die Zahlen der Statistik unterstreichen, dass die Stadtpolizei Frankfurt am Main im Vergleich zu den anderen Kommunalen Ordnungsdiensten eine exponierte Stellung einnimmt. Sie ist aufgrund ihres großen Personalbestandes in der Lage, die Vollzugspolizei in Frankfurt spürbar zu entlasten. Ihr Einsatz ist somit durch den sachlichen Grund der „aufgaben- und personalbezogenen Entlastung der Polizei" gerechtfertigt.

(cc) Ehrenamtliche Polizeihelfer

Zuletzt bleibt zu prüfen, ob die Modelle zum Einsatz von Ehrenamtlichen Polizeihelfern in der Praxis geeignet sind, die Vollzugspolizei spürbar zu entlasten. In der Literatur bestehen diesbezüglich größte Zweifel.[1082] Diese Zweifel lassen sich anhand konkreter Zahlen belegen. Rechnet man die Gesamtzahl der in Hessen, Baden-Württemberg, Sachsen und Bayern derzeit tätigen ehrenamtlichen Polizeihelfer (2.403) in Vollzeitstellen um, so ergeben sich rund 300 Stellen.[1083] Setzt man diese 300 Stellen in Relation zu der Anzahl der in diesen Bundesländern aktuell tätigen Polizeibeamten (83.433)[1084], ergibt sich ein Anteil von rund 0,36 Prozent. Dieser Vergleich zeigt, dass der Entlastungseffekt für die Polizei – wenn überhaupt – nur marginal ausfallen kann.[1085]

Im Folgenden soll konkret geprüft werden, ob die geäußerten Bedenken insbesondere im Hinblick auf den Freiwilligen Polizeidienst in Hessen und Baden-Württemberg gerechtfertigt sind und die Polizeihelfer vielmehr eine Belastung statt eine Entlastung für die Vollzugspolizei darstellen.

Für eine solche Annahme spricht die im Vergleich zur Vollzugspolizei deutlich geringere Qualifikation sowie die geringe staatliche Anbindung und

1080 *Heinrich*, Stadtpolizeiliche Statistik 2017, S. 41.

1081 *Heinrich*, Stadtpolizeiliche Statistik 2017, S. 41.

1082 Vgl. beispielhaft *Hirschmann*, DPolBl. 2012, S. 25 (27); *Hirschmann/Groß*, Polizierende Präsenz, S. 131; *Pütter/Kant*, B&P 2000, S. 16 (30); *Stienen*, Privatisierung und Entstaatlichung der Inneren Sicherheit, S. 170 f.

1083 Der Berechnungsschlüssel wird von Kreuzer und Schneider mit 1 zu 8 angegeben. Demnach werden acht Ehrenamtliche Polizeihelfer benötigt, um eine Vollzeitstelle beim Polizeivollzugsdienst zu „ersetzen", vgl. *Kreuzer/Schneider*, FPD in Hessen, S. 21.

1084 Vgl. Anlage III.

1085 So auch *Kreuzer/Schneider*, FPD in Hessen, S. 55; *Stienen*, Privatiserung und Entstaatlichung der inneren Sicherheit, S. 171.

Kontrolle der Ehrenamtlichen Polizeihelfer. Gute polizeiliche Arbeit verlangt die Beachtung umfangreicher rechtlicher Vorgaben, eine ausgeprägte Kommunikationsfähigkeit in Krisensituationen und nicht zuletzt ein gutes Maß an Erfahrung, wenn es darum geht, die polizeilichen Aufgaben und Befugnisse wirksam und im Einklang mit dem geltenden Recht wahrzunehmen.[1086] Diesen hohen polizeilichen Standard könnten die Ehrenamtlichen Polizeihelfer nach Ansicht der Polizeigewerkschaften nicht leisten.[1087] Infolgedessen beklagen die Polizeivollzugsbeamten immer wieder einen erheblichen zeitlichen Mehraufwand, der für die Betreuung der Polizeihelfer (u. a. für die Vor- und Nachbereitung der Aufgabenstellungen sowie für die Aus- und Fortbildung) anfällt.[1088]

Neben der geringeren Qualifikation und staatlichen Kontrolle können die sinkenden Mitgliederzahlen und der damit einhergehende Bedeutungsverlust des Freiwilligen Polizeidienstes in Hessen und Baden-Württemberg als Gründe angeführt werden, die gegen eine Entlastung der Vollzugspolizei sprechen. So engagierten sich im Jahr 2017 rund 400 aktive Helfer im Freiwilligen Polizeidienst in Hessen.[1089] In Hochzeiten zählte der Freiwillige Polizeidienst im Jahr 2011 noch 750 Angehörige in über 100 Städten und Gemeinden.[1090] Die Mitgliederzahl des Freiwilligen Polizeidienstes hat sich im Vergleich von 2011 auf 2017 fast halbiert. Im Verhältnis zu den 14.000 Polizeibeamten[1091] in Hessen bilden die Freiwilligen Polizeihelfer einen Anteil von 2,8 Prozent (Verhältnis 1:35). In Baden-Württemberg verfügte der Freiwillige Polizeidienst im Jahr 2017 über 673 Angehörige.[1092] Zu Hochzeiten im Jahr 1967 zählte der Freiwillige Polizeidienst noch 4.448 Mitglieder, im Jahr 2010 immerhin noch 1.246 Mitglieder.[1093] Im

---

1086 Antrag der Abg. Bause u.a. (GRÜNE), LT-Drs. BY 17/13078, S. 1 f.

1087 Antrag der Abg. Bause u.a. (GRÜNE), LT-Drs. BY 17/13078, S. 1 f.

1088 *Bernstein*, Was die Sicherheitswacht bringt, SZ online, 24.6.2016, abrufbar unter: https://www.sueddeutsche.de/muenchen/statt-wachpolizei-was-die-sicherheitswacht-bringt-1.3048386 <11.10.2018>; *Gerl/Köpf/Przybilla*, Hermann will mehr Hilfssheriffs in Bayern, SZ online, 16.8.2016, abrufbar unter: https://www.sueddeutsche.de/bayern/innere-sicherheit-herrmann-will-mehr-hilfssheriffs-in-bayern-1.3123815 <7.9.2018>.

1089 Siehe oben § 4 IV. 4. a).

1090 Stellungnahme des Abg. Bauer (CDU) im hessischen Landtag, PLPr. HE 18/72, S. 5023.

1091 Siehe oben § 4 IV. 4. a).

1092 Siehe oben § 4 IV. 4. a).

1093 Stellungnahme des MdI BW auf Antrag des Abg. Blenke (CDU), LT-Drs. BW 16/3802, S. 3.

Vergleich zur Gründungsphase vor rund 50 Jahren bedeutet dies einen Rückgang von knapp 85 Prozent, im Vergleich zum Jahr 2010 einen Rückgang von knapp 43 Prozent. Im Verhältnis zu den 24.433 Polizeibeamten[1094] bilden die Freiwilligen Polizeihelfer einen Anteil von 2,8 Prozent (Verhältnis 1:35).

Der Schwerpunkt der Aufgabenwahrnehmung durch den Freiwilligen Polizeidienst in Baden-Württemberg hat sich in der Praxis deutlich in den Bereich der Prävention verschoben. Der Einsatz in besonders gefahrgeneigten Bereichen, wie z. B. dem Streifendienst, findet nach derzeitigem Stand nicht mehr statt.[1095] Anders als z. B. die Wachpolizei Hessen im Bereich Objektschutz und Gefangenentransport oder die Stadtpolizei Frankfurt am Main für bestimmte Bereiche des polizeilichen Streifendienstes können die Freiwilligen Polizeidienste eine Entlastung der Vollzugspolizei im Verhältnis 1:1 nicht leisten.[1096]

Der Einsatz der Ehrenamtlichen Polizeihelfer in Hessen und Baden-Württemberg ist somit nicht durch den sachlichen Grund der „aufgaben- und personalbezogenen Entlastung der Polizei" gerechtfertigt. Dies gilt insbesondere für den Freiwilligen Polizeidienst in Baden-Württemberg, bei dem die höchsten Anforderungen an das Legitimationsniveau des sachlichen Rechtfertigungsgrundes zu stellen sind.[1097]

(c) Zwischenergebnis zur aufgaben- und personalbezogenen Entlastung der Polizei

Der Einsatz der Wachpolizei in Hessen, Berlin und dem Saarland sowie die- [*evtl.* der] Stadtpolizei Frankfurt am Main ist durch den sachlichen Grund der „aufgaben- und personalbezogenen Entlastung der Polizei" gerechtfertigt. Der Einsatz der Freiwilligen Polizeidienste in Hessen und Baden-Württemberg sowie der Sicherheitswachten in Sachsen und Bayern ist dagegen nicht aus diesem Grund gerechtfertigt.

1094 Siehe oben § 4 IV. 4. a).

1095 Siehe oben § 4 III. 2. b) bb) (2).

1096 Vgl. hierzu auch Antrag der Abg. Bause u.a. (GRÜNE), LT-Drs. BY 17/13078, S. 1; *Gerl/Köpf/Przybilla*, Hermann will mehr Hilfssheriffs in Bayern, SZ online, 16.8.2016, abrufbar unter: https://www.sueddeutsche.de/bayern/innere-sicherheit-herrmann-will-mehr-hilfssheriffs-in-bayern-1.3123815 <7.9.2018>.

1097 Siehe oben § 4 IV. 4. b) bb) (2).

(5) *Verbesserung der Inneren Sicherheit*

Der Einsatz der Hilfspolizisten könnte gerechtfertigt sein, sofern dieser zu einer Verbesserung der Inneren Sicherheit in Deutschland beiträgt. Hierfür ist zu prüfen, ob der Einsatz der Ehrenamtlichen Polizeihelfer, Wachpolizisten oder Stadtpolizisten zu einer Verbesserung der objektiven und/oder subjektiven Sicherheit beiträgt.

(a) *Objektive Sicherheit*

Die objektive Sicherheitslage wird insbesondere über die Polizeiliche Kriminalstatistik abgebildet.[1098] Die Effizienz der Freiwilligen Polizeidienste/Sicherheitswachten, Wachpolizeien oder Stadtpolizeien lässt sich anhand dieser bundeseinheitlichen PKS empirisch nicht belegen, da es hierfür einer gesonderten Betrachtung einzelner Länder bedürfte. Auch anhand der PKS eines einzelnen Landes,[1099] welches über eine derartige Institution verfügt, lässt sich ein etwaiger Einfluss auf die objektive Sicherheitslage nicht zweifelsfrei belegen. So kann der Rückgang der Fallzahlen in einem bestimmten Deliktsbereich (z. B. Rückgang der Einbruchskriminalität) zum einen auf einen verstärkten Einsatz von Wachpolizisten zurückzuführen sein, zum anderen können aber auch andere Faktoren, wie z. B. die geographische Verlagerung von kriminellen Banden in andere Gebiete Deutschlands, eine Rolle spielen. Ein unmittelbarer Zusammenhang für eine Verbesserung der objektiven Sicherheitslage kann nur durch spezielle Untersuchungen erforscht und eventuell nachgewiesen werden.

Auch wenn von Politikern vereinzelt propagiert wird, dass diese Modelle zu einer Verbesserung der objektiven Sicherheitslage beitrügen[1100], so ist dies aus wissenschaftlicher Sicht bislang nicht belegt.[1101] Dies ist umso verwunderlicher, als dass verschiedene Rechtsnormen eine Pflicht zur Evaluation der Modelle explizit vorschreiben.[1102] Es scheint, als sei eine umfassende Bewertung

---

1098 Vgl. zur objektiven Sicherheit in Deutschland § 1 III. 1.

1099 Auf Bundesebene veröffentlicht das Bundeskriminalamt jährlich die PKS des Bundes. Daneben veröffentlichen die Landeskriminalämter jährlich eine PKS für das jeweilige Land.

1100 Vgl. beispielhaft zum FPD Hessen, Antwort des MdI HE auf kl. Anfrage des Abg. Pfaff (SPD), LT-Drs. HE 16/7604, S. 5; Antwort Reg. HE auf gr. Anfrage der CDU-Fraktion, LT-Drs. HE 16/7522, S. 7 f.; zum FPD BW, *Strobl*, BWGZ 2017, S. 77 (77 ff.); zur SiWa Bayern, Schriftliche Antwort des Bayrischen Staatsministeriums des Innern, für Bau und Verkehr vom 27.7.2017.

1101 Vgl. *Pitz*, Erfolgsmodell Sicherheitswacht, S. 16 f.

1102 Vgl. beispielhaft § 11 SächsWachdienstG, Ziffer 14 Dienstanweisung POD.

der konkreten Auswirkungen auf die objektive Sicherheitslage politisch nicht gewollt.[1103]

(b) Subjektive Sicherheit

Da die Entdeckungswahrscheinlichkeit von Kriminalitätsvorkommen zum Ereigniszeitpunkt grundsätzlich sehr gering ist, liegt die eigentliche Wirkkraft der Modelle zum Einsatz von Hilfspolizisten weniger in der Bekämpfung von Straftaten als vielmehr in der Verbesserung des subjektiven Sicherheitsempfindens der Bürger.[1104]

Aus diesem Grund wird das subjektive Sicherheitsgefühl – trotz seiner begrifflichen Unbestimmtheit – immer wieder vonseiten der Politik instrumentalisiert, um verschiedene sicherheitspolitische Maßnahmen (u. a. den Einsatz von Ehrenamtlichen Polizeihelfern,[1105] Wachpolizisten[1106] oder Stadtpolizisten[1107]) zu rechtfertigen. In Bezug auf den Einsatz der Ehrenamtlichen Polizeihelfer in Sicherheitswachten und Freiwilligen Polizeidienste bildet die Verbesserung des Sicherheitsgefühls sogar das primäre Modellziel.[1108] Gegner des Einsatzes der Polizeihelfer bezweifeln einen positiven Effekt für das subjektive Sicherheitsgefühl der Bürger und verlangen daher die Abschaffung dieser Modelle.[1109]

1103 Das bayrische Staatsministerium des Innern verttritt in Bezug auf die SiWa Bayern die Meinung, dass „eine Evaluation zum Rückgang der Kriminalität (...) nicht zielführend" sei, LT-Drs. BY 17/9526, S. 3.

1104 *Birenheide*, Private Initiativen für mehr Sicherheit, S. 93 f.; *Kury*, in: Ders., Konzepte KKP, S. 218 (290); *Pütter/Kant*, B&P 2000, S. 16 (29 f.).

1105 Vgl. für den FPD Hessen Begr. des RegE zum HFPG, LT-Drs. HE 15/1004, S. 6; Antwort des MdI HE auf kl. Anfrage des Abg. Pfaff (SPD), LT-Drs. HE 16/7604, S. 5; Antwort Reg. HE auf gr. Anfrage der CDU-Fraktion LT-Drs. HE 16/7522, S. 7; PLPr. HE 16/105, S. 7256 ff.; für die SiWa Bayern Begr. des RegE zum SEG, LT-Drs. BY 12/13076, S. 1 ff.; für die SiWa Sachsen Begr. des RegE zum SächsSWEG, LT-Drs. SN 2/6146, S. 1.

1106 Vgl. für die Wachpolizei Saarland Ziffer 1 Dienstanweisung POD.

1107 Vgl. für die Stadtpolizei Frankfurt am Main *Heinrich*, Stadtpolizeiliche Statistik 2016, S. 4; *Heinrich*, Stadtpolizeiliche Statistik 2017, S. 4.

1108 Begr. des RegE zum SEG, LT-Drs. BY 12/13076, S. 1; Begr. des RegE zum HFPG, LT-Drs. HE 15/1004, S. 6.
Begr. des RegE zum SächsSWEG, LT-Drs. SN 2/6146, S. 1; Begr. des RegE zum HFPG, LT-Drs. HE 15/1004, S. 1; Begr. des RegE zum SEG, LT-Drs. BY 12/13076, S. 1.

1109 Vgl. beispielhaft Stellungnahme des Abg. Schaus (LINKE) im hessischen Landtag, PLPr. HE 18/72, S. 5024; Stellungnahme der Abg. Fraeser (SPD) im hessischen Landtag, PLPr. HE 18/72, S. 5026; Sozialdemokratisches Regierungsprogramm für Hessen 2014–2019, S. 74, abrufbar unter: https://www.schaeferguembel.de/wp-content/

Befürworter wie Kritiker argumentieren dabei meist ohne Bezugnahme auf die Ergebnisse wissenschaftlicher Begleit- bzw. Evaluationsstudien. Für eine fundierte Beantwortung der Frage, ob sich die Bürger durch eine verstärkte Präsenz von Ehrenamtlichen Polizeihelfern in Freiwilligen Polizeidiensten und Sicherheitswachten in der Öffentlichkeit sicherer fühlen, ist dies jedoch von essentieller Bedeutung. Eine regelmäßige wissenschaftliche Begleitung hat nur für den Freiwilligen Polizeidienst in Hessen sowie (in eingeschränkter Form) für die Sicherheitswacht in Sachsen stattgefunden. Für alle anderen Modelle existieren – soweit ersichtlich – keine regelmäßigen wissenschaftlichen Begleit- bzw. Evaluationsstudien.

(aa) *Empirische Untersuchungen in Hessen*

Die erste empirische Untersuchung zum Freiwilligen Polizeidienst in Hessen führten *Kreuzer* und *Schneider* im Jahr 2001 in den Pilotprojektstädten Offenbach, Marburg, Wiesbaden und Fulda durch.[1110] Zwar kamen die Autoren auf der einen Seite zu dem Ergebnis, dass der Polizeidienst in der Bevölkerung auf relativ große Zustimmung treffe (sofern Kontakte ohne Sanktionen ablaufen) und grundsätzlich geeignet sei, das subjektive Sicherheitsgefühl bei älteren Menschen zu verbessern.[1111] Jedoch betrachteten sie diese Ergebnisse auf der anderen Seite als nicht ausreichend, um eine eindeutige Handlungsempfehlung für die Fortführung oder Einstellung des Modellprojekts zu geben, da dies „vorrangig eine politische Entscheidung" sei, die vom politischen Meinungsbild abhänge.[1112]

In einer zweiten, landesweit durchgeführten Evaluation kamen *Groß* und *Kreuzer* 2007[1113] zu einem ähnlichen Ergebnis. Sie stellten fest, dass der Freiwillige Polizeidienst geeignet sei, das subjektive Sicherheitsgefühl insbesondere

---

uploads/sites/325/2013/03/doc_43854_2013312152655.pdf <30.8.2018>; SPD Bayern Programm zur Landtagswahl 2018, S. 55, abrufbar unter: https://bayernspd.de/workspace/media/static/programm_ltw2018-5b27b5e455589.pdf <30.8.2018>.

1110 Befragt wurden die vier Einsatzleiter der Polizeidirektionen, 29 Angehörige des FPD sowie 30 Polizeibeamte, die mit dem Einsatz und der Betreuung der Freiwilligen Polizeihelfer betraut waren. Ferner wurden standardisierte Passantenbefragungen durchgeführt (412 Bürger).

1111 *Kreuzer/Schneider*, FPD in Hessen, S. 67 ff.

1112 *Kreuzer/Schneider*, FPD in Hessen, S. 67 ff.

1113 Befragt wurden alle Angehörigen des FPD Hessen sowie allen Polizeibeamten, die mit dem Einsatz und der Betreuung der Polizeihelfer betaut waren. Ferner wurde eine Bürgerbefragung (602 Bürger) mit Kurzinterviews durchgeführt.

bei älteren Personen und bei Frauen zu verbessern.[1114] Auch nach Abschluss der zweiten Evaluationsphase nahmen die Autoren davon Abstand, eine eindeutige Handlungsempfehlung über die Fortführung oder Einstellung des Freiwilligen Polizeidienstes in Hessen auszusprechen. Sie wiesen darauf hin, dass ein Beitrag zur Steigerung des Sicherheitsgefühls nur gewährleistet werden könne, wenn der Polizeidienst strikt als zusätzliches Angebot, als Scharnier zwischen Bürgern und Polizei, als Kommunikationsmedium und als Beitrag zu sichtbarer Polizeipräsenz verstanden werde.[1115] Von aktiven Ermittlungen und gefährlichen Lagen seien die freiwilligen Polizeihelfer hingegen zwingend fernzuhalten.[1116]

Eine weitere, sehr viel umfangreichere Studie führten *Hirschmann* und *Groß* im Jahr 2011 im Rahmen eines vom Bundesministerium für Bildung und Forschung geförderten Forschungsschwerpunktes „Kooperative Sicherheitspolitik in der Stadt (KoSiPol)“ mit dem Titel „Polizierende Präsenz“ durch.[1117] Im Rahmen des Projekts untersuchten sie u. a. den Freiwilligen Polizeidienst in einer mittelgroßen Stadt in Hessen („N-Stadt“) sowie in einer Kleinstadt in Baden-Württemberg („O-Stadt“). Nach den Ergebnissen der Untersuchung scheint selbst eines der zentralen Modellziele, die Verbesserung des subjektiven Sicherheitsgefühls der Bürger, „nicht in dem gewünschten Maße“ erreicht zu werden.[1118] Zwar wirke die sichtbare Präsenz der Polizeihelfer in der N-Stadt in gewisser Weise abschreckend, jedoch könne eine Steigerung von Sicherheit durch ein Zuviel an polizierender Präsenz auch einschränkend wirken und Gefühle der staatlichen Überwachung hervorrufen.[1119] In ihrer abschließenden Bewertung sprechen *Hirschmann* und *Groß* ebenfalls keine klare Handlungsempfehlung für oder gegen die Fortführung des Freiwilligen Polizeidienstes aus.

1114 *Groß*, DPolBl. 2008, S. 16 (17 f.); Groß/Kreuzer, in: Marks/ Steffen, Engagierte Bürger – sichere Gesellschaft, S. 171 (172 ff.); *Groß*, in: Behr/Ohlemacher, Offene Grenzen, S. 13 (23).

1115 *Groß*, DPolBl. 2008, S. 16 (17 f.); *Groß/Kreuzer*, in: Marks/ Steffen, Engagierte Bürger – sichere Gesellschaft, S. 171 (172 ff.); *Groß*, in: Behr/Ohlemacher, Offene Grenzen, S. 13 (24).

1116 *Groß*, DPolBl. 2008, S. 16 (17 f.); *Groß/Kreuzer*, in: Marks/ Steffen, Engagierte Bürger – sichere Gesellschaft, S. 171 (172 ff.); *Groß*, in: Behr/Ohlemacher, Offene Grenzen, S. 13 (24).

1117 Als ein Teilaspekt der gesamten Untersuchung, wurde der FPD in einer hessischen Mittelstadt N betrachtet. Befragt wurden 200 Bürger, Angehörige des FPD, der Polizei, des Ordnungsamtes sowie politische Akteure.

1118 *Hirschmann/Groß*, Polizierende Präsenz, S. 53.

1119 *Hirschmann/Groß*, Polizierende Präsenz, S. 130 f.

Nach Meinung der Autoren spreche grundsätzlich jedoch nichts gegen die Verwendung derartiger Modelle für Bereiche wie Prävention und Stärkung der subjektiven Sicherheit.[1120]

Im Jahr 2013, kurz vor den hessischen Landtagswahlen, führte *Schneider* eine weitere Studie zum Freiwilligen Polizeidienst in Hessen mit dem Fokus auf Polizeihelfern mit Migrationshintergrund durch.[1121] Im Ergebnis betont der Autor die besonderen sprachlichen und kulturellen Kompetenzen, welche von den Polizeihelfern mit Migrationshintergrund gewinnbringend eingesetzt werden könnten. Die institutionalisierte Form der Mitarbeit von Freiwilligen Polizeihelfern in der Polizeiarbeit mit der gezielten Einbeziehung von Bürgern mit Migrationshintergrund sei ein Symbol für funktionierende Integration.[1122] *Schneider* hält zudem die Grundsatzfrage nach der Sinnhaftigkeit des Freiwilligen Polizeidienstes für geklärt. Seiner Meinung nach ist der Polizeidienst „ein Baustein der Sicherheitsarchitektur in Hessen", der zur Verbesserung des subjektiven Sicherheitsgefühls beiträgt.[1123] Auf der anderen Seite hebt er die Nachteile des Polizeidienstes hervor, wie z. B. die Überbetonung reglementierender, kontrollierender und sanktionierender Tätigkeiten bei gleichzeitig unerfülltem Berufswunsch Polizist.[1124]

(bb) Empirische Untersuchungen in Sachsen

Neben Hessen wurden auch in Sachsen regelmäßige empirische Studien zum Einsatz freiwilliger Polizeihelfer durchgeführt. Diese beziehen sich jedoch nur auf die ostsächsischen Städte Hoyerswerda und Görlitz. Im Zeitraum von 1998 bis 2012 führte *Sterbling* in diesen Städten jeweils drei Untersuchungen zu verschiedenen Aspekten der Lebensqualität und der subjektiven Sicherheit durch (1998, 2002, 2008 in Hoyerswerda und 1999, 2004, 2012 in Görlitz).[1125] Die Ergebnisse dieser Befragungen zeigen, dass nur knapp die Hälfte der Bürger überhaupt Kenntnis von der Sicherheitswacht haben.[1126] Trotzdem ist die

---

1120 *Hirschmann/Groß*, Polizierende Präsenz, S. 137.

1121 Befragt wurden 32 Koordinatoren des FPD in den Polizeipräsidien. Zudem wurden mit insgesamt 29 Angehörigen des FPD mit Migrationshintergrund neun Gruppendiskussionen mit variierenden Teilnehmerzahlen durchgeführt.

1122 *Schneider*, Studien zum FPD Hessen, S. 43.

1123 *Schneider*, Studien zum FPD Hessen, S. 45 f.

1124 *Schneider*, Studien zum FPD Hessen, S. 45 f.

1125 Befragt wurden bis zu 2.000 Bürger im Alter ab 14 Jahren mittels standardisierter Fragebögen.

1126 *Sterbling*, Sicherheit und Lebensqualität im Landkreis Görlitz, S. 219 f.

Zustimmung zur Sicherheitswacht hoch und liegt durchgängig bei fast 90 Prozent.[1127] Die Bürger erwarten einen erheblichen Beitrag zur Verbesserung der Sicherheitslage durch die Sicherheitswacht. Diese Erwartungshaltung hat sich im Laufe der Jahre zurückentwickelt. Während 2002 (Hoyerswerda) und 1999 (Görlitz) noch knapp zwei Drittel der Bürger viel von der Sicherheitswacht erwarteten, waren es 2008 (Hoyerswerda) nur noch knapp über 60 Prozent und 2012 (Görlitz) nur noch 55 Prozent der Befragten.[1128]

Die letzte Befragung führte *Sterbling* im Jahr 2014 im Landkreis Görlitz durch.[1129] Das Ergebnis der Untersuchung bestätigt den Trend der letzten Jahre. Der Bekanntheitsgrad der Sicherheitswacht ist weiterhin gering und liegt lediglich bei knapp 50 Prozent.[1130] Die Zustimmung zur Sicherheitswacht ist im Jahr 2014 im Vergleich zu den Vorjahren etwas zurückgegangen und liegt bei knapp 83 Prozent (in den Vorjahren bei rund 90 Prozent).[1131] Auch die Erwartungshaltung der Bürger im Hinblick auf den Beitrag der Sicherheitswacht zur Verbesserung der Sicherheit ist weiter gesunken auf nunmehr 44 Prozent.[1132] Der Autor bewertet die Sicherheitswacht abschließend als „recht kostengünstigen und möglicherweise auch wirksamen Präventionsansatz“, durch den „wahrscheinlich auch eine positive Wirkung auf die subjektive Sicherheit der Bürger“ zu erreichen sei, sofern die Öffentlichkeitsarbeit dieser Institution gezielt verbessert werde.[1133]

(cc) Auswertung der empirischen Untersuchungen

Die Ergebnisse der Begleit- bzw. Evaluationsstudien in Hessen und Sachsen zeigen, dass der verstärkte Einsatz Ehrenamtlicher Polizeihelfer im öffentlichen Raum nicht bei allen Altersgruppen geeignet ist, das subjektive Sicherheitsgefühl nachweislich zu verbessern. Während sich bei jüngeren Menschen keine signifikante Verbesserung des Sicherheitsempfindens feststellen lässt, zeigt sich ein derartiger Effekt insbesondere bei älteren Menschen (ab 50 Jahre). Das größte Potenzial zur Verbesserung der subjektiven Sicherheit besteht mithin in Bezug

---

1127 *Sterbling*, Sicherheit und Lebensqualität im Landkreis Görlitz, S. 220.
1128 *Sterbling*, Sicherheit und Lebensqualität im Landkreis Görlitz, S. 221.
1129 Befragt wurden 3.879 Bürger des Landkreises Görlitz mittels standardisierter Fragebögen (Rücklauf 1.159 Fragebögen).
1130 *Sterbling*, Sicherheit und Lebensqualität im Landkreis Görlitz, S. 219 f.
1131 *Sterbling*, Sicherheit und Lebensqualität im Landkreis Görlitz, S. 220.
1132 *Sterbling*, Sicherheit und Lebensqualität im Landkreis Görlitz, S. 221.
1133 *Sterbling*, Sicherheit und Lebensqualität im Landkreis Görlitz, S. 222.

auf diese Altersgruppe. Dies gilt insbesondere in ländlicheren Regionen, in denen die Polizeihelfer aufgrund der personellen Engpässe bei der Vollzugspolizei als Alternative für den klassischen „Schutzmann vor Ort" auftreten und so die sichtbare Präsenz uniformierter Vollzugskräfte auf der Straße erhöhen. Vor dem Hintergrund einer stark alternden Bevölkerung in Deutschland wächst zudem der Kreis der Personen, dessen Sicherheitsgefühl durch den Einsatz ehrenamtlicher Polizeihelfer positiv beeinflusst werden kann. Zu beachten ist jedoch, dass die Ehrenamtlicher Polizeihelfer – wie *Kreuzer* und *Schneider* korrekt betonen – stets nur als zusätzliches Angebot, als Scharnier zwischen Bürgern und Polizei, als Kommunikationsmedium und als Beitrag zu sichtbarer Polizeipräsenz zu verstehen sind.

Im Ergebnis führt die verstärkte öffentliche Präsenz der Ehrenamtlichen Polizeihelfer in Teilen der Bevölkerung zu einer Verbesserung der subjektiven Sicherheit. Der Einsatz der Polizeihelfer in der Sicherheitswacht in Bayern und Sachsen sowie in dem Freiwilligen Polizeidienst in Hessen und Baden-Württemberg ist mithin durch den sachlichen Grund der „Verbesserung der Inneren Sicherheit" gerechtfertigt.

dd) Zwischenergebnis zur qualitativen Dimension des Art. 33 Abs. 4 GG

Aufgrund des in Art. 33 Abs. 4 GG statuierten Regel-Ausnahme-Verhältnisses können Hoheitsbefugnisse auf Nichtpolizeibeamte übertragen werden, solange in quantitativer Hinsicht gewährleistet ist, dass es sich lediglich um Einzelfälle handelt und in qualitativer Hinsicht ein legitimer sachlicher Grund zur Rechtfertigung der Regelabweichung vorliegt. In quantitativer Hinsicht unterschreitet die Anzahl der Hilfspolizisten die der Polizeibeamten sehr deutlich, sodass diesbezüglich kein Verstoß gegen das Regel-Ausnahme-Verhältnis des Art. 33 Abs. 4 GG anzunehmen ist. Unter qualitativen Gesichtspunkten ist der Einsatz Kommunaler Ordnungsdienste in Hessen (mit Ausnahme der Stadtpolizei Frankfurt am Main), Baden-Württemberg, Sachsen, Rheinland-Pfalz und Berlin durch den sachlichen Grund der „Überqualifikation von Polizei(vollzugsbeamten)" gerechtfertigt. Der Einsatz der Wachpolizisten in Hessen, Berlin und dem Saarland sowie der Stadtpolizisten in Frankfurt am Main ist durch den sachlichen Grund der „aufgaben- und personalbezogenen Entlastung der Polizei" legitimiert. Der Einsatz der Ehrenamtlichen Polizeihelfer in Bayern, Sachsen, Hessen und Baden-Württemberg ist gerechtfertigt, da diese Modelle zu einer Verbesserung der inneren (subjektiven) Sicherheit beitragen.

5. Ergebnis

Der Einsatz von Nichtpolizeibeamten in den Freiwilligen Polizeidiensten, Sicherheitswachten, Wachpolizeien und Kommunalen Ordnungsdiensten (insbesondere Stadt/Kommunalpolizeien) – bzw. das jeweilige Gesetz, auf dessen Grundlage der Einsatz erfolgt – verstößt nicht gegen den Funktionsvorbehalt des Art. 33 Abs. 4 GG.

VI. Zusammenfassung von § 4

Ein Verstoß gegen Verfassungsnormen oder -prinzipien lässt sich einzig und allein in Bezug auf die Stadtpolizei in Frankfurt am Main zweifelsfrei feststellen. Im Übrigen stehen die Modelle zum Einsatz der Hilfspolizisten im Einklang mit dem staatlichen Gewaltmonopol, dem Vorbehalt des Gesetzes, den grundrechtlichen Schutzpflichten sowie dem Funktionsvorbehalt des Art. 33 Abs. 4 GG.

Im Hinblick auf einen Verstoß gegen das staatliche Gewaltmonopol waren nur die Modelle des Freiwilligen Polizeidienstes und der Sicherheitswacht einer eingehenden Prüfung zu unterziehen. Die Mitarbeiter dieser Modelle sind in organisatorischer Hinsicht in den Staat eingegliedert. Sie verlieren während der Dienstverrichtung den Privatstatus und handeln als „staatliche Stellen". Ihr Einsatz verstößt damit nicht gegen das staatliche Gewaltmonopol.

Der Einsatz der Ehrenamtlichen Polizeihelfer, Wach- oder Stadtpolizisten verstößt ebenfalls nicht gegen den Vorbehalt des Gesetzes, da diesen bei grundrechtsintensiven Maßnahmen eine hinreichend bestimmte, gesetzliche Ermächtigungsgrundlage zur Verfügung steht. Dennoch wäre es aus Gründen der Rechtssicherheit wünschenswert, wenn der Gesetzgeber in Hessen und dem Saarland tätig würde und in Bezug auf die Wachpolizei eine klare gesetzliche Regelung schaffen würde. Diese könnte sich an der gesetzlichen Regelung in Sachsen bzw. Sachsen-Anhalt (SächsWachdienstG; WachPolG) oder in Berlin (§ 3 PDieVO) orientieren. In Bezug auf die Stadtpolizei Hessen (insbesondere Frankfurt am Main) könnte die Transparenz über eine gesetzlich normierte Bekanntgabe- und/oder Ausweispflicht verbessert werden.

Ein Verstoß gegen die Verfassung kann im Rahmen der Prüfung der grundrechtlichen Schutzpflichten des Staates bei der Stadtpolizei Frankfurt am Main festgestellt werden. Konkret verstößt das Ordnungsamt der Stadt Frankfurt am Main gegen die Pflicht zur Umsetzung des staatlich zu gewährleistenden grundrechtlichen Mindestschutzes, indem es kurz ausgebildete Hilfspolizisten zum polizeilichen Streifendienst an Kriminalitätsschwerpunkten und Angsträumen einsetzt.

In Bezug auf den Funktionsvorbehalt des Art. 33 Abs. 4 GG ist kein Verstoß festzustellen. Zwar liegt aufgrund des Einsatzes der nichtverbeamteten Hilfspolizisten eine Abweichung vom Grundsatz des Funktionsvorbehalts für Beamte vor, jedoch kann dieser in allen Fällen durch einen sachlichen Grund gerechtfertigt werden. Die größten Zweifel bestehen diesbezüglich im Hinblick auf die Freiwilligen Polizeidienste in Baden-Württemberg und Hessen sowie die Sicherheitswachten in Sachsen und Bayern. Im Ergebnis ist ihr Einsatz allerdings durch den sachlichen Grund der Verbesserung der subjektiven Sicherheit gerechtfertigt.

§ 5 Schlussbetrachtung und Handlungsempfehlungen

Im Bereich der Inneren Sicherheit in Deutschland vollziehen sich tiefgreifende Veränderungsprozesse. Die Polizei, das Hauptorgan zur Gewährleistung dieser Sicherheit, steht vor der großen Herausforderung, eine stetig wachsende Zahl von Einsätzen zu bewältigen. Aufgrund der prekären Personalsituation ist die Polizei jedoch immer seltener in der Lage, die Aufgaben im Bereich der Gefahrenabwehr ausschließlich mit Polizeibeamten zu erfüllen. Um ihrem Sicherheitsauftrag dennoch nachzukommen, greift sie – primär in den Randbereichen polizeilicher Tätigkeit – immer häufiger auf kurz ausgebildete Hilfspolizisten zurück. Ehrenamtliche Polizeihelfer, Wachpolizisten oder Stadt-/Kommunalpolizisten drängen in den Bereich der Sicherheitsgewährleistung und übernehmen verstärkt Aufgaben, die am unteren Ende des polizeilichen Tätigkeitsspektrums angesiedelt sind. Diese Entwicklung wird auch als „Entprofessionalisierung in den Randbereichsaufgaben" der Polizeiarbeit beschrieben.[1134]

Parallel zu dieser Entwicklung lässt sich eine „Professionalisierung in den Kernbereichsaufgaben" der Polizeiarbeit erkennen. Bei komplexen, anspruchsvolleren Aufgaben, insbesondere der Verhinderung und Verfolgung besonders schwerwiegender Straftaten, kommen anstelle des „normalen Polizeivollzugsbeamten" eine Vielzahl von hochspezialisierten und hochtechnisierten Organisationseinheiten (z. B. mobile Einsatzkommandos, kriminalwissenschaftliche Institute sowie Referate für operative Fallanalysen) zum Einsatz.[1135]

Die vorliegende Arbeit thematisiert ausschließlich die Entprofessionalisierungstendenz in der Polizeiarbeit durch den Einsatz von Hilfspolizisten in Deutschland. Nachdem in § 3 (Übertragung von Aufgaben der Gefahrenabwehr auf Hilfspolizisten) zunächst ein Überblick über die verschiedenen Modelle zum Einsatz von Hilfspolizisten verschafft wurde und diese sodann in § 4 (Verfassungsrechtliche Grenzen der Übertragung von Aufgaben der Gefahrenabwehr auf Hilfspolizisten) im Hinblick auf ihre Vereinbarkeit mit der Verfassung

---

1134 Vgl. *Braun*, BayVBl. 2008, S. 680 (685); *Groß*, APuZ 2008, S. 20 (24); *Pitz*, Erfolgsmodell Sicherheitswacht, S. 18; *Rachor*, in: Lisken/Denninger, Hdb des PolR, Kap. C, Rn. 10.

1135 Vgl. *Braun*, BayVBl. 2008, S. 680 (685); *Rachor*, in: Lisken/Denninger, Hdb des PolR, Kap. C, Rn. 10.

überprüft wurden, soll nun abschließend die Frage beantwortet werden, ob die verschiedenen Modelle geeignet sind, die Vollzugspolizei in der Praxis spürbar zu entlasten und einen Beitrag zur Lösung des sicherheitspolitischen Dilemmas der Polizei zu leisten. In diesem Zusammenhang sollen Optimierungspotenziale aufgezeigt und konkrete Handlungsempfehlungen abgegeben werden.

I. Ehrenamtliche Polizeihelfer

Besonders kritisch wird der Einsatz von ehrenamtlichen Polizeihelfern insbesondere in den Sicherheitswachten in Bayern und Sachsen sowie den Freiwilligen Polizeidiensten in Hessen und Baden-Württemberg gesehen. Dies liegt zum einen daran, dass bei diesen Modellen im Hinblick auf das praktische Entlastungspotenzial erhebliche Zweifel bestehen. So beschreibt *Raphael Behr* den Freiwilligen Polizeidienst (Hessen) als „zahnlosen Tiger“ bzw. als „Projekt von großer symbolischer Strahlkraft und geringer praktischer Wirkung“.[1136] Auch *Jürgen Ascherl*, Bezirkschef der Deutschen Polizeigewerkschaft im Beamtenbund, kommt in Bezug auf die Sicherheitswacht (Bayern) zu dem Ergebnis, dass diese in der Praxis sehr wenig bringt“.[1137] Zum anderen liegt dies daran, dass eine Übertragung von polizeilichen Aufgaben und Befugnissen auf private Bürger größeren Bedenken begegnet als die Übertragung auf Angestellte in Wachpolizeien oder Kommunalen Ordnungsdiensten. Abwertend werden die ehrenamtlichen Polizeihelfer auch als „Laienschauspieler“,[1138] „Feierabendpolizisten“,[1139] „Hilfssheriffs“[1140] oder „Hobbypolizisten“[1141] bezeichnet. Hauptkritikpunkt ist die als unzureichend empfundene Ausbildung, die lediglich zwischen 40 Stunden (Bayern) und maximal 84 Stunden (Baden-Württemberg) dauert.[1142] Die Ausbildungsdauer stehe außer Verhältnis zu den mitunter weitreichenden Hoheitsbefugnissen der ehrenamtlichen Polizeihelfer (u. a. beim Freiwilligen

1136 *Behr*, in: Prätorius, Der lokale Staat als Sicherheitsproduzent, S. 90 (94).

1137 *Bernstein*, Was die Sicherheitswacht bringt, SZ online, 24.6.2016, abrufbar unter: https://www.sueddeutsche.de/muenchen/statt-wachpolizei-was-die-sicherheitswacht-bringt-1.3048386 <11.10.2018>.

1138 *Hefendehl*, KJ 2000, S. 174 (175).

1139 *Behrendes/Jungbluth/Twickler*, in: Kniesel/Kube/Murck, Hdb für Führungskräfte der Polizei, S. 201 (210).

1140 *Hitzler*, in: Reichertz/Schröer, Qualitäten polizeilichen Handelns, S. 30 (39 f.).

1141 *Hitzler*, in: Reichertz/Schröer, Qualitäten polizeilichen Handelns, S. 30 (39 f.).

1142 *Behrendes/Jungbluth/Twickler*, in: Kniesel/Kube/Murck, Hdb für Führungskräfte der Polizei, S. 201 (210).

Polizeidienst in Baden-Württemberg), sodass bei ihrem Einsatz eine besondere Missbrauchsgefahr sowie die Gefahr einer nicht unerheblichen Eigengefährdung bestehe.[1143] Darüber hinaus werde der professionelle Blick bzw. die rechtlichen Kategorien durch den Einsatz der laienhaft ausgebildeten Polizeihelfer durch Meinungen und Vorurteile ersetzt, was zu einer selektiven und stigmatisierenden Verdachtsgewinnung und Intervention führen könne.[1144]

Die geäußerten Zweifel an dem praktischen Entlastungspotenzial der Polizeihelfer lassen sich anhand der Mitgliedszahlen, d. h. der „Manpower" dieser Modelle, konkret belegen. Derzeit sind in Deutschland 2.861 Ehrenamtliche Polizeihelfer (umgerechnet rund 358 Vollzeitstellen[1145]) aktiv. Setzt man diese 358 Stellen in Relation zu den 251.430 aktiven Polizeibeamten in Deutschland, ergibt sich ein Anteil von rund 0,14 Prozent; setzt man sie in Relation zu der Anzahl der in Hessen, Bayern, Baden-Württemberg, Sachsen und Brandenburg aktuell tätigen Polizeivollzugsbeamten (90.283[1146]), so ergibt sich ein Anteil von 0,4 Prozent. Anhand des Verhältnisses zwischen Ehrenamtlichen Polizeihelfern und Polizeivollzugsbeamten wird deutlich, dass dieses Modell nicht geeignet ist, die Vollzugspolizei spürbar zu entlasten.

Dass sich dies auch in absehbarer Zukunft in den meisten Ländern nicht ändern wird, lässt sich auf Grundlage der Entwicklung der Mitgliederzahlen in Hessen, Sachsen, Baden-Württemberg und Brandenburg im Zeitraum 2010/2011–2017 vermuten. Diese Modelle erlebten nach der Gründungsphase zunächst einen signifikanten Zuwachs an Mitgliedern, der seine Hochphase in den Jahren 2010/2011 fand. Seitdem sind die Mitgliederzahlen in allen Ländern – mit Ausnahme Bayerns – stark rückläufig.[1147] In dem genannten Zeitraum ist

---

1143 *Hornmann*, Ergänzungngsheft, HFPG, Rn. 9; *Pütter/Kant*, B&P 2000, S. 16 (30); *Pitz*, Erfolgsmodell Sicherheitswacht, S. 18.

1144 *Pütter/Kant*, B&P 2000, S. 16 (29).

1145 Es handelt sich hierbei lediglich um einen ungefähren Wert. Bei der Umrechnung in Vollzeitstellen wurde, aus Gründen der Übersichtlichkeit, auch für das Modell der brandenburgischen Sicherheitspartner der von Kreuzer und Schneider vorgegebenen Berechnungsschlüssel (acht Ehrenamtliche Polizeihelfer „ersetzen" eine Vollzeitstelle beim Polizeivollzugsdienst) angewendet, vgl. *Kreuzer/Schneider*, FPD in Hessen, S. 21.

1146 Im Jahr 2017 waren in Bayern 33.500, in Hessen 14.000, in Sachsen 11.5000, in Baden-Württemberg 24.433 und in Brandenburg 6.850 Polizeivollzugsbeamte tätig. Die Daten wurden bei den Innenministerien der Länder abgefragt.

1147 Für eine graphische Darstellung der Entwicklung der Mitgliederzahlen zwischen 2010/11 und 2017 siehe Anlage V.

die Mitgliederzahl des Freiwilligen Polizeidienstes Hessen um knapp 47 Prozent (von 750 auf 400),[1148] des Freiwilligen Polizeidienstes Baden-Württemberg um knapp 43 Prozent (von 1.246 auf 673),[1149] der Sicherheitswacht Sachsen um rund 27 Prozent (von 626[1150] auf 455[1151]) und die der Sicherheitspartner in Brandenburg um rund 21 Prozent (von 577[1152] auf 458[1153]) zurückgegangen. Einzig die Anzahl der Mitglieder in der Sicherheitswacht Bayern ist in diesem Zeitraum um knapp 63 Prozent (von 538[1154] auf 875[1155]) deutlich gestiegen. Diese Zahlen plant die bayrische Staatsregierung in den nächsten Jahren weiter auszubauen. Im Rahmen der Klausurtagung der Staatsregierung in St. Quirin am 28.7.2016 wurde unter dem Eindruck der Geschehnisse in Würzburg, München und Ansbach das neue Sicherheitskonzept „Sicherheit durch Stärke“ beschlossen, welches neben der Aufstockung der Vollzugspolizei um 2.000 Beamte bis zum Jahr 2020 auch eine Aufstockung der Mitarbeiter der Sicherheitswacht in Bayern binnen vier Jahren auf 1.500 Stellen vorsieht.[1156]

Es ist mithin festzuhalten, dass die drei unterschiedlichen Modelle der Institutionalisierung ehrenamtlichen Bürgerengagements in der Praxis nicht geeignet sind, die Vollzugspolizei spürbar zu entlasten. Trotzdem ist eine klare Handlungsempfehlung für die Fortführung dieser Modelle auszusprechen. Denn die Bedeutung ehrenamtlichen Engagements kann in der heutigen Zeit nicht hoch genug eingeschätzt werden. Der Einsatz als ehrenamtlicher Polizeihelfer kann erstens identitätsstiftend wirken, indem sich der private Bürger für die Gewährleistung der Inneren Sicherheit seiner Mitbürger einsetzt und sich so aktiv in die Gesellschaft einbringt. Zweitens kann sich der Einsatz von Polizeihelfern

---

1148 Siehe oben § 4 IV. 4. b) cc) (4) (b).

1149 Siehe oben § 4 IV. 4. b) cc) (4) (b).

1150 Antwort des MdI SN auf kl. Anfrage des Abg. Stange (LINKE), LT-Drs. SN 6/11007, Anlage 9.

1151 Siehe oben § 4 IV. 4. a).

1152 Antwort der LReg SL auf kl. Anfrage der Abg. Alter (SPD), LT-Drs. BB 6/664, Anlage zu Frage 3.

1153 Schriftliche Antwort des Ministeriums des Innern und für Kommunales Brandenburg vom 31.8.2017.

1154 Antwort des MdI BY auf kl. Anfrage des Abg. Fischer (FDP), LT-Drs. BY 16/4490, S. 1.

1155 Siehe oben § 4 IV. 4. b) cc) (4) (b).

1156 Homepage der bayrischen Staatsregierung, Pressemitteilung zur Klausurtagung in St. Quirin am 28.7.2016, abrufbar unter: http://www.bayern.de/kabinettsklausur-in-st-quirin-kabinett-beschliesst-neues-sicherheitskonzept-fuer-bayern/ <29.10.2017>.

mit Migrationshintergrund integrationsfördernd auswirken. Diesen Mitbürgern bleibt der Zugang zur Polizei meist aufgrund fehlender Voraussetzungen verschlossen, weshalb dieses Modell häufig die einmalige Chance bietet, sich für die Sicherheit seiner Mitmenschen zu engagieren.[1157] Durch ihre Sprach- und Kulturkompetenzen können sie dazu beitragen, Missverständnisse und Kommunikationsschwierigkeiten zwischen ausländischen Mitbürgern und der Polizei zu vermeiden. Drittens bietet ihr Einsatz die Möglichkeit, das subjektive Sicherheitsgefühl vor allem älterer Menschen zu verbessern.

Der Freiwillige Polizeidienst in Hessen und Baden-Württemberg sowie die Sicherheitswacht in Bayern und Sachsen bedürfen jedoch in konzeptioneller sowie in ikonographischer Hinsicht einer Neuausrichtung. Zwar verstoßen die Gesetze zum Einsatz der ehrenamtlichen Polizeihelfer in ihrer derzeitigen Ausgestaltung nicht gegen die Verfassung, jedoch scheint eine Überarbeitung der zwischen 18 und 55 Jahre alten Konzepte vor dem Hintergrund einer gewandelten Gefahrenlage in bestimmten Tätigkeitsgebieten der Polizeihelfer dringend geboten.

Der zukünftige Aufgabenschwerpunkt der Polizeihelfer sollte vornehmlich im Bereich der Prävention liegen. Die Polizeihelfer könnten beispielsweise für Beratungen zum Thema Einbruchsschutz, zum Führen von Konfliktgesprächen, zum Verkehrsunterricht sowie für Begleitdienste von älteren Menschen eingesetzt werden. Darüber hinaus scheint ein Einsatz in wenig gefahrgeneigten Aufgabenbereichen wie z. B. bei der Unterstützung im Rahmen eines „Blitzermarathons" oder bei der Begleitung von Schwerlast- und Gefahrguttransporten denkbar. Hierdurch erfolgt eine stärkere Harmonisierung der zum Teil sehr unterschiedlichen Aufgabenstellungen der ehrenamtlichen Polizeihelfer in den einzelnen Dienstorten eines Landes. Der Einsatz zum polizeilichen Streifendienst an Kriminalitätsschwerpunkten sollte hingegen in Zukunft unterbleiben.

Nur wenn der Fokus der Tätigkeit auf die Präventionsarbeit gerichtet wird, kann es gelingen, die Vorteile und innovativen Potenziale dieses Modells zum Einsatz ehrenamtlicher Polizeihelfer optimal zur Geltung zu bringen. Diese liegen – neben der identitätsstiftenden und integrationsfördernden Funktion – vor allem in einer Intensivierung der Kommunikation mit dem Bürger, durch die es gelingen kann, die Ängste und Sorgen der Bürger besser zu verstehen und für polizeiliche Konzepte zur Verbesserung der subjektiven Sicherheit fruchtbar zu

1157 Eine Untersuchung ergab, dass im Jahr 2013 fast 20 Prozent der Angehörigen des FPD Hessen einen Migrationshintergrund hatten, vgl. *Schneider*, Studien zum FPD Hessen, S. 14.

machen. Die Polizeihelfer können als kommunikative Brücke zwischen Zivilgesellschaft und der Polizei dienen. Ihr bürgerschaftliches Engagement kann als Medium fungieren, das bei den Bürgern ein Problembewusstsein für bestimmte Gefahren (z. B. Einbruchsschutz) schafft und gleichzeitig die Akzeptanz der Polizei erhöht, da durch den Einsatz der Polizeihelfer den konkreten Problemen der Bürger wieder mehr Gehör geschenkt werden kann.

Angesichts des neuen Aufgabenschwerpunktes wäre es zukünftig nicht notwendig, den Polizeihelfern die Befugnis zur Anwendung unmittelbaren Zwanges (§ 9 Abs. 1 Satz 2 SächsSWG; § 2 Abs. 1 Satz 3 HFPG; Art. 4 Satz 3 und Art. 5 Satz 3 SWG) zu übertragen. Die Zwangsmittelbefugnis der Polizeihelfer wird insbesondere vor dem Hintergrund der extrem kurzen Ausbildung (40 bis 84 Stunden) heftig kritisiert und als „billigende Inkaufnahme von Rechtsgutsverletzungen" bezeichnet.[1158] Ebenfalls überflüssig wäre damit eine Bewaffnung der ehrenamtlichen Polizeihelfer, die aktuell noch in Baden-Württemberg für Teile des Freiwilligen Polizeidienstes erfolgt. Durch die Neuausrichtung des Aufgabenfeldes der Polizeihelfer wird auch die Diskussion um die als viel zu kurz empfundene Ausbildung entschärft, da eine Ausbildung mit dem klaren Fokus auf dem Bereich der Prävention viel gezielter und innerhalb des bisher gesteckten zeitlichen Rahmens durchgeführt werden könnte.

Wollte man dagegen das bisherige, weiter gefasste Aufgabenspektrum der Polizeihelfer erhalten, so wäre eine signifikante Anhebung der Ausbildungsdauer erforderlich, um ihnen auch für gefahrgeneigte Aufgaben wie den polizeilichen Streifendienst an Kriminalitätsschwerpunkten die notwendige Handlungssicherheit zu vermitteln. Eine wirklich umfassende Ausbildung würde in Zeiten leerer Haushaltskassen jedoch schon aus Kostengründen scheitern. Zudem ist davon auszugehen, dass eine deutliche Ausweitung der Ausbildung bei den Vollzugspolizisten und Polizeigewerkschaften auf Ablehnung stoßen würde, da diese bereits jetzt einen erheblichen zeitlichen Mehraufwand für die Betreuung der Polizeihelfer – u. a. für die Vor- und Nachbereitung der Aufgabenstellungen, die Aus- und Fortbildung – beklagen.

Die konzeptionelle Neuausrichtung könnte durch eine optische Neugestaltung der Uniformen (z. B. eine eigene Uniformfarbe) begleitet werden. Durch eine stärkere optische Abgrenzung des Modells zur Vollzugspolizei würde der neuen Unübersichtlichkeit im Hinblick auf die polizierenden Akteure in Deutschland entgegengewirkt und ein Beitrag für mehr Rechtssicherheit geleistet werden.

1158 Vgl. *Hornmann*, LKRZ 2008, S. 201 (205).

II. Wachpolizei

In Bezug auf den Einsatz von Wachpolizisten fällt die Kritik in Literatur und Politik – im Vergleich zum Einsatz privater Bürger in Freiwilligen Polizeidiensten und Sicherheitswachten – sehr viel geringer aus. Dies mag vor allem daran liegen, dass die Wachpolizisten als Angestellte des Landes einer strengeren staatlichen Kontrolle unterliegen. Daneben bieten die Wachpolizisten in der Praxis ein sehr viel größeres Leistungs- und Entlastungspotenzial als die ehrenamtlichen Polizeihelfer. Dies ist zum einen darauf zurückzuführen, dass die Wachpolizisten die Polizeivollzugsbeamten in den jeweiligen Einsatzfeldern im Verhältnis 1:1 ersetzen können, und zum anderen darauf, dass die Wachpolizeien – im Vergleich zu den Freiwilligen Polizeidiensten und Sicherheitswachten über die deutlich größere Anzahl an Mitgliedern verfügen. Derzeit sind in Deutschland 3.241 Wachpolizisten (1.946 in Berlin[1159], 550 in Sachsen[1160], 85 in Sachsen-Anhalt[1161], 630 in Hessen[1162] und 30 im Saarland[1163]) im Einsatz. Im Verhältnis zu den 251.430 aktiven Polizeibeamten in Deutschland ergibt dies einen Anteil von rund 1,3 Prozent; im Verhältnis zu der Anzahl der in Hessen, Sachsen-Anhalt, Sachsen, Berlin und dem Saarland aktuell tätigen Polizeibeamten (50.750[1164]) einen Anteil von 6,4 Prozent.

Die Wachpolizeien haben sich im Sicherheitsgefüge des jeweiligen Landes etabliert und stellen einen wichtigen und sinnvollen Baustein für die Gewährleistung der Inneren Sicherheit dar. Dies zeigt auch die Entfristung der Wachpolizei Saarland sowie die Verlängerung der Laufzeit der Wachpolizei Sachsen-Anhalt um zwei Jahre bis zum 31.8.2021. Darüber hinaus bietet die Wachpolizei eine Möglichkeit, in Zeiten personeller Engpässe bei der Polizei geeignetes Nachwuchspersonal zu akquirieren und Wachpolizisten, welche sich im Dienst bewährt haben, die Chance auf eine Ausbildung zum Polizeivollzugsbeamten einzuräumen (§ 8 WachPolG). Denn bei der Mehrzahl der Wachpolizisten

---

1159 Siehe oben § 4 IV. 4. a).

1160 Schriftliche Antwort des Sächsischen Staatsministeriums des Innern vom 4.8.2017.

1161 Schriftliche Antwort des Ministeriums für Inneres und Sport in Sachsen-Anhalt vom 12.9.2017.

1162 Siehe oben § 4 IV. 4. a).

1163 Siehe oben § 4 IV. 4. a).

1164 Im Jahr 2017 waren in Berlin 16.450, in Hessen 14.000, in Sachsen 11.5000, im Saarland 3.000 und in Sachsen-Anhalt 5.800 Polizeivollzugsbeamte (Schriftliche Antwort des Ministeriums für Inneres und Sport in Sachsen-Anhalt vom 02.11.2017) tätig.

handelt es sich um eine motivierte, polizeiaffine Klientel, die häufig den Wunsch hat, in den regulären Vollzugspolizeidienst zu wechseln.[1165]

In Bezug auf die Wachpolizeien in Sachsen, Sachsen-Anhalt, Hessen, Berlin und dem Saarland lässt sich daher eine klare Handlungsempfehlung zur Fortführung aussprechen. Zwar verstoßen die Gesetze zum Einsatz von Wachpolizisten in den verschiedenen Ländern in ihrer derzeitigen Ausgestaltung nicht gegen die Verfassung, jedoch besteht auch im Hinblick auf den Einsatz von Wachpolizisten noch Optimierungspotenzial.

Im Gegensatz zu den Ländern Berlin, Sachsen und Sachsen-Anhalt wurden die konkreten Aufgaben und Befugnisse der Wachpolizisten in Hessen und dem Saarland nicht in materieller Gesetzesform, sondern lediglich in einer Verwaltungsvorschrift (VVWaPol bzw. Dienstanweisung POD) normiert. Eine derartige Konzeption geht klar zu Lasten der Rechtssicherheit. Rechtssicherheit herrscht nur dann, wenn das geltende Recht öffentlich ist, so dass sich jedermann über die Rechtslage informieren kann.[1166] Für Verwaltungsvorschriften besteht grundsätzlich keine Pflicht zu einer an Allgemeinheit gerichteten Veröffentlichung. Ausreichend ist die interne Bekanntgabe an die Behörden und Bediensteten, an die die Verwaltungsvorschrift gerichtet ist.

Für Normen, die die Kompetenzen und Tätigkeitsbereiche von Polizisten und Hilfspolizisten betreffen, gilt das Transparenzerfordernis jedoch in besonderem Maße. Dem Bürger müssen die Konsequenzen eines möglichen Fehlverhaltens und die diesbezüglich bestehenden Rechtsschutzmöglichkeiten klar vor Augen geführt werden. Für die Bürger in Hessen und im Saarland ist nur schwer nachzuvollziehen, welche konkreten Aufgaben und Befugnisse dem jeweiligen Wachpolizisten zugewiesen sind. Das äußere Erscheinungsbild und die Bezeichnung geben keinen eindeutigen Hinweis darauf, welche Aufgaben und Befugnisse dem Angestellten in der Wachpolizei übertragen wurden. Für den Bürger ist es unmöglich zu beurteilen, ob der handelnde Wachpolizist innerhalb seiner übertragenen Kompetenzen bleibt oder diese überschreitet.

Dem Gesetzgeber in Hessen und dem Saarland ist zu raten, die konkreten Aufgaben und Befugnisse der Wachpolizisten in Form eines Gesetzes zu regeln, statt wie bisher in Form einer Verwaltungsvorschrift. Als Orientierung können dabei entweder die Gesetze zum Einsatz der Wachpolizisten in Sachsen und Sachsen-Anhalt (SächsWachdienstG; WachPolG) oder die Rechtsverordnung zum Einsatz der Wachpolizisten in Berlin (§ 3 PDieVO) dienen.

1165 *Groß*, DPolBl 2012, S. 23 (24).

1166 *Sommermann*, in: Mangolgt/Klein/Stark, GG, Bd. II, Art. 20, Rn. 32.

Der Einsatz von Wachpolizisten zum polizeilichen Streifendienst (z. B. Wachpolizei Hessen[1167]) sollte aufgrund des besonderen Gefahrenpotenzials generell unterbleiben. Sofern die Wachpolizisten zum Schutz von Flüchtlingsunterkünften und ähnlichen Einrichtungen eingesetzt werden, sollte eine spezielle Schulung zum Thema interkulturelle Kompetenzen und Deeskalation angeboten werden, um den Wachpolizisten die für den Einsatz erforderlichen Kompetenzen zu vermitteln. Darüber hinaus sollte die Dauer der Ausbildung für die Wachpolizisten in Sachsen und dem Saarland (zwölf Wochen) vor dem Hintergrund der umfangreichen polizeilichen Befugnisse deutlich angehoben werden. Dies gilt insbesondere für die Wachpolizei Sachsen, deren Angestellte zur Anwendung unmittelbaren Zwanges durch Schusswaffen ermächtigt werden.

III. Kommunale Ordnungsdienste

Die Entwicklung der letzten Jahre zeigt, dass die Kommunen den durch den Rückzug der staatlichen Vollzugspolizei aus dem Alltagsgeschäft eröffneten Freiraum verstärkt mit eigenem „polizeiähnlichem" Vollzugspersonal besetzen. Der Einsatz dieser Vollzugskräfte in Kommunalen Ordnungsdiensten wird rechtspolitisch sehr unterschiedlich bewertet.

Einerseits werden sie als Chance für Kommunen gesehen, ein bestehendes oder empfundenes Kontroll- und/oder Vollzugsdefizit aufzufangen und selbst dafür Sorge zu tragen, dass einfach gelagerte, aber gleichwohl wichtige polizeiliche Vollzugsaufgaben in der Gemeinde zuverlässig wahrgenommen werden.[1168] Die Befürworter argumentieren, dass derartige Ordnungsdienste im Rahmen der kommunalen Kriminalprävention einen wichtigen Beitrag zum Aufbau eines vernetzten Sicherheitsbündnisses leisten könnten.[1169]

Andererseits werden sie als Folge eines zu beklagenden Rückzugs des Polizeivollzugsdienstes von der Straße und eines schwindenden Vertrauens der Bürger in den Polizeivollzugsdienst[1170] sowie als Zeichen einer voranschreitenden „Gendarmisierung"[1171] der Gesellschaft gewertet. Dabei sei gegen eine kommunale

1167 Ziffer 2.2 Punkt 10 VVWaPol.

1168 *Nachbaur*, in Möstl/Trurnit, BeckOK PolR BW, § 80, Rn. 1; *Stephan/Deger*, PolG für BW, § 80, Rn. 2.

1169 Stellungnahme des Abg. Blenke (CDU) im baden-württembergischen Landtag, PLPr. BW 14/77, S. 5539 f.

1170 Stellungnahme des Abg. Blenke (CDU) im baden-württembergischen Landtag, PLPr. BW 14/77, S. 5540 f.

1171 *Breymann*, ZRP 2006, S. 216 (216 ff.); *Gassner*, VBlBW 2013, S. 281 (282).

Polizei prinzipiell nichts einzuwenden, wenn sie ähnlich umfassend ausgebildet würde wie die staatliche, wenn sichergestellt wäre, dass sie nicht nur auf kommunale Partikularnormen (z. B. städtische Gefahrenabwehrverordnung) ausgerichtet ist und wenn sie schließlich nicht zu empfänglich wäre für die Interessen lokaler Vertreter.[1172]

Dies scheint jedoch insbesondere im Hinblick auf die Stadtpolizei Frankfurt am Main äußerst fraglich. Diese stellt sowohl in qualitativer als auch in quantitativer Hinsicht den größten Kommunalen Ordnungsdienst in Deutschland dar. Diese Sonderposition gründet vor allem auf den städtischen Gegebenheiten, d. h. den besonderen Kriminalitätsschwerpunkten wie z. B. das Bahnhofsviertel oder Rotlichtmilieu sowie den besonderen Standortfaktoren der Stadt Frankfurt am Main. Kritiker sehen in der Einrichtung dieser mit Zwangsbefugnissen und Zwangsmitteln ausgestatteten, im öffentlichen Raum präsenten und äußerlich von der staatlichen Vollzugspolizei praktisch nicht zu unterscheidenden kommunalen Sicherheitsbehörde das Ende der Entpolizeilichung in Deutschland.[1173]

Im Gegensatz zu den Kommunalen Ordnungsdiensten der anderen Länder wird der Bereitschaftsdienst der Stadtpolizei Frankfurt am Main auch zur Verfolgung von Straftaten sowie zur Durchführung eines Streifendienstes an Kriminalitäts- und Gefahrenschwerpunkten eingesetzt. In den anderen Städten und Gemeinden nehmen die Mitarbeiter im Kommunalen Ordnungsdienst in der Regel nur „einfache" Ordnungs- und Kontrollaufgaben mit kommunalem Bezug wahr. In Sachsen und Baden-Württemberg ist die Errichtung einer Stadtpolizei – nach dem Modell in Frankfurt am Main – mit einer der staatlichen Polizei vergleichbaren „Allzuständigkeit" aufgrund der sachlichen, örtlichen und umfänglichen Beschränkung der Aufgaben in § 80 Abs. 1 PolG BW (bzw. § 80 Abs. 1 Satz 1 SächsPolG a. F. bzw. § 9 Abs. 1 Satz 1 SächsPBG) bereits rechtlich ausgeschlossen.[1174] Es kann nur in Zusammenhang mit der Stadtpolizei Frankfurt am Main von der Entstehung einer neuen „Ordnungspolizei" gesprochen werden.

Durch den Einsatz der Stadtpolizisten verstößt das Ordnungsamt der Stadt Frankfurt am Main jedoch gegen seine grundrechtlichen Schutzpflichten, d. h. gegen die Pflicht zur Umsetzung des staatlich zu gewährleistenden grundrechtlichen Mindestschutzes. Denn die Stadtpolizisten werden in Frankfurt trotz stark verkürzter Ausbildung (32 Wochen) zum polizeilichen Streifendienst an

1172 *Behr*, in: Prätorius, Der lokale Staat als Sicherheitsproduzent, S. 90 (95 f.).
1173 *Rachor*, in: Lisken/Denninger, Hdb des PolR, Kap. C, Rn. 41.
1174 Vgl. *Nachbaur*, in: Möstl/Trurnit, BeckOK PolR BW, § 80 PolG, Rn. 17.

Kriminalitätsschwerpunkten und Angsträumen wie z. B. der Frankfurter Innenstadt, dem Bahnhofsviertel oder der Zeil eingesetzt. An derartigen Kriminalitätsschwerpunkten müssen jedoch primär Polizeibeamte zum polizeilichen Streifendienst eingesetzt werden. Sollte dies aufgrund personeller Engpässe bei der Vollzugspolizei unter keinen Umständen zu realisieren sein, so müsste die Ausbildung der Stadtpolizisten deutlich angehoben werden, um ihnen die entsprechenden Kompetenzen und Handlungssicherheit zu vermitteln.

Darüber hinaus ist dem Gesetzgeber in Hessen zu raten, eine gesetzliche Regelung zur Steigerung der Transparenz von Verwaltungsentscheidungen im Zusammenhang mit der Stadt-/Kommunalpolizei in Hessen zu erlassen. Die Aufgaben und Befugnisse der Stadt-/Kommunalpolizisten in Hessen werden für jeden Mitarbeiter nach seinem Einsatzgebiet und nach der bestellenden Behörde einzig in der jeweiligen Bestellverfügung vermerkt. Aufgrund dieser individualisierten Zuweisung besitzt der Stadtpolizist in Frankfurt am Main trotz des gleichen Namens und der gleichen gesetzlichen Grundlage nicht die gleichen Rechte wie sein Kollege in derselben Stadt oder ein Stadtpolizist in Wiesbaden oder Fulda.[1175] Die Bezeichnung gibt keinen Aufschluss darüber, welche konkreten Aufgaben und Befugnisse dem jeweiligen „Stadtpolizisten“ oder „Kommunalpolizisten“ übertragen wurden und von welcher Behörde dieser bestellt wurde. Eine Pflicht, die Bestellverfügung im Einsatz bei sich zu führen und dem betroffenen Bürger bei Bedarf vorzuzeigen, existiert derzeit nicht. Im Vergleich zu den anderen Ländern, in denen Hilfspolizisten eingesetzt werden, ist es für den Bürger beim Einsatz der Stadt- oder Kommunalpolizisten in Hessen mithin am schwersten zu erkennen, ob diese im Rahmen der übertragenen Kompetenzen handeln.

Um dieses Problem zu lösen, könnte man die konkreten Aufgaben und Befugnisse der Stadt-/Kommunalpolizisten in Hessen einheitlich in Gesetzesform normieren. Als Vorbild könnte dabei das zum 1.1.2020 in Sachsen in Kraft tretende SächsPBG dienen. Durch das SächsPBG wird die gegenwärtige Praxis der Polizeibehörden (Kommunalen Ordnungsdienste) in Gesetzesform gegossen, um die rechtlichen Schwierigkeiten in Bezug auf die Befugnisse der Ordnungsdienstmitarbeiter in Sachsen zu lösen.[1176] Eine solche gesetzliche Normierung wird in Hessen jedoch nur schwer umzusetzen sein. Aufgrund der exponierten Stellung der Stadtpolizei Frankfurt am Main bestehen in Hessen die größten kommunalen Unterschiede im Hinblick auf den Umfang der übertragenen

---

1175 *Tuchscherer*, Stadtpolizei statt Polizei, S. 141 f.

1176 *Krahmer*, B&P 2018, S. 82 (88).

Aufgaben und Befugnisse der Stadt-/Kommunalpolizisten. Während die Stadtpolizisten in Frankfurt am Main in Bezug auf ihre Tätigkeiten und Kompetenzen mit den Polizeibeamten nahezu gleichzusetzen sind, nehmen die Ordnungspolizisten in Fulda und Gießen lediglich nachgeordnete Ordnungsaufgaben wahr.

Um dem bestehenden Transparenzdefizit dennoch Abhilfe zu leisten, scheint es praktikabler, für die Stadt-/Kommunalpolizisten in Hessen eine gesetzliche Ausweispflicht einzuführen. Demnach wären die Stadtpolizisten verpflichtet, auf Verlangen des Bürgers den Dienstausweis oder die Bestellverfügung, in der die Aufgaben und Befugnisse vermerkt sind, vorzuzeigen.[1177] Eine Ausweispflicht wird bereits für die Kommunalen Vollzugsbeamten in Rheinland-Pfalz (§ 94 Abs. 3 POG R-P), für die Dienstkräfte der Ordnungsbehörden im Außendienst in Thüringen (§ 9 THürOBG) und zukünftig auch für die Mitarbeiter der Kommunalen Ordnungsdienste in Sachsen (§ 11 SÄchsPBG) gesetzlich vorgeschrieben. Darüber hinaus könnte eine Bekanntgabepflicht für die übertragenen Aufgaben durch die bestellende Behörde gesetzlich normiert werden. Als Vorbild könnte § 32 DVO PolG oder § 80 Abs. 3 SächsPolG a. F. dienen, nach denen die bestellenden Behörden verpflichtet sind, die Übertragung von polizeilichen Vollzugsaufgaben und deren Widerruf öffentlich bekannt zu machen.

In Bezug auf die Kommunalen Ordnungsdienste in Baden-Württemberg und Sachsen ist den politischen Entscheidungsträgern zu raten, die konkreten Anforderungen zu der Bestellung, der Ausbildung, der Dienstkleidung, der Ausrüstung und den Aufgabenfeldern einheitlich zu normieren, um so die landesweit bestehenden Unterschiede zu verringern und die Transparenz für den Bürger zu verbessern.[1178] Als Orientierungshilfe für eine Neuregelung kann die auf Grundlage des § 94 Abs. 4 POG R-P zu den Kommunalen Vollzugsbeamten in Rheinland-Pfalz erlassene Rechtsverordnung (KomVollzBV) dienen, welche konkrete Anforderungen in Bezug auf die Bestellung, Ausbildung, Ausrüstung und Dienstkleidung festlegt.

1177 Vgl. hierzu *Tuchscherer*, Stadtpolizei statt Polizei, S. 141 f.

1178 Besonders deutlich werden diese Unterschiede bei der Bewaffnung und der Ausbildung der kommunalen Ordnungsdienstmitarbeiter. So ist in Baden-Württemberg einzig der Städtische Vollzugsdienst Stuttgart und in Sachsen allein die besondere Einsatzgruppe des Gemeindlichen Vollzugsdienstes der Stadt Dresden mit einer Schusswaffe ausgestattet. Die anderen Kommunalen Ordnungsdienste sind i.d.R. nur mit einem Pfefferspray und teilweise mit einem Schlagstock ausgestattet. Die Bandbreite der Ausbildung bewegt sich zwischen gar keiner oder nur einer verwaltungsmäßigen Ausbildung bis hin zu einer einjährigen fundierten Fortbildung an der Verwaltungshochschule.

Derartige Harmonisierungsbestrebungen lassen sich aktuell sowohl in Sachsen als auch in Baden-Württemberg erkennen. In Baden-Württemberg plant das Innenministerium, noch in dieser Legislaturperiode (bis zum Jahr 2021) die DVO PolG zu überarbeiten und im Zuge dessen den Aufgabenkatalog anzupassen sowie landeseinheitliche Standards zur Ausbildung, Ausrüstung und Dienstkleidung zu erlassen.[1179] Die entsprechende Verordnungsermächtigung wurde bereits mit dem „Gesetz zur Änderung des Polizeigesetzes und des Gesetzes zur Ausführung des Personenstandsgesetzes" (ÄndG PolG und AGPStG BW) in § 84 Abs. 1 Satz 1 Nr. 9 PolG BW geschaffen.

In Sachsen wurde am 11.5.2019 neben dem SächsPBG für die Kommunen das SächsPVDG für die Landespolizei verkündet. In den beiden Gesetzen werden unter anderem Aufgaben, Organisation, Datenschutz und Befugnisse im Rahmen der Gefahrenabwehr getrennt geregelt. Die beiden Gesetze treten am 1.1.2020 in Kraft und lösen das bislang für Landespolizei und Kommunen gleichermaßen geltende SächsPolG ab.[1180] In § 9 Abs. 2 SächsPBG wird eine Verordnungsermächtigung zur Regelung der konkreten Aufgaben (Nr. 1), der Anforderungen für das Verfahren der Bestellung (Nr. 2) sowie der übertragbaren Zwangsmittel (Nr. 3) der Mitarbeiter im Gemeindlichen Vollzugsdienst normiert. Zu kritisieren ist jedoch, dass es der Gesetzgeber (bislang) versäumt hat, in § 9 Abs. 2 SächsPBG eine Ermächtigung zur Regelung der Ausbildung aufzunehmen. Denn auch in Bezug auf den Gemeindlichen Vollzugsdienst in Sachsen wäre eine landesweit einheitliche Ausbildung wünschenswert.

Abschließend lässt sich konstatieren, dass der Einsatz von Hilfspolizisten ein wichtiges und sinnvolles Instrument darstellt, um das derzeit bestehende sicherheitspolitische Dilemma der Polizei zu lösen und diese bei der Gewährleistung der Inneren Sicherheit in Deutschland zu unterstützen und in Teilen zu entlasten. Die mit der wachsenden Pluralität polizierender Akteure verbundenen Nachteile, insbesondere die „neue Unübersichtlichkeit im Bereich der Sicherheitsproduktion", sind dabei zwangsläufig in Kauf zu nehmen, können jedoch durch eine entsprechende Anpassung der verschiedenen Modelle auf ein Minimum reduziert werden.

1179 Stellungnahme des MdI BW auf Antrag der Abg. Berg u.a. (AfD), LT-Drs. BW 16/3802, S. 4.

1180 Homepage des sächsischen Staatsministerium des Innern, Sachsen bringt neues Polizeirecht auf den Weg, 18.4.2018, abrufbar unter: https://www.medienservice.sachsen.de/medien/news/217310?page=1 <20.10.2018>.

Anlagen

Anlage I

Hilfspolizisten im Gefüge der Polizei- und Ordnungsbehörden in Deutschland

Bundesebene	Bundeskriminalamt	Bundespolizei		
Landesebene	Landeskriminalämter	Bereitschaftspolizeien	Polizeipräsidien/Polizeidirektionen	*Deprofessionalisierung*
			Wachpolizei	
			Freiwilliger Polizeidienst/Sicherheitswacht	
Kommunalebene	Kommunale Ordnungsbehörden			*(Re-)Kommunalisierung*
	Kommunale Ordnungsdienste (Stadt-/Kommunalpolizei)			

Anlage II

Übersicht der verschiedenen Modelle zum Einsatz von „Hilfspolizisten" in Deutschland

Wachpolizei	Berlin	Sachsen	Sachsen-Anhalt	Hessen	Saarland
Gründung	1993	2016 (zuvor 2002-2006)	2016	2000	2016
Bezeichnung	Wachpolizei	Wachpolizei	Wachpolizei	Wachpolizei	Polizeilicher Ordnungsdienst
RGL (Bestellung)	§ 5 Abs. 2 Satz 1 ASOG Bln	SächsWachdienstG	WachPolG	§§ 99 Abs. 4 Nr. 1, 114 S. 1 HSOG	§ 84 Abs. 1 SPolG
EGL (Eingriffsermächtigung)	§ 5 Abs. 2 Satz 2 ASOG Bln i.V.m. § 3 PDieVO	SächsWachdienstG	WachPolG	§§ 99 Abs. 4 Nr. 1, 114 S. 1 HSOG , 13 HSOG-DVO	§ 84 Abs. 2 Satz 1 SPolG i.V.m. §§ 8 ff. SPolG

Landesebene

Ehrenamtliche Polizeihelfer	Bayern	Sachsen	Baden-Württemberg	Hessen	Brandenburg
Gründung	1994	1998	1963	2000	1994
Bezeichnung	Sicherheitswacht	Sicherheitswacht	Freiwilliger Polizeidienst	Freiwilliger Polizeidienst	Sicherheitspartner
RGL (Bestellung)	SWG	SächsSWG	FPPolD	HFPG	–
EGL (Eingriffsermächtiung)	Art. 3-7 SWG	§ 3-7 SächsSWG	§ 1 Abs. 4, 6 Abs. 1 FPolDG i.V.m. §§ 26 ff. PolG BW	§ 3 Abs. 1 HFPG	–

Landesebene/ Kommunalebene

Kommunalebene

Kommunaler Ordnungsdienst	Baden-Württemberg	Sachsen	Rheinland-Pfalz	Berlin	Hessen
Bezeichnung	Gemeindliche Vollzugsbedienstete	Gemeindliche Vollzugsbedienstete	Kommunale Vollzugsbeamte	Allgemeiner Ordnungsdienst	Stadtpolizei/Kommunalpolizei
RGL (Bestellung)	§ 80 Abs. 1 PolG BW	§ 80 Abs. 1 Satz 1 SächsPolG	§ 94 Abs. 1 POG R-P	-	§ 93 Abs. 3 Satz 1 Nr. 1 HSOG
EGL (Eingriffsermächtigung)	§ 80 Abs. 2 PolG BW i.V.m. §§ 20 Abs. 1und 2, 26, 27, 27a, 28-33 PolG BW	§ 80 Abs. 2 SächsPolG i.V.m. §§ 18, 19, 20-27 SächsPolG	§ 94 Abs. 2 Satz 2 POG R-P i.V.m. §§ 9, 9a, 10, 13, 22, 26, 27, 30 POG R-P	§ 2 Abs. 6 Satz 1 ASOG Bln i.V.m. § 3 Abs. 2 ODienstV BE	§ 99 Abs. 2 Satz 1 HSOG i.V.m. §§ 11 ff. HSOG

Anlage III

Verhältnis von Ehrenamtlichen Polizeihelfern zu Polizeibeamten

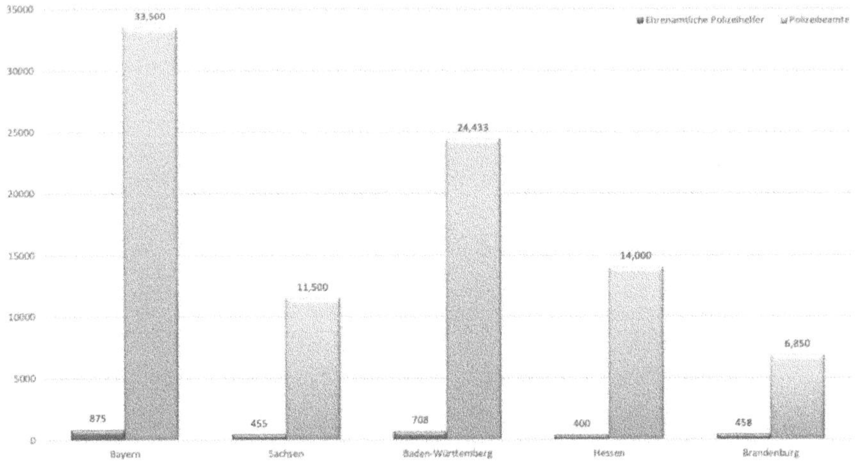

Anlage IV

Verhältnis von Wachpolizisten zu Polizeibeamten

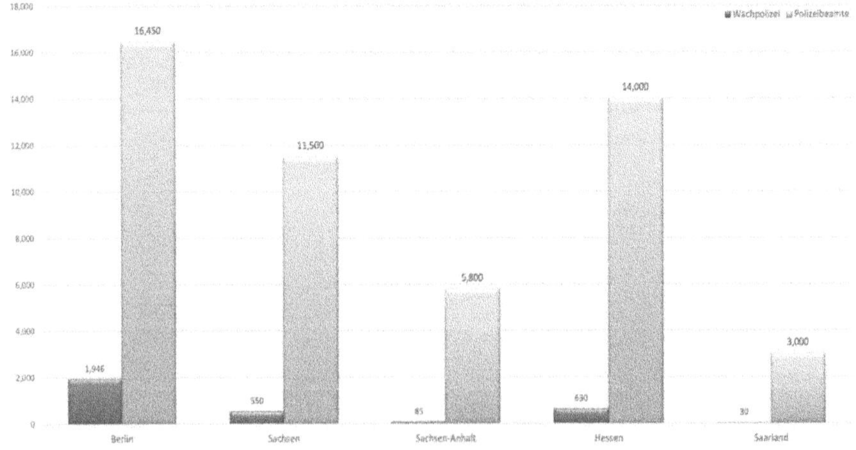

Anlage V

Entwicklung der Mitgliederzahlen bei den Modellen zum Einsatz Ehrenamtlicher Polizeihelfer zwischen 2010/11 und 2017

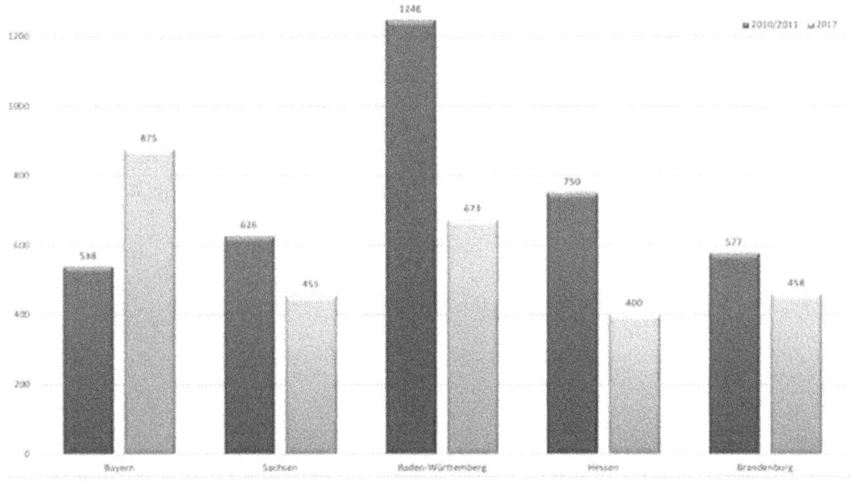

Literaturverzeichnis

Alexy, Robert: Theorie der Grundrechte, 1. Auflage, Frankfurt am Main 1994.

Badura, Peter: Die hoheitlichen Aufgaben des Staates und die Verantwortung des Berufsbeamtentums, ZBR 1996, S. 321–327.

Baier, Dirk/Kemme, Stefanie/Hanslmaier, Michael/Doering, Bettina/Rehbein, Florian/Pfeiffer, Christian: Kriminalitätsfurcht, Strafbedürfnisse und wahrgenommene Kriminalitätsentwicklung – Ergebnisse von bevölkerungsrepräsentativen Befragungen aus den Jahren 2004, 2006 und 2010, Kriminologisches Forschungsinstitut Niedersachsen (KFN) Forschungsbericht Nr. 117, Hannover 2011.

Baller, Oesten/Eiffler, Sven/Tschisch, Andreas: Allgemeines Sicherheits- und Ordnungsgesetz Berlin (ASOG Bln) mit Erläuterungen, Stuttgart/München/Hannover 2007.

Balzer, Christoph: Kommunaler Ordnungsdienst in Baden-Württemberg – Eingriffsbefugnisse und neues Ausbildungsmodell, Hamburg 2013.

Bansch, Frank: Die Beleihung als verfassungsrechtliches Problem; Zur Zulässigkeit einer Übertragung hoheitlicher Befugnisse auf Private nach dem GG, Frankfurt am Main 1973. Zugl.: Frankfurt am Main, Univ., Diss. 1973.

Bässmann, Jörg/Vogt, Sabine: Community Policing – Projektbericht des Bundeskriminalamtes zu den Erfahrungen in den USA, BKA-Forschung, Wiesbaden 1997.

Battis, Ulrich/Schlenga, Hans Dieter: Die Verbeamtung der Lehrer, ZBR 1995, S. 253–260.

Bäuerle, Michael: Polizeirecht in Deutschland, APuZ 2008, Heft 48, S. 15–19.

Beck`scher Online-Kommentar Ordnungswidrigkeiten: Jürgen Peter Graf (Hrsg.), 23. Edition, Stand 15.6.2019, München 2019. (zit.: *Bearbeiter*, in: Graf, BeckOK OWiG)

Beck´scher Online-Kommentar Polizei- und Ordnungsrecht Hessen: Markus Möstl/Michael Bäuerle (Hrsg.), 15. Edition, Stand: 10.7.2019, München 2019. (zit.: *Bearbeiter*, in: Möstl/Bäuerle, BeckOK POR HE)

Beck´scher Online-Kommentar Polizei- und Ordnungsrecht Niedersachsen: Markus Möstl/Bernhard Weiner (Hrsg.), 14. Edition, Stand: 1.5.2019, München 2019. (zit.: *Bearbeiter*, in: Möstl/Weiner, BeckOK POR Nds)

Beck´scher Online-Kommentar Polizei- und Ordnungsrecht Nordrhein-Westfalen: Markus Möstl/Dieter Kugelmann (Hrsg.), 12. Edition, Stand: 1.7.2019, München 2019. (zit.: *Bearbeiter*, in: Möstl/Kugelmann, BeckOK POR NRW)

Beck´scher Online-Kommentar Polizei- und Sicherheitsrecht Bayern: Markus Möstl/Thomas Schwabenbauer (Hrsg.), 10. Edition, Stand: 1.7.2019, München 2019. (zit.: *Bearbeiter*, in: Möstl/Schwabenbauer, BeckOK PSR BY)

Beck´scher Online-Kommentar Polizeirecht Baden-Württemberg: Markus Möstl/Christoph Trurnit (Hrsg.), 15. Edition, Stand: 15.6.2019, München 2019. (zit.: *Bearbeiter*, in: Möstl/Trurnit, BeckOK PolR BW)

Beck´scher Online-Kommentar zum Grundgesetz: Volker Epping/Christian Hillgruber (Hrsg.), 41. Edition, Stand: 15.5.2019, München 2019. (zit.: *Bearbeiter*, in: Epping/Hillgruber, BeckOK GG)

Behr, Rafael: Eine deutsche Variante des New Yorker Polizeimodells: Zur (Re-) Kommunalisierung von Sicherheit und Ordnung, in: Helmut Ortner/Arno Pilgram/HeinzSteinert (Hrsg.), Die Null-Lösung, New-Yorker „Zero-Tolerance"- Politik – Das Ende der urbanen Toleranz ?, Baden-Baden 1998, S. 177–201. (zit.: *Behr*, in: Ortner/Pilgram/Steinert, Die Null-Lösung)

Polizeikultur. Routinen-Rituale-Reflexionen. Bausteine zu einer Theorie der Praxis der Polizei, Wiesbaden 2006. (zit.: *Behr*, Polizeikultur)

Rekommunalisierung von Polizeiarbeit: Rückzug oder Dislokation des Gewaltmonopols? Skizzen zur reflexiven Praxisflucht der Polizei, in: Rainer Prätorius, Wachsam und kooperativ? Der lokale Staat als Sicherheitsproduzent, Baden-Baden 2002, S. 90–105. (zit.: *Behr,* in: Prätorius, Der lokale Staat als Sicherheitsproduzent)

Behrendes, Udo/Jungbluth, Thomas/Twickler, Josef: Polizeiliche Zusammenarbeit mit Privaten? Das Spannungsfeld zwischen hoheitlicher und privater Gefahrenabwehr, in: Michael Kniesel/Edwin Kube/Manfred Murck, Handbuch für Führungskräfte der Polizei, Lübeck 1996, S. 201–242.

Belz, Reiner/Elzermann, Hartwig: Polizeigesetz des Freistaates Sachsen – Kommentar für Praxis und Ausbildung, 4. Auflage, Stuttgart 2009.

Benfer, Jost/Bialon, Jörg: Rechtseingriffe von Polizei und Staatsanwaltschaft, 4. Auflage, München 2010.

Benisch, Kurt: Sicherheitswacht in Bayern: Ein Modellprojekt, in: Rolf Stober, Staat und Wirtschaft in Sicherheitsnetzwerken, Köln 2000, S. 67–77.

Benndorf, Michael: Zur Bestimmung der „hoheitsrechtlichen Befugnisse" gem. Art. 33 Abs. 4 GG, DVBl. 1981, S. 23–28.

Bialon, Jörg/Springer, Uwe: Eingriffsrecht, 4. Auflage, München 2018.

Birenheide, Almut: Private Initiativen für mehr Sicherheit als Form lokaler Vergesellschaftung am Beispiel der Bürgerinitiative „Mehr Sicherheit für Großhansdorf e.V.", Hamburg 2009. Zugl.: Hamburg, Univ., Diss., 2009.

Birkel, Christoph: Hellfeld vs. Dunkelfeld: Probleme statistikbegleitender Dunkelfeldforschung am Beispiel der bundesweiten Opferbefragung im Rahmen des Verbundprojektes „Barometer Sicherheit in Deutschland“ (BaSiD), in: Stefanie Eifler/Daniela Pollich (Hrsg.), Empirische Forschung über Kriminalität – Methodologische und methodische Grundlagen, Wiesbaden 2015, S. 67–94.

Birkel, Christoph/Hummelsheim-Doss, Dina/Leitgöb-Guzy, Nathalie/Oberwittler, Dietrich (Hrsg.): Opfererfahrungen und kriminalitätsbezogene Einstellungen in Deutschland – vertiefende Analysen des Deutschen Viktimisierungssurvey 2012 unter besonderer Berücksichtigung des räumlichen Kontextes, Wiesbaden 2016.

Birkel, Christoph/Guzy, Nathalie/Hummelsheim, Dina/Oberwittler, Dietrich/Pritsch, Julian: Der Deutsche Viktimisierungssurvey 2012 – Erste Ergebnisse zu Opfererfahrungen, Einstellungen gegenüber der Polizei und Kriminalitätsfurcht, Freiburg 10/2014.

Bleckmann, Albert: Neue Aspekte der Drittwirkung der Grundrechte, DVBl. 1988, S. 938–946.

Boers, Klaus: Furcht vor Gewaltkriminalität, in: Wilhelm Heitmeyer/John Hagan (Hrsg.), Internationales Handbuch der Gewaltforschung, Wiesbaden 2002, S. 1399–1422.

Bracher, Christian-Dietrich: Gefahrenabwehr durch Private: Eine verfassungsrechtliche Untersuchung zu den Grenzen der Übertragung von Aufgaben der Gefahrenabwehr auf Private und der staatlichen Zulassung privater Gefahrenabwehr, Berlin 1987. Zugl.: Bonn, Univ. Diss., 1986.

Braun, Frank: Kommunale Ordnungsdienste in Bayern, BayVBl. 2008, S. 680–687.

Die Finanzierung polizeilicher Aufgabenwahrnehmung im Lichte des gewandelten Polizeiverständnisses, Stuttgart 2009. Zugl.: Passau, Univ., Diss.

Brenner, Michael: Überwachung des Straßenverkehrs durch Private, SVR 2011, S. 129–132.

Breymann, Klaus: Prävention als Risiko, ZRP 2006, S. 216–229.

Brohm, Winfried: Strukturen der Wirtschaftsverwaltung: Organisationsformen und Gestaltungsmöglichkeiten im Wirtschaftsverwaltungsrecht, Stuttgart 1969. Zugl.: Freiburg im Breisgau, Univ., Habil., 1967.

Bühler, Markus: Präventionsansätze in Deutschland, in: Franz-Ludwig Knemeyer (Hrsg.), Innere Sicherheit in der Gemeinde – Kommunale Kriminalprävention, Dresden 1999, S. 29–46.

Bundeskriminalamt: Verstetigung eines bundesweiten Viktimisierungssurveys – Bericht des BKA, Wiesbaden 12.07.2017 (abrufbar unter: https://www.innenministerkonferenz.de/IMK/DE/termine/to-beschluesse/2017-12-07_08/anlage-zu-top-21.pdf?__blob=publicationFile&v=2).

Polizeiliche Kriminalstatistik (PKS) 2007, Wiesbaden 2008 (abrufbar unter: https://www.bka.de/SharedDocs/Downloads/DE/Publikationen/PolizeilicheKriminalstatistik/pksJahrbuecherBis2011/pks2007.html).

Bundesministerium des Innern: Bericht zur Polizeilichen Kriminalstatistik (PKS) 2017, Berlin 2018 (abrufbar unter: https://www.bka.de/SharedDocs/Downloads/DE/Publikationen/PolizeilicheKriminalstatistik/2017/pks2017ImkBericht.html?nn=96600).

Verfassungsschutzbericht 2016, Berlin 2017 (abrufbar unter: https://www.verfassungsschutz.de/de/oeffentlichkeitsarbeit/publikationen/verfassungsschutzberichte/vsbericht-2016).

Bundesregierung: Bericht der Bundesregierung zur Lebensqualität in Deutschland, Berlin 10/2016 (abrufbar unter: https://www.bmwi.de/Redaktion/DE/Publikationen/Wirtschaft/bericht-der-bundesregierung-zur-lebensqualitaet-in-deutschland.pdf?__blob=publicationFile&v=8).

Burgi, Martin: Beleihung und Verwaltungshilfe, in: Rolf Stober/Harald Olschok (Hrsg.), Handbuch des Sicherheitsgewerberechts, München 2004, S. 585–602.

Calliess, Christian: Sicherheit im freiheitlichen Rechtsstaat – Eine verfassungsrechtliche Gratwanderung mit staatstheoretischem Kompass, ZRP 2002, S. 1–7.

Schutzpflichten, in: Detlef Merten/Hans Jürgen Papier, Handbuch der Grundrechte, Band 2, Heidelberg/München/Landsberg/Berlin 2006.

Canaris, Claus-Wilhelm: Grundrechtswirkungen und Verhältnismäßigkeitsprinzip in der richterlichen Anwendung und Fortbildung des Privatrechts, JuS 1989, S. 161–172.

Grundrechte und Privatrecht, AcP 1984, S. 201–246.

Daase, Christopher: Wandel der Sicherheitskultur, APuZ 2010, Heft 50, S. 9–15.

Detterbeck, Steffen: Allgemeines Verwaltungsrecht mit Verwaltungsprozessrecht, 16. Auflage, München 2018.

Diederichs, Otto: Eine Sicherheitswacht für Sachsen – Politischer Taschenspielertrick nach bayrischem Vorbild, B&P 1997, Heft 83, S. 59–64.

Freizeitpolizisten in Berlin und Baden-Württemberg, B&P 1982, Heft 13, S. 41–44.

Dietlein, Johannes: Die Lehre von den grundrechtlichen Schutzpflichten, 2. Auflage, Berlin 2005.

Dreier, Horst: Grundgesetz Kommentar, Band II, 3. Auflage, Tübingen 2015. (zit.: *Bearbeiter*, in: Dreier, GG)

Drews, Bill/Wacke, Gerhard/Vogel, Klaus/Martens, Wolfgang: Gefahrenabwehr: Allgemeines Polizeirecht (Ordnungsrecht) des Bundes und der Länder, 9. Auflage, Köln 1987.

Ehlers, Dirk: Verwaltung in Privatrechtsform, Berlin 1984. Zugl.: Erlangen-Nürnberg, Hab. Schrift, 1981.

Ehm, Marcus: Der Freiwillige Polizeidienst in Baden-Württemberg, Frankfurt am Main 2005. Zugl.: Freiburg, Univ., Diss., 2005.

Epping, Volker: Das Ausfertigungsverweigerungsrecht im Selbstverständnis des Bundespräsidenten, JZ 1991, S. 1102–1110.

Erbguth, Wilfried/Mann, Thomas/Schubert, Mathias: Besonderes Verwaltungsrecht: Kommunalrecht, Polizei- und Ordnungsrecht, Baurecht, 12. Auflage, Heidelberg 2015.

Erbguth, Wilfried/Guckelberger, Anette

Allgemeines Verwaltungsrecht, 9. Auflage, Baden-Baden 2018.

Erichsen, Hans-Uwe: Grundrechtliche Schutzpflichten in der Rechtsprechung des Bundesverfassungsgerichts, Jura 1997, S. 85–89.

Erichsen, Hans-Uwe/Pünder, Hermann: Allgemeines Verwaltungsrecht, 15. Auflage, Berlin 2015.

Feltes, Thomas: Kommunale Kriminalprävention: Studien zur Viktimisierung, Verbrechensfurcht und Polizeibewertung als Ansätze zu einer Neuorientierung von Polizeiarbeit, in: Dieter Dölling/Thomas Feltes/Wolfgang Heinz/Helmut Kury (Hrsg.), Kommunale Kriminalprävention – Analysen und Perspektiven - Ergebnisse der Begleitforschung zu den Pilotprojekten in Baden-Württemberg, Holzkirchen 2003. (zit.: *Feltes*, in: Dölling/Feltes/Heinz/Kury, KKP)

Fenger, Livia/Tohidipur, Timo/Tuchscherer, Lisa: Die hessische Stadtpolizei, LKRZ 2013, S. 451–456.

Fickenscher, Guido: Polizeilicher Streifendienst mit Hoheitsbefugnissen, Baden-Baden 2006. Zugl.: Mainz, Univ., Diss., 2005.

Freese, Bent: Bürgerpartizipation und Sicherheitsgefühl, Krim 2016, S. 587–590.

Frevel, Bernhard/Kahl, Wolfgang/Kober, Marcus u.A.: Bürgerengagement in der kommunalen Kriminalprävention – Beiträge aus der aktuellen Forschung (Teil 1), in: Erich Marks/Wiebke Steffen (Hrsg.): Engagierte Bürger – sichere Gesellschaft. Ausgewählte Beiträge des 13. Deutschen Präventionstages, Mönchengladbach 2008, S. 143–160.

Frevel, Bernhard/Wendekamm, Michaela (Hrsg.): Sicherheitsproduktion zwischen Staat, Markt und Zivilgesellschaft, Wiesbaden 2017.

Fuchs, Bernd: Fragile Sicherheitslage und Kontrollverluste – Plädoyer für einen Paradigmenwechsel in der Sicherheitspolitik, Krim 2016, S. 75–80.

Gassner, Kathi: Der Kommunale Ordnungsdienst in Baden-Württemberg, VBlBW 2013, S. 281–290.

Gluba, Alexander/Groß, Eva: Viktimisierungserfahrungen, Anzeigeverhalten und Einstellungen zur Polizei, Der Kriminalist 2016, Heft 6, S. 4–11.

Görgen, Thomas/Kraus, Benjamin: Subjektives Sicherheitsempfinden als polizeiliche Handlungsmaxime?, in: Axel Dessecker/Werner Sohn, Rechtspsychologie, Kriminologie und Praxis – Festschrift für Rudolf Egg zum 65. Geburtstag, Wiesbaden 2013, S. 223–246.

Götz, Volkmar: Zur Privatisierung von Polizeiaufgaben, in: Rainer Pitschas/ Rolf Stober (Hrsg.), Quo vadis Sicherheitsgewerberecht, Köln/Berlin/ Bonn/München 1998, S. 235–245. (zit.: *Götz*, in: Pitschas/Stober, Quo vadis Sicherheitsgewerberecht)

Innere Sicherheit, in: Josef Isensee/Paul Kirchhof, Handbuch des Staatsrechts, Band III, Das Handeln des Staates, 2. Auflage, Heidelberg 1996 (zit.: *Götz*, in: Isensee/Kirchhof, HdbStR)

Innere Sicherheit, in: Josef Isensee/Paul Kirchhof, Handbuch des Staatsrechts, Band IV, Aufgaben des Staates, 3. Auflage, Heidelberg 2006. (zit.: *Götz*, in: Isensee/Kirchhof, HdbStR)

Götz, Volkmar/Geis, Max-Emanuel: Allgemeines Polizei- und Ordnungsrecht, 16. Auflage, München 2017.

Gramm, Christof: Schranken der Privatisierung bei der inneren Sicherheit, VerwArch 1999, S. 329–360.

Greifeld, Andreas: Öffentliche Sachherrschaft und Polizeimonopol – zur staatlichen Indienstnahme privater Sicherheitsunternehmen, DÖV 1981, S. 906–913.

Greiffenhagen, Martin/Greiffenhagen, Sylvia: Ein schwieriges Vaterland: Zur politischen Kultur im vereinigten Deutschland, München 1993.

Groß, Hermann: Deutsche Länderpolizeien, APuZ 2008, Heft 48, S. 20–26.

Ehrenamt und Innere Sicherheit – Der Freiwillige Polizeidienst in Hessen, in: Raphael Behr/Thomas Ohlemacher (Hrsg.), Offene Grenzen – Polizieren in der Sicherheitsarchitektur einer post-territorialen Welt, Frankfurt am Main 2009, S. 13–26.

Hessische Wachpolizei – Etabliertes Instrument oder Sackgasse der Polizeipolitik?, DPolBl. 2012, Heft 1, S. 23–27.

Der Freiwillige Polizeidienst in Hessen, DPolBl. 2008, Heft 6, S. 16–19.

Groß, Hermann/Schmidt, Peter: Arbeitsbedingungen und Berufszufriedenheit in der Hessischen Wachpolizei, in: Clemens Lorei (Hrsg.), Polizei&Psychologie, Kongressband der Tagung „Polizei&Psychologie“ vom 18./19. März 2003 in Frankfurt am Main, Frankfurt am Main 2003, S. 313–334. (zit.: *Groß/Schmidt*, in: Lorei, Polizei&Psychologie)

Die Hessische Wachpolizei: Evaluation eines Modellprojekts, in: Manfred Bornewasser, Empirische Polizeiforschung III, Herbolzheim 2002, S. 151–160. (zit.: *Groß/Schmidt*, in: Bornewasser, Empirische Polizeiforschung III)

Hessen, in: Hermann Groß, Landesrecht Hessen, 8. A Bernhard Frevel Carsten Dams (Hrsg.), Handbuch der Polizeien Deutschlands, Wiesbaden 2008, S. 198–226. (zit.: *Groß/Schmidt*, in: Groß/Frevel/Dams, Hdb der Polizeien Deutschlands)

Groß, Hermann/Kreuzer, Arthur: Ehrenamtliche Polizei als Scharnier zwischen Bürgern und Polizei?, in: Erich Marks/Wiebke Steffen (Hrsg.), Engagierte Bürger – sichere Gesellschaft (Ausgewählte Beiträge des 13. Deutschen Präventionstages), Mönchengladbach 2009, S. 171–180.

Gusy, Christoph: Polizei- und Ordnungsrecht, 10. Auflage, Tübingen 2017. (zit.: *Gusy*, POR)

Gewährleistung von Freiheit und Sicherheit im Lichte unterschiedlicher Staats- und Verfassungsverständnisse, VVDStRL 2004, Band 63, S. 151–188.

Zulässigkeit und Grenzen des Einsatzes privater Sicherheitsdienste im Strafvollzug, in: Rolf Stober, Privatisierung im Strafvollzug, Köln 2001, S. 5–34. (zit.: *Gusy*, in: Stober, Privatisierung im Strafvollzug)

Vom Polizeirecht zum Sicherheitsrecht, in: Staatswissenschaften und Staatspraxis 1994, Band 5, S. 187–210. (zit.: *Gusy*, Staatswissenschaften und Staatspraxis)

Rechtsgüterschutz als Staatsaufgabe. Verfassungsfragen der „Staatsaufgabe Sicherheit“, DÖV 1996, S. 573–583.

Hammer, Felix: Private Sicherheitsdienste, staatliches Gewaltmonopol, Rechtsstaatsprinzip und schlanker Staat, DÖV 2000, S. 613–621.

Haus, Klaus-Ludwig/Wohlfahrt, Jürgen: Allgemeines Polizei- und Ordnungsrecht Saarland, 1. Auflage, Baden-Baden 1997.

Hefendehl, Roland: Wie steht es mit der Kriminalitätsfurcht und was hat der Staat damit zu tun? Zugleich ein Beitrag zur Tauglichkeit der Sicherheitswacht, KJ 2000, S. 174–187.

Heinrich, Matthias: Stadtpolizeiliche Statistik 2016, Frankfurt am Main 2017 (abrufbar unter: https://www.frankfurt.de/sixcms/media.php/738/Stadtpolizeiliche%20Statistik%202016.pdf).

Stadtpolizeiliche Statistik 2017, Frankfurt am Main 2018 (abrufbar unter: https://www.frankfurt.de/sixcms/media.php/738/Stadtpolizeiliche%20Statistik%202017%20.pdf).

Hermann, Dieter/Laue, Christian: Kommunale Kriminalprävention, B&S 2003, Heft 1, S. 70–76.

Hermes, Georg: Das Grundrecht auf Schutz von Leben und Gesundheit – Schutzpflicht und Schutzanspruch aus Art. 2 Abs.2 Satz 1 GG, Heidelberg 1987. Zugl.: Freiburg, Univ., Diss., 1986.

Hermes, Georg/Groß, Thomas: Landesrecht Hessen, 8. Auflage, Baden-Baden 2015.

Hillgruber, Christian: Der Schutz des Menschen vor sich selbst, München 1992.

Hirschmann, Nathalie: Freiwilliger Polizeidienst in Baden-Württemberg und in Hessen, DPolBl. 2012, Heft 1, S. 25–27.

Hirschmann, Nathalie/Groß, Hermann: Polizierende Präsenz – Kommunale Sicherheitspolitik zwischen Polizei, Verwaltung, Privatwirtschaft und Bürgern, Kooperative Sicherheitspolitik in der Stadt, Frankfurt am Main 2012. (zit.: *Hirschmann/Groß*, Polizierende Präsenz)

Polizierende Präsenz, in: Bernhard Frevel (Hrsg.), Handlungsfelder lokaler Sicherheitspolitik: Netzwerke, Politikgestaltung und Perspektiven, Frankfurt 2012, S. 146–189. (zit.: *Hirschmann/Groß*, in: Frevel, Handlungsfelder lokaler Sicherheitspolitik)

Hitzler, Ronald: Der in die Polizeiarbeit eingebundene Bürger – Zur symbolischen Politik mit der bayrischen Sicherheitswacht, in: Jo Reichertz/Norbert Schröer (Hrsg.), Qualitäten polizeilichen Handelns – Beiträge zu einer verstehenden Polizeiforschung, Wiesbaden 1996, S. 30–47.

Holecek, Rüdiger/Zielasko, Michael/Schönwald, Wolfgang: Pensionswelle bei der Polizei und Justiz bedroht innere Sicherheit, Deutsche Polizei 2017, Heft 10, S. 4–10.

Hömig, Dieter/Wolff, Heinrich A.: Grundgesetz für die Bundesrepublik Deutschland, 12. Auflage, Baden-Baden 2018. (zit.: *Bearbeiter*, in: Hömi/Wolff, GG)

Hornmann, Gerhard: Ergänzungsheft zum Kommentar zum Hessischen Gesetz über die öffentliche Sicherheit und Ordnung (HSOG), München 2001. (zit.: *Hornmann*, Ergänzungsheft)

Hessisches Gesetz über die öffentliche Sicherheit und Ordnung (HSOG) Kommentar, 2. Auflage, München 2008. (zit.: *Hornmann*, HSOG)

Hummelsheim-Doss, Dina: Kriminalitätsfurcht in Deutschland: Fast jeder Fünfte fürchtet, Opfer einer Straftat zu werden, ISI 2016, Heft 55, S. 6–11.

Ipsen, Jörn: Allgemeines Verwaltungsrecht, 11. Auflage, München 2019.

Isensee, Josef: Das Grundrecht als Abwehrrecht und als staatliche Schutzpflicht, in: Josef Isensee/Paul Kirchhof, Handbuch des Staatsrechts, Band IX, Allgemeine Grundrechtslehren, 3. Auflage, Heidelberg 2011. (zit.: *Isensee*, in: Isensee/Kirchhof, HdbStR)

Das Grundrecht auf Sicherheit. Zu den Schutzpflichten des freiheitlichen Verfassungsstaates, Berlin/New York 1983. (zit.: *Isensee*, Das Grundrecht auf Sicherheit)

Die Friedenspflicht der Bürger und das Gewaltmonopol des modernen Staates – Zur Legitimationskrise des modernen Staates, in: Georg Müller, Staatsorganisation und Staatsfunktionen im Wandel – Festschrift für Kurt Eichenberger zum 60. Geburtstag, Basel 1982, S. 23–40.

Jarass, Hans D.: Politik und Bürokratie als Elemente der Gewaltenteilung, München 1975. Zugl.: München, Univ., Diss., 1974.

Jarass, Hans D./Pieroth, Bodo: Grundgesetz für die Bundesrepublik Deutschland Kommentar, 15. Auflage, München 2018. (zit.: *Bearbeiter*, in: Jarass/Pieroth, GG)

Jellinek, Georg: System der subjektiven öffentlichen Rechte, 2. Nachdruck 1963, Tübingen 1905.

Jungk, Fabian: Police Private Partnership: Eine Untersuchung anhand verschiedener Modelle, Köln 2002. Zugl.: Hamburg, Univ., Diss. 2001.

Karlsruher Kommentar zum Gesetz über Ordnungswidrigkeiten: Wolfgang Mitsch (Hrsg.), 5. Auflage, München 2018. (zit.: *Bearbeiter*, in: Mitsch, KK-OWiG)

Kelm, Torsten: Verfassungsrechtliche Grenzen der Übertragung von Befugnissen auf ehrenamtliche Polizisten, in: Wilfried Erbguth/Friedrich Müller/Volker Neumann (Hrsg.), Rechtstheorie und Rechtsdogmatik im Austausch – Gedächtnisschrift für Bernd Jeand`Heur, Berlin 1999, S. 111–133.

Kiefer, Günther: Regelungsbedarf und Gestaltungsspielräume bei der Beleihung, LKRZ 2009, S.441–480.

Kingreen, Thorsten/Poscher, Ralf: Polizei- und Ordnungsrecht, 10. Auflage, München 2018.

Klein, Eckhart: Grundrechtliche Schutzpflichten des Staates, NJW 1989, S. 1633–1640.

Knape, Michael/Kiworr, Ulrich: Allgemeines Polizei- und Ordnungsrecht für Berlin – Kommentar für Ausbildung und Praxis, 10. Auflage, Hilden 2009.

Kniesel, Michael: Staatsaufgabe Sicherheit, Grundgesetz und Polizei, in: Michael Kniesel/Edwin Kube/Manfred Murck, Handbuch für Führungskräfte der Polizei, Lübeck 1996, S. 41–98.: „Innere Sicherheit“ und Grundgesetz, ZRP 1996, S. 482–489.

Kober, Marcus/Kahl, Wolfgang: Impulse für das Kommunale Präventionsmanagement – Erkenntnisse und Empfehlungen zu Organisation und Arbeit kriminalpräventiver Gremien auf kommunaler Ebene, 2. Auflage, Bonn 2012.

Kober, Marcus/Kohl, Andreas: Kommunale Kriminalitätsverhütung – Ein nationaler und internationaler Vergleich von Konzepten und Strategien im Bereich der kriminalpräventiven Zusammenarbeit zwischen Bürgern, Kommune und Polizei (i.A. des Ministeriums des Innern des Landes Brandenburg), Europäisches Zentrum für Kriminalprävention 2015.

Kohl, Andreas: Theoretische Reflexionen zur kooperativen Sicherheit, in: Bernhard Frevel (Hrsg.), Handlungsfelder lokaler Sicherheitspolitik: Netzwerke, Politikgestaltung und Perspektiven, Frankfurt 2012, S. 239–336.

Köhn, Anne/Bornewasser, Manfred: Subjektives Sicherheitsempfinden, Kooperative Sicherheitspolitik in der Stadt (KoSiPol) Working Paper Nr. 9, Münster 2012.

Kolbe, Peter: Staatlichkeit im Wandel am Beispiel der Kriminalprävention, APuZ 2005, Heft 46, S. 9–16.

Krahmer, Florian: Vigilanten in Sachsen – Über die Entstehung und Voraussetzung von Bürgerwehren am Beispiel Sachsen, Polizei&Wissenschaft 2016, Heft 4, S. 52–62.

Sächsische HilfspolizistInnen – Sicherheitswacht, Wachpolizei, Ortspolizei, B&P 2018, Heft 116, S. 82–88.

Kreuzer, Arthur/Schneider, Hans: Freiwilliger Polizeidienst in Hessen – Ergebnisse der wissenschaftlichen Begleitung des Pilotprojekts, Frankfurt am Main 2002.

Krings, Günter: Grund und Grenzen grundrechtlicher Schutzansprüche: die subjektiv-rechtliche Rekonstruktion der grundrechtlichen Schutzpflichten und ihre Auswirkung auf die verfassungsrechtliche Fundierung des Verbrauchervertragsrechts, Berlin 2003. Zugl.: Köln, Univ., Diss., 2002.

Krölls, Albert: Die Privatisierung der inneren Sicherheit, GewArch 1997, S. 445–456.

Privatisierung der öffentlichen Sicherheit in Fußgängerzonen?, NVwZ 1993, S. 233–236.

Krüger, Ralf: Gemeindliche Vollzugsbeamte in Baden-Württemberg, BWVPr. 1980, S. 7–10.

Kugelmann, Dieter: Polizei- und Ordnungsrecht, 2. Auflage, Berlin/Heidelberg 2012.

Kury, Helmut: Kriminalitätsbelastung, Sicherheitsgefühl der Bürger und Kommunale Kriminalprävention, in: ders. (Hrsg.), Konzepte Kommunaler Kriminalprävention, Freiburg 1997, S. 218–295.

Kutscha, Martin: Die Freiwillige Polizeireserve in Berlin, in: Gisbert van Elsbergen (Hrsg.), Wachen, kontrollieren, patroullieren. Kustodialisierung der Inneren Sicherheit, Wiesbaden 2004, S. 225–235. (zit.: *Kutscha*, in: Van Elsbergen, Kustodialisierung der Inneren Sicherheit)

Innere Sicherheit und Verfassung, in: Frederik Roggan, Handbuch zum Recht der Inneren Sicherheit, 2. Auflage, Berlin 2006, S. 24–91. (zit.: *Kutscha*, in: Roggan, Hdb Innere Sicherheit)

Polizei „light" in Berlin, LKV 2007, S. 306–308.

Landeskriminalamt Niedersachsen: Befragung zu Sicherheit und Kriminalität in Niedersachsen. Abschlussbericht zur ersten Befragung im Frühjahr 2013, Hannover 2015

Lange, Hans-Jürgen: Innere Sicherheit im politischen System der Bundesrepublik Deutschland, Leverkusen 1999. Zugl.: Marburg, Univ., Habil., 1998.

Laue, Christian: Broken Windows und das New Yorker Modell – Vorbilder für die Kriminalprävention in deutschen Großstädten?, in: Marc Coester/Günter Gutsche/Ulrich Wagner u.a., Düsseldorfer Gutachten – Empirisch gesicherte Erkenntnisse über Kriminalpräventive Wirkungen – Eine Sekundäranalyse der kriminalpräventiven Wirkungsforschung, Düsseldorf 2001, S. 333–436.

Lecheler, Helmut: Die Zukunft des Berufsbeamtentums, ZBR 1996, S. 1–6.

Die Beamtenaufgaben nach dem Funktionsvorbehalt des GG, Bonn 1986. (zit.: *Lecheler*, Die Beamtenaufgaben)

Der öffentliche Dienst, in: Josef Isensee/Paul Kirchhof, Handbuch des Staatsrechts, Band III, Das Handeln des Staates, 3. Auflage, Heidelberg 2007. (zit.: *Lecheler*, in: Isensee/Kirchhof, HdbStR)

Lehmann, Gerd: Kommunale de-facto Polizei, Behördenspiegel 2011, Heft 2, S. 7–47.

Lehnguth, Gerold: Die Entwicklung des Funktionsvorbehalts nach Art. 33 Abs. 4 GG und seine Bedeutung in der heutigen Zeit, ZBR 1991, S. 266–271.

Lerche, Peter: Verbeamtung als Verfassungsauftrag? Rechtsgutachten zu Verfassungsfragen des öffentlichen Dienstes – insbesondere zur Frage, ob das Grundgesetz die Verbeamtung der dienstordnungsmäßig angestellten Personen bei den gewerblichen landwirtschaftlichen Berufsgenossenschaften fordert und in welcher Weise diese Forderung gegebenenfalls zu realisieren ist, Bonn-Bad Godesberg 1973.

Lisken, Hans/Denninger, Erhard/Rachor, Frederik: Handbuch des Polizeirechts, 5. Auflage, München 2012.

Mackeben, Andreas: Grenzen der Privatisierung der Staatsaufgabe Sicherheit, Baden-Baden 2004. Zugl.: Bremen, Univ., Diss., 2003.

Mandelartz, Herbert: Saarländisches Polizeigesetz: Kommentar für Studium und Praxis, Hilden 2002.

Mangoldt von, Hermann/Klein, Friedrich/Starck, Christian: Kommentar zum Grundgesetz, Band 2, 7. Auflage, München 2018. (zit.: *Bearbeiter*, in: Mangoldt/Klein/Starck, GG)

Mann, Thomas: „Freiheit in Sicherheit" – Grundrechte als Schutzgut und Barriere im Polizei- und Ordnungsrecht, in: Eötvös Loránd UniversitätBudapest (Hrsg.), Annales Universitatis Scientiarum Budapestinensis – Sectio Iuridica, Tomus LV, Budapest 2014, S. 105–117.

Mann, Thomas/Fontana, Sina: Entwicklungslinien des Polizeirechts im 21. Jahrhundert, JA 2013, S. 734–741.

Mann, Thomas/Sennekamp, Christoph/Uechtritz, Michael: Verwaltungsverfahrensgesetz Großkommentar, 1. Auflage, Baden-Baden 2014.

Manssen, Gerrit: Der Funktionsvorbehalt des Art. 33 Abs. 4 GG – Anmerkung zu einem verfassungsrechtlichen Dauerproblem, ZBR 1999, S. 253–257.

Maunz, Theodor/Dürig, Günter: Grundgesetz Kommentar, 83. Ergänzungslieferung (Stand April 2018), München 2018. (zit.: *Bearbeiter*, in: Maunz/Dürig, GG)

Maurer, Hartmut/Waldhoff, Christian: Allgemeines Verwaltungsrecht, 19. Auflage, München 2017.

Meixner, Kurt/Fredrich, Dirk: Hessisches Gesetz über die öffentliche Sicherheit und Ordnung (HSOG) mit Erläuterungen und ergänzenden Vorschriften, 12. Auflage, Stuttgart/München/Hannover 2016.

Merten, Detlef: Das Berufsbeamtentum als Element deutscher Rechtsstaatlichkeit, ZBR 1999, S. 1–11.

Rechtsstaat und Gewaltmonopol, Tübingen 1975.

Mohrdieck, Inga: Privatisierung im Bereich öffentlicher Verkehrsräume. Verkehrsüberwachung und Sicherung des öffentlichen Raumes durch private Sicherheitsdienste, Köln 2004.

Möllers, Martin H.W.: Das wahrgenommene Lebensrisiko und sein Einfluss auf die öffentliche Sicherheit in Europa, in: Martin H.W. Möllers/Robert Chr. van Ooyen (Hrsg.), Jahrbuch Öffentliche Sicherheit 2010/2011, Frankfurt 2011, S. 159–176.

Möstl, Markus: Die staatliche Garantie für die öffentliche Sicherheit und Ordnung: Sicherheitsgewährleistung im Verfassungsstaat, im Bundesstaat und in der europäischen Union, Tübingen 2002. Teilw. zugl.: München, Univ., Habil., 2001–2002. (zit.: *Möstl*, Die staatliche Garantie)

Sicherheitsgewährleistung im gewaltenteilenden Rechtsstaat, in: Michael Demel u.a. (Hrsg.), Funktionen und Kontrolle der Gewalten (40. Assistententagung „Öffentliches Recht"), Stuttgart 2001, S. 53–82. (zit.: *Möstl*, in Demel, Funktionen und Kontrolle der Gewalten)

Mühler, Kurt: Das Sicherheitsempfinden – ein eigenständiger sozialer Faktor, in Alexander Yendell/Gerit Pickel/Karolin Dörner (Hrsg.), Innere Sicherheit in Sachsen – Beiträge zu einer kontroversen Debatte, Leipzig 2017, S. 53–65.

Müller, Hugo: Private und öffentliche Sicherheit – eine Sicherheitspartnerschaft für die Menschen, DPolBl. 2012, Heft 1, S. 4–6.

Münchner Anwaltshandbuch Strafverteidigung: Gunter Widmaier/Eckhart Müller/Reinhard Schlothauer u.a., 2. Auflage, München 2014. (zit.: *Bearbeiter*, in: Widmaier/Müller/Schlothauer, MAH Strafverteidigung)

Münchener Kommentar zum Bürgerlichen Gesetzbuch: Franz Jürgen Säcker/ Roland Rixecker/Hartmut Oetker, Bettina Limperg (Hrsg.), Band VII, 8. Auflage, München 2018. (zit.: *Bearbeiter*, in: MüKo BGB)

Murck, Manfred: Kriminalitätsangst – Wahn oder Wirklichkeit, Deutsche Polizei 1993, Heft 42, S. 6–12.

Statement aus Sicht eines Sozialwissenschaftlers, in: Rüdiger Weiß/Monika Plate (Hrsg.), Privatisierung von polizeilichen Aufgaben, Wiesbaden 1996, S. 119–129.

Nehm, Kay: Das nachrichtendienstliche Trennungsgebot und die neue Sicherheitsarchitektur, NJW 2004, S. 3289–3295.

Newiger, Griet: Modellversuch „Sicherheitspartner" in Brandenburg, B&P 1995, Heft 51, S. 50–56.

Nitz, Gerhard: Private und öffentliche Sicherheit, Berlin 2000. Zugl.: Bielefeld, Univ., Diss., 1999–2000.

Nünke, Anja: Verwaltungshilfe und Inpflichtnahme des Sicherheitsgewerbes – Kooperative Sicherheitsgewährleistung von Staat und Privat, Hamburg 2005. Zugl.: Hamburg, Univ., Diss., 2005.

Ossenbühl, Fritz: Eigensicherung und hoheitliche Gefahrenabwehr. Rechtsgutachten zum 9. Änderungsgesetz des Luftverkehrsgesetzes vom 18.09.1980, Stuttgart 1981. (zit.: *Ossenbühl*, Eigensicherung und hoheitliche Gefahrenabwehr)

Kernenergie im Spiegel des Verfassungsrechts, DÖV 1981, S. 1–11.

Vorrang und Vorbehalt des Gesetzes, in: Josef Isensee/Paul Kirchhof, Handbuch des Staatsrechts, Band III, Das Handeln des Staates, 2. Auflage, Heidelberg 1996. (zit.: *Ossenbühl*, in: Isensee/Kirchhof, HdbStR)

Pausch, Wolfgang/Dölger, Gosbert: Polizei- und Ordnungsrecht in Hessen, 5. Auflage, Stuttgart 2002.

Peters, Hans: Öffentliche und staatliche Aufgaben, in: Rolf Dietz/Heinz Hübner, Festschrift für Hans Carl Nipperdey zum 70. Geburtstag, Band 2, München 1965, S. 877–895.

Pewestorf, Adrian: Grenzen ordnungsbehördlicher Kompetenz: zur Errichtung der bezirklichen Ordnungsämter von Berlin; das Ordnungsamt zwischen Polizei und Privatisierung, Berlin 2007. Zugl.: Berlin, Univ. Diss., 2007.

Pewestorf, Adrian/Söllner, Sebastian/Tölle, Oliver: Polizei und Ordnungsrecht Kommentar, 2. Auflage, Köln 2017.

Praxishandbuch Polizei- und Ordnungsrecht, 1. Auflage, Köln 2013 (zit.: *Bearbeiter*, in: Pewestorf/Söllner/Tölle, POR)

Pitschas, Rainer: Polizei und Sicherheitsgewerbe, BKA-Forschungsreihe, Band 50, Wiesbaden 2000.

Polizeirecht im kooperativen Staat, DÖV 2002, S. 221–231.

Neues Verwaltungsrecht im partnerschaftlichen Rechtsstaat? Zum Wandel von Handlungsverantwortung und -formen der öffentlichen Verwaltung am Beispiel der Vorsorge für innere Sicherheit in Deutschland, DÖV 2004, S. 231–238.

Pitz, Tamara Verena: Erfolgsmodell Sicherheitswacht?! Selbst- und Fremdwahrnehmung der bayrischen Sicherheitswacht am Beispiel der Stadt Kempten, Frankfurt 2013.

Porzel, Rolf: Einrichtung eines polizeilichen Ordnungsdienstes (POD) – Polizei „light"?, Deutsche Polizei 2016, Heft 2, S. 1–2.

Prätor, Susann: Ziele und Methoden der Dunkelfeldforschung, in: Stefanie Eifler/Daniela Pollich (Hrsg.), Empirische Forschung über Kriminalität – Methodologische und methodische Grundlagen, Wiesbaden 2015, S. 31–66.

Pütter, Norbert: „Community Policing" – Alternative zu herkömmlicher Polizeiarbeit?, B&P 1999, Heft 64, S. 6–15.

Bürgerorientierte Polizeiarbeit – Gegenwärtige Tendenzen in Deutschland, B&P 1999, Heft 64, S. 28–39.

Pütter, Norbert/Kant, Martina: Freiwillige Polizeidienste, Sicherheitswachten und Sicherheitspartnerschaften, B&P 2000, Heft 66, S. 16–31.

Rasch, Ernst/Schulze, Hartmut/Pöhlker, Johannes-Ulrich/Hoja, Andreas: Hessisches Gesetz über die öffentliche Sicherheit und Ordnung (HSOG) Kommentar, lose Blattsammlung, 20. Nachlieferung November 2015, Wiesbaden 2015.

Rechtswörterbuch: Carl Creifelds/Klaus Weber, 22. Auflage, München 2017. (zit.: *Bearbeiter*, in: Creifelds/Weber, Rechtswörterbuch)

Regensburger, Hermann: Eine neue Sicherheitsarchitektur in Bayern, in: Franz-Ludwig Knemeyer (Hrsg.), Innere Sicherheit in der Gemeinde - Kommunale Kriminalprävention, Dresden 1999, S. 47–55.

Remmert, Barbara: Private Dienstleistungen in staatlichen Verwaltungsverfahren, Tübingen 2003.

Reuband, Karl-Heinz: Steigende Kriminalitätsfurcht – Mythos oder Wirklichkeit?, GMH 1994, Heft 45, S. 214–220.

Paradoxien der Kriminalitätsfurcht – Welchen Stellenwert haben Kriminalitätsrisiken, Medienberichterstattung und generalisierte Ängste für die Veränderungen des lokalen Sicherheitsgefühls in der Bevölkerung?, NK 2012, S. 133–140.

Robbers, Gerhard: Sicherheit als Menschenrecht. Aspekte der Geschichte, Begründung und Wirkung einer Grundrechtsfunktion, Baden-Baden 1987.

Rommelfanger, Ulrich/Rimmele, Peter: Polizeigesetz des Freistaates Sachsen mit Erläuterungen und ergänzenden Vorschriften, Tübingen 2000.

Roos, Jürgen: Das bayrische Gesetz über die Erprobung einer Sicherheitswacht, Krim 1994, S. 287–290.

Ruder, Karl-Heinz/Schmitt, Steffen: Polizeirecht Baden-Württemberg, 7. Auflage, Baden-Baden 2011.

Ruffert, Matthias: Vorrang der Verfassung und Eigenständigkeit des Privatrechts. Eine verfassungsrechtliche Untersuchung zur Privatrechtswirkung des Grundgesetzes, Tübingen 2001.

Rühle, Dietrich G.: Polizei- und Ordnungsrecht für Rheinland-Pfalz, 6. Auflage, Baden-Baden 2018.

Rupp, Hans Heinrich: Grundfragen der heutigen Verwaltungsrechtslehre: Verwaltungsnorm und Verwaltungsrechtsverhältnis, 2. Auflage, Tübingen 1991. Zugl.: Tübingen, Univ., überarb. Habil.-Schr., 1965.

Rüppel, Sascha: Privatisierung des Strafvollzugs: Rechtliche und praktische Problemstellungen als Chance zur normativen Entkriminalisierung, Frankfurt am Main 2010. Zugl.: Frankfurt am Main, Univ., Diss., 2010.

Rupprecht, Reinhard: Übertragung polizeilicher Aufgabenfelder auf private Unternehmen unter Gewährleistung der Beibehaltung des staatlichen Gewaltmonopols, in: Rüdiger Weiß/Monika Plate (Hrsg.), Privatisierung von polizeilichen Aufgaben, Wiesbaden 1996, S. 45–50.

Polizei Lexikon, 2. Auflage, Heidelberg 1995.

Sachs, Michael/Battis, Ulrich: Grundgesetz Kommentar, 7. Auflage, München 2014. (zit.: *Bearbeiter*, in: Sachs/Battis, GG)

Sampson, Robert J.: Neighborhood and Community: Collective Efficancy and Community Safety. New Economy, 11 (1) 2004, S. 106–113.

Samspon, Robert J./Grooves, Byron W.: Community Structure and Crime: Testing Social-Disorganization Theory. The American Journal of Sociology, 94 (4) 1989, S. 774–802.

Schmidbauer, Wilhelm/Steiner, Udo: Bayrisches Polizeiaufgabengesetz und Bayrisches Polizeiorganisationsgesetz – Kommentar, 4. Auflage, München 2014.

Schmidt-Bleibtreu, Bruno/Hofman, Hans/Henneke, Hans-Günther (Hrsg.): Kommentar zum Grundgesetz, 14. Auflage, Köln 2018. (zit.: *Bearbeiter*, in: Schmidt-Bleibtreu/Hofmann/Henneke, GG)

Schmidt-Lux, Thomas: Selbstgemachte Sicherheit? Bürgerwehren in Deutschland und Sachsen, in Alexander Yendell/Gerit Pickel/Karolin Dörner (Hrsg.), Innere Sicherheit in Sachsen – Beiträge zu einer kontroversen Debatte, Leipzig 2017, S. 97–104.

Schnekenburger, Franz: Rechtsstellung und Aufgaben des Privaten Sicherheitsgewerbes, Köln 1999. Zugl.: Dresden, Techn. Univ., Diss., 1998.

Schneider, Hans: Studien zum Freiwilligen Polizeidienst in Hessen 2013 im Fokus: Migrationshintergrund, Gießen 2014.

Schoch, Friedrich: Besonderes Verwaltungsrecht, 15. Auflage, Berlin 2013.

Scholz, Rupert: Verkehrsüberwachung durch Private?, NJW 1997, S. 14–18.

Rechtsfrieden im Rechtsstaat- Verfassungsrechtliche Grundlagen, aktuelle Gefahren und rechtspolitische Folgerungen, NJW 1983, S. 705–712.

Schöne, Marschel: Ohne Polizei keine Sicherheit? Bürgerwehren oder: Der Kampf ums Monopol, in: Bernhard Frevel/Hans-Joachim Asmus/Rafael Behr/Hermann Groß/Peter Schmidt (Hrsg.), Facetten der Polizei- und Kriminalitätsforschung – Festschrift für Karlhans Liebl, Frankfurt 2017, S. 127–147.

Schulte, Martin: Gefahrenabwehr durch private Sicherheitskräfte im Lichte des staatlichen Gewaltmonopols, DVBl. 1995, S. 130–135.

Schwerdtfeger, Angela: Öffentliches Recht in der Fallbearbeitung, 15. Auflage, München 2018.

Schwind, Hans-Dieter: Kriminologie – Eine praxisorientierte Einführung mit Beispielen, Heidelberg 2013.

Schwind, Hans-Dieter/Fetchenhauer, Detlef/Ahlborn, Wilfried/Weiß, Rüdiger: Kriminalitätsphänomene im Langzeitvergleich am Beispiel einer deutschen Großstadt – Bochum 1975–1986–1998, Neuwied 2001.

Sellmann, Christian: Privatisierung mit oder ohne gesetzliche Ermächtigung, NVwZ 2008, S. 817–823.

Sigmund, Thomas: Allein unter Feinden? Was der Staat für unsere Sicherheit tut – und was nicht, Freiburg im Breisgau 2017.

Soiné, Michael: Vorbereitung für die Hilfeleistung und das Handeln in Gefahrenfällen; DÖV 2000, S. 173–182.

Söllner, Sebastian: Die Verpolizeilichung – Grenzen, Chancen und Risiken einer neuen Sicherheitsarchitektur, Köln 2011. Zugl.: Berlin, Univ. Diss., 2011.

Spöhrl, Karl-Heinz: Zum Einsatz von Bürgern in einer „Sicherheitswacht", Die Polizei 1997, S. 33–36.

Steiner, Udo: Öffentliche Verwaltung durch Private, Hamburg 1975.

Möglichkeit und Grenzen kommunaler und privater Verkehrsüberwachung, DAR 1996, S. 272–275.

Stephan, Ulrich/Deger, Johannes: Polizeigesetz für Baden-Württemberg: Kommentar, 7. Auflage, Stuttgart 2014.

Sterbling, Anton: Sicherheit und Lebensqualität im Landkreis Görlitz – Ergebnisse einer Bürgerbefragung, Rothenburg/OL: Hochschule der Sächsischen Polizei 2015.

Stern, Klaus: Die Schutzpflichtenfunktion der Grundrechte: Eine jurisitsche Entdeckung, DÖV 2010, S. 241–249.

Stienen, Ludger: Privatisierung und Entstaatlichung der inneren Sicherheit – Erscheinungsformen, Prozesse und Entwicklungstendenzen: Eine empirische Untersuchung zur Transformation von Staatlichkeit am Beispiel der inneren Sicherheit der Bundesrepublik Deutschland, Frankfurt 2011.

Stober, Rolf: Privatisierung öffentlicher Aufgaben – Phantomdiskussion oder Gestaltungsoption in einer verantwortungsgeteilten, offenen Wirtschafts-, Sozial- und Sicherheitsverfassung?, NJW 2008, S. 2301–2308.

Staatliches Gewaltmonopol und privates Sicherheitsgewerbe – Plädoyer für eine Police-Private-Partnership, NJW 1997, S. 889–896.

Stoll, Peter-Tobias: Sicherheit als Aufgabe von Staat und Gesellschaft – Verfassungsordnung, Umwelt- und Technikrecht im Umgang mit Unsicherheit und Risiko, Tübingen 2003.

Stolle, Peer: Das (Un-) Sicherheitsgefühl – Ein untauglicher Begründungszusammenhang für eine Politik der Inneren Sicherheit, KJ 2011, S. 16–24.

Strauß, Thomas: Funktionsvorbehalt und Berufsbeamtentum: Zur Bedeutung des Art. 33 Abs. 4 GG, Berlin 2000. Zugl.: Jena, Univ., Diss., 1999.

Strobl, Thomas: Wir arbeiten für die Sicherheit der Menschen in Baden-Württemberg, BWGZ 2017, S. 77–79.

Sun, Ivan Y./Triplett, Ruth/Gainey, Randy R.: Neighbordhood Characteristics and Crime: A test of Sampson and Grooes' Model of Social Disorganisation, Western Criminology Review, 5 (1) 2004, S. 1–16.

Trute, Hans-Heinrich: Die Erosion des klassischen Polizeirechts durch die polizeiliche Informationsvorsorge, in: Wilfried Erbguth/Friedrich Müller/Volker Neumann (Hrsg.), Rechtstheorie und Rechtsdogmatik im Austausch – Gedächtnisschrift für Bernd Jeand`Heur, Berlin 1999, S. 403–430.

Tuchscherer, Lisa: Stadtpolizei statt Polizei, Berlin 2017. Zugl.: Frankfurt am Main, Univ., Diss., 2016.

Unruh, Peter: Zur Dogmatik der grundrechtlichen Schutzpflichten, Berlin 1996.

Urgenbieler, Günther: Der Hilfspolizeibeamte im deutschen Polizeirecht – Theorie und Praxis eines Rechtsinstituts, DVBl. 1980, S. 409–415.

Van Elsbergen, Gisbert: Auf der Suche nach der Sicherheitswacht – Bayern und sein Konzept zur Inneren Sicherheit, in: Gisbert van Elsbergen (Hrsg.), Wachen, kontrollieren, patroullieren. Kustodialisierung der Inneren Sicherheit, Wiesbaden 2004, S. 195–207. (zit.: *Van Elsbergen*, in: Ders., Kustodialisierung der Inneren Sicherheit)

Chancen und Risiken kommunaler Kriminalprävention – eine quantitativ-empirische Analyse, Wiesbaden 2005. Zugl.: Osnabrück, Univ. Diss., 2005. (zit.: *Van Elsbergen*, Chancen und Risiken KKP)

Voss-De Hahn, Patrick/Lippert, Heike/Hergenhahn, Heiko: Kriminalität im Hell- und Dunkelfeld – Ein Bericht zum Forum 2015 des Kriminalistischen Instituts des BKA, Krim 2015, S. 475–481.

Waechter, Kay: Die Organisation der Verkehrsüberwachung. Auch zur Auslegung des Art. 33 Abs. 4 GG, NZV 1997, S. 329–340.

Wagner, Erwin/Ruder, Karl-Heinz: Polizeirecht (Sächsisches Landesrecht), 1. Auflage, Baden-Baden 1999.

Weber, Max: Wirtschaft und Gesellschaft. Grundriss der verstehenden Soziologie, Frankfurt am Main 2010.

Wehr, Matthias: Bundespolizeigesetz, 2. Auflage, Baden-Baden 2015.

Weiner, Bernhard: Privatisierung von staatlichen Sicherheitsaufgaben, Frankfurt am Main 2001. Zugl.: Osnabrück, Univ., Diss., 2000.

Weisburd, David/Eck, John E.: What can police do to reduce crime, disorder, and fear?, The Annals of American Academy of Political and Social Science 593 (1) 2004, S. 43–65.

Wistuba, Lars: Evaluation von Kriminalprävention – Wirkungsmessung am Beispiel des Osnabrücker Projektes „Gewalt bleibt draußen", Frankfurt am Main 2014.

Wollenteit, Ulrich/Wenzel, Frank: Das Bundesverfassungsgericht und das „Ozongesetz“, NuR 1997, S. 60–64.

Wörterbuch der Polizei: Martin H. W. Möllers, 3. Auflage, München 2018. (zit.: *Bearbeiter*, in: Möllers, Wörterbuch der Polizei)

Wörterbuch zur Inneren Sicherheit: Hans-Jürgen Lange, Wiesbaden 2006. (zit.: *Bearbeiter*, in: Lange, Wörterbuch zur Inneren Sicherheit)

Würtenberger, Thomas/Heckmann, Dirk: Polizeirecht in Baden-Württemberg, 6. Auflage, Heidelberg 2005.

Ziegleder, Diana/Kudlacek, Dominic/Fischer, Thomas: Zur Wahrnehmung und Definition von Sicherheit durch die Bevölkerung. Erkenntnisse und Konsequenzen aus der kriminologisch-sozialwissenschaftlichen Forschung, Forschungsforum öffentliche Sicherheit Schriftenreihe Sicherheit Nr. 5, Berlin 2011.

Zuck, Rüdiger: Rechtsgutachten für die Gewerkschaft der Polizei des Landebezirkes Berlin, betreffend Gesetz über die Freiwillige Polizeireserve Berlin, Berlin 1993.

www.ingramcontent.com/pod-product-compliance
Ingram Content Group UK Ltd.
Pitfield, Milton Keynes, MK11 3LW, UK
UKHW021130041026
8980IPUK00034B/1542

9 783631 849538